Großes Übungsbuch Italienisch NEU

Grammatik

Anna Colella

Hueber Verlag

Grazie a mio marito Christian Grohmann, a mia madre Gabriella Bova e a Herbert ed Helga Grohmann.

6. 5. 4. | Die letzten Ziffern
2026 25 24 23 22 | bezeichnen Zahl und Jahr des Druckes.
Alle Drucke dieser Auflage können, da unverändert, nebeneinander benutzt werden.
1. Auflage

Umschlaggestaltung: creative partners gmbh, München
Umschlagfoto: Frau © Getty Images/VStock LLC, Fußbälle © Thinkstock/iStock/Andrey_Kuzmin, Shirt © Thinkstock/iStock/murat emre
Layout + Satz: Sieveking · Agentur für Kommunikation, München
Redaktion: Jürgen Frank, Hueber Verlag, München; Valerio Vial, München
Druck und Bindung: Friedrich Pustet GmbH & Co. KG, Regensburg
Printed in Germany
ISBN 978-3-19-107905-5

Art. 530_15621_001_04

VORWORT

Das **Große Übungsbuch Italienisch** richtet sich an Lernende mit Grundkenntnissen, die sich die italienische Grammatik intensiv aneignen und sie vertiefen wollen. Das Buch lädt außerdem zur Auffrischung und Wiederholung ein.

Das **Große Übungsbuch Italienisch** kann sowohl im Selbststudium als auch kursbegleitend in Schulen, Sprachenschulen, Volkshochschulen und Hochschulen eingesetzt werden.

Das **Große Übungsbuch Italienisch** umfasst alle wichtigen Themen der italienischen Gegenwartsgrammatik, die in 300 kompakten Übungen abgehandelt werden. Das Buch geht dabei gezielt auf die Probleme und Schwierigkeiten ein, die sich einem Italienischlernenden stellen.

Das **Große Übungsbuch Italienisch** bietet eine Vielzahl unterhaltsamer, didaktisch sinnvoller Übungstypen, die je nach Thema gezielt ausgewählt wurden: Lückentexte, Satzrekonstruktionen, Zuordnungsübungen, Vervollständigung von Tabellen, Multiple Choice, Übersetzungen, Kreuzworträtsel.

Anschauliche Beispiele zeigen, wie bestimmte Übungen funktionieren.
Neue, dem Alltagsleben entnommene Vokabeln werden automatisch über die Übungen vermittelt.

Jede Lerneinheit beginnt mit einer knappen einleitenden Erklärung zu dem jeweiligen Grammatikthema. Die angehängte Wortschatzliste am Ende jeder Übung erspart ein langes Nachschlagen in Wörterbüchern.

Selbstverständlich enthält das Buch auch die Lösungsschlüssel zu allen Übungen und eine Liste der gebräuchlichsten grammatischen Fachbegriffe.

Das **Große Übungsbuch Italienisch** bietet Ihnen so die Möglichkeit, Ihr Italienisch konsequent zu verbessern.

Die Autorin und die Redaktion wünschen Ihnen viel Vergnügen, Ausdauer und Kurzweil.

Buon lavoro!

LERNTIPPS

Wie arbeiten Sie optimal mit diesem Buch?

- Sie wollen ein bestimmtes Thema üben, das Sie schon gelernt haben?
  Lesen Sie zunächst die Einleitung am Anfang einer Lerneinheit und wiederholen Sie dadurch Ihr Grundwissen. Bearbeiten Sie dann die dazugehörigen Übungen und vergleichen Sie anschließend Ihre Lösungen mit dem Schlüssel im Buch.

- Sie wollen ein bestimmtes Thema üben, das Sie noch nie gelernt haben?
  Studieren Sie hierzu das Thema zuallererst ausführlich in Ihrem Grammatikbuch. Nehmen Sie anschließend Ihr **Großes Übungsbuch Italienisch** zur Hand und lesen Sie aufmerksam die Grammatik-Erklärung zu dem von Ihnen ausgewählten Thema durch. Dann bearbeiten Sie die zu dem jeweiligen Thema passenden Übungen. Überprüfen Sie anschließend Ihre Lösungen anhand des Schlüssels im Buch. Eventuell müssen Sie eine Übung mehrmals machen. Auch ist es sinnvoll, eine gewisse Zeit verstreichen zu lassen, bis sich die Lerninhalte „gesetzt haben", und dann eine Übung zu einem späteren Zeitpunkt noch einmal zu machen.

- Sie wollen sich den Wortschatz zu den Übungen einprägen?
  Da es sinnvoller ist, Vokabeln im Kontext zu lernen, empfiehlt es sich, zuerst die Übung zu machen. Lesen Sie danach die dazugehörige Vokabelliste zwei bis drei Mal durch. Dann decken Sie die deutsche Spalte ab und versuchen, die italienischen Wörter zunächst ins Deutsche zu übersetzen. Später decken Sie die italienische Spalte ab und verfahren umgekehrt. Wiederholen Sie diesen Vorgang ruhig mehrmals. Gehen Sie auch die Vokabeln von unten nach oben durch, um sie nicht immer in derselben Reihenfolge zu üben. Schließlich markieren Sie die Wörter, die Ihnen am meisten Schwierigkeiten bereiten, und wiederholen diese gesondert.

- Beachten Sie auch den folgenden Hinweis:
  Im gesamten Übungsbuch wird auf die *Große Lerngrammatik Italienisch* von Hueber mit der Abkürzung *Gr LGr* verwiesen.

INHALTSVERZEICHNIS

AUSSPRACHE

→ Gr LGr S. 19 ff.

Die italienische Aussprache bereitet deutschsprachigen Lernenden im Allgemeinen wenig Schwierigkeiten. Einige Buchstaben-Laut-Beziehungen sowie einige Laute unterscheiden sich jedoch in beiden Sprachen:

c	wird vor *a*, *o*, *u*, *hi*, *he*	[k]	wie in „**K**arte“ ausgesprochen
c	wird vor *i*, *e*	[tʃ]	wie in „**Tsch**üs“ ausgesprochen
g	wird vor *a*, *o*, *u*, *hi*, *he*	[g]	wie in „**G**arten“ ausgesprochen
g	wird vor *i*, *e*	[dʒ]	wie in „**G**in“ ausgesprochen
gl	wird vor *a*, *o*, *u*	[gl]	wie in „**Gl**ück“ ausgesprochen
gl	wird vor *i* in der Regel	[ʎ]	wie in „bri**ll**ant“ ausgesprochen
sc	wird vor *a*, *o*, *u*, *hi*, *he*	[sk]	wie in „**Sk**andal“ ausgesprochen
sc	wird vor *i*, *e*	[ʃ]	wie in „**Sch**iff“ ausgesprochen

1 Ordnen Sie die Wörter je nach Aussprache der markierten Buchstabengruppen in die richtige Spalte ein.

~~mangiare~~ • ciao • correre • gatto • famiglia • scherzo • asciugamano • scuola • cena • pesca • occhiali • funghi • gloria • perché • abbigliamento • gelato • luglio • mucca • rischio • Grecia • giorno • chi • pesce • Inghilterra • lungo • portoghese • pregare • pomeriggio • glassa • dischi • scarpa • vivace

[k]	[tʃ]	[g]	[dʒ]	[gl]	[ʎ]	[sk]	[ʃ]
			mangiare				

asciugamano	Handtuch	**mucca**	Kuh
pesca	Pfirsich, Fischen	**pesce**	Fisch
occhiali	Brille	**pregare**	bitten, beten
gloria	Ruhm	**glassa**	Zuckerguss
abbigliamento	Kleidung	**vivace**	lebendig

In der nächsten Übung können Sie besonders schwierige Laute mit Hilfe von amüsanten italienischen *scioglilingua* (Zungenbrecher) trainieren. Nachdem Sie die Übung gemacht haben, lesen Sie die Zungenbrecher so oft wie möglich laut vor. Wenn Sie wollen, können Sie auch versuchen, die kürzesten auswendig zu lernen. Das macht Spaß!

2 **Finden Sie heraus, welche Laute in jedem Zungenbrecher überwiegen. Kreuzen Sie sie an, wenn nötig auch mehrmals.**

1. Sopra la panca la capra campa, sotto la panca la capra crepa. — [tʃ] [k] [g] [dʒ]
2. Sul tagliere l'aglio taglia, non tagliare la tovaglia. La tovaglia non è aglio, se la tagli fai uno sbaglio. — [gl] [ʎ] [sk] [dʒ]
3. Sotto un uscio, tutto liscio, cade a strisce un grosso guscio. — [ʃ] [sk] [tʃ] [k]
4. Ciò che è, è. Ciò che non è, non è. Ciò che è, non è ciò che non è. Ciò che non è, non è ciò che è. — [tʃ] [sk] [dʒ] [k]
5. Ho in tasca l'esca ed esco per la pesca, ma il pesce non s'adesca, c'è l'acqua troppo fresca. Conviene che la finisca, non prenderò una lisca. Mi metto in tasca l'esca e torno dalla pesca. — [sk] [ʃ] [tʃ] [k]
6. Verso maggio con un paggio vado in viaggio. Non vaneggio né motteggio: forse è peggio. Se mi seggo più non reggo: mangio o leggo. Se non fuggo qui mi struggo, ma se fuggo vado al peggio e un alloggio là mi foggio sotto un faggio con coraggio. — [k] [dʒ] [g] [tʃ]

panca	Bank	**esca**	Köder
capra	Ziege	**adescare**	ködern
campare	leben	**convenire**	sich lohnen
crepare	*hier* sterben	**lisca**	Fischgräte
tagliere	Schneidebrett	**paggio**	junger Diener
aglio	Knoblauch	**vaneggiare**	phantasieren
tagliare	schneiden	**motteggiare**	bespötteln
tovaglia	Tischdecke	**peggio**	schlimmer
sbaglio	Fehler	**mi seggo (sedersi)**	ich setze mich
uscio	Tür	**reggere**	halten
liscio	glatt	**fuggire**	fliehen
cadere	fallen	**struggersi**	vergehen
a strisce	gestreift	**alloggio**	Unterkunft
guscio	Schale	**foggiare**	bilden, gestalten
ciò che	das, was	**faggio**	(die) Buche
tasca	Tasche	**coraggio**	Mut

SUBSTANTIVE

→ Gr LGr S. 36–37

Regelmäßige Substantive

In den folgenden drei Aufgaben werden Genus und Pluralbildung der regelmäßigen Substantive geübt. Am schwierigsten sind die Substantive auf *-e*, da sie männlich oder weiblich sein können.

Singular	Genus	Plural	Beispiel
auf *-o*	männlich	*-i*	*letto* → *letti*
auf *-a*	weiblich	*-e*	*borsa* → *borse*
auf *-e*	männlich weiblich	*-i*	*mobile* → *mobili* *legge* → *leggi*

3 Männlich oder weiblich? Ordnen Sie die Substantive dem passenden Feld zu.

männlich	weiblich

vento camera televisione quartiere lingua gita pane
amica fame lavoro cellulare festa letto collina
ragazzo moglie cappello tavolo neve chiave
latte piazza giornale ospedale carne ponte

cappello	Hut	**gita**	Ausflug
cellulare	Handy	**lingua**	Sprache, Zunge
chiave	Schlüssel	**neve**	Schnee
collina	Hügel	**quartiere**	Viertel
fame	Hunger	**vento**	Wind

4 Finden Sie zu den deutschen Wörtern die passende Übersetzung. Setzen Sie dann die italienischen Substantive in den Plural.

luce • ~~notte~~ • porta • limone • profumo • stagione • pesce • mela • libro • coltello • albero • spumante

1.	Nacht	*notte – notti*	7.	Tür	....
2.	Baum	....	8.	Apfel	....
3.	Sekt	....	9.	Duft	....
4.	Messer	....	10.	Buch	....
5.	Licht	....	11.	Fisch	....
6.	Zitrone	....	12.	Jahreszeit	....

Welche der oben stehenden Substantive auf *-e* sind männlich? ....

Welche der oben stehenden Substantive auf *-e* sind weiblich? ....

5 Vervollständigen Sie die Sätze mit dem passenden Substantiv. Setzen Sie es dabei in den Plural. Kreuzen Sie auch an, ob die Substantive männlich (m) oder weiblich (w) sind.

mare • piatto • fiume • montagna • isola • nome • nazione • torre • opera • museo

		m	w
1.	Maria, Marta, Ludovico e Paolo sono	☐	☐
2.	Il Po, il Tevere e l'Arno sono	☐	☐
3.	La Germania, l'Italia, la Francia e l'Olanda sono	☐	☐
4.	Quella pendente di Pisa e quella di Parigi sono	☐	☐
5.	Le Alpi e gli Appennini sono formati da	☐	☐
6.	La Sardegna, la Sicilia, Capri e Ischia sono	☐	☐
7.	Il ragù alla bolognese e la pizza margherita sono	☐	☐
8.	La Divina Commedia e il Convivio sono .... di Dante Alighieri.	☐	☐
9.	Il Tirreno, l'Adriatico e lo Ionio sono	☐	☐
10.	Quelli Vaticani di Roma e gli Uffizi di Firenze sono	☐	☐

quello/-a/-i/-e	der, die, das	**essere formato da**	bestehen aus
pendente	*hier* schief	**Dante Alighieri**	*Dichter (1265–1321)*

→ Gr LGr S. 38–40, 42–43

Besonderheiten der Substantive

Einige Substantive weichen bezüglich Genus und Pluralbildung von den oben dargestellten Regeln ab. Das folgende Schema wird Ihnen die kommenden Aufgaben erleichtern.

Singular	Genus	Plural	Beispiel
auf *-ma*	meist männlich	*-i*	*problema → problemi*
auf Konsonant	meist männlich	= Singular	*film → film*
auf *-ista*	männlich / weiblich	*-i/-e*	*turista → turisti / turiste*
auf *-i*	meist weiblich	= Singular	*crisi → crisi*
auf *-o*	manchmal weiblich	= Singular	*radio → radio*, aber *mano → mani*

6 **Hier sind 12 Substantive senkrecht oder waagerecht versteckt, die auf Konsonant, *-ma*, *-ista* oder *-i* enden. Suchen Sie sie und tragen Sie sie in die passende Spalte ein, wenn nötig auch mehrmals.**

C I D E N T I S T A
C R I S I A R R O R
P S P O R T K L E T
O U L A N A L I S I
E C O M P U T E R S
M I M D E S S E R T
A B A R I O A S I A
E P A N O R A M A F

männlich	weiblich

7 **Kreuzen Sie an, ob die Substantive männlich (m) oder weiblich (w) sind, wenn nötig auch mehrmals. Setzen Sie sie dann in den Plural.**

	Singular	m	w	Plural
1.	tema	☐	☐	....
2.	foto	☐	☐	....
3.	giornalista	☐	☐	....
4.	moto	☐	☐	....
5.	yogurt	☐	☐	....

	Singular	m	w	Plural
6.	metropoli	☐	☐	....
7.	sintesi	☐	☐	....
8.	telegramma	☐	☐	....
9.	musicista	☐	☐	....
10.	cronista	☐	☐	....
11.	biberon	☐	☐	....
12.	ipotesi	☐	☐	....

giornalista	Journalist/-in	**biberon**	Babyflasche
musicista	Musiker/-in	**ipotesi**	Hypothese

→ Gr LGr S. 42–45

In diesem Abschnitt geht es ausschließlich um Substantive mit Besonderheiten bei der Pluralbildung. Folgendes Schema hilft Ihnen bei den nächsten beiden Übungen.

Singular		Plural	Beispiel
Betonung auf dem Endvokal		= Singular	*caffè* (m) → *caffè*
einsilbig		= Singular	*gru* (w) → *gru*
auf *-io*	mit betontem **-i** mit unbetontem **-i**	*-ii* *-i*	*pendio* → *pendii* *figlio* → *figli*
auf *-co*	Betonung: vorletzte Silbe Betonung: drittletzte Silbe	*-chi* *-ci*	*tedesco* → *tedeschi* *medico* → *medici*
auf *-go*		*-ghi*	*borgo* → *borghi*
auf *-logo*	Person Sache	*-logi* *-loghi*	*cardiologo* → *cardiologi* *dialogo* → *dialoghi*
auf *-cia/-gia*	mit betontem **-i** mit unbetontem **-i** • nach Konsonant • nach Vokal	*-cie/-gie* *-ce* *-ge* *-cie* *-gie/-ge*	*bugia* → *bugie* *provincia* → *province* *spiaggia* → *spiagge* *camicia* → *camicie* *valigia* → *valigie* / *valige*
auf *-ca*		*-che*	*epoca* → *epoche*
auf *-ga*		*-ghe*	*spiga* → *spighe*

gru	Kran	**bugia**	Lüge
pendio	Abhang	**camicia**	Hemd
borgo	Dorf	**spiga**	Ähre

8 **Setzen Sie die Substantive in den Plural bzw. in den Singular.**

Singular	Plural
viaggio	....
città	....
....	psicologi
impiego	....
....	giacche
gioco	....
farmacia	....
pioggia	....

Singular	Plural
....	zii
....	età
diplomatico	....
....	cataloghi
esca	....
re	....
arancia	....
ciliegia	....

impiego	Arbeitsstelle	**esca**	Köder
zio	Onkel	**re**	König
età	Alter	**ciliegia**	Kirsch

9 **Vervollständigen Sie das Kreuzworträtsel mit den italienischen Entsprechungen der deutschen Wörter. Setzen Sie sie danach in den Plural.**

1. Kollegin ....
2. Hotel ....
3. Monolog ....
4. Bürgermeister ....
5. Schleife ....
6. Mund ....
7. Wahrheit ....
8. Kuss ....

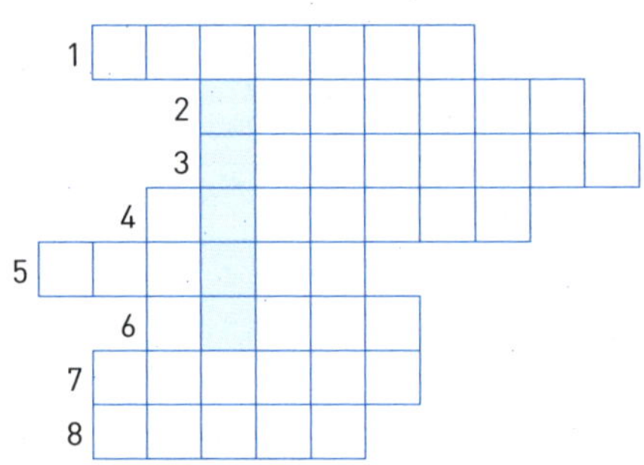

Aus den markierten Kästchen ergibt sich ein Substantiv. Welches? Geben Sie seinen Plural an.

Lösungswort: .... → ....*ci*

Dieser Plural ist übrigens eine Ausnahme!

→ Gr LGr S. 45–46

Einige Substantive weisen Besonderheiten auf, von denen sich keine Regel ableiten lässt:

- Substantive mit einer unregelmäßigen Pluralform, z. B. *uomo* → *uomini*;
- Substantive mit zwei Pluralformen, die meistens unterschiedliche Bedeutungen haben, z. B. *muro* → *muri / mura*;
- Substantive, die nur im Singular oder im Plural verwendet werden, z. B. *capelli*.

10 Bilden Sie den Plural der Substantive aus den Wortsegmenten. Achtung: Einige Substantive können zwei Pluralformen haben.

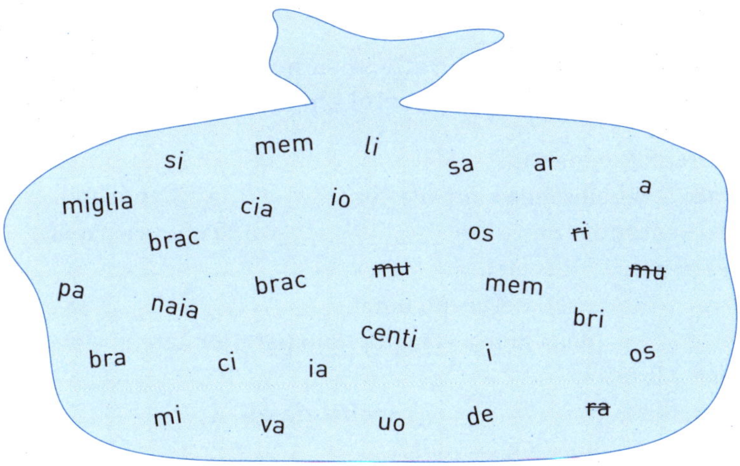

1. muro → *muri / mura*
2. membro → ....
3. dio → ....
4. ala → ....
5. migliaio → ....
6. centinaio → ....
7. osso → ....
8. braccio → ....
9. uovo → ....
10. arma → ....

Aus den verbleibenden Wortsegmenten ergibt sich ein Substantiv. Welches? Und wie lautet seine Pluralform?

Lösungswort: .... → ....

muro	Mauer	**centinaio**	Hundert
membro	Mitglied	**osso**	Knochen
ala	Flügel	**braccio**	Arm
migliaio	Tausend	**arma**	Waffe

11 **Tragen Sie alle Wortpaare der vorhergehenden Übung in die passenden Felder ein.**

12 **Folgende Substantive haben zwei Pluralformen mit unterschiedlicher Bedeutung. Setzen Sie sie (mit den Artikeln) ein.**

1. il braccio → i bracci / le braccia
   a. Ho comprato una bellissima lampada con .... snodabili.
   b. I bambini si sentono protetti tra .... di mamma e papà.
2. il membro → i membri / le membra
   a. .... sono parti del corpo umano.
   b. Oggi .... della giuria si riuniscono per prendere una decisione.
3. l'osso → gli ossi / le ossa
   a. Mario è massiccio, ha .... molto grandi.
   b. I cani hanno l'abitudine di nascondere ....
4. il muro → i muri / le mura
   a. Devo assolutamente rinfrescare .... di casa.
   b. La città conserva ancora .... del periodo medioevale.
5. il labbro → i labbri / le labbra
   a. Rosa muove .... proprio come sua madre.
   b. .... della ferita devono ancora rimarginarsi.

snodabile	schwenkbar	**abitudine**	Gewohnheit
sentirsi	sich fühlen	**nascondere**	verstecken
protetto	geschützt	**assolutamente**	unbedingt
umano	menschlich	**rinfrescare**	erneuern, restaurieren
giuria	Jury	**medioevale**	mittelalterlich
riunirsi	sich versammeln	**muovere**	bewegen
decisione	Entscheidung	**ferita**	Wunde
massiccio	kräftig	**rimarginarsi**	vernarben

13 **Vervollständigen Sie die Redewendungen mit dem jeweils richtigen Wort. Verbinden Sie sie anschließend mit der deutschen Entsprechung.**

fame • soldi • miele • redini • viveri • coraggio

1.	essere tutto .... con qualcuno	a.	jemandem Honig um den Mund schmieren
2.	prendere il .... a due mani	b.	das Heft in die Hand nehmen
3.	tagliare i .... a qualcuno	c.	etwas für ein Butterbrot verkaufen
4.	tenere le	d.	einen Bärenhunger haben
5.	avere una .... da lupi	e.	sich ein Herz fassen
6.	vendere qualcosa per quattro	f.	jemandem den Geldhahn zudrehen

Die oben einzutragenden Wörter werden entweder nur im Singular oder nur im Plural verwendet. Fügen Sie sie in die passende Spalte ein.

nur im Singular	nur im Plural

→ Gr LGr S. 40–41

Wie im Deutschen haben auch im Italienischen Substantive, die Personen oder Tiere bezeichnen, sowohl eine männliche als auch eine weibliche Form. Einige Substantive unterscheiden sich nur in der Endung. Manche Substantive haben dagegen zwei unterschiedliche Formen, andere nur eine.

bambino → bambina
signore → signora
scrittore → scrittrice

leone → leonessa
uomo → donna
nipote → nipote

scrittore	Schriftsteller	**nipote**	Enkelkind, Neffe, Nichte
leone	Löwe		

14 **Vervollständigen Sie die Tabelle mit der männlichen bzw. weiblichen Form der Substantive.**

männlich	weiblich
padre	
	sorella
amico	
gatto	
	presidentessa
	regina

männlich	weiblich
	artista
	cameriera
pittore	
cantante	
	attrice
studente	

regina	Königin
artista	Künstler/-in
cameriera	Zimmermädchen, Kellnerin

pittore	Maler
cantante	Sänger/-in
attrice	Schauspielerin

→ Gr LGr S. 36 ff.

In den beiden letzten Übungen geht es um die Frage: Ist das Substantiv regelmäßig oder handelt es sich um einen Sonderfall? Alles, was Sie in den vorherigen Aufgaben geübt haben, wird Ihnen dieses Mal „gemischt" vorgestellt. Also, testen Sie sich!

15 **Tragen Sie die Wörter – auch mehrmals – in die richtige Spalte ein.**

~~tabù~~ • smog • ~~finestre~~ • paralisi • marito • record • clima • coperta • mani • funghi • colleghe • teoremi • unità • bocche • latte • novità • teppisti • bicchiere • libri • canzone • patata • informazione • auto • giorno • domande • hotel • oculista

männlich		weiblich	
Singular	Plural	Singular	Plural
tabù	*tabù*		*finestre*

Welche der oben stehenden Substantive sind regelmäßig, was das Geschlecht und/oder die Pluralbildung angeht?

finestre, ...

....

unità	Einheit	**teppista**	Rowdy
novità	Neuigkeit	**oculista**	Augenarzt/-ärztin

16 **Lesen Sie die Sätze. Unterstreichen Sie die Substantive und setzen Sie sie anschließend in den Plural.**

ESEMPIO **Il cugino di Ilaria lavora alla Fiat.** *cugini*

1. Io prendo spesso il tram, e tu? ....
2. Franco è sociologo. ....
3. Domani dobbiamo andare in banca. ....
4. Questo schema grammaticale è molto utile. ....
5. Gennaro e Marilena frequentano l'università. ....
6. Ti piace il tuo nuovo lavoro? ....
7. La lezione finisce alle dieci. ....
8. Devo ancora preparare il sugo. ....
9. Domenico fa l'autista. ....
10. Che uomo affascinante! ....

cugino	Cousin	**sugo**	Sauce
utile	nützlich	**autista**	Kraftfahrer
frequentare	besuchen	**affascinante**	bezaubernd

ARTIKEL

→ Gr LGr S. 49–51

Bestimmter Artikel: Formen

Der italienische bestimmte Artikel (der, die, das) richtet sich in Geschlecht und Zahl nach dem Substantiv, das er begleitet: Er kann männlich oder weiblich sein (im Italienischen gibt es kein Neutrum) und im Singular oder im Plural stehen.
Im Deutschen sind die Formen des bestimmten Artikels außerdem vom Fall (Nominativ, Dativ usw.) abhängig. Das Italienische hingegen kennt keine Fälle, doch die unterschiedlichen Formen des bestimmten Artikels hängen u. a. vom Anfangsbuchstaben – Konsonant oder Vokal – des folgenden Wortes ab. Bei den nächsten Übungen achten Sie also besonders auf das nachfolgende Wort!

		Singular		Plural	
männlich	vor Konsonant	*il*	*treno*	*i*	*treni*
	vor *s* + Konsonant,	*lo*	*sport*	*gli*	*sport*
	ps, *x*, *z*, *gn*, *y*		*psicologo*		*psicologi*
			xilofono		*xilofoni*
			zaino		*zaini*
			gnocco		*gnocchi*
			yogurt		*yogurt*
	vor Vokal	*l'*	*elefante*	*gli*	*elefanti*
weiblich	vor Konsonant	*la*	*donna*	*le*	*donne*
	vor Vokal	*l'*	*ora*	*le*	*ore*

zaino	Rucksack	**ora**	Stunde
donna	Frau		

17 **Fügen Sie zu den folgenden Substantiven im Singular den passenden bestimmten Artikel hinzu: *il*, *lo*, *la* oder *l'*.**

1. .... porta
2. .... tavolo
3. .... problema
4. .... pseudonimo
5. .... testa
6. .... acqua
7. .... sci
8. .... aperitivo
9. .... sgabello
10. .... parola
11. .... zoccolo
12. .... olio

testa	Kopf	**sgabello**	Hocker
sci	Ski	**zoccolo**	Holzschuh

18 Setzen Sie die Substantive in den Plural und fügen Sie den passenden bestimmten Artikel hinzu: *i*, *gli* oder *le*.

Singular	Plural
la penna	*le penne*
lo scialle	
l'ombrello	
la sedia	
l'insalata	

Singular	Plural
il telefono	
l'abito	
lo zingaro	
l'azienda	
il pavimento	

scialle	Schal
zingaro	Zigeuner
azienda	Betrieb, Firma
pavimento	Boden

19 Verbinden Sie die Artikel mit den passenden Substantiven, wenn nötig auch mehrmals.

burro · zero · lampada · amici · mele · foto

il · lo · l' · la · i · gli · le

società · giornalista · giornali · aula · squillo · amore

aula	Klassenzimmer
società	Gesellschaft
squillo	Schall, Klang
zero	Null

20 Kreuzen Sie die richtige Form des bestimmten Artikels an. Setzen Sie dann die Substantive mit den passenden Artikeln in den Plural bzw. Singular.

l'	~~la~~	cucina	→	*le cucine*
il	lo	quadro	→	
i	gli	scavi	→	
la	le	pianta	→	
i	gli	ragazzi	→	
il	l'	ospite	→	
il	lo	sciroppo	→	
il	le	fragole	→	
il	lo	pranzo	→	
il	l'	ape	→	

quadro	Bild	**ospite**	Gast
scavi	Ausgrabungen	**fragole**	Erdbeeren
pianta	Pflanze	**ape**	Biene

Wenn zwischen dem Artikel und dem Substantiv ein Adjektiv steht, richtet sich der Artikel nicht nach dem Anfangsbuchstaben des Substantivs, sondern nach dem des darauf folgenden Adjektivs: ***gli sc****rupoli*, aber: ***i t****ipici scrupoli*.

21 Vervollständigen Sie die Sätze mit der richtigen Form des bestimmten Artikels.

1. .... amore fa gioire e soffrire milioni di persone.
2. Roberto è stato .... grande amore della mia vita.
3. Abbiamo diversi problemi con .... inquilini del primo piano.
4. Chi si è lamentato questa volta? – .... soliti inquilini del primo piano.
5. .... specchio che hai nell'ingresso è molto bello.
6. È già .... terzo specchio che compro!
7. .... mese di febbraio è stato molto piovoso.
8. .... scorso mese ho sostenuto due esami all'università.
9. Ti vengo a prendere con .... auto di mio padre.
10. Questa è .... vecchia auto di mio padre.

gioire	sich freuen	**volta**	Mal
soffrire	leiden	**solito**	derselbe
è stato (essere)	ist gewesen	**specchio**	Spiegel
diverso	verschieden	**ingresso**	Eingang
inquilino	Mieter	**piovoso**	regnerisch
piano	Stockwerk	**ho sostenuto (sostenere)**	*hier* (ich) habe abgelegt
si è lamentato (lamentarsi)	hat sich beschwert	**venire a prendere**	abholen

→ Gr LGr S. 52–54

Bestimmter Artikel: Gebrauch

Grundsätzlich wird der bestimmte Artikel wie im Deutschen verwendet und weist auf etwas Bekanntes oder bereits im Kontext Erwähntes hin:

La ragazza *di mio fratello si chiama Teresa.*	**Die Freundin** meines Bruders heißt Teresa.

Im Italienischen wird der bestimmte Artikel jedoch auch verwendet bei: Stoffen und Sportarten, Titel- und Berufsbezeichnungen, Namen von Ländern und Regionen, Krankheiten, Uhrzeiten, Körperteilen, Sprachen und Farben.

Im Folgenden einige Beispiele:

La seta *è un tessuto delicato.* aber: *Ho comprato una camicetta* ***di seta****.*	**Seide** ist ein empfindlicher Stoff. Ich habe eine Bluse **aus Seide** gekauft.
Amo ***la pallavolo****.* aber: ***Gioco a pallavolo*** *in una squadra.*	Ich liebe **Volleyball**. **Ich spiele Volleyball** in einer Mannschaft.
Non conosco ***il signor Rossi****.* aber: ***Signor Rossi****, come sta?*	Ich kenne **Herrn Rossi** nicht. **Herr Rossi**, wie geht es Ihnen?
L'Italia *è una penisola.* aber: *Andiamo* ***in Italia****.*	**Italien** ist eine Halbinsel. Wir fahren **nach Italien.**
I bambini hanno ***la febbre****.*	Die Kinder haben **Fieber.**
Sono ***le dieci****.*	Es ist **zehn Uhr.**
Marina ha ***le mani*** *affusolate.*	Marina hat schlanke **Hände.**
Parli ***il tedesco****?*	Sprichst du **Deutsch**?
Mi piace ***il giallo****.*	Ich mag **Gelb.**

22 **Setzen Sie die Artikel, wo erforderlich, ein. Achtung: Sie können nicht überall verwendet werden.**

le • lo • l' • il • la • la • il

1. Gigi e Vincenza vanno a vivere in .... Spagna.
2. Ti va di giocare a .... tennis domani?
3. .... spagnolo è una lingua romanza come .... italiano.
4. Oh, sono .... nove! Devo tornare a casa.
5. Che ne dici di questo pullover di .... cotone?
6. Conoscete .... dottoressa Bellini?
7. .... Francia confina con diverse nazioni.
8. Ti senti meglio? – Veramente no, ho ancora .... raffreddore.
9. Rossella, ... verde ti dona molto.
10. .... professor Amato, come si trova all'università?

ti va ...	hast du Lust ...	**meglio**	besser
lingua romanza	romanische Sprache	**veramente no**	eigentlich nicht
che ne dici di ...	was hältst du von ...	**raffreddore**	Schnupfen
confinare	grenzen	**donare**	*hier* stehen
sentirsi	sich fühlen	**trovarsi**	*hier* sich fühlen

23 **Artikel: ja oder nein? Vervollständigen Sie die Sätze, wo erforderlich, mit dem passenden bestimmten Artikel.**

1. .... calcio è lo sport più amato dagli italiani.
2. Giovanni mi ha regalato una catenina di .... oro.
3. Perché non andate in vacanza in .... Egitto?
4. .... Lombardia è una regione dell'Italia settentrionale.
5. Non conosco né .... inglese né .... francese.
6. Monica ha .... occhi azzurri e .... capelli biondi.
7. .... signora Frattini, prego si accomodi!
8. Alla fermata dell'autobus incontro sempre .... dottor Vespa.
9. Lo sai che i figli di Nora hanno .... varicella?
10. Sono .... sei e mezza. Presto, comincia la partita!

calcio	Fußball	**né ... né**	weder ... noch
amato	beliebt	**si accomodi (accomodarsi)**	nehmen Sie Platz
ha regalato (regalare)	(er) hat geschenkt	**fermata**	Haltestelle
catenina	Kettchen	**varicella**	Windpocken
oro	Gold	**presto**	los, schnell
settentrionale	nördlich	**partita**	Spiel

→ Gr LGr S. 54 ff.

Unbestimmter Artikel: Formen

Wie der bestimmte Artikel richtet sich auch der unbestimmte Artikel (ein, eine) in Geschlecht und Zahl nach dem Substantiv, auf das er sich bezieht. Seine Formen hängen ebenfalls vom Anfangsbuchstaben des darauf folgenden Wortes ab. Im Gegensatz zum bestimmten Artikel wird aber der unbestimmte Artikel nur im Singular bei zählbaren Substantiven verwendet.

	männlich		weiblich	
vor Konsonant	*un*	*treno*	*una*	*donna*
vor Vokal		*elefante*	*un'*	*ora*
vor *s* + Konsonant, *ps*, *x*, *z*, *gn*, *y*	*uno*	*sport* *psicologo* *xilofono* *zaino* *gnocco* *yogurt*		

Achtung: Wenn zwischen Artikel und Substantiv ein Adjektiv steht, richtet sich der Artikel nicht nach dem Anfangsbuchstaben des Substantivs, sondern nach dem des darauf folgenden Adjektivs: ***uno*** *stereo*, aber: ***un*** *vecchio stereo*.

24 Ordnen Sie die Substantive der richtigen Spalte zu.

scoperta • elica • nome • autografo • aranciata • spazio • cortile • gnomo • idea • vestito • lezione • orto • zucchino • cravatta

un	uno	una	un'

scoperta	Entdeckung	**cortile**	Hof
elica	Schraube	**gnomo**	Zwerg
autografo	Autogramm	**orto**	Gemüsegarten
spazio	Raum, Platz		

25 Ersetzen Sie die bestimmten Artikel durch die entsprechenden unbestimmten Artikel.

ESEMPIO lo yogurt → *uno yogurt*

1. lo stadio → ....
2. la macelleria → ....
3. l'odore → ....
4. l'isola → ....
5. lo zio → ....
6. la commessa → ....
7. il vocabolario → ....
8. lo straccio → ....
9. l'arancia → ....
10. il kiwi → ....

macelleria	Metzgerei	**vocabolario**	Wörterbuch
odore	Duft	**straccio**	Lumpen
commessa	Verkäuferin		

26 In jeder Wortreihe passt ein Substantiv zum angegebenen Artikel nicht. Suchen Sie es und setzen Sie den passenden Artikel dazu.

ESEMPIO **un** → **uovo – cane – ~~auto~~ – piatto** *un'auto*

1. uno → straniero – sciatore – scuola – scisma ....
2. un' → affare – ipotesi – accusa – orchidea ....
3. una → bandiera – chiave – mano – pettine ....
4. un → notte – mobile – pianoforte – teatro ....

straniero	Ausländer	**accusa**	Beschuldigung
sciatore	Skiläufer	**bandiera**	Flagge
scisma	Schisma	**pettine**	Kamm
affare	Geschäft	**mobile**	Möbelstück

27 Vervollständigen Sie die Sätze mit dem passenden unbestimmten Artikel.

1. Mi scusi, mi può aiutare? Cerchiamo .... albergo qui in zona.
2. Signori, è .... onore avervi a cena da noi stasera.
3. Questa è .... scelta difficile.
4. Ho freddo ai piedi, probabilmente da sotto la porta viene .... spiffero.
5. Riccardo è violinista e suona in .... orchestra.
6. Ogni sera seguo .... trasmissione molto interessante alla TV.
7. Senta, mi può portare .... bicchiere pulito, per favore?
8. Nella strada dove abita Lucia c'è tutto: .... edicola, ... supermercato, ... studio legale, ... banca e perfino .... ospedale.

zona	*hier* Gegend	**spiffero**	Luftzug
onore	Ehre	**pulito**	sauber
scelta	Wahl	**edicola**	Kiosk
ho freddo ...	es ist mir kalt ...	**studio legale**	Kanzlei
probabilmente	möglicherweise	**perfino**	sogar
da sotto la porta	unter der Tür	**ospedale**	Krankenhaus

28 **Setzen Sie den passenden unbestimmten Artikel ein. Achten Sie dabei genau auf das nachfolgende Wort.**

1. .... auto
2. .... nuova auto
3. .... spavento
4. .... brutto spavento
5. .... biglietto
6. .... solo biglietto
7. .... segreto
8. .... piccolo segreto
9. .... incontro
10. .... strano incontro
11. .... attesa
12. .... breve attesa
13. .... yacht
14. .... nuovo yacht

spavento	Schreck	**strano**	seltsam
segreto	Geheimnis	**attesa**	Warten

Bestimmter und unbestimmter Artikel: Gebrauch in der Gegenüberstellung

Der **bestimmte Artikel** wird im Italienischen abgesehen von einigen Ausnahmen wie im Deutschen gebraucht, um sich auf etwas Bekanntes zu beziehen:

Il cane del mio vicino abbaia in continuazione. — **Der Hund** meines Nachbars bellt ständig.

Eine Ausnahme: *Parlo l'inglese.* — Ich spreche **Englisch**.

Will man sich auf etwas beziehen, was nicht bekannt ist oder zum ersten Mal erwähnt wird, dann muss man im Italienischen, wie im Deutschen, den **unbestimmten Artikel** verwenden:

*Ieri ho mangiato **una pizza**.* — Gestern habe ich **eine Pizza** gegessen.

In der nächsten Aufgabe müssen Sie sich zwischen dem bestimmten Artikel, dem unbestimmten Artikel oder der Auslassung des Artikels entscheiden.
Achten Sie also auf den richtigen Gebrauch.

29 **Bestimmter oder unbestimmter Artikel? Vervollständigen Sie die Sätze mit den Artikeln. Achtung: In einigen Fällen wird kein Artikel gebraucht.**

il • una • le • lo • gli • l' • uno • la • il • il • un • l' • una • un • un'

1. Domani c'è .... sciopero dei treni.
2. Questi sono .... amici di Patrizia.
3. .... attacco terroristico alle torri gemelle è stato .... shock per tutti.
4. .... liceo "Alessandro Manzoni" si trova in .... strada principale.

5. Scusate, c'è .... edicola da queste parti?
6. .... signora Bianconi, Le presento .... signor D'Amico.
7. Voglio comprare .... maglione di .... lana.
8. Ti piace .... vino o preferisci .... birra?
9. .... invenzione dell'aspirina è stata .... scoperta formidabile.
10. Sono .... nove, devo andare. Ho .... appuntamento importante.

sciopero	Streik	**Le presento**	ich stelle Ihnen vor
attacco terroristico	Terroranschlag	**maglione**	Pulli
torri gemelle	Twin Towers	**lana**	Wolle
è stato (essere)	(er) ist gewesen	**invenzione**	Erfindung
trovarsi	sich befinden	**scoperta**	Entdeckung
strada principale	Hauptstraße	**formidabile**	großartig
da queste parti	in dieser Gegend	**appuntamento**	Termin

→ Gr LGr 58–61

Teilungsartikel: Formen und Gebrauch

Devo comprare ***delle mele.*** Ich muss **Äpfel** kaufen.

Für unbestimmte Mengenangaben wird im Italienischen der Teilungsartikel benutzt, der aus der Präposition *di* und dem bestimmten Artikel besteht. Im Deutschen gibt es dafür keine Entsprechung, das Substantiv wird ohne Artikel gebraucht. In der folgenden Übersicht finden Sie sämtliche Formen des Teilungsartikels:

di + il	→ ***del*** *pane*	Brot
di + lo	→ ***dello*** *zucchero*	Zucker
di + l' (m)	→ ***dell'****aceto*	Essig
di + la	→ ***della*** *carne*	Fleisch
di + l' (w)	→ ***dell'****insalata*	Salat
di + i	→ ***dei*** *pomodori*	Tomaten
di + gli	→ ***degli*** *asparagi*	Spargel
di + le	→ ***delle*** *patate*	Kartoffeln

Beachten Sie die folgenden Sätze:
Devo comprare ***delle mele.*** Ich muss **Äpfel** kaufen.
Devo comprare ***un chilo di mele.*** Ich muss **ein Kilo Äpfel** kaufen.
Will man im Italienischen eine bestimmte Menge angeben, so wird ebenfalls die Präposition *di* (nach der Mengenangabe) verwendet, allerdings ohne Artikel!

30 Verbinden Sie die oben stehenden Teilungsartikel mit den passenden Substantiven, wenn nötig auch mehrmals.

della | dell' | dello | del | degli | dei | delle

acqua | spumante | ombrelloni | carte | sigarette | spinaci | vino | cerini | mandarini | frutta | aglio

aglio	Knoblauch	**ombrellone**	Sonnenschirm
cerino	Streichholz	**spinaci**	Spinat

31 Vervollständigen Sie den Dialog mit den Formen des Teilungsartikels.

▶ Maria, esco un attimo a comprare le sigarette. Ci serve qualcosa?
■ Sì, senti, compri .... elastici?
▶ Va bene.
■ Ah, aspetta, ci servono anche .... cerotti.
▶ Sì, certo ...
■ Eh ... se passi dal fruttivendolo, compri .... albicocche? Lo sai che mi piacciono da morire.
▶ Ah, sì ...
■ Un momento, aspetta, se vai al supermercato, prendi .... pasta corta? Mangiamo sempre spaghetti! E poi compra pure .... olio, che è finito, olio extravergine, mi raccomando! Ah, e anche .... zucchero. Se poi passi in panetteria, prendi anche .... pane fresco? Eh ...
▶ Maria, io vado all'angolo a comprare le sigarette, non faccio mica il giro della città!

attimo	Augenblick	**da morire**	*hier* über alles, sehr
Ci serve qualcosa?	Brauchen wir etwas?	**mi raccomando**	*hier* bitte
elastico	Gummiband	**panetteria**	Bäckerei
cerotto	Pflaster	**all'angolo**	um die Ecke
fruttivendolo	Gemüsehändler	**fare il giro**	herumgehen
albicocca	Aprikose	**mica**	doch nicht

32 Bestimmte oder unbestimmte Menge? Ergänzen Sie die Präposition *di* mit oder ohne Artikel.

1. Stasera abbiamo .... ospiti a cena.
2. Vorrei mezzo chilo .... carne macinata.
3. Eleonora ha sempre .... idee geniali.
4. Per l'esame di storia devo leggere .... libri molto interessanti.
5. Prendi una bottiglia .... vino rosso in cantina?
6. Mi dà due etti .... prosciutto crudo, per cortesia?
7. Ci serve .... zafferano per il risotto alla milanese.
8. Ho sete. Mi puoi dare .... acqua, per favore?
9. C'è ancora un po' .... birra. Chi la vuole?
10. Antonietta mi ha regalato una scatola .... cioccolatini.

ospite	Gast
cena	Abendessen
mezzo chilo	Pfund
carne macinata	Hackfleisch
esame	Prüfung
storia	Geschichte
cantina	Keller
etto	100 g
prosciutto crudo	Rohschinken
per cortesia	bitte
zafferano	Safran
risotto alla milanese	*Reisgericht nach Mailänder Art*
avere sete	Durst haben
ha regalato (regalare)	(sie) hat geschenkt
scatola	Schachtel
cioccolatino	Praline

ADJEKTIVE

→ Gr LGr S. 64–66

Adjektive: regelmäßige Formen

Adjektive beschreiben die Eigenschaften von Lebewesen, Dingen und Begriffen. Mit Adjektiven können Sie Ihren sprachlichen Ausdruck im Italienischen erweitern und verfeinern. Das folgende Schema erklärt die Bildung italienischer Adjektive:

Gruppe	**Adjektive auf *-o/-a***		**Adjektive auf *-e***	
	männlich	**weiblich**	**männlich**	**weiblich**
Singular	*il ragazzo **alto***	*la ragazza **alta***	*il tavolo **verde***	*la casa **verde***
Plural	*i ragazzi **alti***	*le ragazze **alte***	*i tavoli **verdi***	*le case **verdi***

Italienische Adjektive richten sich also in Geschlecht und Zahl nach den Substantiven, auf die sie sich beziehen. Und ganz wichtig: Im Unterschied zum Deutschen stehen sie gewöhnlich hinter den Substantiven, nicht davor:

Deutsch:		Adjektiv	+	Substantiv	**Italienisch:**		Substantiv	+	Adjektiv
	der	große		Junge		*il*	*ragazzo*		*alto*

33 **Suchen Sie im Kasten – waagerecht oder senkrecht – die italienischen Bezeichnungen für die folgenden deutschen Adjektive. Ordnen Sie die gefundenen Adjektive dann in die richtige Spalte ein, wenn nötig auch mehrmals.**

typisch • dunkel • zentral • glücklich • blond • groß • traurig • rot • heiß • kurz • reizend • streng

P E R T I H E F S O
F C E N T R A L E N
E O P T I O Q M V G
L R L B P S I D E R
I T T R I S T E R A
C A R T C A L D O N
E L P U O F L A G D
I R R I T A N T E E
B O L B I O N D A A
S C U R O I S P O T

männlich	weiblich

34 **Vervollständigen Sie die Tabelle mit der männlichen bzw. weiblichen Form der Adjektive im Singular.**

männlich	weiblich
un uomo affascinante	una donna ....
un divano comodo	una poltrona ....
un fiore	una rosa profumata
un libro	una storia particolare
un pranzo squisito	una torta ....
un bambino	una bambina capricciosa
un giorno speciale	una vacanza ....
uno studente	una studentessa inglese
un caffè freddo	una birra ....
un treno	un'auto veloce

affascinante	faszinierend	**profumata**	duftend
il divano	die Couch	**particolare**	besondere/-r/-s
comodo	bequem	**squisito**	köstlich
la poltrona	der Sessel	**capricciosa**	launisch
il fiore	die Blume	**veloce**	schnell

35 **Suchen Sie das Gegenteil: Verbinden Sie die Adjektive der linken Spalte mit denen der rechten. Übersetzen Sie dann die Gegenteilpaare und vervollständigen Sie anschließend die Tabelle.**

1. facile	noioso	1. *einfach – schwierig*
2. grande	pesante	2. ....
3. leggero	difficile	3. ....
4. freddo	amaro	4. ....
5. dolce	piccolo	5. ....
6. divertente	caldo	6. ....

männlich		weiblich	
Singular	Plural	Singular	Plural
l'esame facile	gli esami *facili*	la parola *facile*	le parole *facili*
il vaso grande	i vasi	la casa	le case ....
il piatto leggero	i piatti	la tazza	le tazze ....
il tè freddo	i tè	la bibita	le bibite ....
il vino dolce	i vini	l'aranciata	le aranciate ....

männlich		weiblich	
Singular	**Plural**	**Singular**	**Plural**
il film divertente	i film	la storia	le storie
il libro noioso	i libri	la persona	le persone
il mobile pesante	i mobili	la scatola	le scatole
il tema difficile	i temi	la questione	le questioni
il caffè amaro	i caffè	la mandorla	le mandorle
il naso piccolo	i nasi	la bocca	le bocche
il clima caldo	i climi	la stagione	le stagioni

la bibita	das Getränk
l'aranciata	die Orangenlimonade
il mobile	das Möbelstück
la scatola	die Schachtel, der Karton
la questione	die Angelegenheit
la mandorla	die Mandel
la bocca	der Mund
la stagione	die Jahreszeit

36 Ergänzen Sie die Endungen der Adjektive.

1. "Ballarò" è una trasmissione televisiva veramente interessant......... .
2. Garibaldi e Mazzini sono due personaggi popolar......... della storia.
3. Mi piace il caffè fredd......... .
4. Io compro solo scarpe italian......... .
5. Silvana preferisce gli uomini sportiv......... .
6. I miei amici alloggiano in un albergo economic......... .
7. Tuo figlio ha gli occhi molto espressiv......... .
8. Wanda è una ragazza solar......... .
9. Quest'anno i turisti giappones......... hanno affollato le città d'arte.
10. Davide porta sempre una giacca ner......... di pelle.

la trasmissione televisiva	die Fernsehsendung
Giuseppe Garibaldi	*Militär und Politiker (1807–1882)*
Giuseppe Mazzini	*Politiker (1805–1872)*
il personaggio	die Person
la storia	die Geschichte
preferire	bevorzugen
alloggiare	wohnen
espressivo	ausdrucksvoll
solare	sonnig
hanno affollato (affollare)	*hier* (sie) haben überschwemmt

In der folgenden Aufgabe haben Sie die Möglichkeit, den Plural der Adjektive, der Substantive und des bestimmten Artikels in einer Übung zu trainieren.

37 **Bilden Sie den Plural.**

1. il tavolo rotondo → *i tavoli rotondi*
2. l'esercizio complicato → ....
3. la macchina lenta → ....
4. la ragazza allegra → ....
5. la colazione abbondante → ....
6. il bambino pigro → ....
7. il calciatore portoghese → ....
8. la sciarpa colorata → ....
9. la persona previdente → ....
10. la città francese → ....

rotondo	rund	**pigro**	faul
lento	langsam	**il calciatore**	der Fußballspieler
allegro	fröhlich	**la sciarpa**	der Schal
la colazione	das Frühstück	**colorato**	bunt
abbondante	reichlich	**previdente**	vorsorglich

→ Gr LGr S. 72–74

Adjektive: Sonderformen bei der Pluralbildung

Adjektive auf *-go/-ga, -co/-ca* und *-ista* verhalten sich wie die Pluralformen der Substantive mit denselben Endungen (→ S. 12, 13). Im Folgenden einige Beispiele:

	Singular		Plural
Adjektive auf *-go/-ga*	*largo* *larga*	→ →	*larghi* *larghe*
Adjektive auf *-co/-ca*	*fresco* *tipico* *fresca / tipica*	→ → →	*freschi* (Betonung: vorletzte Silbe) *tipici* (Betonung: drittletzte Silbe) *fresche / tipiche*
Adjektive auf *-ista*	*ottimista* (m/w)	→	*ottimisti* (m) / *ottimiste* (w)

Es gibt auch unveränderliche Adjektive, die nur eine einzige Form haben.

Zum Beispiel: *il vestito* ***blu*** → *i vestiti* ***blu***
la gonna ***blu*** → *le gonne* ***blu***

Beachten Sie auch folgende Beispiele:
i vestiti ***rossi*** aber *i vestiti* ***rosso scuro***

In den nächsten Aufgaben werden Sie üben, wie man zwischen „regelmäßigen Adjektiven“ und „Sonderformen“ unterscheidet.

38 **Vervollständigen Sie die Sätze, indem Sie die rechts stehenden Adjektive in die passende Form setzen.**

1. La gioielleria in centro ha degli anelli .... in vetrina!
2. Fate mai delle cene .... a lume di candela?
3. Sul balcone ho tante piante ....
4. Come mai hai gli occhi .... ? Hai pianto?
5. Il ristorante all'angolo prepara piatti .... della cucina toscana.
6. Chi frequenta persone .... è fortunato.
7. In estate porto spesso magliette ....
8. Mio figlio odia il latino perché ha un'insegnante ....
9. Nel centro storico della città ci sono tanti palazzi ....
10. Per la laurea mi metto una giacca ....

magnifico
romantico
verde
lucido
tipico
altruista
rosa
severo
antico
grigio chiaro

la gioielleria	der Juwelierladen
la vetrina	das Schaufenster
l'anello	der Ring
magnifico	herrlich
mai	*hier* jemals
a lume di candela	bei Kerzenlicht
come mai	wieso
Hai pianto? (piangere)	Hast du geweint?
lucido	feucht, glänzend
chi	wer, derjenige
altruista	selbstlos
essere fortunato	Glück haben
portare	tragen
la maglietta	das T-Shirt
severo	streng
la laurea	der Universitäts-abschluss
mettersi	anziehen
grigio chiaro	hellgrau

39 **Setzen Sie das passende Adjektiv in der korrekten Form ein.**

simpatico | lungo | largo | egoista | americano | verde bottiglia | pari | magro | avvincente | vago

1. Sono così contento! I miei compagni di scuola sono dei ragazzi proprio ....
2. Noi mangiamo solo carne ....
3. Pietro e Saverio pensano sempre e solo a sé stessi. Sono due ragazzi ....
4. Mi piacciono i libri ricchi di "suspense". – Ah, quindi ti piacciono i libri .... !
5. No, guardi, le scarpe così .... non mi stanno bene. Ho i piedi sottili.
6. Il due è un numero ....
7. Mi dispiace, non so molto dell'incidente. Ho solo notizie ....
8. Fa così caldo e porti ancora i pantaloni .... !
9. John viene da New York. È uno studente ....
10. Per l'inverno ho comprato dei guanti .... al centro commerciale.

verde bottiglia	flaschengrün	**sé stesso**	sich selbst
pari	gleich	**quindi**	*hier* also
magro	mager, schlank	**sottile**	dünn, schmal
avvincente	spannend	**l'incidente**	der Unfall
vago	unbestimmt, dunkel	**il guanto**	der Handschuh
il compagno di scuola	der Schulkamerad	**il centro commerciale**	das Einkaufszentrum

In der nächsten Übung geht es nicht nur um Adjektive, sondern auch um den unbestimmten Artikel, den Teilungsartikel und um Substantive. Es handelt sich also um vier wichtige Themen, die hier zusammengefasst sind.

40 Bilden Sie den Plural bzw. Singular.

Singular	Plural
una vicenda unica	*delle vicende uniche*
un manuale pratico	....
....	dei politici corrotti
una ragazza snob	....
....	dei turisti inglesi
....	delle tende rosso scuro
una finestra aperta	....
un lavoratore stanco	....
una gamba lunga	....
un problema banale	....
....	delle borse bianche

la vicenda	das Ereignis	**le tende**	die Vorhänge
unico	einmalig, einzigartig	**stanco**	müde
il manuale	das Handbuch	**le borse**	die Taschen

→ Gr LGr S. 66–67

Adjektive: Übereinstimmung nach dem Verb *essere*

Sowohl wenn das Adjektiv hinter dem Substantiv steht, als auch wenn es nach dem Verb *essere* (sein) gebraucht wird, wird es im Italienischen an das Substantiv angeglichen. Im Deutschen hingegen nicht, das Adjektiv bleibt nach dem Verb „sein" in der Grundform!

una bambina allegra	ein **frohliches** Mädchen
La bambina è allegra.	Das Mädchen ist **fröhlich**.

41 Bilden Sie Sätze nach dem folgenden Muster.

ESEMPIO **porta / chiuso** *La porta è chiusa.*

1. commessa / gentile ....
2. bicchieri / rotto ....
3. bambino / intelligente ....
4. sciarpe / caldo ....
5. dipinto / famoso ....

6. bottiglia / vuoto ....
7. studenti / diligente ....
8. lavoro / stancante ....
9. turisti / tedesco ....
10. ragazze / italiano ....

commessa	Verkäuferin	**dipinto**	Gemälde
gentile	nett	**vuoto**	leer
rotto	kaputt	**diligente**	fleißig
sciarpa	Schal	**stancante**	ermüdend

42 Übersetzen Sie die Sätze ins Italienische.

1. Die Fernseher sind alt. ....
2. Der Fluss ist lang. ....
3. Die Signale sind schwach. ....
4. Die Straße ist stark befahren. ....
5. Die Handys sind klein. ....
6. Der Schriftsteller ist Franzose. ....
7. Der Berg ist hoch. ....
8. Die Ingenieure sind kompetent. ....
9. Die Moderatorin ist elegant. ....
10. Die Nachrichten sind aktuell. ....

il segnale	das Signal	**la montagna**	der Berg
debole	schwach	**l'ingegnere**	der Ingenieur
trafficato	stark befahren	**la conduttrice**	die Moderatorin
il cellulare	das Handy	**la notizia**	die Nachricht

43 Ergänzen Sie die Adjektive der Sätze mit der richtigen Endung. Achten Sie dabei auch auf die Sonderformen.

1. La nostra insegnante di fisica è giovan...... e carin......!
2. Oggi papà va al mercato a comprare il pesce fresc.......
3. Le figlie dei signori Verdoni sono proprio grazios.......
4. Nella mia città ci sono due chiese barocc.......
5. I miei amici hanno tante qualità: sono generos......, sono sempre disponibil...... e soprattutto sono sincer.......

6. Il tuo amico Romeo, invece, ha tanti difetti: è opportunist.......... e soprattutto è avar.........
7. Mi posso mettere i tuoi stivali marron.......... scuro stasera?
8. In vacanza conosco sempre gente interessant.........
9. Ieri, alla festa, abbiamo mangiato delle tartine veramente gustos..........!
10. Gli attacchi sono opera di gruppi estremist..........!

carino	hübsch	**il difetto**	der Fehler
grazioso	hübsch, niedlich	**avaro**	geizig
la qualità	die Eigenschaft	**lo stivale**	der Stiefel
generoso	großherzig	**la tartina**	die Brotschnitte
disponibile	hilfsbereit	**veramente**	wirklich
soprattutto	vor allem	**gustoso**	köstlich
sincero	ehrlich	**l'opera**	*hier* die Tat

→ Gr LGr S. 68

Adjektive: Besonderheiten bei der Übereinstimmung

Bezieht sich ein Adjektiv auf mehrere Substantive, so wird es wie in den folgenden Beispielen angeglichen:

il tavolo e il divano neri	der schwarze Tisch und die schwarze Couch
la sedia e la poltrona nere	der schwarze Stuhl und der schwarze Sessel
il tavolo e la sedia neri	der schwarze Tisch und der schwarze Stuhl

Achten Sie dabei besonders auf das dritte Beispiel: Bezieht sich ein Adjektiv auf ein männliches und ein weibliches Substantiv, so wird es in der männlichen Form in den Plural gesetzt.

44 Übersetzen Sie die Sätze ins Italienische.

1. Vittorio und Rodolfo sind sympathisch.
2. Ich möchte einen sportlichen Pulli und einen sportlichen Rock.
3. Herr und Frau Lanza haben ein neues Auto und ein neues Haus!
4. Matteo und Carla sind schlank.
5. Wir trinken einen heißen Kaffee und einen heißen Tee.
6. Ich kenne einen spanischen Jungen und ein spanisches Mädchen.
7. Raffaella und Bianca sind nicht klein.

8. Tommaso und Giuliana, die Kinder von Gabriella, sind wohlerzogen und gehorsam.
9. Das T-Shirt von Lucia und die Tasche von Pina sind grün.
10. Ich gehe immer in eine italienische Bar und in ein italienisches Restaurant.

sportivo	sportlich	**educato**	wohlerzogen
magro	schlank	**ubbidiente**	gehorsam
i figli	die Kinder	**andare in**	*hier* gehen in

→ Gr LGr S. 76

Im Italienischen gibt es einige Adjektive, deren Bedeutung sich ändert je nachdem, ob sie vor oder hinter dem Substantiv stehen: So ist z. B. *una sola donna* „eine einzige Frau", *una donna sola* jedoch „eine alleinstehende Frau".

45 **Vervollständigen Sie die Sätze mit den angegebenen Adjektiven – jeweils zweimal – in der richtigen Form. Setzen Sie die Adjektive je nach Kontext vor oder hinter das Substantiv.**

1. povero: bedauernswert, arm
   a. Quel .... ragazzo .... ha perso i genitori in un incidente stradale.
   b. Quando ho dei vestiti che non porto più, li do ad una .... famiglia ....
2. caro: lieb, teuer
   a. Roberto è un .... amico ....
   b. Attenzione! Quella lampada è un .... oggetto .... e sopratutto è antico!
3. semplice: einfach, nur
   a. L'insegnante di matematica ci ha dato un .... compito .... oggi.
   b. Se non ti va di andare al cinema, non fa niente. Era una .... idea .... !
4. solo: einzig, einsam
   a. Il professore mi ha fatto una .... domanda ...., io non ho saputo rispondere e lui mi ha bocciato!
   b. Ernesto non ha amici e nemmeno parenti. È un .... uomo ....

5. vecchio: alt, langjährig
   a. Con queste cose ci puoi giocare. È ______ roba ______ che non mi serve più.
   b. Chi sono quelle persone? – Sono ______ amici ______ dei miei genitori.

ha perso (perdere)	(er) hat verloren
l'incidente stradale	der Verkehrsunfall
il compito	die Aufgabe
se non ti va	wenn du keine Lust hast
era (essere)	es war

mi ha bocciato (bocciare)	(er) hat mich durchfallen lassen
nemmeno	auch nicht
il parente	der Verwandte
ci	*hier* damit
la roba	das Zeug
servire	brauchen

→ Gr LGr S. 75

Die Adjektive *bello* und *buono*

Das Adjektiv *bello* (*bella, belli, belle*) kann vor oder hinter dem Substantiv stehen. Wenn es vor dem Substantiv steht, erscheint *bello* verändert, nämlich verschmolzen mit den Formen des bestimmten Artikels.

Il tappeto è bello.	aber:	*il **bel** tappeto*	(***be-*** + ***il*** *tappeto* → *bel tappeto*)
I tappeti sono belli.	aber:	*i **bei** tappeti*	(***be-*** + ***i*** *tappeti* → *bei tappeti*)
L'orologio è bello.	aber:	*il **bell'**orologio*	(***be-*** + ***l'****orologio* → *bell'orologio*)
Lo scialle è bello.		*il **bello** scialle*	(***be-*** + ***lo*** *scialle* → *bello scialle*)
Gli orologi sono belli.	aber:	*i **begli** orologi*	(***be-*** + ***gli*** *orologi* → *begli orologi*)
La ragazza è bella.		*la **bella** ragazza*	(***be-*** + ***la*** *ragazza* → *bella ragazza*)
Le ragazze sono belle.		*le **belle** ragazze*	(***be-*** + ***le*** *ragazze* → *belle ragazze*)

Dasselbe gilt für das Adjektiv *buono (buona, buoni, buone)*. Wenn es vor dem Substantiv steht, werden seine Formen im Singular vom unbestimmten Artikel abgeleitet.

Il pranzo è buono.	aber:	*un **buon** pranzo*	(***buo-*** + ***un*** *pranzo* → *buon pranzo*)
L'amico è buono.	aber:	*un **buon** amico*	(***buo-*** + ***un*** *amico* → *buon amico*)
Lo yogurt è buono.		*un **buono** yogurt*	(***buo-*** + ***uno*** *yogurt* → *buono yogurt*)
L'arancia è buona.	aber:	*una **buon'**arancia*	(***buo-*** + ***un'****arancia* → *buon'arancia*)
La ricetta è buona.		*una **buona** ricetta*	(***buo-*** + ***una*** *ricetta* → *buona ricetta*)

46 Wandeln Sie die Sätze wie in den Beispielen um.

ESEMPIO **Il tappeto di Teo è proprio bello.** *Teo ha proprio un bel tappeto.*
Gli stivali di Luigia sono proprio belli. *Luigia ha proprio dei begli stivali.*

1. La casa di Francesco è proprio bella. ....
2. Il cappotto di Roberto è proprio bello. ....
3. Gli orecchini di Sofia sono proprio belli. ....
4. L'auto di Leonardo è proprio bella. ....
5. I capelli di Massimo sono proprio belli. ....
6. La pelliccia di Simona è proprio bella. ....
7. Le gambe di Giuliana sono proprio belle. ....
8. Gli occhi di Daniele sono proprio belli. ....
9. L'anello di Patrizia è proprio bello. ....
10. Il giardino di Vittorio è proprio bello. ....

il cappotto	der Mantel	**la gamba**	das Bein
l'orecchino	der Ohrring	**l'anello**	der Ring
la pelliccia	der Pelz		

47 Vervollständigen Sie die Ausdrücke mit den Formen von *buono*. Verbinden Sie sie anschließend mit der passenden deutschen Übersetzung.

1.	.... Natale!	a.	Viel Glück!
2.	.... compleanno!	b.	Herzlichen Glückwunsch zum Namenstag!
3.	.... fortuna!	c.	Guten Appetit!
4.	.... Pasqua!	d.	Frohe Ostern!
5.	.... viaggio!	e.	Gute Nacht!
6.	.... feste!	f.	Frohe Weihnachten!
7.	.... onomastico!	g.	Guten Tag!
8.	.... giorno!	h.	Gute Reise!
9.	.... notte!	i.	Herzlichen Glückwunsch zum Geburtstag!
10.	.... appetito!	j.	Frohes Fest!

48 Ergänzen Sie die Adjektive *bello (be-)* und *buono (buo-)* mit der richtigen Endung.

1. Che be.......... fiori! Grazie!
2. Rosa è veramente una buo.......... amica.
3. I quadri di Guttuso sono molto be.......... .

4. Il ristorante vicino a casa mia fa un tiramisù particolarmente buo........ .
5. Renato è un padre premuroso e indulgente. È sicuramente un buo........ padre.
6. Ehi, guarda quello! Che be........ tipo! Lo conosci?
7. Facciamo una grigliata stasera? – Sì, questa è proprio una buo........ idea!
8. Quel negozio d'abbigliamento in centro ha tante be........ cose: dei be........ cappotti, delle be........ giacche, dei be........ impermeabili.
9. Orlando e Alessandro sono buo........ amici.
10. Barbara, le tue torte sono be........ e buo........!

che	*hier* was für ein	**sicuramente**	sicherlich
il quadro	das Bild	**quello**	*hier* den da
Renato Guttuso	*Maler (1912–1987)*	**la grigliata**	das Grillfest, das Grillen
vicino a	in der Nähe von		
particolarmente	besonders	**il negozio d'abbigliamento**	das Bekleidungsgeschäft
premuroso	behütend		
indulgente	nachsichtig	**l'impermeabile**	der Regenmantel

→ Gr LGr S. 77

Steigerung des Adjektivs: Komparativ

Beim Komparativ geht es um Strukturen wie „schöner als" (= *più bello di / che*), „weniger schön als" (= *meno bello di / che*) und „so schön wie" (= *bello come / quanto*). Wichtig ist die Wiedergabe von „als". Im Italienischen gibt es dafür zwei Möglichkeiten: *di* und *che*. Die Wahl zwischen *di* und *che* ist vom nachfolgenden Wort abhängig. Beachten Sie dabei folgende Beispiele:

Rossana è più bella ***di Letizia****.*	Rossana ist schöner als Letizia.
Il cellulare è più pratico ***del telefono*** *fisso.*	Das Handy ist praktischer als das Festnetz-Telefon.
Anna è più bassa ***di me****.*	Anna ist kleiner als ich.
Questa poltrona è meno comoda ***di quella****.*	Dieser Sessel ist bequemer als der da.
Sei ancora più nervoso ***di ieri****.*	Du bist noch nervöser als gestern.
Rossana è più attraente ***che bella****.*	Rossana ist eher attraktiv als schön.
È più bello studiare ***che lavorare****.*	Es ist schöner zu lernen als zu arbeiten.
È meno bello vivere in campagna ***che in*** *città.*	Es ist weniger schön auf dem Land als in der Stadt zu leben.
È più conveniente partire ***domani che dopodomani****.*	Es ist günstiger morgen zu fahren als übermorgen.

49 **Vervollständigen Sie die Sätze anhand der Angaben mit *più ... di* (eventuell mit Artikel) oder mit *come* und setzen Sie das passende Adjektiv dazu.**

bruno • toscano • alto • piccolo • magro • grande • lungo • popoloso • basso • giovane • veloce • tedesco

1. Andrea: 1.70 m • Lia: 1.60 m
   Andrea è .... Lia.
2. Vincenzo: 1.65 m • Gianna: 1.55 m • Teresa: 1.72 m
   Vincenzo e Gianna sono .... Teresa.
3. Sara: 49 kg • Rita: 68 kg
   Sara è .... Rita.
4. Marina: 24 anni • Massimiliano: 30 anni
   Massimiliano è .... Marina.
5. Giuseppe: 52 anni • Francesco: 41 anni
   Francesco .... Giuseppe.
6. Carmela: capelli scuri • Vera: capelli scuri
   Carmela è .... Vera.
7. Serena e Anna: Firenze • Davide: Pisa
   Serena e Anna sono .... Davide.
8. l'Arno: 250 km • il Tevere: 405 km
   Il Tevere .... Arno.
9. Roma: 2.638.842 abitanti • Napoli: 959.052 abitanti
   Roma è .... Napoli.
10. la Sicilia: 25.708 km^2 • la Sardegna: 24.090 km^2
    La Sardegna è .... Sicilia.
11. Jürgen: Berlino • Hans: Francoforte • Gabi: Amburgo
    Jürgen e Hans sono .... Gabi.
12. l'auto di Giulio: 160 km/h • l'auto di Aurelio: 180 km/h
    L'auto di Aurelio è .... quella di Giulio.

bruno	*hier* dunkelhaarig
alto	*hier* groß
magro	schlank
grande	*hier* alt
popoloso	stark bevölkert
basso	klein
Arno	*Fluss in der Toskana*

Tevere	*Fluss in Mittelitalien*
l'abitante	der Einwohner
km^2 = chilometro quadrato	Quadratkilometer
km/h = chilometro orario	Stundenkilometer

50 Ergänzen Sie *di* (eventuell mit Artikel) oder *che*.

1. Attualmente viaggiare in aereo è più conveniente .... andare in treno.
2. Ieri ha fatto molto più caldo .... oggi.
3. Il nuoto è sicuramente uno sport più completo .... tennis.
4. Tuo fratello Daniele è meno disordinato .... te.
5. Tra poco comincia a piovere. Mi sembra più sensato cenare in tinello .... in giardino.
6. Gli uomini sono più legati alla mamma .... donne. Sarà vero?
7. Il supermercato in piazza è più economico .... quello lì all'angolo.
8. Amedeo è più suscettibile .... sensibile.

attualmente	zur Zeit	**sensato**	vernünftig
il nuoto	das Schwimmen	**il tinello**	das Esszimmer
completo	vielseitig	**legato**	gebunden
disordinato	unordentlich	**Sarà vero?**	Ist das wahr?
tra poco	in Kürze, bald	**suscettibile**	empfindlich

51 Ergänzen Sie den Text mit der passenden Endung des Adjektivs und mit *di* oder *che*.

Due sorelle a confronto

Marisa e Loredana sono sorelle, eppure hanno veramente poco in comune.

Marisa è più alt..... .... Loredana e anche più robust..... .... lei. Loredana invece è più sportiv..... .... Marisa. Loredana ama sciare, nuotare e fare jogging. Per Marisa è più interessant..... leggere un libro .... sciare o fare jogging! E poi Marisa adora l'opera. Invece Loredana trova più eccitant..... andare in discoteca .... a teatro. E all'università? Beh, certamente Marisa è più studios..... .... sua sorella. Loredana però non è meno intelligent..... .... Marisa. Anche di carattere sono diverse. Marisa appare più riflessiv..... .... intuitiv..... . Loredana è una persona sveglia ed è sicuramente più apert..... .... Marisa. Loredana, infatti, ha tanti amici ed è sempre in movimento. Sua sorella Marisa è meno vivac..... .... lei. Marisa preferisce andare al cinema e ci va anche da sola.

Ma allora cosa hanno in comune queste due sorelle? ... Beh, sono gemelle!

il confronto	die Gegenüberstellung	**studioso**	fleißig
eppure	dennoch	**riflessivo**	besinnlich
comune	gemeinsam	**intuitivo**	intuitiv
robusto	stämmig	**sveglio**	pfiffig
adorare	besonders lieben	**il movimento**	die Bewegung
l'opera	*hier* die Oper	**da solo**	allein
eccitante	aufregend	**il gemello**	der Zwilling

→ Gr LGr S. 81–82

Steigerung des Adjektivs: Superlativ

Tesoro, sei bellissima! Schatz, du bist sehr schön!
Das ist wohl eines der schönsten Komplimente, das ein Mann machen kann. Grammatisch gesehen handelt es sich um die höchste Steigerungsform des Adjektivs: den Superlativ.

Im Italienischen unterscheidet man zwischen dem relativen Superlativ und dem absoluten Superlativ. Im Folgenden einige Beispiele:

Relativer Superlativ

Tesoro, sei ***la più bella*** *di/fra tutte.*	Schatz, du bist die Schönste von allen.
Lilli è ***la donna più bella*** *della città.*	Lilli ist die schönste Frau der Stadt.

Absoluter Superlativ

Tesoro, sei ***bellissima****!*	Schatz, du bist sehr schön!
Lilli è ***molto bella****.*	Lilli ist sehr schön.
Questa storia è ***assai strana****.*	Diese Geschichte ist äußerst komisch.
Ho comprato una borsa ***piccola piccola****.*	Ich habe eine sehr, sehr kleine Tasche gekauft.

52 **Vervollständigen Sie die Sätze mit den Angaben.**

molto interessante • più riservato • assai impegnativa • sottile sottile • più bella • più calda • stretti stretti • meno adatta • meno flessibili • puntualissime

1. Senta, vorrei due etti di prosciutto San Daniele tagliato ...., per cortesia.
2. Conosci il romanzo "La solitudine dei numeri primi" di Paolo Giordano? Secondo me è un libro .... Lo devi leggere!
3. Oggi Giovanna si è messa dei pantaloni .... Mamma mia, le stanno proprio male.

4. Quest'anno abbiamo avuto l'estate .... degli ultimi dieci anni.
5. Tra Eduardo, Mimmo, Alba e Maurizio probabilmente sono Mimmo e Alba i ...., perché hanno due figli.
6. Secondo Francesco, Monica Bellucci è la donna .... del mondo!
7. Tommaso è il .... fra tutti i miei colleghi. Non dice mai una parola!
8. Vuoi preparare la "torta mimosa"? Attenta, però, la ricetta è ....
9. Ehi, ragazze, oggi siete ....? Come mai?
10. Tuo fratello Gigi è sicuramente la persona .... per quel lavoro.

riservato	zurückhaltend	**secondo me**	meiner Meinung nach
impegnativo	stark beanspruchend	**mettersi**	*hier* anziehen
adatto	geeignet	**stare**	stehen
etto	100 g	**ultimo**	letzte/-r/-s
tagliato	geschnitten	**Monica Bellucci**	*Schauspielerin (1969)*
per cortesia	bitte	**la torta mimosa**	*Ananaskuchen*
la solitudine	die Einsamkeit	**attento**	*hier* Vorsicht
il numero primo	die Primzahl	**come mai**	wieso
Paolo Giordano	*Schriftsteller (1982)*		

53 **Bilden Sie Fragen wie im Beispiel und kreuzen Sie die richtige Antwort an. Wenn Sie die Fragen richtig beantwortet haben, ergeben die Buchstaben neben den richtigen Antworten den Namen des ersten Staatspräsidenten der italienischen Republik (1.1.–11.5.1948).**

1. regione / esteso
   Qual è la regione più estesa d'Italia? — La Lombardia. PA — La Sicilia. EN
2. lago / grande
   .... — Il lago Maggiore. OL — Il Lago di Garda. RI
3. fiume / lungo
   .... — Il Po. CO — Il Tevere. PI
4. città / popoloso
   .... — Roma. DE — Milano. LO
5. vulcano / attivo
   .... *d'Europa?* — Il Vesuvio. TE — L'Etna. NI
6. montagna / alto
   .... — Il Gran Paradiso. BA — Il Monte Bianco. CO
7. lago / profondo
   .... — Il lago di Como. LA — Il lago di Garda. NO

Lösungswort: ....

esteso	(flächenmäßig) groß	**attivo**	aktiv
popoloso	stark bevölkert	**profondo**	tief

54 **Wandeln Sie die Sätze wie im Beispiel um.**

ESEMPIO **Lilli è molto bella.** ***Lilli è bellissima.***

1. Io sono molto ordinato. ....
2. Beatrice mette sempre gonne molto corte. ....
3. Ugo ha un cellulare molto moderno. ....
4. Mm, queste tagliatelle sono molto buone! ....
5. Veronica, oggi sei molto elegante! ....
6. I miei amici sono molto affidabili. ....
7. Abbiamo un'insegnante molto preparata. ....
8. "La dolce vita" è un film molto famoso. ....
9. Bianca porta scarpe molto particolari. ....
10. La mia lavatrice è molto silenziosa. ....

ordinato	ordentlich	**particolare**	außergewöhnlich
il cellulare	das Handy	**la lavatrice**	die Waschmaschine
affidabile	zuverlässig	**silenzioso**	leise
preparato	vorbereitet		

→ Gr LGr S. 82–83

Steigerung des Adjektivs: unregelmäßige Formen

Einige Adjektive haben im Komparativ und im Superlativ neben regelmäßigen auch unregelmäßige Formen. Zum Beispiel:

- *La tua idea è **più buona** della mia.*
  *La tua idea è **migliore** della mia.*
  Deine Idee ist besser als meine.
- *Fabio e Remo sono **i** miei fratelli **più grandi**.*
  *Fabio e Remo sono **i** miei fratelli **maggiori**.*
  Fabio und Remo sind meine ältesten Brüder.

In der folgenden Übersicht sind die häufigsten unregelmäßigen Fälle aufgelistet. Achtung: Es ist jeweils nur die männliche Form Singular angegeben.

	Komparativ	relativer Superlativ	absoluter Superlativ
buono (gut)	*migliore*	*il migliore*	*ottimo*
cattivo (schlecht)	*peggiore*	*il peggiore*	*pessimo*
grande (groß)	*maggiore*	*il maggiore*	*massimo*
piccolo (klein)	*minore*	*il minore*	*minimo*

55 **Vervollständigen Sie die Sätze mit den unregelmäßigen Komparativen der Adjektive in Klammern.**

1. Speriamo di avere un futuro (buono) ....
2. Io non ho fratelli (piccolo) ....
3. Devo assolutamente ritornare in banca perché ho bisogno di una somma di denaro (grande) ....
4. L'insegnante del mio amico non ha un buon metodo d'insegnamento, ma la mia insegnante ha un metodo ancora (cattivo) ....
5. Ecco, queste sono le mie sorelle (grande) ....
6. Gli studenti della vostra scuola sono (buono) .... di quelli della nostra scuola.
7. Anche quest'anno ci sono state alluvioni, ma i danni sono stati (piccolo) .... dell'anno scorso.
8. Questa stoffa è di qualità (cattivo) .... dell'altra.

sperare	hoffen	**il denaro**	das Geld
il futuro	die Zukunft	**il metodo di insegnamento**	die Lehrmethode
assolutamente	unbedingt		
ritornare	zurückgehen	**l'alluvione**	die Überschwemmung
avere bisogno	brauchen	**il danno**	der Schaden
la somma	der Betrag		

56 **Vervollständigen Sie die Sätze mit den unregelmäßigen Superlativen der in Klammern stehenden Adjektive. Treffen Sie die Entscheidung, ob es sich um einen relativen oder um einen absoluten Superlativ handelt.**

1. "I promessi sposi" sono l'opera (grande) .... di Alessandro Manzoni.
2. Per questo esame lo sforzo è stato (piccolo) ....
3. Una cena (buono) ....! Complimenti!
4. L'incidente d'auto è stata una delle esperienze (cattivo) .... della mia vita.

5. Quest'estate abbiamo avuto una temperatura (grande) .... di 37 gradi.
6. No, guarda, lasciami in pace! Oggi sono di (cattivo) .... umore.
7. In quel ristorante fanno il (buono) .... ragù della zona!
8. Giorgio è il (piccolo) .... dei miei fratelli.

I promessi sposi	Die Verlobten	**l'incidente d'auto**	der Autounfall
l'opera	*hier* das Werk	**l'esperienza**	die Erfahrung
Alessandro Manzoni	*Schriftsteller (1785–1873)*	**Lasciami in pace!**	Lass mich in Ruhe!
		l'umore	die Laune
lo sforzo	die Mühe, die Anstrengung	**il ragù**	*Fleischsoße mit Tomaten*

ADVERBIEN

→ Gr LGr S. 369 ff.

Adverbien: Bildung und eigene Formen

Adverbien dienen zur näheren Bestimmung eines Verbs, eines anderen Adverbs, eines Adjektivs oder eines ganzen Satzes:

Verb + Adverb:	*Marta cammina velocemente.*	Marta läuft schnell.
Adverb + Adverb:	*Marta cammina così velocemente!*	Marta läuft so schnell!
Adverb + Adjektiv:	*Sei veramente simpatico.*	Du bist echt sympathisch.
Adverb + Satz:	*Sicuramente supero l'esame.*	Sicherlich bestehe ich die Prüfung.

Adverbien sind grundsätzlich unveränderlich. Einige Adverbien werden von Adjektiven abgeleitet, andere haben eine eigene Form. Hier ein paar Beispiele:

Ableitung von Adjektiven		eigene Formen
vero → vera → vera**mente**	(-o → -a + -mente)	ieri, oggi, domani, subito, spesso
veloce → veloce**mente**	(-e → -e + -mente)	davanti, dietro, sotto, sopra, qui, là
finale → final**mente**	(-le → -l + -mente)	molto, poco, troppo, abbastanza
regolare → regolar**mente**	(-re → -r + -mente)	forse, quasi, nemmeno
Beachten Sie: leggero → legger**mente** violento → violente**mente**	 buono → **bene** cattivo → **male**	

vero	wahr, echt	**sotto**	unten
veramente	wirklich	**sopra**	oben
veloce	schnell	**qui**	hier
violento	gewalttätig, heftig	**là**	dort
domani	morgen	**abbastanza**	ziemlich
subito	sofort	**forse**	vielleicht
spesso	oft	**quasi**	fast
davanti	vorn	**nemmeno**	nicht einmal
dietro	hinten		

57 **Hier sind einige Adverbien durcheinandergeraten. Bringen Sie die Wörter wieder in Ordnung und verbinden Sie sie dann mit der deutschen Entsprechung.**

1. ri • tie • len • vo	*volentieri* → gerne	übermorgen
2. vi • im • sa • prov • te • men	....	in der Nähe
3. s • d • e • a • s • o	....	jetzt
4. men • sa • in • ten • te	....	unbedingt
5. do • do • po • ni • ma	....	gerne
6. a • l • n • n • o • o • t	....	weit
7. tu • at • te • al • men	....	plötzlich
8. a • d • r • t • i	....	spät
9. n • v • i • i • o • c	....	intensiv
10. so • as • men • lu • ta • te	....	derzeit

58 **Bilden Sie aus dem jeweiligen Adjektiv das entsprechende Adverb.**

ESEMPIO **veloce** → ***velocemente***

	Adjektiv		Adverb
1.	urgente	→	....
2.	antico	→	....
3.	profondo	→	....
4.	debole	→	....
5.	particolare	→	....
6.	attento	→	....
7.	felice	→	....
8.	raro	→	....
9.	finale	→	....
10.	prudente	→	....

urgente	dringend	**attento**	aufmerksam
antico	alt, antik	**felice**	glücklich
profondo	tief	**raro**	selten
debole	schwach	**finale**	letzte/-r/-s
particolare	besondere/-r/-s	**prudente**	vorsichtig

59 **Vervollständigen Sie die Sätze, indem Sie die Adverbien in den Klammern übersetzen.**

1. (Heute) .... non sono andato in ufficio, ma (morgen) .... ci vado.
2. Riccardo, puoi venire (hier) ...., per piacere? Ho bisogno di aiuto.
3. Vado (selten) .... al cinema, preferisco prendere in affitto un DVD.
4. Frequentiamo un corso d'inglese e ci andiamo (regelmäßig) ....
5. (Vielleicht) .... l'anno prossimo vado a fare un master a Bruxelles.
6. Le lasagne che fa mia moglie sono (wirklich) .... buone, ma le lasagne di mia madre sono migliori!
7. Ragazzi, dovete partecipare (aktiv) .... alla lezione, (sonst) .... vi annoiate!
8. Sono un po' preoccupato perché mio figlio Mariano mangia (wenig) ....
9. (Endlich) .... siete arrivati!
10. C'è una farmacia (hier in der Nähe) ....? – Sì, guardi, è (dort) ....

l'ufficio	das Büro	**che**	*hier* die
andarci	hingehen	**partecipare**	teilnehmen
avere bisogno	brauchen	**annoiarsi**	sich langweilen
l'aiuto	die Hilfe	**preoccupato**	besorgt
prendere in affitto	ausleihen, mieten	**guardi (guardare)**	schauen Sie

Adjektiv oder Adverb?

Im Deutschen haben Adjektiv und Adverb in einigen Fällen die gleiche Form:

Adjektiv: Marta ist **schnell**.
Adverb: Marta läuft **schnell**.

Im Italienischen dagegen haben Adjektiv und Adverb in der Regel nicht die gleiche Form:

Adjektiv: *Marta è* ***veloce***.
Adverb: *Marta cammina* ***velocemente***.

Für deutschsprachige Lerner kann es daher schwierig sein, das Adverb vom Adjektiv zu unterscheiden. Folgende Gegenüberstellung ist dabei hilfreich:

- **Adjektive** beziehen sich auf Substantive (oder Personen).

La pizza è ***buona****.*	Die Pizza ist gut.
Lorenzo è ***felice****.*	Lorenzo ist glücklich.

- **Adverbien** beziehen sich nicht auf Substantive (oder Personen), sondern auf Verben, andere Adverbien, Adjektive oder ganze Sätze.

In questo ristorante si mangia ***bene****.*	In diesem Restaurant isst man gut.
In questo ristorante si mangia ***proprio*** *bene.*	In diesem Restaurant isst man echt gut.
Lorenzo è ***veramente*** *felice.*	Lorenzo ist wirklich glücklich.
Probabilmente *l'anno prossimo ci sposiamo.*	Wahrscheinlich heiraten wir nächstes Jahr.

60 **Passt ein Adjektiv oder ein Adverb? Kreuzen Sie die richtige Form an.**

1. La nonna di Luciana è .... ammalata.	☐ grave ☐ gravemente
2. Stamattina sull'autostrada c'è stato un .... scontro tra un camion e un furgoncino.	☐ violento ☐ violentemente
3. Eugenio, che brutta faccia! Stai ....?	☐ cattivo ☐ male
4. Aspetto .... una conferma dalla banca.	☐ paziente ☐ pazientemente
5. I miei genitori sono .... sposati da 40 anni!	☐ felici ☐ felicemente
6. Per il pranzo di domani voglio preparare delle pietanze .... della nostra cucina locale.	☐ tipiche ☐ tipicamente
7. Ho ereditato una scrivania .... del 1800.	☐ autentica ☐ autenticamente
8. Ieri ho incontrato un vecchio compagno di scuola, ma lui mi ha trattato .... Non capisco perché!	☐ freddo ☐ freddamente
9. I bambini sono .... di rivedere i genitori.	☐ impazienti ☐ impazientemente
10. Linda, c'è qualcosa che non va? – Eh, insomma, sono .... influenzata.	☐ leggera ☐ leggermente

ammalato	krank	**ereditare**	erben
grave	ernst	**la scrivania**	der Schreibtisch
l'autostrada	die Autobahn	**il compagno di scuola**	der Schulkamerad
lo scontro	der Zusammenstoß	**trattare**	behandeln
il camion	der Lastwagen	**rivedere**	wieder sehen
il furgoncino	der Lieferwagen	**impaziente**	ungeduldig
la faccia	das Gesicht	**C'è qualcosa che non va?**	Stimmt was nicht?
la conferma	die Bestätigung		
paziente	geduldig	**insomma**	*hier* na ja
la pietanza	das Gericht	**influenzato**	erkältet
locale	lokal, Orts-		

61 **Adjektiv oder Adverb? Vervollständigen Sie die Sätze. Benutzen Sie dabei die rechts stehenden Adjektive in der richtigen Form oder leiten Sie die entsprechenden Adverbien von den Adjektiven ab.**

1. Oh, queste rose sono .... belle.	vero
2. Per piacere, può parlare ....? Sono straniero.	lento
3. Adesso arriva una curva ...., perciò cerca di andare piano.	pericoloso
4. Alberto e Dino vincono ogni settimana al totocalcio. Sono	fortunato
5. Mio figlio è bilingue, parla .... l'italiano e il tedesco.	perfetto
6. Devo tornare .... a casa.	urgente
7. Ci hanno regalato un vaso davvero	particolare
8. .... mi alzo alle sei ed esco di casa prima delle sette.	generale
9. Gli inquilini del piano di sopra sono ...., soprattutto di notte!	rumoroso
10. Corrado è un tipo .... Non si arrabbia mai.	tranquillo
11. Ti piace la frutta? – Sì, mi piace .... la frutta estiva.	speciale
12. Mi sa dire .... dov'è il prossimo distributore di benzina?	cortese

cercare	versuchen	**il piano**	*hier* das Stockwerk
vincere	*hier* gewinnen	**rumoroso**	laut
bilingue	zweisprachig	**arrabbiarsi**	sich ärgern
urgente	dringend	**estivo**	Sommer-, sommerlich
davvero	wirklich		
prima	vor	**il distributore di benzina**	die Tankstelle
l'inquilino	der Hausbewohner		

62 *Buono* oder *bene*? Vervollständigen Sie die Sätze mit dem Adjektiv *buono* in der richtigen Form oder mit dem entsprechenden Adverb *bene*.

1. Emilio non può giocare con noi a calcio perché non si sente ....
2. Va ...., allora ti aspetto come sempre per le cinque.
3. Allora, com'è lo spezzatino? – Veramente ....!
4. Catia, questo vestito ti sta proprio ....
5. Signori, tutto ....? – Sì, grazie.
6. Assunta è una .... madre.
7. Tesoro, mi vuoi ....? – Ma certo, lo sai che ti amo!
8. Stasera vengono a cena Ennio e Oscar, due .... amici di mio marito.

il calcio	der Fußball	**per**	*hier* um ... herum
sentirsi	sich fühlen	**lo spezzatino**	das Gulasch
aspettare	warten	**il marito**	der Ehemann

→ Gr LGr S. 69 und 372

Molto, tanto, troppo, poco und *parecchio*: Adjektive und Adverbien

Sie haben gelernt, dass Adjektive und Adverbien im Italienischen im Gegensatz zum Deutschen unterschiedliche Formen haben.

Keine Regel ohne Ausnahme: Einige Adverbien haben nämlich dieselbe Form wie die Adjektive, z. B. *molto* (sehr, viel), *tanto* (so sehr, so viel), *troppo* (zu viel), *poco* (wenig) und *parecchio* (ziemlich viel).

Achtung: Die Adjektive werden an die Substantive angepasst, deshalb erhalten sie unterschiedliche Endungen (*-o, -a, -i, -e*). Die Adverbien dagegen enden immer auf *-o*!

Adjektive	Adverbien
*Ho **molta** fortuna.* Ich habe viel Glück.	*Lia è **molto** bella.* Lia ist sehr schön.
*Ho **tanto** tempo.* Ich habe so viel Zeit.	*Lia studia **tanto**.* Lia lernt so viel.
*Ho **troppi** vestiti.* Ich habe zu viele Kleider.	*Lia studia **troppo**.* Lia lernt zu viel.
*Ho **poche** scarpe.* Ich habe wenige Schuhe.	*Lia si diverte **poco**.* Lia amüsiert sich wenig.
*Ho **parecchie** borse.* Ich habe ziemlich viele Taschen.	*Lia mangia **parecchio**.* Lia isst ziemlich viel.

63 **Ergänzen Sie den Text mit den richtigen Endungen der Adjektive oder der Adverbien.**

Roma, la città eterna

Roma è una città molt.......... famosa, è forse la città più famosa del mondo.
Ogni anno molt.......... turisti la affollano per ammirare le sue bellezze. A Roma ci sono infatti tant.......... cose da vedere. Chi ha poc.......... giorni a disposizione, ha sicuramente l'imbarazzo della scelta.
Ti affascina molt.......... il periodo romano? Beh, allora a Roma trovi per esempio tant.......... acquedotti, l'anfiteatro Flavio noto come Colosseo, molt.......... ponti e le terme.
Se invece ti piace tant.......... l'età rinascimentale, allora puoi ammirare parecchi.......... chiese e molt.......... palazzi come i Palazzi Capitolini, i Palazzi Vaticani, Palazzo Farnese. Chi ama particolarmente la cultura, può anche visitare tant.......... musei e molt.......... gallerie.
L'arte e la cultura ti interessano poc..........? Allora puoi fare shopping, e chiaramente devi andare a Via Condotti, ma fai attenzione a non spendere tropp..........!
Naturalmente è bello girare la città a piedi, così si possono conoscere molt.......... strade e si possono attraversare tant.......... piazze. Ovviamente si cammina parecchi.........., perché la città è molt .... grande.
Se poi sei tropp.......... stanco e hai tant.......... sete perché fa molt.......... caldo, ti puoi sedere in un bar a bere un buon cappuccino o una bibita fresca. Così puoi anche osservare la vitalità della città: tant.......... gente indaffarata, molt.......... turisti in giro, parecchi.......... auto e soprattutto tropp.......... motorini!
Allora, vuoi fare una vacanza speciale? ... Quo vadis?

eterno	ewig	**l'età**	*hier* die Zeit
il mondo	die Welt	**rinascimentale**	Renaissance
affollare	*hier* überschwemmen	**fare attenzione**	achtgeben
ammirare	bewundern	**spendere**	ausgeben
la bellezza	*hier* die Sehenswürdigkeit	**si**	*hier* man
		attraversare	überqueren
infatti	in der Tat	**ovviamente**	selbstverständlich
la disposizione	die Verfügung	**camminare**	laufen
l'imbarazzo della scelta	die Qual der Wahl	**osservare**	beobachten
		la vitalità	die Lebenskraft
affascinare	faszinieren	**indaffarato**	beschäftigt
il periodo	die Zeit	**in giro**	unterwegs
l'acquedotto	der Aquädukt	**soprattutto**	vor allem
l'anfiteatro	das Amphitheater	**il motorino**	das Moped
noto	bekannt	**Quo vadis? *(Latein)***	Wo gehst du hin?
le terme (pl)	die Therme		

→ Gr LGr S. 367 ff.

Steigerung des Adverbs: Komparativ und Superlativ

Da die Steigerung der Adjektive bereits bekannt ist, sollte dieses Thema keine großen Schwierigkeiten bereiten. Für die Bildung des Komparativs und des Superlativs der Adverbien gelten nämlich dieselben Regeln wie für die Steigerung der Adjektive (→ S. 43, 46).

Hier einige Beispiele:

Komparativ

*Arrivo **più tardi**.*	Ich komme später.
*Incontro Vincenzo **meno spesso di** suo fratello.*	Ich treffe Vincenzo weniger häufig als seinen Bruder.
*Vado **più spesso** in discoteca **che** al cinema.*	Ich gehe öfter in die Disco als ins Kino.
*Lucia studia **molto come** / **quanto** Valentina.*	Lucia lernt so viel wie Valentina.

Superlativ

*Ida studia **più diligentemente di** tutti.*	Ida lernt von allen am fleißigsten.
*Cammino **pianissimo**.*	Ich laufe sehr langsam.
*Cammino **molto piano**.*	Ich laufe sehr langsam.
*Cammino **assai piano**.*	Ich laufe sehr langsam.
*Cammino **velocissimamente**.*	Ich laufe sehr schnell.
*Cammino **molto velocemente**.*	Ich laufe sehr schnell.

64 **Bilden Sie den Komparativ mit *più* (+) / *meno* (–) ... *di/che* oder mit *come* (=) und mit der italienischen Entsprechung der rechts stehenden deutschen Adverbien.**

ESEMPIO **Esco *più spesso di* te.** — + oft

1. Mia madre cucina .... mio padre. — – gern
2. L'anno scorso l'inverno è arrivato .... quest'anno. — + spät
3. A letto guardo la TV .... in poltrona. — + bequem
4. Michele naviga su Internet .... i suoi amici. — = selten
5. Alberto, bravo! Ti sei comportato .... Nando! — + klug
6. Adesso faccio sport .... prima. Non ho tempo! — – oft
7. Olga e Salvatore parlano il francese .... l'inglese. — = fließend
8. Stanotte abbiamo dormito .... ieri. — + tief

la madre	die Mutter	**la poltrona**	der Sessel
il padre	der Vater	**navigare**	*hier* surfen
l'anno	das Jahr	**comportarsi**	sich benehmen
l'inverno	der Winter	**il tempo**	die Zeit
arrivare	kommen	**stanotte**	heute Abend
il letto	das Bett	**dormire**	schlafen

65 Vervollständigen Sie die Sätze mit den Superlativen.

lontanissimo | lentissimamente | molto tardi | prestissimo | più velocemente | vicinissimo | molto gentilmente | più raramente | spessissimo | meno accuratamente

1. Mio padre torna a casa, la sera, ... e quindi non possiamo cenare tutti insieme.
2. Alessandra è una studentessa molto in gamba. Risponde alle domande .... di tutti.
3. Abito .... al mio nuovo posto di lavoro. Ci vogliono cinque minuti d'auto.
4. Sono solo le 5.00. È .... ! Possiamo dormire ancora un po'.
5. Ieri sono arrivato all'ufficio postale un attimo prima della chiusura, ma per fortuna l'impiegata .... mi ha fatto entrare lo stesso.
6. Orlando ha una salute di ferro. Sta a letto con la febbre .... di tutti.
7. Andiamo a piedi? – No, dai, il cinema si trova .... da qui. Prendiamo la macchina!
8. Il nostro insegnante di filosofia ci fa addormentare durante la lezione perché parla ....
9. In ufficio abbiamo un collega un po' superficiale. Lavora .... di tutti.
10. Mi piace molto la pittura, infatti vado .... a vedere delle mostre.

accuratamente	sorgfältig	**fare entrare**	hereinlassen
in gamba	tüchtig	**lo stesso**	trotzdem
il posto di lavoro	die Arbeitsstelle	**avere una salute di ferro**	kerngesund sein
ci vogliono	man braucht		
l'ufficio postale	das Postamt	**la febbre**	das Fieber
l'attimo	der Augenblick	**addormentare**	einschlafen
la chiusura	die Schließung	**superficiale**	oberflächig
per fortuna	zum Glück	**la pittura**	die Malerei
l'impiegato	der Angestellte	**la mostra**	die Ausstellung

→ Gr LGr S. 381

Steigerung des Adverbs: unregelmäßige Formen

Wie einige Adjektive (→ S. 48) haben auch einige Adverbien unregelmäßige Formen des Komparativs und des Superlativs. Hier die häufigsten:

	Komparativ	Superlativ
bene (gut)	*meglio*	*ottimamente / benissimo / molto bene*
male (schlecht)	*peggio*	*pessimamente / malissimo / molto male*
molto (sehr)	*(di) più*	*moltissimo*
poco (wenig)	*(di) meno*	*pochissimo*

66 **Vervollständigen Sie den Dialog entweder mit dem Komparativ (+) oder mit dem Superlativ (+ +) der rechts stehenden Adverbien. Achtung: Es handelt sich um unregelmäßige, aber auch um regelmäßige Adverbien.**

▶ Io lavoro .... in estate, con il caldo, che in inverno, con il freddo.	+ bene
■ Veramente io lavoro .... soprattutto in inverno.	+ + bene
● A me, invece, non interessa com'è il tempo. Io lavoro .... con la musica in sottofondo.	+ volentieri
■ No, no, macché! Io rendo .... se c'è silenzio assoluto!	+ molto
▶ Sì, anche io mi concentro .... con la musica in sottofondo.	+ + poco
■ Mia sorella, che studia ancora, si concentra .... di notte.	+ + molto
▶ Anche mio fratello va ancora a scuola, lui studia .... con un compagno.	+ + spesso
● Sì, anche a mia cugina piace studiare in due, secondo lei ci si distrae	+ poco
■ Non sono per niente d'accordo, in due si perde tempo e si impara	+ + lentamente
▶ Vabbè, ... andiamo al mare, che è ....!	+ bene

il sottofondo	der Hintergrund	**ci si distrae (distrarsi)**	man ist abgelenkt
macché!	ach was!	**vabbè**	ja gut
rendere	*hier* leisten	**che**	*hier bleibt es unübersetzt*
il silenzio	die Stille		

67 **Vervollständigen Sie die Sätze mit dem Komparativ der passenden Adverbien wie in den Beispielen. Achtung: Es handelt sich um unregelmäßige und regelmäßige Adverbien.**

ESEMPIO **L'anno scorso a Vilma gli affari andavano male, ma adesso le vanno *meglio*. Vivi sempre lontano dai tuoi genitori? – Purtroppo, ora, vivo ancora *più lontano*.**

1. Fulvio, esci troppo raramente, dovresti uscire ....
2. L'anno scorso guadagnavo poco, adesso invece mi hanno dato un aumento e quindi guadagno ....
3. Vanno bene le scarpe? – Sì, queste qui vanno ....
4. I figli dei vicini si comportano sempre male, ma oggi si sono comportati ancora .... del solito!
5. Mamma mia, ho mangiato troppo. Domani devo mangiare ....
6. Senti, ma perché cammini così lentamente? Io ho fretta, potresti camminare ....?
7. Signora Rocchetta, si sente ancora male? – No, ora mi sento molto ....
8. Abitate ancora così lontano dal centro? – No, ora abitiamo ....
9. Allora, vengo verso le sette. – No, è troppo presto. Puoi venire ....?
10. Prima mio padre fumava molto. Adesso, per fortuna, fuma ....

l'affare	das Geschäft	**i figli**	die Kinder
vivere	leben	**il vicino**	der Nachbar
lontano	weit weg	**comportarsi**	sich benehmen
i genitori	die Eltern	**solito**	gewöhnlich
purtroppo	leider	**camminare**	laufen
uscire	ausgehen	**avere fretta**	es eilig haben
raramente	selten	**sentirsi**	sich fühlen
dovresti	du solltest	**abitare**	wohnen
l'anno scorso	letztes Jahr	**venire**	kommen
guadagnare	verdienen	**presto**	früh
adesso	jetzt	**prima**	*hier* früher
l'aumento	*hier* Gehaltserhöhung	**fumare**	rauchen
la scarpa	der Schuh	**per fortuna**	zum Glück

In der nächsten Aufgabe werden Sie noch einmal den Unterschied zwischen Adjektiv und Adverb üben (S. → 53). Nun werden jedoch die gesteigerten Formen der Adjektive *buono* / *cattivo* → **migliore** / **peggiore** und der Adverbien *bene* / *male* → **meglio** / **peggio** geübt.

68 *Migliore/-i* oder *meglio*? *Peggiore/-i* oder *peggio*? Fügen Sie die richtige Form ein.

migliore/-i – meglio

1. Vorrei avere una vita ....
2. Si è fatto buio, è .... tornare a casa.
3. Stanotte con le finestre aperte abbiamo dormito ....
4. Gli alunni .... hanno avuto un premio.
5. Bravo, hai agito nel modo ....

peggiore/-i – peggio

6. Oreste ha preso la decisione ....
7. Ma come è possibile!? Dopo l'intervento Gabriella sta ....
8. Il 2010 e il 2011 sono stati gli anni .... per lui.
9. La nuova lavastoviglie funziona .... della vecchia.
10. Con l'orecchio sinistro sento .... che con il destro.

farsi buio	dunkel werden	**la decisione**	die Entscheidung
aperto	offen	**l'intervento**	der Eingriff, die Operation
l'alunno	der Schüler		
il premio	der Preis	**la lavastoviglie**	die Spülmaschine
agire	handeln	**l'orecchio**	das Ohr
ha preso (prendere)	*hier* (er) hat getroffen		

POSSESSIVA

→ Gr LGr S. 87 ff.

Possessiva: Formen

Possessiva sind besitzanzeigende Wörter:

mio, tuo, suo, nostro, vostro, loro — mein, dein, sein/ihr, unser, euer, ihr

Possessiva haben männliche und weibliche Formen im Singular und männliche und weibliche Formen im Plural, denn sie richten sich in Geschlecht und Zahl nach ihrem Bezugswort:

il ***mio*** *gatto* — mein Kater
i ***suoi*** *amici* — seine/ihre Freunde
i ***nostri*** *parenti* — unsere Verwandte
il ***loro*** *cane* — ihr Hund

la ***tua*** *città* — deine Stadt
la ***Sua*** *borsa* — Ihre Tasche
le ***vostre/Vostre*** *case* — eure/Ihre Häuser
le ***loro*** *famiglie* — ihre Familien

Mit Hilfe der Beispiele lassen sich folgende Regeln ableiten:

- Die besitzanzeigenden Wörter enden wie die Adjektive auf *-o*, *-a*, *-i* und *-e*.
- Nur das Possessivum *loro* ist unveränderlich, behält also immer seine Form.
- Im Unterschied zum Deutschen werden die besitzanzeigenden Wörter in der Regel vom bestimmten Artikel begleitet.
- Das Possessivum *suo* kann im Deutschen sowohl „sein" als auch „ihr" bedeuten.
- *Suo* (großgeschrieben) wird für die Höflichkeitsform im Singular verwendet. Will man mehrere Personen formell ansprechen, so benutzt man *Vostro* (ebenfalls großgeschrieben).

69 Vervollständigen Sie die Tabelle.

männlich				weiblich			
Singular		**Plural**		**Singular**		**Plural**	
....	cappello	i miei	cappelli	la mia	cintura	....	cinture
il tuo	orologio	....	orologi	....	borsa	le tue	borse
....	bicchiere	i suoi	bicchieri	....	tazza	....	tazze
....	amico	....	amici	....	amica	le nostre	amiche
il vostro	giornale	....	giornali	....	rivista	....	riviste
....	cuscino	....	cuscini	la loro	coperta	....	coperte

il cappello	der Hut	**la cintura**	der Gürtel
l'orologio	die Uhr	**la borsa**	die Tasche
il bicchiere	das Glas	**la tazza**	die Tasse
il giornale	die Zeitung	**la rivista**	die Zeitschrift
il cuscino	das Kissen	**la coperta**	die Decke

70 Kreuzen Sie die passende Form an.

1. Come si chiama .... insegnante d'inglese? – Mary.	☐ il tuo	☐ la tua
2. .... vicini hanno deciso di cambiare casa.	☐ Il nostro	☐ I nostri
3. Vivo con .... famiglia a Treviso.	☐ la mia	☐ la sua
4. Ti piace .... lavoro? – Sì, abbastanza.	☐ il nostro	☐ il tuo
5. .... auto è molto veloce e confortevole.	☐ La vostra	☐ Il vostro
6. Ieri sono andato a trovare Arturo e Clelia. .... nuova casa è bellissima.	☐ La loro	☐ La sua
7. Emanuela è simpatica, ma .... amiche sono invadenti.	☐ le loro	☐ le sue
8. Diego, Margherita, allora, com'è .... direttore?	☐ il tuo	☐ il vostro
9. Ecco, guarda, qui tengo tutti .... libri dell'università.	☐ i miei	☐ le mie
10. Flora e Manlio sono molto saggi, io seguo sempre .... consigli.	☐ i loro	☐ i suoi

hanno deciso (decidere)	(sie) haben entschieden	**il direttore**	der Chef
		tenere	halten, haben
confortevole	bequem	**saggio**	weise
invadente	aufdringlich	**il consiglio**	der Ratschlag

71 Übersetzen Sie die in Klammern angegebenen Satzteile ins Italienische.

1. Una volta al mese mi incontro con (meine Arbeitskollegen) .... in un locale vicino all'ufficio.
2. Sì, d'accordo, dottor Carrara, accetto (Ihren Vorschlag) ....
3. A volte i politici mi danno ai nervi, (ihre Reden) .... sono incomprensibili.
4. Finalmente Liliana mi ha risposto. Ho ricevuto (ihr E-Mail) .... proprio ieri sera.

5. (Dein Engagement) .... per i problemi sociali è lodevole.
6. Leonardo da Vinci era un noto artista e scienziato. (Seine Interessen) .... erano estremamente vasti.
7. Bambini, avete messo a posto (eure Spielzeuge) ....?
8. Prego, signori, (Ihr Tisch) .... è qui.
9. Conosci i signori Ferrara? (Ihr Villa) .... è quella a due piani con i tetti rossi e le persiane bianche.
10. Vittoria, (deine Partys) .... hanno sempre molto successo!

il collega (di lavoro)	Arbeitskollege	**Leonardo da Vinci**	*Künstler und Wissenschaftler (1452–1519)*
la proposta	der Vorschlag		
dare ai nervi	auf die Nerven gehen	**noto**	berühmt
il discorso	die Rede	**lo scienziato**	der Wissenschaftler
incomprensibile	unverständlich	**l'interesse**	das Interesse
ha risposto (rispondere)	(sie) hat geantwortet	**estremamente**	äußerst
		vasto	umfangreich
ricevere	bekommen	**mettere a posto**	zurückstellen
l'impegno	das Engagement	**il tetto**	das Dach
lodevole	lobenswert	**la persiana**	der Fensterladen

→ Gr LGr S. 89 ff.

Possessiva: Gebrauch

Wie bereits erwähnt, werden die Possessiva im Gegensatz zum Deutschen vom bestimmten Artikel begleitet: ***la mia** casa* (mein Haus).
Die wichtigste Ausnahme: In Verbindung mit Verwandtschaftsbezeichnungen im Singular wird der Artikel weggelassen (außer bei *loro*).

- Verwandtschaftsbezeichnungen im Singular → kein Artikel, außer bei *loro*

***mio** fratello, **tua** madre, **sua** sorella*	mein Bruder, deine Mutter, seine/ihre Schwester
***nostro** zio, **vostra** figlia*	unser Onkel, eure Tochter
aber: ***il loro** nonno*	ihr Großvater

- Verwandtschaftsbezeichnungen im Plural → mit Artikel

***i miei** fratelli, **le tue** sorelle*	meine Brüder, deine Schwestern
***i vostri** zii, **i loro** nonni*	euer Onkel und eure Tante, ihre Großeltern

Achtung: Der Artikel wird außerdem in den folgenden Fällen verwendet:

la mia *mamma*	meine Mutti
la vostra *sorella maggiore*	eure ältere/älteste Schwester
la mia *sorellina,* ***la tua*** *cuginetta*	mein Schwesterchen, dein Kusinchen
il mio *ragazzo,* ***la sua*** *fidanzata*	mein Freund, seine Verlobte

Der bestimmte Artikel entfällt außerdem in einigen festen Wendungen. Schauen Sie sich die folgenden Beispiele an. Beachten Sie dabei, dass die Possessiva in einigen Ausdrücken nachgestellt werden.

figlio ***mio****!, mamma* ***mia****!*	mein liebes Kind!, meine Güte!
per colpa ***mia****, a casa* ***mia***	meinetwegen, bei mir zu Hause
un mio *amico,* ***alcune mie*** *amiche*	ein Freund von mir, einige Freundinnen von mir
quel tuo *amico,* ***due tue*** *amiche*	jener Freund von dir, zwei deiner Freundinnen

72 **Mit oder ohne Artikel? Ergänzen Sie die Possessiva mit der richtigen Endung und fügen Sie, wo nötig, den bestimmten Artikel hinzu.**

1. Ieri ho visto .... tu.... sorella in biblioteca. Era insieme ad un'amica, credo.
2. .... mamma mi...., che hai combinato!
3. Chi sono questi nella foto? – Questa è Paola e quello è .... su.... fratellino.
4. Wanda è pittrice. .... su.... ultimo quadro rivela uno stile più maturo dei quadri precedenti.
5. Vai ancora in vacanza con .... tuo.... genitori? Ma hai 30 anni!
6. Per .... colpa vostr...., stasera non posso andare alla partita! Uffa!
7. Questo fine settimana andiamo a trovare due .... nostr.... ex-compagni di scuola.
8. Forza! .... figlia mi....! Sono sicuro che ce la fai.
9. Enzo sta giocando con .... suo.... cugini in giardino.
10. Oggi pomeriggio abbiamo incontrato Ivana e Barbara che ci hanno invitato a .... casa lor.....
11. Scusa, hai visto per caso .... mi.... occhiali?
12. Gennaro ha prestato alcuni .... suo.... cd a Roberta, ma lei non li trova più!

insieme	zusammen	**forza!**	los!
combinare	*hier* anstellen	**sicuro**	sicher
la pittrice	die Malerin	**ce la fai (farcela)**	(du) schaffst es
il quadro	das Bild	**sta giocando (giocare)**	(er) spielt gerade
rivelare	zeigen	**che**	*hier* die, welche
maturo	reif	**per caso**	zufällig
precedente	vorherig	**gli occhiali** ***(pl)***	die Brille
la partita	das Spiel	**prestare**	leihen
ex-	ehemalig	**il cd (compact disc)**	die CD

73 Setzen Sie die Sätze in den Plural bzw. in den Singular. Beachten Sie: *mio → nostro, tuo → vostro, suo → loro.*

ESEMPIO **Suo fratello studia volentieri.** *I loro fratelli studiano volentieri.*

1. Le loro sorelle amano la musica. ....
2. Mia cognata parla bene l'inglese. ....
3. I vostri nipoti hanno molti giocattoli. ....
4. Mio zio lavora in banca. ....
5. Suo padre non sa nuotare. .... *genitori* ....
6. Dove abita tuo nonno? ....
7. I nostri cugini vengono domani. ....
8. Quanti anni hanno le vostre mamme? ....

la cognata	die Schwägerin	**nuotare**	schwimmen
il giocattolo	das Spielzeug	**i genitori**	die Eltern
sapere	*hier* können	**Quanti anni hanno ...?**	Wie alt sind ...?

74 Vervollständigen Sie den Text mit den passenden Possessiva und ergänzen Sie, wo nötig, den bestimmten Artikel.

Ciao a tutti!

Mi chiamo Sebastiano e abito in una cittadina vicino a Napoli. .... famiglia non è molto numerosa, ma non è nemmeno tanto piccola. Ho un fratello e una sorella. Io sono il secondo, ho 33 anni. .... fratello è il maggiore, si chiama Matteo e ha 36 anni. .... sorella minore, Stefania, ha 25 anni. .... fratelli e io non abitiamo più con .... genitori da qualche anno. Matteo si è sposato sette anni fa e vive a Milano. .... moglie, Nicoletta, è milanese, si sono conosciuti in vacanza. Loro hanno un figlio di tre anni che si chiama Simone: .... primo nipotino! Il piccolo Simone viene a trovarci con .... madre e .... padre tre volte all'anno. Anche Stefania abita fuori perché studia medicina a Pavia. Lei non è sposata e non è nemmeno fidanzata. Io, invece, sono fidanzato e mi sposo fra pochi mesi. .... fidanzata si chiama Orsola ed è molto più giovane di me. Orsola ha 22 anni ed è la primogenita. .... sorella, Angela, ha 16 anni e naturalmente va ancora a scuola.

E voi? Com'è .... famiglia?

numeroso	*hier* groß	**viene a trovarci**	(er) kommt uns besuchen
nemmeno	auch nicht		
maggiore	älterer/ältester	**tre volte all'anno**	drei Mal im Jahr
minore	jüngerer/jüngster	**fuori**	*hier* auswärts
qualche	einige	**essere fidanzato**	verlobt sein
sposarsi	heiraten	**primogenito**	erstgeboren
conoscersi	sich kennenlernen	**il parente**	der Verwandte
il nipotino	der kleine Neffe		

→ Gr LGr S. 87 ff.

Possessivpronomen

Bis jetzt haben wir die Possessiva im Zusammenhang mit ihren Bezugswörtern geübt. In solchen Fällen verhalten sie sich wie Adjektive:
la mia casa (mein Haus).

Possessiva können aber auch allein stehend als Pronomen verwendet werden. In diesem Fall ersetzen sie ihr Bezugswort.

La mia casa *è grande.* ***La tua*** *com'è?* — Mein Haus ist groß. Wie ist deins?
[Adjektiv] [Pronomen]
Gemeint ist: ***La mia casa*** *è grande.* ***La tua casa*** *com'è?*

Um die Wiederholung des Substantivs zu vermeiden, wird also *casa* (das zweite Mal) weggelassen und nur das Possessivpronomen mit dem entsprechenden Artikel verwendet. Ganz wichtig: Der Artikel ist in diesem Fall immer dabei.
Die Possessiva, die pronominal verwendet werden, haben dieselben Formen wie die Possessiva, die adjektivisch gebraucht werden. Sie müssen daher keine neuen Formen lernen!

75 **Vervollständigen Sie die Mini-Dialoge mit den passenden Possessivpronomen.**

1. Alice, non so più dove ho messo gli occhiali. – Nemmeno io trovo ....
2. Ehi, Gianni, queste sono le mie chiavi! – No, guarda, queste non sono ....!
3. Ma questo non è il cellulare di Liana? – Sì, è vero. È proprio ....
4. Scusi, qual è il Suo cappotto? – Eccolo là, quello è ....
5. Il nostro insegnante di matematica è il più severo della scuola. – Sì, è vero. .... è il più severo ma è anche il più bravo.
6. Ma perché prendi sempre la mia roba? – E tu, perché prendi sempre ....?

7. Scusi, sono questi i miei documenti? – No, signora ... Ecco, prego, questi sono ....
8. Guarda, quella è la barca di Rosario e Gina! – No, ... è più piccola!
9. Ecco, ragazzi, finalmente vi restituisco i vostri libri. – Eh ... questi, però, non sono ....
10. Veramente ... questa è la mia borsa. – Hai ragione. È vero, è ....

mettere	*hier* ablegen, hinlegen	**la roba**	die Sachen
la chiave	der Schlüssel	**il documento**	die Unterlagen, das Dokument
il cellulare	das Handy		
proprio	wirklich	**la barca**	das Boot
il cappotto	der Mantel	**restituire**	zurückgeben
eccolo là	da ist er	**avere ragione**	recht haben
severo	streng	**è vero**	*hier* das stimmt
bravo	*hier* gut		

DEMONSTRATIVA

Demonstrativa weisen auf etwas hin. Es ist, als würde man sprachlich auf etwas zeigen. Die wichtigsten und gebräuchlichsten Demonstrativa sind im Italienischen ***questo*** (dieser/-e/-s) und ***quello*** (jener/-e/-es; der/die/das da).
Mit *questo* weist man auf Personen oder Sachen hin, die sich sowohl räumlich als auch zeitlich in unmittelbarer Nähe des Sprechenden befinden, und mit *quello* auf Personen oder Sachen, die weiter von ihm entfernt sind.
Sowohl *questo* als auch *quello* können als Adjektiv – direkt vor dem Substantiv – oder als Pronomen – anstelle eines Substantivs – verwendet werden. In beiden Fällen richten sich *questo* und *quello* in Geschlecht und Zahl nach ihrem Bezugswort:

Adjektiv:	*Questa penna costa molto.*	(mit Substantiv)	Dieser Kuli kostet viel.
Pronomen:	*Quello è un mio amico.*	(ohne Substantiv)	Der da ist ein Freund von mir.

→ Gr LGr S. 96 ff.

Questo

In den kommenden drei Übungen werden Sie zuerst die Formen von *questo* (dieser/ -e/-s) üben.

76 Ordnen Sie die Substantive der passenden Spalte zu. Beachten Sie: Vor Vokal können *questo* und *questa* apostrophiert werden (*quest'*).

cane • indicazioni • problema • matita • cavallo • suggerimenti • atmosfera • uccello • scoperte • salame • mano • uova • bambini • ora • posta • pentole

questo/quest'	questa/quest'	questi	queste

il cane	der Hund
l'indicazione *(w)*	die Anweisung, der Hinweis
la matita	der Bleistift
il cavallo	das Pferd
il suggerimento	die Anregung, der Tipp
l'uccello	der Vogel
la scoperta	die Entdeckung
la mano	die Hand
l'uovo	das Ei
la pentola	der Topf

77 Vervollständigen Sie das Schema, indem Sie die Formen von *questo* und die dazugehörigen Substantive in den Plural bzw. in den Singular setzen.

Singular	Plural
questa candela	....
....	questi regali
....	questi temi
questo pacco	....
....	queste margherite
quest'orchestra	....
questo vestito	....
....	queste pantofole
....	questi ingegneri
quest'odore	....
....	queste foto
questa collana	....

la candela	die Kerze	**i regali**	die Geschenke
l'odore	der Duft	**le margherite**	die Margeriten
la collana	die Halskette		

78 Vervollständigen Sie die Sätze mit den Formen von *questo*.

1. Sono incinta. – Amore mio, ... è la notizia più bella del mondo!
2. Ma come sono buoni .... cioccolatini! Chi ce li ha regalati?
3. Stasera cosa metto? Il solito vestito bianco o .... qui a righe?
4. Chi sono .... ragazze nella foto?
5. Allora, quale cappello mi compro? – Io ti consiglio .... di lana a tinta unita.
6. Mi dispiace, ... proposta non è proprio accettabile.
7. .... anno mi laureo e poi faccio uno stage all'estero.
8. .... esercizi sono tutti sbagliati! Li devi rifare.
9. Scusa, dove possiamo sederci? – Ecco! .... sono i vostri posti.
10. Dunque, io vorrei delle pesche. Mi dà un chilo di .... da 3 euro?

In welchen Sätzen steht *questo* vor einem Substantiv und wird daher als Adjektiv verwendet?
Geben Sie die Nummern an: ....

Und in welchen Sätzen steht *questo* <u>für</u> ein Substantiv und wird daher als Pronomen verwendet?
Geben Sie die Nummern an: ……………………

incinta	schwanger	**accettabile**	annehmbar
la notizia	die Nachricht	**laurearsi**	das Studium abschließen
il cioccolatino	die Praline		
a righe	gestreift	**lo stage**	das Praktikum
il cappello	der Hut	**sbagliato**	falsch
consigliare	empfehlen	**rifare**	wieder machen
la lana	die Wolle	**sedersi**	sich setzen
a tinta unita	einfarbig	**la pesca**	der Pfirsich
la proposta	der Vorschlag		

→ Gr LGr S. 98 ff.

Quello

In den nächsten vier Übungen werden Sie sich mit den Formen von *quello* (jener/-e/-es; der/die/das da) beschäftigen.

Hier sollten Sie auf Folgendes achten: *quello* hat im Gegensatz zu *questo* unterschiedliche Formen je nachdem, ob es als Adjektiv oder als Pronomen gebraucht wird.

Die Formen von *quello* als Adjektiv werden vom bestimmten Artikel abgeleitet (wie *bello* → S. 41): *quel, quell', quello, quella, quei, quegli, quelle.*

il libro → ***quel*** *libro*	das Buch da
l'ombrello → ***quell'****ombrello*	der Regenschirm da
lo zaino → ***quello*** *zaino*	der Rucksack da
la borsa → ***quella*** *borsa*	die Tasche da
i libri → ***quei*** *libri*	die Bücher da
gli stivali → ***quegli*** *stivali*	die Stiefel da
le scarpe → ***quelle*** *scarpe*	die Schuhe da

Quello als Pronomen hingegen hat nur vier Formen: *quello, quella, quelli, quelle.*
Beispiele:

Quella *è mia figlia.*	Die da ist meine Tochter.
Quello *è mio figlio.*	Der da ist mein Sohn.
Quelli *sono i miei libri.*	Das da sind meine Bücher.
Quelle *sono le mie scarpe.*	Die da sind meine Schuhe.

79 **Verbinden Sie die links stehenden Formen von *quello* – auch mehrmals – mit den passenden Substantiven. Setzen Sie beide danach in den Plural bzw. in den Singular.**

quei
quella
quel
quell'
quello
quegli
quelle

costume
esperienza
albicocche
spettacolo
palla
commedia
coltelli
aceto
antipasti
scivoli
romanzo
chiavi

quei costumi ....

....

....

....

....

....

....

....

....

....

....

....

il costume	der Badeanzug, die Sitte	**i coltelli**	die Messer
		l'aceto	der Essig
l'esperienza	die Erfahrung	**gli scivoli**	die Rutschen
le albicocche	die Aprikosen	**le chiavi**	die Schlüssel
lo spettacolo	die Vorstellung		

80 **Ergänzen Sie die Sätze mit den Formen von *quello* als Adjektiv: *quel*, *quell'*, *quello*, *quella*, *quei*, *quegli* und *quelle*.**

1. Anna! Pensi ancora a .... ragazzo? E basta! È passato un anno!
2. Scusi, posso provare .... occhiali da sole con la montatura marrone?
3. No, senti, ... tende a pois sono orribili! Non le vuoi mica comprare?
4. Come si chiama .... sport, tanto alla moda, che fa tua cugina? – Spinning.
5. Ti piace .... giacca nera in vetrina? È in svendita.
6. Ho incontrato .... amico di Patrizia che studia informatica. È un tipo simpatico.
7. Mi passi .... piatto, per piacere?
8. Non ho più visto .... dottoressa che abbiamo conosciuto in treno l'anno scorso.
9. Come sono belli .... pantaloni! Chissà quanto costano!?
10. Di chi sono .... asciugamani? – Uno è di Alessandro, l'altro è il mio.

E basta!	Schluss damit!	**la svendita**	der Schlussverkauf
la montatura	das Gestell	**passare**	*hier* reichen, geben
la tenda	der Vorhang	**chissà**	wer weiß
a pois	gepunktet	**quanto**	wie viel
mica	doch nicht	**di chi**	von wem
alla moda	modisch	**l'asciugamano**	das Handtuch
la vetrina	das Schaufenster	**altro**	andere/-r/-s

81 Adjektiv oder Pronomen? Kreuzen Sie die richtige Form an.

1. Quali scarpe vuole provare? – .... blu.	☐ Quelli	☐ Quelle
2. Chi sono ....? – Sono i figli di Tiberio e Linda.	☐ quegli	☐ quelli
3. Da dove vengono .... turisti?	☐ quelli	☐ quei
4. Enza ha un bel naso, ma .... di Cinzia è perfetto!	☐ quello	☐ quel
5. Volete la granita di limone o .... di caffè?	☐ quella	☐ quell'
6. Prendi l'ombrello, per piacere? – Quale? .... nero?	☐ Quell'	☐ Quello
7. Vedete .... biciclette laggiù?	☐ quelle	☐ quella
8. Ma perché grida tanto .... uomo?	☐ quell'	☐ quello
9. Puoi togliere .... arnesi, per piacere? Sono pericolosi.	☐ quelli	☐ quegli
10. .... è il nuovo collega di mio padre.	☐ Quel	☐ Quello

In welchen Sätzen steht *quello* vor einem Substantiv und wird daher als Adjektiv verwendet? Geben Sie die Nummern an: ....

Und in welchen Sätzen steht *quello* anstelle eines Substantivs und wird daher als Pronomen verwendet? Geben Sie die Nummern an: ....

la granita	die Gramolate	**l'arnese**	das Gerät, das Werkzeug
gridare	schreien		
togliere	wegnehmen	**pericoloso**	gefährlich

→ Gr LGr S. 100 ff.

Questo oder *quello*?

In der folgenden Übung geht es um den richtigen Gebrauch von *questo* und *quello*. Schauen Sie sich zuerst die Übersicht an.

räumliche Nähe
Questo è mio figlio.
Das ist mein Sohn.

räumliche Entfernung
Mi prendi quella penna?
Holst du mir den Kuli dort?

zeitliche Nähe
Quest'estate vado in Spagna.
Diesen Sommer fahre ich nach Spanien.

zeitliche Entfernung
Quella volta ho avuto paura.
Damals habe ich Angst gekriegt.

Beachten Sie: Die Demonstrativa *questo* und *quello* können auch in Gegenüberstellungen gebraucht werden.
Vuoi questa maglietta blu o quella rossa? – Willst du dieses blaue T-Shirt oder das rote da?

82 **Vervollständigen Sie die Sätze mit der passenden Form von *questo* oder *quello*.**

1. Mi sono diplomato nel 2007. .... anno per me è stato bellissimo.
2. Quale pigiama ti vuoi mettere? .... a maniche lunghe o .... a maniche corte?
3. Ieri siamo andati in .... ristorante in via de Carolis con la vista sul lago.
4. Chi sono .... ragazze qui nella foto?
5. Ecco qua, ... sono proprio gli stivali che fanno per me!
6. Allora, ... inverno vogliamo fare la settimana bianca a Livigno?
7. Guarda qui, ti piacciono .... guanti di pelle? – No, sinceramente io preferisco .... di lana.
8. Li vedi .... due soldati laggiù? Che carini!
9. Ti ricordi .... volta in Grecia ... – Quando abbiamo perso le chiavi dell'auto?
10. .... qui sono i miei genitori e .... lì dietro sono le mie sorelle.

diplomarsi	Abitur machen	**la pelle**	das Leder
la manica	der Ärmel	**la lana**	die Wolle
la settimana bianca	Skiurlaub	**Che carini!**	Wie hübsch!
il guanto	der Handschuh	**dietro**	hinten

→ Gr LGr S. 102 ff.

Weitere Demonstrativa

Neben *questo* und *quello* gibt es noch weitere Demonstrativa im Italienischen, z. B. *ciò* (das), *stesso* und *medesimo* (derselbe), *codesto* (dieser da), *costui* und *colui* (der da). Die meisten werden ausschließlich in der literarischen Sprache verwendet. In der gesprochenen Sprache benutzt man in der Regel nur *ciò* und *stesso*. Diese werden wir zusammen mit *questo* und *quello* in der nächsten Aufgabe üben. Beachten Sie aber vorher die folgenden Beispiele.

ciò **anstatt** ***questo / quello***

Questo *è giusto.* → ***Ciò*** *è giusto.*	Das ist richtig.
Io dico ***quello*** *che voglio.* → *Io dico* ***ciò*** *che voglio.*	Ich sage, was ich will.
aber: ***Questa*** *è una bella storia.*	Das ist eine schöne Geschichte.
(nicht ~~Ciò è una bella storia.~~)	

Artikel + ***stesso***

Noi abbiamo ***gli stessi*** *gusti.*	Wir haben denselben Geschmack.
Sei sempre ***lo stesso****!*	Du bist immer derselbe!

83 **Setzen Sie die Demonstrativa an der richtigen Stelle ein.**

la stessa • ciò • la stessa • quelle • ciò • gli stessi • ciò • questa • gli stessi • lo stesso • le stesse

1. .... è vero.
2. Mamma mia! Ripetete sempre .... cose!
3. Ehi, guarda che combinazione! Abbiamo avuto .... voti.
4. Sabina e sua sorella hanno .... bocca e .... occhi.
5. .... tovaglia è sporca. La devo lavare.
6. Possiamo vederci stasera o rimandare a domani, per me è ....
7. Fate .... che vi sembra più giusto.
8. .... sono delle care amiche di Teresa.
9. .... non mi interessa per niente.
10. Mia madre e mio padre svolgono .... professione.

ripetere	wiederholen	**rimandare**	verschieben
Che combinazione!	Was für ein Zufall!	**sembrare**	scheinen
il voto	*hier* die Note	**giusto**	richtig
la tovaglia	die Tischdecke	**svolgere**	ausüben

INDEFINITA

→ Gr LGr S. 108 ff.

Indefinita sind Wörter wie „jeder", „einige", „alle", „viele", „etwas" usw. Sie bezeichnen nicht näher bestimmte Personen, Sachen oder Begriffe. Um Sie nicht mit seltenen Sonderfällen zu verwirren, werden wir uns nur mit den Indefinita beschäftigen, die am häufigsten gebraucht werden und die sich von den deutschen unterscheiden.

Tutto (alle, ganz, jeder) und *ogni* (jeder)

Bevor Sie die folgenden zwei Übungen machen, schauen Sie sich bitte die Beispiele mit den entsprechenden Übersetzungen genau an.

*Ho letto **tutti i** libri di Camilleri.*	Ich habe **alle** Bücher von Camilleri gelesen.
*Conosci **tutte queste** persone?*	Kennst du **alle diese** Leute?
*Hai studiato **tutti e quattro i** libri?*	Hast du **alle vier** Bücher studiert?
*Ho letto **tutto il** libro in due ore.*	Ich habe **das ganze** Buch in zwei Stunden gelesen.
*Hai studiato **tutto questo** libro?*	Hast du **dieses ganze** Buch studiert?
*So **tutto**.*	Ich weiß **alles**.
*Lavoro **tutti i** giorni.*	Ich arbeite **jeden Tag**.
*Lavoro **ogni** giorno.*	Ich arbeite **jeden Tag**.
*L'autobus passa **ogni cinque** minuti.*	Der Bus kommt **alle fünf Minuten**.

84 **Vervollständigen Sie die Sätze mit *tutto/-a/-i/-e* und setzen Sie, wo nötig, die dazugehörigen Artikel ein. Anschließend übersetzen Sie die hervorgehobenen Teile.**

1. Sono stato malato .... settimana. ....
2. Capisci sempre .... tu! ....
3. Mia madre conosce a memoria .... poesie di Leopardi. ....
4. Abbiamo provato .... e tre le ricette che ci hai dato. ....
5. Oggi ho lavorato al computer .... giorno. ....
6. Hai comprato .... questi vestiti? ....
7. Hanno usato .... frutta che era in frigo per fare la macedonia. ....
8. Ragazzi, siete .... d'accordo con me? ....

9. Come sempre, anche quest'anno andiamo in vacanza ………………… mese di agosto. …………………
10. Ho scritto ………………… lettera, l'ho messa in busta, ho incollato il francobollo e poi ho dimenticato di spedirla. …………………

malato	krank	**d'accordo**	einverstanden
la settimana	die Woche	**come sempre**	wie immer
a memoria	auswendig	**mettere**	*hier* hingeben
la poesia	das Gedicht	**la busta**	der Umschlag
Giacomo Leopardi	*Dichter (1798–1837)*	**incollare**	aufkleben
la ricetta	das Rezept	**il francobollo**	die Briefmarke
il frigo(rifero)	der Kühlschrank	**dimenticare**	vergessen
la macedonia	der Obstsalat	**spedire**	abschicken

85 **Setzen Sie *tutto/-a/-i/-e* oder *ogni* ein. Ergänzen Sie, wo nötig, den Artikel des Substantivs.**

1. ………………… sei mesi mi incontro con i miei ex-compagni di liceo.
2. ………………… anni, in primavera, andiamo a trovare gli zii di Lecce.
3. Quando vai a fare fisioterapia? – ………………… giorni.
4. ………………… lingua straniera ha le sue difficoltà.
5. ………………… sera, alle 19.00, vediamo il telegiornale di RAI tre.
6. Da bambino andavo a pranzo dai miei nonni, insieme a mamma e papà, ………………… domeniche.
7. Se avete veramente finito ………………… compiti potete andare in cortile a giocare.
8. Signora, deve prendere l'antibiotico ………………… otto ore.
9. Hai mangiato ………………… pasta! 300 grammi di pasta! E io che mangio adesso?
10. Prima andavamo al cinema ………………… settimana, adesso che abbiamo due figli ci andiamo una volta all'anno!

l'ex-compagno	der ehemalige Kamerad	**da bambino**	als Kind
		il pranzo	das Mittagessen
il liceo	das Gymnasium	**il compito**	*hier* die Hausaufgabe
andare a trovare	besuchen gehen	**il cortile**	der Hof
la lingua straniera	die Fremdsprache	**l'antibiotico**	das Antibiotikum
la difficoltà	die Schwierigkeit	**prima**	früher
il telegiornale	die Nachrichten		
la RAI	*öffentlich-rechtliches Fernsehen in Italien*		

Alcuno/-a/-i/-e (einige, kein, jeder) und *qualche* (einige)

Die Singularformen *alcun(o)* und *alcuna* werden nur in verneinten Sätzen oder nach *senza* verwendet. Dabei haben sie im Deutschen die Bedeutung „kein" oder „jeder".

*Non ho **alcun aiuto**.*	Ich habe **keine Hilfe**.
*Ho superato l'esame **senza alcuna difficoltà**.*	Ich habe die Prüfung **ohne jede Schwierigkeit** bestanden.

Die Pluralformen *alcuni* und *alcune* hingegen werden sowohl in normalen Aussagesätzen als auch in verneinten Sätzen verwendet. Sie bedeuten dann „einige". *Qualche* bedeutet ebenfalls „einige", wird aber im Italienischen mit Substantiven im Singular verwendet. Beachten Sie auch: *qualche* hat nur eine einzige Form!

*Ho letto **alcuni libri**.*	Ich habe **einige Bücher** gelesen.
*Ho letto **qualche libro**.*	Ich habe **einige Bücher** gelesen.
*Scrivo **alcune lettere**.*	Ich schreibe **einige Briefe**.
*Scrivo **qualche lettera**.*	Ich schreibe **einige Briefe**.

Achtung: *Alcuni* und *alcune* können auch Substantive ersetzen (pronominaler Gebrauch) und deshalb im Satz alleine stehen, *qualche* dagegen nicht.

Hai dei libri?	Hast du Bücher?
*– Ne ho **alcuni**.* (nicht ~~*qualche*~~*!*)	– Ich habe **einige**.

86 **Setzen Sie *alcun(o)/-a/-i/-e* oder *qualche* ein.**

1. I ladri hanno rubato .... oggetti di valore.
2. .... piante fioriscono tutto l'anno.
3. Avete .... domanda?
4. Ho portato .... vestiti dalla sarta per farli stringere.
5. L'insegnante mi ha rimproverato senza .... motivo.
6. Durante la finale c'era solo .... persona per la strada.
7. Ho comprato delle fragole e ne ho mangiate .... subito.
8. Non ti preoccupare, non ho .... fretta.
9. Ho tutti i cd di De André. – Io ne ho solo ....
10. Avete capito la regola o avete ancora .... dubbio?

il ladro	der Dieb
rubare	stehlen
l'oggetto di valore	die Wertsache
la pianta	die Pflanze
fiorire	blühen
la sarta	die Schneiderin
per farli stringere	um sie enger machen zu lassen
rimproverare	vorwerfen
il motivo	der Grund
la finale	das Endspiel
per la strada	unterwegs
la fragola	die Erdbeere
ne	davon
non ti preoccupare	mach dir keine Sorgen
la fretta	die Eile
Fabrizio De André	*Sänger (1940–1999)*
la regola	die Regel
il dubbio	der Zweifel, das Bedenken

Weitere Indefinita

Die kommenden beiden Übungen behandeln den Gebrauch weiterer Indefinita, die keine großen Schwierigkeiten bereiten sollten. Es handelt sich um gebräuchliche Formen wie *altro* (anderer, noch ein), *diverso* (mehrere, verschiedene), *poco* (wenig), *tanto* ([so] viel), *troppo* (zu viel), *certo* (gewisser), *parecchio* (ziemlich viel), *molto* (viel).

Alle diese Indefinita können – als Adjektiv – zusammen mit einem Substantiv gebraucht werden. Sie können aber auch – als Pronomen – ein Substantiv ersetzen.

Adjektiv:	*Hai **tanti** amici?*	Hast du viele Freunde?
Pronomen:	*No, ne ho **pochi**.*	Nein, ich habe wenige (wörtlich: davon).

87 **Übersetzen Sie die Satzteile in Klammern ins Italienische.**

1. Allo stadio c'è (zu viele Leute) .... Non ci vengo.
2. In questa situazione ci vuole coraggio e tu ne hai (ziemlich viel) .... !
3. L'accusa ha fornito (mehrere Beweise) .... contro di lui.
4. Hai degli elastici? – Sì, ne ho (so viele) .... Se ti servono, li vado a prendere.
5. In vacanza, quest'anno, ho speso (wenig Geld) ....
6. Papà ha invitato a cena (gewisse Kollegen) .... dell'ufficio.
7. Scusi, ci può portare (noch zwei Gläser) .... ?
8. Tu hai molta fortuna, io invece ne ho (wenig) ....
9. Questo libro non mi piace! Me ne presti (ein anderes) .... ?
10. L'insegnante deve correggere (viele Aufsätze) ....

ci	*hier* (dort)hin	**servire**	*hier* benötigen
il coraggio	der Mut	**ho speso (spendere)**	(ich) habe ausgegeben
l'accusa	*hier* der Staatsanwalt	**i soldi**	das Geld
fornire	liefern	**la fortuna**	das Glück
la prova	der Beweis	**invece**	dagegen
contro	gegen	**me ne presti**	leihst du mir
l'elastico	das Gummiband	**il tema**	*hier* der Aufsatz

88 Verbinden Sie die linke Spalte mit der rechten zu sinnvollen Sätzen.

1.	Marcello, tu mangi troppi ...	a.	altro lavoro che le piace molto.
2.	A pranzo non beviamo molto ...	b.	proprio pochi.
3.	Lina ha trovato un ...	c.	piante per il giardino.
4.	Quando si gioca a scacchi ci vuole tanta ...	d.	dolci. Guarda che ti fanno male!
5.	Io ho molti capelli, invece Pio ne ha ...	e.	esami di filosofia.
6.	All'università ho sostenuto diversi ...	f.	calma per poter ragionare bene.
7.	La vita è così: alcuni sono più fortunati ...	g.	formulari complicatissimi.
8.	Soffro di mal di testa. Mi viene parecchie ...	h.	vino. Preferiamo bere l'acqua.
9.	Luisa ha comprato molte ...	i.	volte al mese.
10.	Prima di firmare il contratto devo compilare certi ...	j.	di altri.

gli scacchi	das Schach	**firmare**	unterschreiben
ci vuole	man braucht	**il contratto**	der Vertrag
sostenere	*hier* ablegen	**far male**	*hier* schaden
La vita è così ...	Das Leben ist halt so ...	**la calma**	die Ruhe
soffrire di	leiden unter	**per poter ragionare**	um nachdenken zu können
il mal di testa	der Kopfschmerz	**la volta**	das Mal
mi viene	ich bekomme		

RELATIVPRONOMEN

→ Gr LGr S. 119 ff.

Ho due figli. I miei figli si chiamano Alberto e Antonio. — Ich habe zwei Söhne. Meine Söhne heißen Alberto und Antonio.

Wie Ihnen sicher aufgefallen ist, erscheint das Wort *figli* in den beiden Sätzen zweimal. Aus stilistischen Gründen, um die Wiederholung des Wortes *figli* zu vermeiden, ist es nun vernünftig, aus diesen zwei Sätzen einen Einzigen zu machen. Dafür benutzt man ein Relativpronomen. Es ersetzt das zweite *figli* und verbindet die zwei Sätze miteinander.

*Ho due figli **che** si chiamano Alberto e Antonio.* — Ich habe zwei Söhne, **die** Alberto und Antonio heißen.

Che und *cui*

Die wichtigsten Relativpronomen sind *che* und *cui*. Sie sind in der Form unveränderlich (ihre deutschen Entsprechungen hingegen nicht!): *che* wird als Subjekt und als direktes Objekt (Akkusativobjekt) verwendet, *cui* nach einer Präposition.

Ganz wichtig: Im Italienischen wird das Verb eines Relativsatzes nicht nachgestellt, im Deutschen dagegen schon. Außerdem kennt das Italienische im Gegensatz zum Deutschen in solchen Fällen meist keine Kommasetzung.

***che* als Subjekt**

*Ho un amico **che** viene dalla Polonia.* — Ich habe einen Freund, **der** aus Polen kommt.

***che* als direktes Objekt (Akkusativobjekt)**

*Vado da un amico **che** ho conosciuto in Olanda.* — Ich fahre zu einem Freund, **den** ich in Holland kennengelernt habe.

***cui* nach Präpositionen**

*L'amico **con cui** esco si chiama Luca.* — Der Freund, **mit dem** ich ausgehe, heißt Luca.

89 **Verbinden Sie die Sätze mit dem Relativpronomen *che*.**

ESEMPIO **La geografia è una materia. Questa materia mi interessa molto.**
La geografia è una materia che mi interessa molto.

1. Federica è un'amica. Non vedo Federica da tanti anni.
2. Il professore ha elogiato gli studenti. Gli studenti hanno superato l'esame.
3. Non mi piacciono i sandali. Hai comprato i sandali.
4. Hai trovato il telecomando? Cercavi il telecomando.
5. Al corso ho conosciuto un ragazzo. Questo ragazzo parla cinque lingue.
6. Il ciclismo è uno sport. Amo molto questo sport.
7. Avete bevuto il vino? Vi ho regalato questo vino.
8. Il presidente ha tenuto un discorso. Questo discorso è durato due ore.

la geografia	die Erdkunde	**il telecomando**	die Fernsteuerung
la materia	das Fach	**il ciclismo**	der Radsport
elogiare	loben	**tenere un discorso**	eine Rede halten
superare	bestehen	**durare**	dauern

90 **Verbinden Sie die Sätze mit dem Relativpronomen *cui*.**

ESEMPIO **Questa è la casa. In questa casa abito.**
Questa è la casa in cui abito.

1. Questo è il ragazzo. Con questo ragazzo ho litigato.
2. Il vigile era molto simpatico. Ho chiesto l'informazione a questo vigile.
   Il vigile a …
3. Il problema è serio. Ci hai parlato di questo problema.
4. Devo chiamare Concetta. A Concetta ho prestato la friggitrice.
5. La malattia è molto rara. Milena soffre di questa malattia.

6. Questa è la ragazza. Alberto si è innamorato di questa ragazza.

....

7. L'albergo era carissimo. In questo albergo abbiamo pernottato.

....

8. Mio nonno è morto nel 1996. Ho imparato tante cose da mio nonno.

....

9. Il ragazzo era francese. Ho dato il mio primo bacio a questo ragazzo.

....

10. La città è abbastanza grande. Vivo in questa città.

....

litigare	streiten	**raro**	selten
il vigile	der Verkehrspolizist	**soffrire**	leiden
prestare	ausleihen	**innamorarsi**	sich verlieben
la friggitrice	die Fritteuse	**pernottare**	übernachten

91 *Che* oder *cui*? Bilden Sie sinnvolle Sätze aus den Satzteilen.

1. Quello è il negozio in
2. Gli amici con
3. Puoi accendere la lampada
4. Qual è il porto in
5. Hai messo in frigorifero la torta
6. Come si chiama la città in
7. Guarda com'è carino il vestitino
8. Il salmone e la trota sono due pesci
9. Ho incontrato Antonio da
10. Qual è l'argomento su

cui

che

- è nata Tiziana?
- ho comprato il regalo per gli sposi.
- ti ha cucito la nonna!
- faccio il viaggio sono di Firenze.
- dobbiamo portare stasera alla festa?
- mangio molto volentieri.
- ho saputo che Gino si trasferisce.
- avete fatto scalo?
- Renata ha discusso la tesi di dottorato?
- è vicino alla finestra?

accendere	anschalten	nascere	geboren werden
la lampada	die Lampe	gli sposi	die Brautleute
il porto	der Hafen	cucire	nähen
il vestitino	das Kleidchen	trasferirsi	umziehen
il salmone	der Lachs	fare scalo	zwischenlanden
la trota	die Forelle	discutere	besprechen
l'argomento	das Thema	la tesi di dottorato	die Doktorarbeit

92 **Vervollständigen Sie die Sätze mit den Angaben.**

a cui | che | che | a cui | con cui | che | di cui | che | su cui | da cui

1. Lì c'è una vecchietta .... sta attraversando la strada, la vedi? Dobbiamo aiutarla.
2. Purtroppo non ho raggiunto l'obiettivo .... miravo.
3. La cassa .... cerchi di sollevare è troppo pesante per te!
4. Rosalba è una vecchia amica .... posso sempre contare.
5. Ho fatto un errore .... mi pento molto.
6. Il medico .... ha curato mia madre è molto in gamba.
7. Il paese .... provengono i miei nonni si trova in Calabria.
8. L'automobilista .... ha provocato il tamponamento si è ferito.
9. Mi dispiace, non sono al corrente della questione .... Lei si riferisce.
10. I ragazzi .... divido l'appartamento sono due.

attraversare	überqueren	sollevare	heben
raggiungere	erreichen	contare	zählen
l'obiettivo	das Ziel	pentirsi	bereuen
mirare	zielen	curare	behandeln, heilen
la cassa	die Kiste	in gamba	tüchtig

il paese	*hier* das Dorf	**essere al corrente**	auf dem Laufenden sein
provenire	herkommen		
l'automobilista	der Autofahrer	**la questione**	die Angelegenheit
provocare	verursachen	**riferirsi (a)**	sich beziehen (auf)
il tamponamento	das Auffahren	**dividere**	teilen
ferirsi	sich verletzen		

93 Ergänzen Sie *che* oder *cui* mit der passenden Präposition.

1. Verbania, la città .... vive Ugo, si trova sul lago Maggiore.
2. Hai preso tu il mazzo di chiavi .... era sul tavolo della cucina?
3. Sebastiano, ... ho raccontato la mia esperienza, è rimasto molto colpito.
4. Loredana, ... sono stato fidanzato dieci anni, all'improvviso mi ha lasciato e ha preso i voti.
5. Le due ditte .... ho mandato il curriculum non mi hanno ancora contattato.
6. Il Trentino-Alto Adige, ... è una regione dell'Italia nordorientale, confina con l'Austria, la Svizzera, la Lombardia e il Veneto.
7. Siamo stati in Liguria e abbiamo visitato quel paesino .... ci hai tanto parlato.
8. Volevo cambiare la lampadina ma la sedia .... sono salito si è rotta, allora sono caduto e mi sono fatto male al piede.
9. Il treno delle 7.00 .... prendo per andare al lavoro è sempre affollatissimo.
10. "La traviata" e "Rigoletto", ... sono due capolavori di Giuseppe Verdi, sono opere di grande concentrazione drammatica.

trovarsi	liegen, sich befinden	**la lampadina**	die Glühbirne
il mazzo di chiavi	der Schlüsselbund	**salire**	steigen
rimanere colpito	beeindruckt sein	**rompersi**	brechen
essere fidanzato	verlobt sein	**cadere**	fallen, stürzen
prendere i voti	ein Gelübde ablegen	**farsi male**	sich wehtun
la ditta	die Firma	**affollato**	überfüllt
il curriculum (vitae)	der Lebenslauf	**il capolavoro**	das Meisterwerk
contattare	Kontakt aufnehmen	**Giuseppe Verdi**	*Komponist (1813–1901)*
nordorientale	nordöstlich	**la concentrazione drammatica**	die dramatische Dichte
confinare	grenzen		

→ Gr LGr S. 122 ff.

Il quale

Il quale ist ein weiteres Relativpronomen, das *che* oder *cui* ersetzen kann. *Il quale* hat im Gegensatz zu *che* und *cui* vier Formen, die sich in Geschlecht und Zahl unterscheiden: *il quale*, *la quale*, *i quali* und *le quali*.
Dieses Relativpronomen wird im Italienischen vor allem in der geschriebenen Sprache verwendet oder in Fällen, in denen *che* oder *cui* nicht eindeutig genug sind.

*La ditta **con la quale** collaboriamo ha sede a Torino.*	Die Firma, **mit der** wir zusammenarbeiten, hat ihren Sitz in Turin.
*Ti prego di non raccontare a nessuno il problema **del quale** ti ho parlato.*	Erzähl bitte niemandem das Problem, **über das** ich mit dir gesprochen habe.
*I figli di Carlo, **il quale** ho incontrato ieri sera, sono ormai tutti sposati.*	Die Kinder von Carlo, **den** ich gestern Abend getroffen habe, sind nun alle verheiratet.

Beachten Sie: Wenn man im letzten Fall *che* statt *il quale* verwendet hätte, wäre aus dem italienischen Kontext nicht klar hervorgegangen, ob man *i figli di Carlo* oder *Carlo* selbst getroffen hat.

94 **Schreiben Sie die Sätze um, indem Sie *il quale*, *la quale*, *i quali* oder *le quali* anstatt *che* und *cui* verwenden.**

1. Il paese in cui abitiamo conta poco più di mille abitanti.

   ....

2. I miei genitori a cui ho raccontato delle nostre difficoltà vogliono aiutarci.

   ....

3. Niccolò Ammaniti ha scritto il libro di cui parla tanto Sabina.

   ....

4. Immacolata e Antonella, che lavorano alla Rinascente, vorrebbero cambiare lavoro.

   ....

5. Ho comunicato personalmente le dimissioni al direttore che è stato molto sorpreso.

   ....

6. Serena con cui ho parlato ieri ha deciso di acquistare una casa al mare.

   ....

7. Le persone per cui i soldi non sono tutto vivono forse più felicemente.

   ....

8. Ho ricevuto un'e-mail dalla mia amica Grazia che vive in Svizzera con suo marito.

   ....

contare	zählen, haben	**la dimissione**	die Kündigung
l'abitante	der Einwohner	**sorpreso**	überrascht
la difficoltà	die Schwierigkeit	**decidere**	entscheiden
Niccolò Ammaniti	*Schriftsteller (1966)*	**acquistare**	kaufen, erwerben
la Rinascente	*Name einer Kaufhaus-Kette*	**tutto**	alles
		ricevere	bekommen
comunicare	mitteilen		

95 Verbinden Sie die Sätze mit *il quale*, *la quale*, *i quali* oder *le quali*.

ESEMPIO **Giuseppe lavora come infermiere. Giuseppe mi ha salvato la vita.**
Giuseppe il quale lavora come infermiere mi ha salvato la vita.

1. Sono tornati i miei cugini. I miei cugini hanno fatto il giro del mondo.

   ....

2. Ho invitato Rosa a cena. A Rosa ho promesso di preparare la parmigiana di melanzane.

   ....

   ....

3. Marcello è un caro amico. Su Marcello posso sempre contare.

   ....

4. Hai detto una bugia. Di questa bugia devi vergognarti.

   ....

5. Purtroppo devono vendere la casa. Il nonno aveva costruito la casa dopo la guerra.

   ....

   ....

6. Il fiume che attraversa la città si chiama Volturno. Nella città sono nata.

   ....

7. Scusi, dov'è diretto il treno? Lei è appena sceso dal treno.

   ....

8. Lo sai che il fratello di Eugenia non ha ancora preso la patente? Al fratello di Eugenia ho venduto la mia vecchia auto.

   ....

   ....

l'infermiere	der Krankenpfleger	**vergognarsi**	sich schämen
salvare	retten	**vendere**	verkaufen
la vita	das Leben	**costruire**	bauen
il giro del mondo	die Weltreise	**guerra**	der Krieg
promettere	versprechen	**attraversare**	überqueren
la parmigiana di melanzane	der Auberginen-auflauf	**nascere**	geboren werden
		essere diretto	hinfahren
contare	zählen	**scendere**	aussteigen
la bugia	die Lüge	**la patente (di guida)**	der Führerschein

→ Gr LGr S. 126

Chi

Chi bedeutet „wer“ oder „derjenige, der“ und ist unveränderlich. *Chi* kann auch mit einer Präposition verwendet werden. In der nächsten Übung lernen Sie, zwischen *chi*, *che* oder *cui* zu unterscheiden.

*Vorrei sapere **chi** mi ha graffiato l'auto.*	Ich würde gern wissen, **wer** mir das Auto zerkratzt hat.
*Vorrei conoscere la persona **che** mi ha graffiato l'auto.*	Ich würde gern die Person kennenlernen, **die** mir das Auto zerkratzt hat.
*Perché non mi vuoi dire **con chi** stavi parlando al telefono?*	Warum willst du mir nicht sagen, **mit wem** du gerade telefoniert hast?
*Perché non mi vuoi dire il nome della persona **con cui** stavi parlando al telefono?*	Warum willst du mir nicht den Namen der Person sagen, **mit der** du gerade telefoniert hast?

96 **Setzen Sie *chi*, *che* oder *cui* ein.**

1. Vorrei sapere .... ha bussato alle due di notte!
2. Non conosco la ragazza .... hai appena salutato.
3. .... disprezza vuol comprare.
4. Il medico da .... sono andato due giorni fa mi ha consigliato queste pillole.
5. Non mi ricordo più da .... ho sentito questa barzelletta.
6. Quanto costa la scrivania antica .... hanno comprato i tuoi genitori?
7. .... tace acconsente.
8. Non vi dovete fidare di .... vi ha già tradito una volta.
9. Come si chiama l'aeroporto di Londra da .... siete partiti?

10. .... tardi arriva, male alloggia.
11. Io esco con .... voglio! Hai capito?
12. Il mio migliore amico a .... confido tutti i miei segreti si chiama Michele.

Unter den Sätzen, die Sie mit *chi* ergänzt haben, sind drei Sprichwörter. Finden Sie heraus, welche. Schreiben Sie sie neben die deutschen Entsprechungen.

Wer schweigt, stimmt zu. ....
Wer die Ware schilt, hat Lust zu kaufen. ....
Wer nicht kommt zur rechten Zeit, ...
der muss sehen, was übrig bleibt. ....

bussare	klopfen	**acconsentire**	zustimmen
disprezzare	verachten	**fidarsi**	trauen
vuol = vuole (volere)	(er) will	**tradire**	betrügen
consigliare	empfehlen	**l'aeroporto**	der Flughafen
la pillola	die Kapsel	**partire**	abfahren, abfliegen
ricordarsi	*hier* nicht wissen	**alloggiare**	unterbringen, wohnen
la barzelletta	der Witz	**migliore**	bester
la scrivania	der Schreibtisch	**confidare**	anvertrauen
tacere	schweigen	**il segreto**	das Geheimnis

→ Gr LGr S. 120

Il che

Wenn sich das Relativpronomen *che* auf einen ganzen Satz bezieht, hat es eine neutrale Bedeutung und wird vom Artikel *il* begleitet: *il che* (was).
Vergleichen Sie:

*Riccardo, **che** conosco da venti anni, mi ha soffiato la ragazza.*

Riccardo, **den** ich seit zwanzig Jahren kenne, hat mir die Freundin weggenommen.

*Il mio vecchio amico Riccardo mi ha soffiato la ragazza, **il che** non è bello.*

Mein alter Freund Riccardo hat mir die Freundin weggenommen, **was** nicht gerade schön ist.

97 **Setzen Sie *che* oder *il che* ein und suchen Sie die passende Fortsetzung des Satzes.**

1. Voglio smettere di fumare, ... non è facile, ...
2. Cecilia, ... ha una grande forza di volontà, ...
3. Per arrivare a casa mia dovete prendere la strada .... da Capua ...
4. Pina ha bisogno di soldi, ... mi sembra strano ...
5. Dobbiamo provare a convincere tuo padre, ... è forse impossibile ...
6. Volete provare a convincere mio padre .... è più testardo ...
7. Giampiero ha frainteso le mie parole, ... non mi meraviglia ...
8. Attilio, ... ha derubato un conoscente per procurarsi la droga, ...
9. Alfredo si è rivolto a diversi avvocati per la difesa di suo figlio, ... è stato del tutto inutile, ...
10. Mio cugino dice che ha sostenuto tutti gli esami della sessione, ... non mi convince ...

- conoscendo la sua suscettibilità.
- conoscendo la sua testardaggine.
- data la sua pigrizia.
- poiché lei guadagna bene.
- è riuscita a smettere di fumare.
- è sotto processo.
- di un mulo?
- ma devo assolutamente riuscirci.
- infatti lo hanno condannato a due anni di reclusione.
- porta a Caiazzo.

smettere	aufhören
la forza di volontà	die Willenskraft
avere bisogno	brauchen
sembrare	scheinen
strano	komisch
convincere	überzeugen
testardo	stur
fraintendere	missverstehen
meravigliare	wundern
derubare	bestehlen
il conoscente	der Bekannte
procurarsi	besorgen, verschaffen
rivolgersi	sich wenden
l'avvocato	der Rechtsanwalt
la difesa	die Verteidigung
sostenere	ablegen
la sessione	die Zeit der Prüfungen
la suscettibilità	die Empfindlichkeit
conoscendo la sua testardaggine	in Anbetracht seiner Sturheit
dato	in Anbetracht
la pigrizia	die Faulheit
guadagnare	verdienen
il processo	der Prozess
il mulo	der Maulesel
assolutamente	unbedingt
riuscirci	es schaffen
condannare	verurteilen
la reclusione	die Haft

→ Gr LGr S. 124–125

Il cui

Bei *il cui* handelt es sich um einen Genitiv. Wenn das Relativpronomen *cui* vom Artikel begleitet wird (*il cui, la cui, i cui, le cui*), entspricht es im Deutschen „dessen" oder „deren". **Wichtig:** Der Artikel ändert sich, je nachdem ob das darauf folgende Substantiv männlich oder weiblich ist und im Singular oder im Plural steht.

*La Lombardia, **il cui** capoluogo è Milano, è una regione dell'Italia settentrionale.*	Die Lombardei, **deren** Hauptstadt Mailand ist, ist eine Region Norditaliens.

In der folgenden Übung sollen Sie zwischen Präposition + *cui*, Artikel + *cui* und Präposition + Artikel + *cui* unterscheiden. Vergleichen Sie aber zuerst die folgenden Beispiele:

- **Präposition + *cui***
  *Maria **con cui** lavoro alla Fiat ha tre figli.* — Maria, **mit der** ich bei Fiat zusammenarbeite, hat drei Kinder.
- **Artikel + *cui***
  *Maria, **i cui** figli vanno a scuola con mia sorella, lavora alla Fiat.* — Maria, **deren** Kinder mit meiner Schwester in die Schule gehen, arbeitet bei Fiat.
- **Präposition + Artikel + *cui***
  *Maria, **con i cui** figli va a scuola mia sorella, lavora alla Fiat.* — Maria, **mit deren** Kindern meine Schwester in die Schule geht, arbeitet bei Fiat.

98 **Vervollständigen Sie die Sätze mit einem Relativpronomen.**

le cui • al cui • i cui • da cui • tra le cui • per cui • il cui • la cui • della cui • in cui

1. Conosci bene la persona .... hai appreso la notizia?
2. Il Monte Bianco, ... vetta è di 4810 metri, fa parte delle Alpi occidentali.
3. Giuliano, ... umorismo è notorio, mette in risalto gli aspetti divertenti di ogni vicenda.
4. Nando, ... bravura eravamo tutti convinti, non ha superato il concorso notarile.
5. Cesare Pavese, ... opere ricordiamo "Paesi tuoi", "La bella estate" e "Lavorare stanca", è morto suicida.
6. Dimmi un po', Lorena, ti piace veramente la casa .... abiti? Non è troppo buia?
7. L'avvocato Grosso, ... studio mi sono rivolto in diverse occasioni, non vuole interessarsi del mio caso questa volta.

8. Sai che Vincenza, ... genitori si sono separati poco tempo fa, ha lasciato suo marito e adesso vive con un altro?
9. Le presento il dottor Pirlo, l'ingegnere .... lavoro.
10. Eros Ramazzotti, ... canzoni sono famosissime dappertutto, è nato a Roma nel 1963.

apprendere	erfahren	**l'opera**	das Werk
la notizia	die Nachricht	**morire suicida**	Selbstmord begehen
la vetta	der Gipfel	**buio**	dunkel
le Alpi occidentali	die westlichen Alpen	**lo studio**	*hier* die Kanzlei
l'umorismo	der Humor	**rivolgersi**	sich wenden
notorio	bekannt	**l'occasione**	die Gelegenheit
mettere in risalto	hervorheben	**il caso**	der Fall
la vicenda	das Ereignis	**separarsi**	sich trennen
la bravura	die Tüchtigkeit	**lasciare**	*hier* verlassen
convinto	überzeugt	**presentare**	vorstellen
superare	bestehen	**dappertutto**	überall
il concorso notarile	die staatliche Zulassungsprüfung für den Notarberuf	**Eros Ramazzotti**	*Sänger (1963)*
		la canzone	das Lied
		nascere	geboren werden
Cesare Pavese	*Schriftsteller (1908–1950)*		

INTERROGATIVA (FRAGEWÖRTER)

→ Gr LGr S. 130 ff.

In diesem Kapitel geht es um Wörter, mit denen man Fragen stellen kann, z. B. *chi* (wer, wen), *che cosa* (was), *quando* (wann) usw. Diese Fragen verlangen keine Ja-/Nein-Antworten, sondern eine bestimmte Information als Antwort.
Lesen Sie die folgenden Beispiele und achten Sie besonders auf die deutsche Übersetzung der Fragewörter.

Chi *viene con me? – Vengo io!*	**Wer** kommt mit mir? – Ich komme mit!
Chi *vuoi invitare? – Poche persone.*	**Wen** willst du einladen? – Wenige Leute.
A chi *regali questi orecchini? – A mia madre.*	**Wem** schenkst du diese Ohrringe? – Meiner Mutter.
Di chi *sono queste chiavi? – Sono le mie.*	**Wessen** Schlüssel sind das? / **Wem** gehören diese Schlüssel? – Sie gehören mir.
Con chi *parli? – Con Vincenzo.*	**Mit wem** sprichst du? – Mit Vincenzo.
Da chi *vai? – Dal dottore.*	**Zu wem** gehst du? – Zum Arzt.
Che cosa/Che/Cosa *stai mangiando? – Solo un po' di frutta.*	**Was** isst du gerade? – Nur ein bisschen Obst.
Che *musica ti piace? – La musica classica.*	**Welche/Was für** Musik magst du? – Klassische Musik.
Quale *vestito compro? – Compra questo.*	**Welches** Kleid soll ich kaufen? – Kauf dieses hier.
Quali *scarpe compro? – Queste nere.*	**Welche** Schuhe soll ich kaufen? – Die Schwarzen hier.
Qual *è il tuo indirizzo? – Via Manzoni 3.*	Wie lautet (*wörtl.* **Welches** ist) deine Adresse? – Manzoni-Straße 3.
Quanta *pasta devo cuocere? – Mezzo chilo.*	**Wie viel** Pasta soll ich kochen? – Ein Pfund.
Da quanti *anni lo conosci? – Da tanto.*	**Seit wie vielen** Jahren kennst du ihn? – Seit langem.

__Come__ ti chiami? – Rosamaria.	**Wie** heißt du? – Rosamaria.
__Di dove__ sei? – Sono di Siena.	**Woher** kommst du? – Ich komme aus Siena.
__Perché__ piangi? – __Perché__ mi sento sola.	**Warum** weinst du? – **Weil** ich mich alleine fühle.
__Quando__ parti? – Domani.	**Wann** fährst du ab? – Morgen.

Beachten Sie: Fragewörter werden auch in sogenannten indirekten Fragen verwendet, also Sätzen, die indirekt eine Frage beinhalten:

Non so __a chi__ ti riferisci.	Ich weiß nicht, **auf wen** du dich beziehst.

Fragewörter können außerdem einen Ausruf einleiten:

__A chi__ lo dici!	**Wem** sagst du das!

99 Setzen Sie *chi* oder die richtige Präposition + *chi* ein.

1. .... è venuto alla riunione? – Solo tre colleghi.
2. .... hai appena telefonato? – Al mio ragazzo.
3. Allora, ... ha vinto le elezioni? – La coalizione di centro-sinistra.
4. Ragazzi, ... è questo telefonino? – È il mio.
5. .... hanno avuto la notizia? – Attilio gli ha raccontato tutta la vicenda.
6. .... sei andato in vacanza? – Sono andato da solo.
7. La mia migliore amica non mi vuole dire .... è innamorata. – Beh, sono fatti suoi.
8. E voi .... siete? – Siamo gli amici di Eugenio.
9. .... hai conosciuto in discoteca? – Un ragazzo carinissimo!
10. Sai .... hanno mandato le partecipazioni Antonella e Silverio? – No, non lo so.

la riunione	die Sitzung	**la vicenda**	das Ereignis, die Angelegenheit
appena	gerade		
vincere	gewinnen	**da solo**	allein
le elezioni	die Wahlen	**essere innamorato**	verliebt sein
centro-sinistra	Mitte-links	**Sono fatti suoi.**	Es ist ihre Sache.
il telefonino	das Handy	**la partecipazione**	*hier* die Hochzeits-einladung
la notizia	die Nachricht		

100 *Chi* oder *che cosa*? Vervollständigen Sie die Sätze mit den Fragewörtern.

Per chi • Che cosa • Chi • Che cosa • A chi • Con chi • Di che cosa • Di chi • Con che cosa • A che cosa

1. .... hai mangiato, oggi, a pranzo? – Solo un piatto di spaghetti aglio e olio.
2. .... vi ha consigliato questo albergo? – Un amico che ci è già stato.
3. .... parla il romanzo che stai leggendo? – È una banalissima storia d'amore!
4. .... vuoi aggiustare l'appendiabiti? – Mi serve un martello e un giravite.
5. .... è il regalo che hai comprato? – Per mia nonna. Domani è il suo compleanno.
6. .... è successo? – Lorenzo e Pasquale hanno litigato.
7. .... dedichi il tuo nuovo libro? – Lo dedico ai miei figli.
8. .... si è arrabbiato tuo padre? – Con mia sorella.
9. .... sta pensando Maria? – Non lo so, è sempre con la testa fra le nuvole!
10. .... è questo cappello con la visiera? – È il mio.

l'aglio	der Knoblauch	**il giravite**	der Schraubenzieher
consigliare	empfehlen	**litigare**	streiten
ci	*hier* dort	**dedicare**	widmen
già	schon	**arrabbiarsi**	sich ärgern
la storia d'amore	die Liebesgeschichte	**avere la testa fra le nuvole**	in den Wolken schweben
l'appendiabiti	der Kleiderständer		
il martello	der Hammer	**la visiera**	der (Schutz-)Schirm

101 Übersetzen Sie die Sätze ins Italienische. Benutzen Sie dabei die Fragewörter *chi*, *che cosa* oder *che* (+ Substantiv), wenn nötig mit der passenden Präposition.

1. Was für Filme magst du?
2. Was habt ihr im Unterricht gemacht?
3. Was kochen Rosanna und Raimondo heute Abend?
4. Um wie viel Uhr macht das Geschäft auf?
5. Mit wem bist du ins Kino gegangen?
6. Wen hat die Lehrerin abgehört?
7. Was für ein schönes Mädchen!
8. Wer kennt den Namen des neuen Regierungschefs?
9. Wem gehören die Sportschuhe da?
10. Was für eine Schuhgröße haben Sie?

a lezione	im Unterricht	**il presidente del consiglio**	der Regierungschef
cucinare	kochen		
stasera	heute Abend	**la scarpa da ginnastica**	der Sportschuh
aprire	aufmachen		
il negozio	das Geschäft	**il numero**	*hier* die Größe
interrogare	abhören	**portare**	*hier* haben

102 Setzen Sie *quale/qual* oder *quali* ein, wo nötig mit der passenden Präposition.

1. .... negozio hai trovato questa bella cornice?
2. .... pantaloni preferisci? Questi a righe o quelli neri a tinta unita?
3. .... è il Suo indirizzo, per piacere?
4. Ecco, questi sono i due modelli che abbiamo. .... preferisce?
5. Scusi, io devo andare in Piazza Plebiscito. .... fermata devo scendere?
6. .... ragione si è licenziato Livio?
7. Non ho superato l'esame scritto d'inglese. – Mi dispiace. .... errori hai fatto?
8. Guardi, abbiamo guanti di lana e guanti di pelle. .... vuole provare?
9. .... anno vi siete sposati?
10. .... è il tuo colore preferito?

la cornice	der Rahmen	**superare**	bestehen
a righe	gestreift	**la lana**	die Wolle
a tinta unita	einfarbig	**la pelle**	das Leder
la fermata	die Haltestelle	**sposarsi**	heiraten
la ragione	der Grund	**preferito**	Lieblings-
licenziarsi	kündigen		

103 Setzen Sie *quanto/-a/-i/-e* ein, wo nötig mit der passenden Präposition.

1. .... anni hai? – Io ho ventisette anni.
2. .... anni sei andato a scuola? – A sei anni compiuti.
3. .... pasta ci vuole per quattro persone? – Circa 400 grammi.
4. Voglio comprare dei carciofi da fare arrostiti. .... ne prendo?
5. .... costa il televisore della Panasonic da 45 pollici? – Un attimo che guardo.
6. .... volte ti ho detto che non si marina la scuola! – Scusa, papà, hai ragione!

7. .... soldi hai bisogno per la gita scolastica? – Non lo so ancora.
8. .... tempo studiate l'italiano? – Da circa un anno.
9. Mamma mia, ... storie! Adesso basta! Si torna a casa.
10. Posso prendere un po' di cioccolata? – Certo, prendine .... ne vuoi!

compiuto	vollendet	**la volta**	das Mal
volerci	brauchen	**marinare**	*hier* schwänzen
il carciofo	die Artischocke	**avere ragione**	recht haben
arrostito	gegrillt	**la gita scolastica**	der Schulausflug
il pollice	*hier* der Zoll (Maßeinheit)	**Basta!**	Schluss damit!
		prendine (prendere)	nimm davon
l'attimo	der Augenblick		

104 Vervollständigen Sie die Sätze mit den Formen von *qual(e)* oder *quanto* und fügen Sie, wo nötig, die passende Präposition hinzu.

1. .... lingue hai studiato all'università? – Ho studiato l'inglese e lo spagnolo.
2. .... corso ti sei iscritto? – A quello di yoga.
3. .... mesi di garanzia ha la macchina fotografica? – Ha una garanzia di 24 mesi.
4. .... parte dell'Italia viene tua cugina? – Lei viene dal Nord.
5. .... regione si trovano i famosi trulli? – In Puglia.
6. Ma .... sale hai messo nell'insalata? È immangiabile. – Scusa, mi dispiace.
7. .... è il capoluogo del Piemonte? – Torino.
8. .... settimane dura il corso di aggiornamento? – Solo una settimana.
9. .... anni ci conosciamo? – Da una vita, cara mia!
10. Ci serve la mozzarella per fare la caprese. – Va bene. .... ne devo prendere?

iscriversi	sich anmelden	**durare**	dauern
la garanzia	die Garantie	**il corso di aggiornamento**	der Fortbildungskurs
la macchina fotografica	der Fotoapparat	**la mozzarella (di bufala)**	Mozzarella *(Büffelkäse)*
il trullo	*rundes Haus mit Strohdach*	**la caprese**	*Gericht aus Mozzarella, Tomaten und Basilikum*
immangiabile	ungenießbar		
il capoluogo	die Hauptstadt		

105 Kreuzen Sie das jeweils passende Fragewort an.

1. .... stanno parlando? – Di politica.

☐ Di che cosa ☐ Di chi

2. .... giochiamo di nuovo a dama? – Domenica.

☐ Quando ☐ Quanto

3. Scusi, ... si trova la stazione centrale? – Mi dispiace, non lo so. Non sono di qui.

☐ dove ☐ da dove

4. Buona sera, Signora Veltroni! .... sta? – Bene, e Lei?

☐ Che ☐ Come

5. .... non andiamo a ballare? – Oh, no ... non mi va.

☐ Quando ☐ Perché

6. .... sono felice! – Bene, mi fa piacere per te.

☐ Che ☐ Come

7. .... cassetto hai messo la camicia bianca? – Nel secondo, credo.

☐ In quale ☐ In quanto

8. .... sono cresciuti i tuoi genitori? – In una cittadina della Basilicata.

☐ Dove ☐ Quando

9. .... tempo ci hai messo a preparare l'esame? – Ci ho messo due mesi, ma ho studiato tanto!

☐ Quale ☐ Quanto

10. Non so .... Danilo non si è fatto più sentire.

☐ come ☐ perché

giocare a dama	Dame spielen	**crescere**	*hier* aufwachsen
non mi va	ich habe keine Lust	**metterci**	brauchen
far piacere	freuen	**farsi sentire**	sich melden
il cassetto	die Schublade		

106 **Ein Interview. Vervollständigen Sie die links stehenden Fragen mit dem richtigen Fragewort und finden Sie dann die passende Antwort zu jedem Satz.**

1.	………… si chiama?	a.	A Padova.
2.	Di ………… è?	b.	Sono impiegata, lavoro al comune.
3.	………… abita?	c.	Sono italiana, di Bologna.
4.	A ………… piano abita?	d.	Faccio sport, leggo, vado al cinema …
5.	………… abita a Padova?	e.	Aurelia Grimaldi.
6.	………… lavoro fa?	f.	Titanic. L'ho visto almeno cinque volte!
7.	………… guadagna al mese?	g.	Sì, certo. Ho trentadue anni.
8.	Le posso chiedere ………… anni ha?	h.	Al quarto. Per fortuna c'è l'ascensore.
9.	………… fa nel tempo libero?	i.	Per lavoro.
10.	………… è il suo film preferito?	j.	Mi dispiace, ma non do informazioni sul mio stipendio.

il piano	*hier* das Stockwerk	**l'impiegato**	der Angestellte
guadagnare	verdienen	**leggere**	lesen
il mese	der Monat	**almeno**	mindestens
il tempo libero	die Freizeit	**per fortuna**	zum Glück
preferito	Lieblings-	**l'ascensore**	der Aufzug
il comune	*hier* das Rathaus, die Gemeindeverwaltung	**lo stipendio**	das Gehalt

PRONOMEN

→ Gr LGr S. 138 ff.

Subjektpronomen

Unter Subjektpronomen versteht man Pronomen im Nominativfall:

io	*tu*	*lui*	*lei*	*Lei*	*noi*	*voi*	*Voi*	*loro*
ich	du	er	sie	Sie	wir	ihr	Ihr/Sie	sie

Bei den Subjektpronomen sollten Sie sich im Wesentlichen zwei Aspekte merken:

- Im Gegensatz zum Deutschen werden die Subjektpronomen im Italienischen in der Regel weggelassen, weil die Endung des konjugierten Verbs bereits die Information über die Person enthält.
  Io parlo l'italiano. → *Parlo l'italiano.* Ich spreche Italienisch.

- Die Subjektpronomen werden jedoch dann gebraucht, wenn man sie betonen möchte oder nach bestimmten Wörtern wie *anche* (auch), *nemmeno* (auch nicht), *invece sì/no* (dagegen schon/nicht).
  ***Io** parlo l'italiano, e **tu**?* Ich spreche Italienisch, und du?
  ***Io** invece no.* Ich dagegen nicht.

Achtung: Subjektpronomen können manchmal auch ans Satzende gestellt werden.
*Chi è? – Sono **io**!* Wer ist da? – Ich bin's!

107 Setzen Sie die passenden Subjektpronomen dort ein, wo Sie es für nötig erachten.

1. .... sono di Vercelli. E .... di dove sei?
2. Nemmeno .... amiamo sciare.
3. Silvana frequenta la quinta elementare e .... studia molto volentieri.
4. .... abito a Firenze da due anni, ... lavoro in una banca.
5. Chi va a prendere i bambini a scuola? – Ci vado ....
6. Scusi, ... come si chiama?
7. Allora, ragazzi, per il pic-nic .... portiamo le bibite e .... preparate qualche spuntino.
8. Elisabetta e Renato vogliono andare in vacanza. Domani .... partono per il mare.
9. .... ordino un caffè. Lo vuoi anche .... ?
10. In agosto Martina, Oscar e Aldo pensano di andare in campeggio in Calabria. E .... che pensate di fare?

sciare	Ski fahren	**lo spuntino**	der Imbiss
frequentare	besuchen	**partire**	abfahren
la quinta elementare	die 5. Klasse (Grundschule)	**ordinare**	bestellen
		pensare	denken
andare a prendere	abholen	**il campeggio**	der Campingplatz
la bibita	das Getränk		

→ Gr LGr S. 140

Reflexivpronomen

In der vorangehenden Übung haben wir gesehen, dass die Subjektpronomen im Satz nicht immer notwendig sind, umgekehrt verhält es sich mit den Reflexivpronomen. Die Reflexivpronomen werden nie weggelassen. Ihre Formen sind:

mi	*ti*	*si*	*ci*	*vi*	*si*
mich/mir	dich/dir	sich	uns	euch	sich

In der nächsten Aufgabe üben Sie, zwischen Subjektpronomen und Reflexivpronomen zu unterscheiden.
Bevor Sie die Übung machen, vergleichen Sie bitte folgende Beispiele:

Mi *vesto in modo sportivo.*	Ich ziehe mich sportlich an.
Io mi *vesto in modo sportivo, e* ***tu*** *come* ***ti*** *vesti?*	Ich ziehe mich sportlich an, und wie ziehst du dich an?

Achtung: Einige Verben, die im Deutschen nicht reflexiv sind, werden im Italienischen jedoch als Reflexivverben gebraucht (→ auch S. 257), z. B. *chiamarsi* (heißen).

108 Vervollständigen Sie die Sätze, wo es nötig ist, mit den Subjekt- und/oder Reflexivpronomen.

si • ci • mi • io mi • vi • tu • ti • si • noi ci • si • si • loro • io mi • Lei

1. Domenico .... annoia durante l'ora di religione.
2. Arturo e Toni non .... iscrivono all'università, invece .... iscriviamo.
3. Stasera .... incontriamo con alcuni amici in piazza.
4. .... chiamo Anna e .... sono italiana, di Napoli.
5. .... invitate Francesco e Angela al vostro matrimonio?
6. Nemmeno .... sanno quali squadre giocano domani.
7. Signora Barbato, come .... sente oggi? – Bene, grazie, e .... come sta?

8. .... alzo presto la mattina, e .... quando .... alzi?
9. Ragazzi, se .... lavate le mani, ... possiamo mangiare.
10. .... diverto sempre in discoteca, invece Wanda e Mirella non .... divertono proprio.

annoiarsi	sich langweilen	**sapere**	wissen
l'ora di religione	die Religionsstunde	**la squadra**	die Mannschaft
iscriversi	sich anmelden	**sentirsi**	sich fühlen
invece	dagegen	**alzarsi**	aufstehen
incontrarsi	sich treffen	**presto**	früh
alcuni	einige	**lavarsi**	sich waschen
invitare	einladen	**la mano**	die Hand
il matrimonio	die Hochzeit	**divertirsi**	sich amüsieren
nemmeno	auch nicht	**proprio**	überhaupt, wirklich

→ Gr LGr 141–142; 144–147

Direkte Objektpronomen

Die italienischen direkten Objektpronomen entsprechen den Akkusativpronomen im Deutschen. Dennoch sollten Sie bei diesem Thema folgende Punkte beachten:

- Man unterscheidet zwischen unbetonten und betonten direkten Objektpronomen.

unbetont	*mi*	*ti*	*lo*	*la/La*	*ci*	*vi/Vi*	*li*	*le*
betont	*me*	*te*	*lui*	*lei/Lei*	*noi*	*voi/Voi*	*loro*	*loro*
	mich	dich	ihn	sie/Sie	uns	euch/Sie	sie	sie

- Gewöhnlich werden die unbetonten Formen (1) gebraucht. Die betonten hingegen dienen hauptsächlich zur Hervorhebung (2) oder werden mit Präpositionen (3) verwendet.

(1) *Mario **la** conosce.*	Mario kennt **sie**.
(2) *Mario conosce proprio **lei**.*	Mario kennt **sie** wirklich.
(3) *Mario esce con **lei**.*	Mario geht mit **ihr** aus.

- Wie den Beispielen zu entnehmen ist, stehen die unbetonten Pronomen im Gegensatz zum Deutschen vor dem konjugierten Verb (1). In allen anderen Fällen stehen sie in der Regel nach dem Verb (2/3) wie im Deutschen.

- Merke: Nur die unbetonten Formen können an einen Infinitiv angehängt werden.
  *Mario **la** vuole conoscere. /* Mario will **sie** kennenlernen.
  *Mario vuole conoscer**la**.*

- In verneinten Sätzen steht *non* vor dem unbetonten Pronomen (4), während bei der betonten Form *non* vor dem konjugierten Verb (5) steht.

(4) *Mario **non ti** conosce.* Mario kennt **dich nicht**.
(5) *Mario **non esce** con te.* Mario **geht nicht** mit dir **aus**.

109 Vervollständigen Sie die Sätze mit den unbetonten direkten Objektpronomen.

ti • la • ci • la • mi • lo • li • le • vi • le

1. Vado in ufficio con la macchina e .... parcheggio in un autosilo.
2. Sono così infelice! Cristiano non .... ama più.
3. Quando fai il trasloco .... aiuto volentieri.
4. Mi piacciono molto i libri gialli. .... leggo sempre la sera a letto.
5. Sono allergica alle fragole e quindi la mia mamma non .... compra mai.
6. Quando arrivate all'aeroporto .... vengo a prendere io con l'auto.
7. Mia moglie non ama il vino, io invece .... bevo molto volentieri.
8. A Leonardo piace la pasta, ma .... mangia solo con il formaggio.
9. Abbiamo una brava insegnante. Lei .... segue con pazienza e passione.
10. Conosco tutte le favole dei fratelli Grimm e .... racconto sempre ai miei bambini.

l'ufficio	das Büro	**allergico**	allergisch
la macchina	das Auto	**la fragola**	die Erdbeere
parcheggiare	parken	**l'aeroporto**	der Flughafen
l'autosilo	die Großgarage	**venire a prendere**	abholen
infelice	unglücklich	**l'insegnante**	*hier* die Lehrerin
non ... più	nicht ... mehr	**seguire**	folgen
quando	*hier* wenn	**la pazienza**	die Geduld
il trasloco	der Umzug	**la passione**	die Leidenschaft
aiutare	helfen	**la favola**	das Märchen
il libro giallo	der Kriminalroman	**raccontare**	erzählen

110 Antworten Sie mit dem passenden unbetonten direkten Objektpronomen.

ESEMPIO Conosci Rosa? — *Sì, la conosco.* / *No, non la conosco.*

1. Inviti Filippo alla festa? — No, ……
2. Chiamate i vostri amici? — Sì, ……
3. Ti disturbo? — No, ……
4. Comprendi la mia reazione? — Sì, ……
5. Ci accompagni tu? — Sì, …… io.
6. Conoscete Milena e Monica? — No, ……
7. Cucini gli gnocchi oggi? — No, oggi ……
8. Mi riconosci? — No, ……
9. Aspettate l'autobus? — Sì, …… da un'ora!
10. Dottor Fini, mi richiama domani? — Sì, …… domani.

conoscere	kennen	**gli gnocchi**	die Kartoffelklößchen
invitare	einladen	**oggi**	heute
chiamare	(an)rufen	**riconoscere**	erkennen
disturbare	stören	**aspettare**	warten
comprendere	verstehen	**richiamare**	wieder (an)rufen
accompagnare	begleiten	**domani**	morgen
cucinare	kochen		

111 Wandeln Sie die Sätze um.

A

ESEMPIO **Devo prendere la medicina.** — *La devo prendere. / Devo prenderla.*

1. Posso usare il tuo pettine?
2. Non voglio lavare i vetri.
3. Puoi apparecchiare la tavola?
4. Dobbiamo fare le valigie.
5. Può aprire la porta?
6. Devi spegnere il computer.

111 B Beantworten Sie jetzt folgende Fragen wie im Beispiel. Benutzen Sie dabei das Verb *potere*.

ESEMPIO Mi aiuti? *Certo, ti posso aiutare. / Certo, posso aiutarti.*

1. Ci accompagni? ....
2. Vi aspetto? ....
3. Mi capite? ....
4. Ti chiamiamo? ....

dovere	müssen, sollen	**volere**	wollen
la medicina	das Medikament, die Medizin	**lavare i vetri**	die Fenster putzen
		apparecchiare	(Tisch) decken
potere	können, dürfen	**la valigia**	der Koffer
usare	benutzen	**spegnere**	ausschalten
il pettine	der Kamm		

112 Verbinden Sie die linke Spalte mit der rechten zu sinnvollen Sätzen. Unterstreichen Sie anschließend die betonten direkten Objektpronomen.

1.	Quando la prossima volta vai al circo con Pino, ...	a.	e non parla mai con noi?
2.	Valeria e Marco sono due brave persone, io ...	b.	porti anche me?
3.	Teresa, è vero che il tuo parrucchiere ha ...	c.	io amo un'altra donna.
4.	Secondo noi, se vuoi sentirti meglio ...	d.	Lei invece cosa prende?
5.	Come mai Luca parla sempre e solo con voi ...	e.	perché sgridi solo lei?
6.	Mirna, ti ringrazio molto. Ragazzi, devo ...	f.	stimo soprattutto lui per la sua correttezza.
7.	Per Lei, signora, un Martini con ghiaccio, e ...	g.	sia con voi che con loro.
8.	Quando Lia e Gigi litigano, ...	h.	una passione per te?
9.	Catia è innamorata di me, ma invece ...	i.	devi fare la dieta.
10.	Capisco entrambe le posizioni. Sono d'accordo ...	j.	ringraziare anche voi.

prossimo	nächste/-r/-s	**la posizione**	die Stellung
il circo	der Zirkus	**essere d'accordo**	einverstanden sein
il parrucchiere	der Friseur	**non ... mai**	nie
secondo	laut	**portare**	*hier* mitnehmen
sentirsi	sich fühlen	**sgridare**	schimpfen
meglio	besser	**stimare**	schätzen
come mai	wieso	**soprattutto**	über alles
solo	*hier* nur	**la correttezza**	die Fairness, die Korrektheit
ringraziare	danken		
il ghiaccio	das Eis	**sia ... che**	sowohl ... als auch
litigare	streiten	**avere una passione per qualcuno**	jemanden leidenschaftlich lieben
essere innamorato	verliebt sein		
entrambi/e	beide		

113 Setzen Sie die betonten direkten Objektpronomen ein – ggf. auch mehrmals.

te | noi | me | lei | lui | loro

1. Chi preferisci, Diego o Sara? – Preferisco sicuramente .... Sara è molto aperta e sempre disponibile.
2. Venite a trovarci. Ci fa molto piacere. Potete restare da .... quanto volete!
3. I miei cugini vanno una settimana in Portogallo. Vogliamo andare con ....?
4. Come sono Fabio e Barbara? – No, guarda, non sopporto né .... né ....!
5. Mamma, lo so che anche Paolo e Raffaele hanno bisogno di aiuto. Io, però, domani sono da solo. Puoi venire prima da ....?
6. Maria, questi fiori sono per ....! – Oh, grazie, che belli!
7. Stasera andiamo in pizzeria, vuoi venire con ....?
8. Il professore di latino è proprio strano ... La mia compagna di banco ha copiato la mia versione e lui invece ha rimproverato ....!
9. Ferdinando è un tipo ambiguo. Non mi fido proprio di ....
10. Liana, sei una ragazza formidabile, proprio come tua sorella. Ammiro molto sia .... che ....

preferire	lieber mögen	**il fiore**	die Blume
sicuramente	sicherlich	**strano**	komisch
aperto	offen	**il compagno di banco**	der Banknachbar
disponibile	hilfsbereit	**copiare**	*hier* abschreiben
venire a trovare	besuchen kommen	**la versione**	die Übersetzung
fare piacere	freuen	**rimproverare**	vorwerfen
restare	bleiben	**ambiguo**	zweideutig, doppelsinnig
quanto	*hier* wie lange	**fidarsi di**	trauen
sopportare	ertragen	**formidabile**	großartig
avere bisogno	brauchen	**ammirare**	bewundern
prima	erst		
da	*hier* zu		

114 Unbetonte oder betonte direkte Objektpronomen? Kreuzen Sie die richtige Form an.

		unbetont	betont
1.	Mi servono dei pomodori, ma .... vorrei piuttosto maturi.	☐ li	☐ loro
2.	Domenica siamo liberi. Se venite da .... facciamo un giro in barca.	☐ ci	☐ noi
3.	Guarda, ho comprato un regalo per .... e uno per tuo fratello.	☐ ti	☐ te
4.	Papà, la bicicletta è rotta! .... puoi riparare, per piacere?	☐ La	☐ Lei
5.	Direttore, perché licenzia proprio ....?	☐ mi	☐ me
6.	Giampaolo è un mio collega d'università. Con .... preparo l'esame di economia.	☐ lo	☐ lui
7.	A Caterina non piacciono le collane e infatti non .... porta mai.	☐ le	☐ loro
8.	Chi di .... suona il pianoforte?	☐ vi	☐ voi
9.	Vado a trovare i miei genitori ogni due settimane e rimango da .... per due giorni.	☐ li	☐ loro
10.	Sei fortunata! Guglielmo è proprio innamorato. .... guarda sempre!	☐ Ti	☐ Te

servire	brauchen	**suonare**	*hier* spielen
piuttosto	ziemlich	**il pianoforte**	das Klavier
maturo	reif	**andare a trovare**	besuchen gehen
il giro in barca	die Bootsfahrt	**ogni due settimane**	alle zwei Wochen
rotto	kaputt	**rimanere**	bleiben
licenziare	entlassen	**essere fortunato**	Glück haben
la collana	die Halskette	**innamorato**	verliebt

→ Gr LGr S. 142 und S. 403

La pizza la mangio sempre con mozzarella, prosciutto e funghi. — Pizza esse ich immer mit Mozzarella, Schinken und Pilzen.

Dieser Satz weist Sie auf eine Besonderheit der italienischen Sprache hin. Der Satz fängt hier mit einem direkten Objekt (Akkusativobjekt) an. Warum? Weil man hier das direkte Objekt, und zwar die Pizza, betonen will. Dem direkten Objekt folgt dann das entsprechende direkte Objektpronomen. Es handelt sich also um eine Verstärkung des Objektes durch das zusätzliche Pronomen.
Vergleichen Sie folgende Sätze:

Bevo il caffè senza zucchero. — Ich trinke den Kaffee ohne Zucker.
Il caffè lo bevo senza zucchero. — **Den Kaffee** trinke ich ohne Zucker.

Im zweiten Beispiel wird besonders hervorgehoben, dass man den Kaffee (und nicht etwa den Tee) ohne Zucker trinkt.

Merken Sie sich diese Besonderheit und üben Sie sie in der folgenden Aufgabe. Diese Konstruktion ist nämlich in der Umgangssprache sehr verbreitet.

115 Wandeln Sie die Sätze um. Benutzen Sie dabei das passende unbetonte direkte Objektpronomen.

ESEMPIO **Chiamo Elena sul cellulare.** — ***Elena la chiamo sul cellulare.***

1. Trovo questa regola abbastanza facile. ....
2. Fumi ancora il sigaro? ....
3. Conservo tutti i documenti in un cassetto. ....
4. Può spedire le lettere subito? ....
5. Sai guidare la macchina? ....

6. Devo vedere l'ultimo film di Sorrentino. *L'ultimo film di Sorrentino ...* ....
7. Conosciamo Eva e Giuliana da molti anni. ....
8. Mia madre cucina i tortellini con la panna. *Mia madre i tortellini ...* ....
9. Preferisco il gelato alla nocciola. ....
10. Vuole la ricevuta? ....

trovare	finden	**guidare**	fahren
abbastanza	ziemlich	**ultimo**	letzt
fumare	rauchen	**Paolo Sorrentino**	*Regisseur (1970)*
il sigaro	die Zigarre	**i tortellini**	*gefüllte Teigwaren*
conservare	aufbewahren	**la panna**	die Sahne
cassetto	die Schublade	**la nocciola**	die Nuss
spedire	verschicken	**la ricevuta**	die Quittung

→ Gr LGr S. 143 ff.

Indirekte Objektpronomen

Die italienischen indirekten Objektpronomen entsprechen den Dativpronomen im Deutschen. Hierbei sollten Sie auf Folgendes achten:

- Man unterscheidet zwischen unbetonten und betonten Formen (wie schon bei den direkten Objektpronomen).

unbetont	*mi*	*ti*	*gli*	*le/Le*	*ci*	*vi/Vi*	*gli*
betont	*a me*	*a te*	*a lui*	*a lei/Lei*	*a noi*	*a voi/Voi*	*a loro*
	mir	dir	ihm	ihr/Ihnen	uns	euch/Ihnen	ihnen

- Am häufigsten werden die unbetonten Formen (1) gebraucht. Sie stehen im Gegensatz zum Deutschen vor dem konjugierten Verb. Die betonten Formen (2/3) hingegen werden nur verwendet, wenn man etwas hervorheben will. Sie werden dann von der Präposition *a* eingeleitet. Die betonten indirekten Objektpronomen (*a* + Pronomen) können nach dem Verb stehen, aber auch vor dem Verb oder vor dem Subjekt.

(1) ***Gli*** *dico la verità.* — Ich sage **ihm** die Wahrheit.
(2) *Dico solo* ***a lui*** *la verità.* — Ich sage nur **ihm** die Wahrheit.
(3) *Solo* ***a lui*** *dico la verità.* — Nur **ihm** sage ich die Wahrheit.

- Merke: Nur die unbetonten Formen können an einen Infinitiv angehängt werden.

  Gli *voglio dire la verità. /* Ich will ihm die Wahrheit sagen.
  *Voglio dir****gli*** *la verità.*

- In verneinten Sätzen steht *non* vor dem unbetonten indirekten Objektpronomen (4), während bei der betonten Form *non* vor dem konjugierten Verb (5) steht.

  (4) ***Non gli*** *dico la verità.* Ich sage **ihm nicht** die Wahrheit.
  (5) *A lui* ***non dico*** *la verità.* Ihm **sage** ich **nicht** die Wahrheit.

116 Vervollständigen Sie die Sätze mit den unbetonten indirekten Objektpronomen.

gli Le Vi mi ci
ti ci mi Gli vi

1. Domani è il compleanno di Luigi. .... regalo un iPad.
2. Il mio ragazzo fa il cantante. Lui .... dedica tutte le sue canzoni.
3. Senta, noi non siamo di qui. Che ristorante .... consiglia?
4. Giovanni, ... piace questo puzzle?
5. Signora Barra, cosa .... posso offrire da bere?
6. Marta, i bambini tra poco escono per andare a scuola. .... prepari la merenda?
7. Gentili signori, ... auguriamo una piacevole permanenza nel nostro albergo.
8. Ragazzi, ... consiglio di partire presto, altrimenti trovate traffico.
9. Amore, ... vuoi veramente bene?
10. Abbiamo appena acquistato un computer. La sua offerta pertanto non .... interessa.

il compleanno	der Geburtstag	**la merenda**	das Pausenbrot
il ragazzo	*hier* der Freund	**augurare**	wünschen
il cantante	der Sänger	**piacevole**	angenehm
dedicare	widmen	**la permanenza**	der Aufenthalt
la canzone	das Lied	**partire**	abfahren
consigliare	empfehlen	**altrimenti**	sonst
offrire	anbieten	**il traffico**	der Verkehr
tra poco	in Kürze	**volere bene**	lieb haben

appena	eben
acquistare	erwerben, sich anschaffen
l'offerta	das Angebot
pertanto	deshalb, daher, darum

117 Wandeln Sie die Sätze um, indem Sie die hervorgehobenen Satzteile durch die passenden unbetonten indirekten Objektpronomen ersetzen.

ESEMPIO Do un bicchiere a Rita. *Le do un bicchiere.*

1. La maestra spiega agli alunni una nuova regola.
2. A me Massimo telefona tutti i giorni.
3. A noi papà compra un biliardino.
4. Diamo una mano ai ragazzi per il trasloco.
5. A voi non piace il gorgonzola, vero?
6. A Liliana serve una padella antiaderente.
7. Confido i miei segreti al mio amico Leo.
8. Mia madre a me manca molto.
9. Quando spedisci il pacco a Gemma?
10. A voi prestiamo tutto quello che volete.

la maestra	die Grundschullehrerin
spiegare	erklären
l'alunno	der Schüler
il biliardino	der kleine Billardtisch
dare una mano	behilflich sein
il trasloco	der Umzug
piacere	gefallen, schmecken
il gorgonzola	Schimmelkäse
la padella antiaderente	die antihaftbeschichtete Pfanne
confidare	anvertrauen
il segreto	das Geheimnis
mancare	fehlen
spedire	verschicken
prestare	leihen
tutto quello che	alles, was

118 Vervollständigen Sie die Sätze mit den passenden unbetonten indirekten Objektpronomen. Anschließend wandeln Sie die Sätze wie im Beispiel um.

ESEMPIO **Robbi, *mi* puoi prestare la tua auto?**
Robbi, puoi prestarmi la tua auto?

1. Siamo stranieri. .... può dare un'informazione?
....
2. Se vuole .... posso mandare un'e-mail di conferma domani.
....
3. Signori, purtroppo .... dobbiamo comunicare una spiacevole notizia.
....
4. .... vuoi descrivere la strada per arrivare a casa tua? Non conosco la zona.
....
5. Abbiamo tempo, ... potete raccontare tutto con calma.
....
6. Mario, ... posso prestare io il proiettore per la conferenza.
....
7. Allora, ragazzi, quando .... devo restituire il gommone?
....
8. Dottor Parisi, ... posso dare un consiglio?
....

lo straniero	der Ausländer, der Fremde	**arrivare**	*hier* kommen
		la zona	die Gegend
la conferma	die Bestätigung	**raccontare**	erzählen
purtroppo	leider	**la calma**	die Ruhe
comunicare	mitteilen	**il proiettore**	der Projektor
spiacevole	unangenehm	**la conferenza**	der Vortrag
la notizia	die Nachricht	**restituire**	zurückgeben
descrivere	beschreiben	**il gommone**	das Schlauchboot
la strada	*hier* der Weg	**il consiglio**	der Ratschlag

119 Verbinden Sie die linke Spalte mit der rechten zu sinnvollen Mini-Dialogen. Ergänzen Sie dabei die passenden unbetonten indirekten Objektpronomen.

1.	Scusa, hai visto Eleonora?	a.	Certamente. Devo firmare la ricevuta?
2.	Buongiorno! Senta, ... posso lasciare questo pacco per i vicini?	b.	Sì. .... ha detto che devo assolutamente smettere di fumare.
3.	Presto, papà, siamo così curiosi. .... fai vedere i regali?	c.	Scusa, nonna, ... prometto che non lo faccio più.
4.	Daniele, sei stato dal medico?	d.	No, ... dispiace, non la vedo da un pezzo.
5.	Signori, ... posso portare un aperitivo?	e.	Io non .... credo. La sua storia è molto strana.
6.	Giacomino, ma perché metti sempre il sale nel barattolo dello zucchero?!	f.	Un momento, bambini, sono ancora in valigia.
7.	Devo telefonare a Gabriele e Stefania. .... devo ricordare dell'appuntamento.	g.	Mah, non lo so. È uno strumento difficile, impegnativo. Io non ho molto tempo.
8.	Secondo te, Arturo ha detto la verità?	h.	Sì, grazie, è una buon'idea.
9.	Senti, Annamaria, io amo il pianoforte. .... vuoi insegnare a suonare?	i.	Come mai? Cosa hai fatto di male?
10.	I miei genitori .... hanno vietato di uscire per tre giorni.	j.	Se vuoi, li chiamo io.

il vicino	der Nachbar	**smettere**	aufhören
curioso	neugierig	**promettere**	versprechen
fare vedere	zeigen	**dispiacere**	leidtun
mettere	hintun	**da un pezzo**	eine Zeitlang
il barattolo	die Dose	**credere**	glauben
l'appuntamento	der Termin	**strano**	komisch
la verità	die Wahrheit	**impegnativo**	beanspruchend
insegnare	beibringen	**come mai?**	wieso?
vietare	verbieten	**di male**	Schlimmes
firmare	unterschreiben	**se**	wenn
la ricevuta	die Empfangs-bestätigung		

120 **Lesen Sie die Sätze, unterstreichen Sie die betonten indirekten Objektpronomen und tragen Sie sie neben die entsprechenden unbetonten Formen in die Tabelle ein.**

1. Mi piace molto sciare, e a voi?
2. A me interessa particolarmente la pittura contemporanea.
3. Hanno dato proprio a lui la promozione! L'ultimo arrivato!
4. A noi dispiace molto se non vieni alla festa.
5. Le minigonne a te stanno bene. Tu hai delle belle gambe.
6. Carla ha 18 anni. A lei adesso è permesso di tornare a casa tardi.
7. Signora, e a Lei cosa posso offrire? Un prosecco?
8. A Olga e Ezio ho fatto una buona proposta. Ma a loro non interessa.

unbetont	betont
mi	
ti	
gli	
le	
Le	
ci	
vi	
gli	

sciare	Ski fahren
particolarmente	besonders
la pittura contemporanea	die Malerei der Gegenwart
proprio	ausgerechnet
l'ultimo arrivato	der zuletzt Gekommene
la promozione	die Beförderung
la minigonna	der Mini-Rock
la gamba	das Bein
adesso	jetzt
è permesso	es ist erlaubt
la proposta	der Vorschlag

121 **Ergänzen Sie die Sätze mit den passenden betonten indirekten Objektpronomen. Vergessen Sie dabei nicht, die Präposition *a* vor die Pronomen zu setzen!**

1. Io ti penso sempre. E tu .... pensi qualche volta?
2. Camilla è gravemente ammalata. Suo marito, Fausto, è un uomo straordinario. Si dedica .... completamente.
3. Enrico mi ha scritto un'e-mail e gli ho già risposto. Anche Bernardo mi ha scritto, ma .... rispondo più tardi.
4. Scusi, permette una domanda? Eh ... Senta, posso fare una domanda anche ....?
5. Mi presti la tua cravatta grigia? – No, ... non presto più niente perché rovini sempre tutto.
6. Voi siete dei veri cinefili, invece .... non piace andare al cinema. Noi preferiamo andare a teatro.

7. Eugenio e Cesare sono sempre molto gentili. .... dobbiamo assolutamente portare un souvenir dall'India.
8. Ehi ragazzi, abbiamo vinto un portatile, ma in realtà non ci serve. Serve forse ....?
9. Giacomo, vogliamo andare a giocare a bowling? – Oh, no, ... non va.
10. Signora, questa tariffa .... non conviene. Dobbiamo trovare un'altra soluzione.

qualche volta	manchmal	**il cinefilo**	der Kinofan
gravemente	ernsthaft	**assolutamente**	unbedingt
ammalato	krank	**il souvenir**	das Andenken
straordinario	außergewöhnlich	**vincere**	gewinnen
dedicarsi	sich widmen	**il portatile**	der Laptop
già	schon	**in realtà**	eigentlich
più tardi	später	**servire**	brauchen
permettere	erlauben	**la tariffa**	der Tarif
prestare	leihen	**convenire**	günstig sein
rovinare	beschädigen	**la soluzione**	die Lösung

122 Unbetonte oder betonte indirekte Objektpronomen? Kreuzen Sie die richtige Form an.

	unbetont	betont
1. Titti, ... dai una mano a sparecchiare la tavola, per favore?	☐ mi	☐ a me
2. .... telefoniamo appena atterriamo a Londra.	☐ Vi	☐ A voi
3. Mi posso fidare di voi? – Ma certo! .... ovviamente puoi raccontare tutto. Siamo una tomba!	☐ Ci	☐ A noi
4. Guarda, ... non regalo più niente. Non sei mai contenta!	☐ ti	☐ a te
5. Oh, com'è carino questo cucciolo! Vito, ... fai una foto?	☐ gli	☐ a lui
6. Cosa .... prepari stasera per cena?	☐ ci	☐ a noi
7. Hai fatto vedere la tua collezione di francobolli a Ettore. La fai vedere anche ....?	☐ mi	☐ a me
8. Luigi e Matilde vorrebbero comprare un appartamento ma purtroppo .... non bastano i soldi.	☐ gli	☐ a loro
9. Signor Barca, ... posso dare un consiglio spassionato?	☐ Le	☐ a Lei
10. .... cosa manca dell'Italia? – Il sole, il mare ...	☐ Vi	☐ A voi

dare una mano	helfen	**il cucciolo**	der Welpe
sparecchiare	(Tisch) abdecken	**far vedere**	zeigen
atterrare	landen	**la collezione**	die Sammlung
fidarsi	trauen	**il francobollo**	die Briefmarke
ovviamente	selbstverständlich	**purtroppo**	leider
raccontare	erzählen	**bastare**	genügen
essere una tomba	schweigen wie ein Grab	**il consiglio**	der Ratschlag
		spassionato	unbefangen
contento	zufrieden	**mancare**	fehlen, vermissen

→ Gr LGr S. 141–147

Direkte und indirekte Objektpronomen in der Gegenüberstellung

In den nächsten beiden Übungen geht es um die Unterscheidung zwischen direktem (Akkusativobjekt) und indirektem Objektpronomen (Dativobjekt).

Um das richtige Pronomen zu verwenden, müssen Sie wissen, ob das Verb ein Akkusativobjekt oder ein Dativobjekt nach sich zieht. Meistens verhält es sich wie im Deutschen.

Akkusativobjekt:	***La** vedo.*	Ich sehe **sie**.
Dativobjekt:	***Gli** scrivo.*	Ich schreibe **ihm**.

Einige Verben erfordern jedoch im Italienischen ein Akkusativobjekt, im Deutschen dagegen ein Dativobjekt und umgekehrt. Hier einige Beispiele:

- Das Verb *ascoltare* verlangt ein Akkusativobjekt: ***Lo** ascolto.*
  Die deutsche Entsprechung verlangt hingegen ein Dativobjekt: Ich höre **ihm** zu.
- Das Verb *chiedere* erfordert ein Dativobjekt: ***Gli** chiedo se viene.*
  Die deutsche Entsprechung hingegen erfordert ein Akkusativobjekt:
  Ich frage **ihn**, ob er kommt.
- Außerdem verlangen einige italienischen Verben eine andere Präposition als im Deutschen: *Mi arrabbio **con** te.* Ich ärgere mich **über** dich.

Daher empfiehlt es sich, ein neues Verb immer zusammen mit seinem Akkusativ- bzw. Dativobjekt oder mit seiner Präposition zu lernen:

*ascoltare **qualcuno***	**jemandem** zuhören
*chiedere **a qualcuno***	**jemanden** fragen
*arrabbiarsi **con qualcuno***	sich **über jemanden** ärgern

123 Ergänzen Sie die passenden unbetonten indirekten bzw. direkten Objektpronomen.

1. Elvira, puoi accendere la luce, per cortesia? – Sì, ………… accendo subito.
2. Ercole non può occuparsi dei bambini da solo. ………… dobbiamo aiutare.
3. Signora Scala, quando torna la dottoressa Gentili ………… ricorda che la riunione comincia alle tre?
4. Allora, ragazzi, ………… aspetto domani sera verso le sette. Okay?
5. Faccio i ravioli? – No, i ravioli non ………… voglio, sono troppo pesanti.
6. Belle quelle scarpe nere di pelle lucida! – Ma dove sono? Io non ………… vedo.
7. Io ho un buon rapporto con mio fratello, ………… scrivo un'e-mail al giorno.
8. Sergio, come ………… sta questo vestito? – Mah, non è un po' troppo largo?
9. Dottor Bencivenga, ………… disturbo? – Ma no! Prego, si accomodi.
10. Signor Conte, che cosa ………… posso offrire da bere? – Un caffè, grazie.

accendere	anschalten	**pesante**	schwer
la luce	das Licht	**la pelle lucida**	das Lackleder
per cortesia	bitte	**il rapporto**	das Verhältnis
occuparsi	sich kümmern	**al giorno**	täglich
ricordare	erinnern	**largo**	weit
la riunione	die Sitzung	**disturbare**	stören
il raviolo	*gefülltes Teigtäschchen*	**Si accomodi.**	Nehmen Sie Platz.

124 Wählen Sie zwischen indirekten oder direkten Objektpronomen, betonten oder unbetonten Formen. Vervollständigen Sie damit die Sätze.

di lui • vi • la • gli • le • lo • con te • da me • ti • li • a me • di voi • a loro • a noi

1. Vai spesso da tua madre? – No, però ………… telefono tutti i giorni.
2. Sono stufa di questa situazione. Devo andare dal mio capo e ………… devo affrontare.
3. Quando hai finito, puoi venire …………? Ho bisogno di un piacere.
4. Mia nonna sa raccontare le favole magnificamente. ………… ascolto molto volentieri.
5. Italo, ………… va di andare a fare immersione? – Noo! ………… non piace fare immersione.
6. Margherita ha conosciuto Pippo in vacanza. Si è innamorata subito ………….
7. Puoi chiamare un attimo Cesare? ………… devo chiedere se ha il trapano.
8. Ragazzi, non sapete risolvere questo problema? Mi meraviglio …………!
9. Maria e Teresa non sono portate per le lingue. ………… interessa di più la biologia.

10. Matteo, è mai possibile che mi devo sempre arrabbiare ……………!
11. Come cucini gli involtini? – Io …………… faccio in umido.
12. Stefania, Veronica, …………… è piaciuta la cerimonia? – Ah, sì, …………… è piaciuta moltissimo.

tutto	*hier* jede	**subito**	sofort
essere stufo	es satt haben	**l'attimo**	der Augenblick
il capo	der Chef	**il trapano**	der Bohrer
affrontare	entgegentreten	**risolvere**	lösen
finire	fertig werden	**meravigliarsi**	sich wundern
avere bisogno	brauchen	**portato**	begabt
il piacere	der Gefallen	**arrabbiarsi**	sich ärgern
la favola	das Märchen	**l'involtino**	die Roulade
magnificamente	wunderbar	**in umido**	geschmort
ascoltare	zuhören	**la cerimonia**	die Zeremonie, die Feier
fare immersione	tauchen gehen		
innamorarsi	sich verlieben		

→ Gr LGr S. 147–148

Das Pronominaladverb *ci*

In den folgenden Aufgaben werden Sie nach und nach den Gebrauch des Pronominaladverbs *ci* üben. Beachten Sie dabei Folgendes:

- *Ci* wird sehr oft in Verbindung mit *essere* gebraucht. Dann hat es die Bedeutung „es gibt, da ist/sind".
  In piazza ***c'è*** *tanta gente.* — Auf dem Platz sind viele Leute.

- *Ci* kann auch eine Orts- oder Richtungsangabe ersetzen. Es hat dann die Bedeutung „dort, dorthin".
  Allora, vai a Milano? – Sì, ***ci*** *vado domani. (ci = a Milano)* — Also, fährst du nach Mailand? – Ja, ich fahre morgen dorthin.

- Das Pronominaladverb *ci* ersetzt zudem Ergänzungen, die von *a*, *in*, *su* oder *con* im Sinne von „darauf, daran, damit, es" etc. eingeleitet werden.
  Non riesco a smettere di fumare. – ***Ci*** *devi riuscire. / Devi riuscir****ci****. (ci = a smettere di fumare)* — Ich schaffe es nicht, mit dem Rauchen aufzuhören. – Du musst es schaffen.

- *Ci* wird außerdem zur Verstärkung des Verbs *avere* in Verbindung mit den Pronomen *lo*, *la*, *li* oder *le* verwendet. Dabei wird *ci* allerdings zu *ce* umgewandelt.
  *Hai una penna? – Sì, **ce** l'ho.* Hast du einen Kuli? – Ja, habe ich.

In den nächsten drei Übungen wird zunächst *ci* in Verbindung mit dem Verb *essere* geübt.

125 **Nehmen wir an, Roberta ist einkaufen gegangen. Ihr Kühlschrank ist jetzt voll. Was können Sie in ihrem Kühlschrank entdecken? Folgen Sie dem Beispiel.**

~~due bottiglie di latte~~ • sei uova • degli zucchini • una confezione di burro • un limone • un piede d'insalata • delle carote • un chilo di melanzane • un pezzo di parmigiano • del prosciutto • dei pomodori • un succo d'ananas • dei peperoni • un melone • delle prugne

Nel frigorifero di Roberta c'è ...

______ ______ ______ ______ ______ ______ ______ ______

Nel frigorifero di Roberta ci sono ...

______ ______ ______ ______ *due bottiglie di latte* ______ ______

la bottiglia	die Flasche	**il pezzo**	das Stück
il latte	die Milch	**il parmigiano**	der Parmesan
l'uovo (*pl* le uova)	das Ei	**il prosciutto**	der Schinken
la confezione	die Packung	**il pomodoro**	die Tomate
il burro	die Butter	**il succo**	der Saft
il piede d'insalata	der Kopfsalat	**il peperone**	die Paprikaschote
la melanzana	die Aubergine	**la prugna**	die Pflaume

Esserci oder *essere*?

Bevor Sie die kommenden zwei Übungen machen, beachten Sie bitte folgende Beispiele. Dabei ist es besonders wichtig darauf zu achten, wie der jeweilige Satz anfängt.

- *esserci* + Substantiv
  C'è un nuovo supermercato. — Es gibt einen neuen Supermarkt.
- Ortsangabe + *esserci*
  All'angolo c'è un nuovo supermercato. — An der Ecke ist ein neuer Supermarkt.
- Substantiv + *essere*
  Il nuovo supermercato è all'angolo. — Der neue Supermarkt ist an der Ecke.

126 **Vervollständigen Sie die Sätze mit *c'è* oder *ci sono*. Testen Sie dabei Ihre Kenntnisse über Italien. Kreuzen Sie an, ob die Aussagen richtig (*vero*) oder falsch (*falso*) sind.**

		vero	falso
1.	A Milano .... un famoso duomo.	☐	☐
2.	A Venezia .... molti ponti.	☐	☐
3.	A Firenze .... gli Uffizi.	☐	☐
4.	A Torino .... il famoso Teatro alla Scala.	☐	☐
5.	Vicino a Napoli .... l'Etna.	☐	☐
6.	In Sicilia, ad Agrigento, ... diversi templi greci.	☐	☐
7.	Nel Lazio, vicino a Roma, ... il lago di Bracciano.	☐	☐
8.	A Pisa .... le torri Garisenda e degli Asinelli.	☐	☐
9.	In Lombardia, a Monza, ... un famoso autodromo.	☐	☐
10.	In Sardegna .... i trulli.	☐	☐

Und nun korrigieren Sie die falschen Ortsangaben. Ordnen Sie die italienischen Sehenswürdigkeiten der richtigen Stadt zu. Wählen Sie dabei die dazu passende Verbform: *è* oder *sono*.

a. .... è / sono a Milano.
b. .... è / sono a Bologna.
c. .... è / sono in Puglia.
d. .... è / sono in Sicilia.

il duomo	der Dom	**il lago**	der See
il ponte	die Brücke	**la torre**	der Turm
gli Uffizi	die Uffizien (*Museum*)	**l'autodromo**	die Rennstrecke
l'Etna	*Vulkan*	**il trullo**	*rundes Haus mit Strohdach*
diversi/e	mehrere		
il tempio (*pl* i templi)	der Tempel		

127 **Vervollständigen Sie die Sätze mit *c'è / ci sono* oder *è / sono*.**

1. La casa di mia madre e mio padre .... in riva al mare.
2. Vicino al distributore di benzina .... una scuola.
3. .... un negozio di articoli sportivi da queste parti?
4. I piatti e i bicchieri .... nella credenza.
5. .... tanti bambini al parco giochi.
6. I cuscini .... là sul letto.
7. Non trovo il portafoglio. – Guarda, ... lì sul comò.
8. Ad Amalfi .... un duomo molto antico.
9. Nella mia città .... tanti monumenti interessanti.
10. In questo appartamento non .... un balcone. Peccato!

la riva	das Ufer	**il cuscino**	das Kissen
il negozio	das Geschäft	**il letto**	das Bett
l'articolo sportivo	der Sportartikel	**il portafoglio**	die Brieftasche, der Geldbeutel
da queste parti	in dieser Gegend		
il piatto	der Teller	**il comò**	die Kommode
il bicchiere	das Glas	**antico**	antik, alt
la credenza	die Anrichte	**il monumento**	das Denkmal
il parco giochi	der Spielplatz	**l'appartamento**	die Wohnung
il distributore di benzina	die Tankstelle	**il balcone**	der Balkon
		Peccato!	Schade!

Die nächsten drei Übungen befassen sich mit dem Gebrauch von *ci* als Ersatz von Orts- und Richtungsangaben bzw. von Ergänzungen.

128 Vervollständigen Sie die Mini-Dialoge.

ESEMPIO **Andate a Rimini? – Sì, *ci andiamo* la prossima settimana.**
Hai una caramella? – No, non *ce l'ho*.

1. Allora, vieni al cinema con me stasera? – No, non .... Devo studiare per il compito di domani.
2. Quando esci, passi per il centro? – Sì, ... Hai bisogno di qualcosa?
3. Da quanto tempo abitate a Roma? – .... da un paio d'anni.
4. Hai le chiavi dell'auto? – Sì, ... in tasca.
5. Potete venire al seminario? – No, non .... Abbiamo un altro impegno.
6. Giorgina ha il cellulare? – Sì, ... Vuoi il numero?
7. Hai ancora i libri della scuola? – No, non .... più. Li ho buttati.
8. Quando devi andare dal dentista? – .... domani pomeriggio.
9. Dottor Lanza, lavora ancora in banca? – No, non .... più.
10. Fabrizio e Michela hanno la patente? – No, loro non .... ancora.

la caramella	das Bonbon	**la tasca**	die Tasche (Hose etc.)
il compito	*hier* die Klausur	**l'impegno**	der Termin
passare	vorbeifahren/-gehen	**il cellulare**	das Handy
avere bisogno	brauchen	**buttare**	wegwerfen
qualcosa	etwas	**il dentista**	der Zahnarzt
la chiave	der Schlüssel	**la patente (di guida)**	der Führerschein

129 **Lesen Sie die Sätze aufmerksam und unterstreichen Sie die Satzteile, die durch *ci* ersetzt werden könnten. Wandeln Sie anschließend die Sätze um, indem Sie *ci* benutzen.**

ESEMPIO **Oggi ho parlato <u>con Cristina</u>.** *Oggi ci ho parlato.*

1. Non sono abituato a questo trattamento. ....
2. Rita non rinuncia alla sua libertà. ....
3. Ripensate mai ai giorni trascorsi insieme? ....
4. Non riesco ad aprire la bottiglia. ....
5. Perché non credete a quello che è successo? ....
6. Mia madre ha parlato con la mia insegnante. ....
7. Devo provare a dimagrire assolutamente. ....
8. Possiamo contare su mamma e papà in ogni caso. ....
9. Faccio dei dolci buonissimi con il forno nuovo. ....
10. Marisa litiga con suo marito per delle sciocchezze. ....

essere abituato	gewöhnt sein	**provare**	versuchen
il trattamento	die Umgangsformen	**dimagrire**	abnehmen
rinunciare	verzichten	**contare**	zählen
la libertà	die Freiheit	**in ogni caso**	in jedem Fall
ripensare	zurückdenken	**il dolce**	*hier* der Kuchen
trascorso	verbracht	**il forno**	der Ofen
riuscire	es schaffen	**litigare**	streiten
quello che è successo	was passiert ist	**la sciocchezza**	die Kleinigkeit

130 **Lesen Sie die E-Mail: Wo sollte man *ci* (oder *ce*) gebrauchen und wo nicht? Ergänzen Sie es dort, wo es erforderlich ist.**

Da: Flora Medici
A: Miriam Rocca
Data invio: 12/06/2014
Oggetto: Ciao!

Ciao, Miriam!
Lo sai che Paolo non .... vive più a Londra? È a Madrid adesso. .... abita da poco più di un mese. L'ho chiamato e mi ha detto che dobbiamo andare a trovarlo a Madrid. Che dici, ... andiamo? Ma quando?
A proposito di Paolo, ieri ho incontrato suo fratello Saverio e .... ho litigato, come sempre! Voleva il numero di telefono di Veronica. Io gli ho detto che non .... l'ho. Lui non .... ha creduto e si è arrabbiato. Uffa! È proprio insopportabile. Tu non .... litighi mai con Saverio, anzi .... vai d'accordo. Ma come fai?
Domenica prossima Raffaele, Giacomo e gli altri .... vanno al mare. Il tempo è sicuramente bello. .... andiamo anche noi? Io però .... devo passare prima un attimo dalla nonna, poi dopo .... vengo da te. Va bene?
Un'ultima cosa. .... ho pensato all'idea del master negli Stati Uniti ma costa troppo. .... rinuncio.
Un bacio, Flora

da poco più di un mese	seit etwas mehr als einem Monat	**anzi**	im Gegenteil, von wegen
chiamare	*hier* anrufen	**andare d'accordo**	sich gut verstehen
andare a trovare	besuchen	**Come fai?**	Wie machst du das?
Che dici ...?	*hier* Was meinst du ...?	**passare**	vorbeigehen
a proposito di	was ... betrifft	**prima**	vorher
litigare	streiten	**l'attimo**	der Augenblick
arrabbiarsi	sich ärgern	**un'ultima cosa**	noch etwas
insopportabile	unerträglich	**rinunciare**	verzichten

→ Gr LGr S. 149–150

Das Pronominaladverb *ne*

Das Pronominaladverb *ne* wird ebenso häufig wie das Pronominaladverb *ci* gebraucht. Es hat im Wesentlichen drei Funktionen:

- Es drückt eine Teilmenge aus.
  Mangio tanta carne. → *Ne mangio tanta (ne = carne).*
  Ich esse viel Fleisch. → Ich esse viel **davon**.

- Es ersetzt eine Ortsangabe.
  Esco dall'ufficio alle cinque. → *Ne esco alle cinque (ne = dall'ufficio).*
  Ich gehe um fünf aus dem Büro. → Ich gehe um fünf **von dort** weg.

- Es ersetzt eine von *di* eingeleitete Ergänzung.
  Sono convinto della decisione. → *Ne sono convinto (ne = della decisione).*
  Ich bin von der Entscheidung überzeugt. → Ich bin **davon** überzeugt.
  Ho bisogno di aiuto. → *Ne ho bisogno (ne = di aiuto).*
  Ich brauche Hilfe. → Ich brauche **sie**.

Achtung: Es gibt also für *ne* im Deutschen keine direkte Entsprechung!

131 Lesen Sie die Sätze aufmerksam und unterstreichen Sie die Satzteile, die durch *ne* ersetzt werden könnten. Wandeln Sie anschließend die Sätze um, indem Sie *ne* benutzen.

ESEMPIO **Angela beve solo due caffè al giorno.**
(io) *Anche io ne bevo solo due al giorno.*

1. Io parlo due lingue.
   (lui) ....
2. Sonia vuole leggere alcune riviste.
   (loro) ....
3. Facciamo un paio di esercizi.
   (voi) ....
4. Marco e Teo mangiano poca frutta.
   (noi) ....
5. La signora Rossi compra un chilo di zucchini.
   (io) ....

6. Il signor Vespa invia tante e-mail.
   (lei) ....
7. Voglio due etti di salame.
   (tu) ....
8. Loro bevono un po' di prosecco.
   (noi) ....
9. Arturo conosce tanti proverbi.
   (voi) ....
10. Fumo un pacchetto di sigarette al giorno.
   (lui) ....

la rivista	die Zeitschrift	**il pacchetto**	die Schachtel
inviare	verschicken	**al giorno**	am Tag
il proverbio	das Sprichwort		

132 Vervollständigen Sie die Mini-Dialoge.

ESEMPIO **Ho voglia di un cappuccino. – Ah, sì, anch'io *ne ho voglia*. Andiamo al bar!**

1. Il nonno sta parlando della guerra? – Eh, sì, ... da due ore!
2. Se avete bisogno del nostro appoggio, ci potete chiamare in ogni momento.
   – .... sicuramente!
3. Vieni dal lavoro? – Eh sì, ... proprio adesso.
4. Vilma si è sposata. Lo sai, vero? – No, non .... niente!
   E quando?
5. Siete soddisfatti dei risultati? – No, in realtà non ....
   Siamo anzi piuttosto delusi.
6. Hai voglia di andare in piscina? – Oh, no, oggi non ....
   Sono stanco.
7. Hai notizie di Matteo? – No, da tempo non .... più ....
8. Signora Maio, è sicura di volere lasciare l'impiego? – ....
   Voglio cambiare vita!
9. Dottore, torna dal congresso? – Sì, ... appena ora.
10. Tutti sono convinti della sua innocenza. – .... anche noi!

avere voglia	Lust haben	**sposarsi**	heiraten
la guerra	der Krieg	**soddisfatto**	zufrieden
l'appoggio	die Unterstützung	**il risultato**	das Ergebnis
in ogni momento	jederzeit	**in realtà**	eigentlich
proprio adesso	gerade jetzt	**anzi**	im Gegenteil

piuttosto	ziemlich	**lasciare**	verlassen, aufgeben
deluso	enttäuscht	**l'impiego**	die Stelle, der Job
la piscina	das Schwimmbad	**cambiare vita**	sein Leben ändern
stanco	müde	**appena ora**	eben jetzt
avere notizie	Kenntnis haben	**convinto**	überzeugt
da tempo	seit langem	**l'innocenza**	die Unschuld

133 Vervollständigen Sie die Sätze, wo nötig, mit dem Pronominaladverb *ne*.

1. Vuoi un tè? – No, grazie. Io non .... lo bevo. Preferisco il caffè.
2. Alle nove sono andato all'ufficio postale per prelevare lo stipendio. .... sono uscito a mezzogiorno. Ho fatto tre ore di fila!
3. Secondo te Stefania è felice con Eugenio? – Mah, io .... dubito. Lui mi sembra ancora troppo immaturo.
4. Mattia si è laureato a pieni voti. .... siamo molto orgogliosi di lui.
5. Buongiorno, avete il prosciutto San Daniele? .... vorrei due etti, se possibile.
6. Ti va di fare una passeggiata nel parco? – Oh, no, non .... ho proprio voglia.
7. Per piacere, quando .... torni dal corso, mi dai un colpo di telefono?
8. Porto il nome del mio bisnonno e .... sono orgoglioso.
9. Signora, Le posso offrire una fetta di torta? – Sì, grazie. .... la mangio volentieri.
10. Questo progetto non mi sembra fattibile. Io non .... sono per niente convinto.

preferire	bevorzugen	**orgoglioso**	stolz
l'ufficio postale	das Postamt	**vorrei (volere)**	ich möchte
prelevare	abholen	**se possibile**	wenn möglich
lo stipendio	das Gehalt	**ti va?**	hast du Lust?
Ho fatto tre ore di fila!	Ich stand drei Stunden lang an!	**la passeggiata**	der Spaziergang
		la voglia	die Lust
secondo te	deiner Meinung nach	**dare un colpo di telefono**	kurz anrufen
dubitare	zweifeln		
sembrare	scheinen	**il bisnonno**	Urgroßvater
troppo	*hier* zu	**offrire**	anbieten
immaturo	unreif	**la fetta**	*hier* das Stück
laurearsi	das Studium abschließen	**il progetto**	das Projekt
		fattibile	machbar
a pieni voti	mit der Höchstpunktzahl	**essere convinto**	überzeugt sein

In der nun folgenden Aufgabe üben Sie die Unterscheidung zwischen dem Pronominaladverb *ci* und dem Pronominaladverb *ne*. Alles, was Sie in den letzten Übungen vertieft haben, wird Ihnen hier „gemischt" vorgestellt.

134 **Ergänzen Sie *ci* oder *ne*.**

1. Nel nostro condominio .... sono molte famiglie con bambini.
2. L'estate scorsa mi sono divertita molto a Ibiza. .... voglio tornare anche quest'anno.
3. Possiamo giocare a ramino? Che .... dici?
4. Lo sai che Nina ha l'amante? – Non .... credo proprio. Non è da lei!
5. Mm, che buone queste albicocche! – .... dai una anche a me?
6. Gabriella ha deciso di trascorrere un periodo in Inghilterra per perfezionare l'inglese. .... vuole rimanere almeno tre mesi.
7. Senti, mi puoi restituire i libri d'informatica? .... ho urgentemente bisogno.
8. Tommaso lavora moltissimo: arriva in ufficio alle otto di mattina e .... esce alle sette di sera.
9. Direttrice, volevo esaminare con Lei i dettagli del progetto. – Adesso non ho tempo. .... parliamo domani mattina, va bene?
10. Cari colleghi, per organizzare questa manifestazione è necessaria la collaborazione e la disponibilità di tutti voi. .... posso contare?

il condominio	das Mitbesitzerhaus	**rimanere**	bleiben
scorso	letzte/-r/-s	**almeno**	mindestens
divertirsi	sich amüsieren	**restituire**	zurückgeben
il ramino	das Rommé	**urgentemente**	dringend
l'amante	der Liebhaber	**esaminare**	überprüfen
Non è da lei!	Es ziemt sich nicht für sie!	**il dettaglio**	das Detail
		organizzare	organisieren
l'albicocca	die Aprikose	**la manifestazione**	die Veranstaltung
decidere	entscheiden	**la collaborazione**	die Mitarbeit
trascorrere	verbringen	**la disponibilità**	die Hilfsbereitschaft
perfezionare	verbessern	**contare (su)**	rechnen (mit)

→ Gr LGr S. 150–151

Zusammengesetzte Pronomen

Unter zusammengesetzten Pronomen versteht man Pronomen, die aus der Kombination indirekter Pronomen oder Reflexivpronomen mit direkten Pronomen oder dem Pronominaladverb *ne* entstehen.
An sich sind die zusammengesetzten Pronomen nicht kompliziert, denn sie folgen den allgemeinen Regeln der Pronomen. Trotzdem muss man sich gezielt mit ihnen vertraut machen.

Lesen Sie die folgenden Beispiele. Sie werden feststellen, dass es einen wichtigen Unterschied zwischen dem italienischen und dem deutschen Gebrauch gibt.

*Che bella penna! **Me la** regali?*	Was für ein schöner Kuli. Schenkst du **ihn mir**?
*Il cappello è tuo? Allora, **te lo** restituisco.*	Ist das dein Hut? Dann gebe ich **ihn dir** zurück.
*Ho i piedi sporchi, **me li** devo lavare.*	Ich habe schmutzige Füße, ich muss **sie mir** waschen.
*Se vi piacciono i funghi, **ve ne** do un cestino.*	Wenn ihr Pilze mögt, gebe ich **euch** einen Korb voll (**davon**).

Beachten Sie:
Im Italienischen stehen die Pronomen in folgender Reihenfolge:
indirektes Pronomen (Dativ) + direktes Pronomen (Akkusativ)

Im Deutschen dagegen ist es genau andersherum:
direktes Pronomen (Akkusativ) + indirektes Pronomen (Dativ)
Achtung: Das Pronomen *ne* bleibt in der Regel im Deutschen unübersetzt.

Achten Sie auch auf folgendes Beispiel:
***Gliela** regalo* kann im Deutschen „ich schenke **sie ihm** / **sie ihr** / **sie ihnen**“ heißen.

135 Lesen Sie die Sätze aufmerksam. Unterstreichen Sie dabei die zusammengesetzten Pronomen und tragen Sie sie wie im Beispiel an der richtigen Stelle in der Tabelle ein.

1. Professore, non abbiamo capito il teorema. <u>Ce lo</u> può rispiegare?
2. Lilli, ho dei colleghi a cena domani. Hai ancora quella bella tovaglia ricamata? Me la puoi prestare? La mia è vecchia.
3. Aurora ha dei bellissimi capelli lunghi. Se li spazzola tutte le mattine prima di uscire.

4. Allora, vi è piaciuto l'arrosto con le patate? Ve ne posso dare ancora?
5. Non conosci le carte da gioco napoletane? Aspetta, te le faccio vedere.
6. Signora, mi dispiace, la merce non è ancora arrivata. Gliela mandiamo appena possibile.
7. Domani dobbiamo andare dalla nonna. Glielo abbiamo promesso.
8. Io ho già cenato, però questa pizza ha proprio un aspetto invitante. Me ne fai assaggiare un pezzettino?
9. Non hai caldo con il maglione? Perché non te lo togli?
10. Se volete la ricetta del pesto, ve la do subito.

	mi	ti	gli/le	Le	ci	vi	si
lo					*ce lo*		
la							
li							
le							
ne							

Und jetzt vervollständigen Sie die Tabelle mit den fehlenden Formen.

capire	verstehen
il teorema	der Lehrsatz, das Theorem
rispiegare	wieder erklären
la tovaglia	die Tischdecke
ricamato	gestickt
prestare	leihen, ausleihen
i capelli	die Haare
spazzolarsi	sich bürsten
prima di	bevor
l'arrosto	der Braten
la carta da gioco	die Spielkarte
fare vedere	zeigen
la merce	die Ware
appena possibile	sobald wie möglich
promettere	versprechen
avere un aspetto invitante	(sie) sieht einladend aus
assaggiare	probieren
il pezzettino	das Stückchen
avere caldo	warm sein, es warm haben
il maglione	der Pulli
togliersi	sich ausziehen
il pesto	*Soße aus Basilikum, Knoblauch, Öl, Parmesan, Schafskäse, und Pinienkernen*

136 Verbinden Sie die linke Spalte mit der rechten zu sinnvollen Sätzen. Ergänzen Sie auch die Sätze mit den zusammengesetzten Pronomen.

se la • me lo • ~~te la~~ • ce la • ve ne • te li • te ne • gliele • Gliela • ce lo

1.	Marina, la spesa per la festa ...	a.	.... posso dare un altro po'?
2.	Mamma, il cappotto ...	b.	*te la* faccio io oggi pomeriggio.
3.	Ragazzi, è avanzata della pasta, ...	c.	.... consegnate?
4.	Pierino, hai i piedi bagnati, ...	d.	.... leggi un'altra volta?
5.	Guarda qui quante pustole! Domani vado ...	e.	.... mangia tutta!
6.	Nonno, questa novella è così bella, ...	f.	.... puoi portare in lavanderia?
7.	È meglio nascondere la cioccolata perché se arriva Cristiano ...	g.	non .... posso montare qui.
8.	Dottor Valle, mi dispiace, l'antenna parabolica ...	h.	.... devi asciugare, sennò ti raffreddi.
9.	Scusate, il frigorifero nuovo quando ...	i.	.... sei dimenticato?
10.	Vinni, ieri era il compleanno di papà, ...	j.	dal dermatologo e .... faccio vedere.

avanzare	übrig bleiben	**montare**	einbauen, aufbauen
la pustola	der Pickel	**asciugarsi**	sich trocknen
la novella	die Kurzgeschichte	**sennò**	sonst
nascondere	verstecken	**raffreddarsi**	sich erkälten
l'antenna parabolica	die Parabolantenne	**il dermatologo**	der Hautarzt
consegnare	liefern	**far vedere**	zeigen
la lavanderia	die Wäscherei		

137 Wandeln Sie die Sätze um, indem Sie die hervorgehobenen Teile durch die zusammengesetzten Pronomen ersetzen.

ESEMPIO **Ti voglio fare una sorpresa.** *Te la voglio fare. / Voglio fartela.*

1. Dovete comprare un regalo a Fabrizio. ....
2. Ci vogliamo lavare le mani? ....
3. Vi devo firmare la ricevuta? ....
4. Mi può riparare l'orologio? ....
5. Mi puoi prestare venti euro? ....

6. Vogliono spedire gli inviti agli amici. ....
7. Signora, Le posso offrire un caffè? ....
8. Vi posso consigliare un albergo. ....
9. Mi puoi dare un pezzetto di pane? ....
10. Ti dobbiamo regalare un esemplare del libro. ....

la sorpresa	die Überraschung	**spedire**	verschicken
la mano (*pl* le mani)	die Hand	**l'invito**	die Einladung
firmare	unterschreiben	**consigliare**	empfehlen
la ricevuta	die Quittung	**il pezzetto**	das Stückchen
l'orologio	die Uhr	**l'esemplare**	das Exemplar
prestare	leihen, ausleihen		

138 Ergänzen Sie die Sätze mit den passenden zusammengesetzten Pronomen.

1. Carletto, mi prepari un sandwich? Ho fame. – Certo, cara, ... preparo subito!
2. Signora, la gonna mi va un po' larga. – Guardi, ... stringo un pochino sui fianchi.
3. Puoi dire a Gennaro che mi serve aiuto? – Se vuoi .... dico. Ma ti posso aiutare anch'io.
4. Giusi, che belle queste piantine di gerani! .... dai una? La metto sul balcone.
5. Quando sono tornato a casa avevo una sete pazzesca, allora ho preso una bottiglia d'acqua e .... sono bevuta tutta d'un colpo.
6. Ragazzi, se vi piace questo cd, ... masterizzo.
7. Ho comprato due biciclette nuove per i bambini. .... diamo a Natale.
8. Benedetta, ... ripeto per l'ultima volta. Le prese di corrente non si toccano!
9. Nonna, ci dai i biscottini? – Va bene, visto che siete stati buoni .... do.
10. Io la barba .... faccio ogni mattina.

preparare	zu-, vorbereiten	**la piantina**	die kleine Pflanze
la gonna	der Rock	**il geranio**	die Geranie
largo	weit	**pazzesco**	wahnsinnig
stringere	enger machen	**prendere**	holen, nehmen
il fianco	die Seite, die Flanke	**d'un colpo**	mit einem Schlag
servire	brauchen	**masterizzare**	eine CD brennen
l'aiuto	die Hilfe	**il Natale**	(das) Weihnachten

ripetere	wiederholen	**il biscottino**	der kleine Keks
la presa di corrente	die Steckdose	**farsi la barba**	rasieren
toccare	anfassen		

→ Gr LGr S. 156–157

Redewendungen mit Pronomen und Pronominaladverbien

Im Italienischen gibt es einige Redewendungen, die nur aus Verb und Pronomen und/oder Pronominaladverbien (*ci, ne*) bestehen.

- In einigen Fällen haben die Pronomen keine eigene Bedeutung und keine direkte Verbindung zu einem Substantiv, z. B. *smetter**la*** (aufhören).
- In anderen Fällen üben die Pronomen und Pronominaladverbien eine Verstärkungsfunktion aus. Die Pronomen werden in solchen Fällen flektiert, z. B. *andar**sene*** (weggehen) → ***me ne** vado, **te ne** vai, **se ne** va …*

*Per piacere, **la smetti** di gridare?*	Hörst du bitte auf zu schreien?
*È tardi, non **ne vale la pena.***	Es ist spät, es lohnt sich nicht.
*Abbiamo finito, **ce ne andiamo** a casa.*	Wir sind fertig, wir gehen heim.
*Come **te la cavi** in matematica?*	Wie kommst du mit der Mathematik zurecht?

139 A **Verbinden Sie die italienischen Redewendungen mit der deutschen Übersetzung.**

- starsene — sein, bleiben
- cavarsela
- mettercela tutta
- prendersela con qualcuno
- avercela con qualcuno
- farcela
- andarsene
- fregarsene
- sentirsela
- non poterne più

- alles daransetzen
- zurechtkommen
- sein, bleiben
- es schaffen
- nicht mehr können
- darauf pfeifen
- jemandem die Schuld geben
- sich nach etwas fühlen
- weggehen
- auf jemanden böse sein

139 Nun vervollständigen Sie die folgenden Sätze mit den Redewendungen.

B

se ne stanno • ce l'hanno • ve ne andate • te la senti • ce la metti tutta • te la cavi • farcela • non ne posso più • se la prende • me ne frega

1. Perché .... già? Rimanete un altro po'.
2. Lo so che l'esame è pesante, ma se .... lo superi sicuramente con 30 e lode!
3. Adesso basta! Parlate sempre della stessa cosa. ....!
4. Oggi i bambini sono stanchi e quindi .... a casa.
5. L'appuntamento è per le dieci. Ora sono le nove, pensi di ....?
6. Come .... in cucina? – Sono una frana, non so nemmeno fare un uovo fritto!
7. Il professore .... sempre con me. Evidentemente gli sono antipatico.
8. Puoi dire quello che vuoi! Non .... niente, io faccio quel che mi pare e piace!
9. Franca, alla festa c'è anche il tuo ex ragazzo. .... di venire?
10. I miei compagni di scuola .... con me perché non ho aderito allo sciopero e sono entrato da solo.

pesante	schwer, schwierig	**evidentemente**	offensichtlich
superare	bestehen	**lo faccio quel che mi pare e piace!**	Ich tue nur, was mir gefällt!
30 e lode	*beste Note (cum laude) an der Uni*	**l'ex ragazzo**	der Ex-Freund
Adesso basta!	Schluss jetzt!	**aderire**	*hier* anschließen
essere una frana	eine Katastrophe sein	**lo sciopero**	der Streik
l'uovo fritto	das Spiegelei	**entrare**	*hier* in die Schule gehen

VERBEN

In diesem Abschnitt beschäftigen wir uns mit dem wichtigen, aber komplexen Thema Verben. Man unterscheidet infinite (= nicht konjugierte) und finite (= konjugierte) Verbformen. Finite Verbformen enthalten Informationen:

- über die handelnde Person → Person und Numerus
- über die Zeit der Handlung im Zusammenhang mit dem Sprechenden → Tempus (= Verbzeit)
- über die Perspektive des Sprechenden → Modus
- über die Aktionsart → Aktiv und Passiv

Versuchen wir, im folgenden Satz die Verbform zu analysieren:

***Mangio** una mela.*	Ich esse einen Apfel.

Der Sprechende ist identisch mit der handelnden Person *io* ich (Person: 1. Person, Numerus: Singular). Die Zeit ist die Gegenwart (Tempus: Präsens). Die Perspektive des Sprechenden ist die Wirklichkeit (Modus: Indikativ). Die handelnde Person ist der Urheber der Handlung (Aktionsart: Aktiv).
Wie Sie sehen, enthält schon eine so kurze Verbform die oben angeführten wesentlichen Informationen des Satzes, egal wie lang der Rest des Satzes auch sein mag.

Bei unserer Reise in die Welt des italienischen Verbs fangen wir mit dem Modus Indikativ (*indicativo*) an: die „Wirklichkeitsform".

VERBEN • INDIKATIV

→ Gr LGr S. 167 ff.

Presente

Das *presente* wird ähnlich wie das deutsche Präsens gebraucht, und zwar für

- die unmittelbare Gegenwart:

***Guardiamo** la televisione.*	Wir sehen fern.

- Gewohnheiten in der Gegenwart:

***Pranzano** sempre all'una.*	Sie essen immer um eins zu Mittag.

- die nahe Zukunft:

*Domani **gioco** a tennis.*	Morgen spiele ich Tennis.

Nach der Infinitivendung unterscheidet man im Italienischen drei Verbklassen:

- Verben mit der Infinitivendung *-are*
- Verben mit der Infinitivendung *-ere*
- Verben mit der Infinitivendung *-ire*

Jede dieser Verbklassen hat ein eigenes Konjugationsmuster. Die Verbformen werden in der Regel vom Infinitiv abgeleitet. Jede Verbform besteht aus Stamm und Endung:

mangiare	Stamm *mangi-*	+	Endung *-are*		essen
mangio	*mangi-*	+	*-o*		ich esse

Wichtig: Da die Verbendung (z. B. *-o* von *mangio*) bereits Informationen über Person und Numerus enthält, werden die Subjektpronomen im Italienischen in der Regel nur dann gebraucht, wenn sie betont werden sollen:

Ich esse. = *Mangio.* Ich esse. Und du? = ***Io** mangio e **tu**?*

Regelmäßige Verben

In den folgenden Aufgaben üben Sie die unterschiedlichen Konjugationsmuster der regelmäßigen Verben im Präsens.

140 A **Einige Verbformen sind hier aus der Tabelle entwischt. Setzen Sie sie wieder an ihre richtige Stelle.**

parli • crediamo • parto • partiamo • parliamo • finisce • credo • parla • finite • finiscono • partite • parlano • credete • credono • crede • parti • finisci

	parlare (sprechen)	**credere** (glauben)	**partire** (abfahren)	**finire [-isc-]** ((be)enden)
(io)	parlo	....	....	finisco
(tu)	....	credi	....	....
(lui, lei, Lei)	....	....	parte	....
(noi)	....	....	....	finiamo
(voi)	parlate	....	....	....
(loro)	....	....	partono	....

140 B **Vergleichen Sie die Endungen und listen Sie sie auf. Welche Endungen sind bei allen Verbklassen gleich?**

....

....

141 A Im Kasten sind senkrecht oder waagerecht 12 Verbformen versteckt. Suchen Sie sie und tragen Sie sie wie im Beispiel in das zugehörige Feld ein.

A	P	R	O	L	V	E	D	I	P
R	U	V	C	A	N	T	A	D	R
R	L	E	M	V	E	O	P	O	E
I	I	N	A	O	V	R	R	R	F
V	S	D	T	R	I	N	U	M	E
I	C	E	S	A	L	U	T	I	R
A	I	T	O	T	E	S	I	A	I
M	I	E	P	E	G	C	G	M	S
O	S	C	R	I	V	E	K	O	C
R	C	A	P	I	S	C	O	N	O

-are	-ere	-ire
		apro

141 B Und jetzt schreiben Sie die Infinitivformen der eben eingetragenen Verbformen neben die entsprechende deutsche Übersetzung.

aprire	öffnen	....	arbeiten
....	verstehen	....	bevorzugen
....	sehen	....	schlafen
....	schreiben	....	putzen
....	ankommen	....	verkaufen
....	singen	....	(be)grüßen

142 Kreuzen Sie die richtige Verbform des Präsens an.

1. Signora, dove .... ?	☐ abitano	☐ abita
2. John .... molto bene l'italiano.	☐ parlo	☐ parla
3. Oscar, che cosa .... da bere?	☐ prendi	☐ prende
4. Io non .... il francese, e tu?	☐ capisco	☐ capisci
5. I bambini .... la finestra.	☐ aprite	☐ aprono
6. Alberto e Francesca .... in banca.	☐ lavorano	☐ lavorate
7. Sara .... un tavolo in un ristorante cinese.	☐ prenoto	☐ prenota
8. Anche noi .... un corso di tedesco.	☐ frequentano	☐ frequentiamo
9. Ada, ti .... domani mattina, okay?	☐ telefono	☐ telefoni
10. E voi, quando .... il giornale?	☐ leggete	☐ leggiamo

abitare	wohnen	**prenotare**	reservieren
che cosa?	was?	**il tavolo**	der Tisch
da bere	zum Trinken	**frequentare**	besuchen
aprire	öffnen	**il corso di tedesco**	der Deutschkurs
la banca	die Bank	**domani mattina**	morgen Vormittag

143 **Vervollständigen Sie die Sätze, indem Sie die rechts stehenden Verben in die richtige Form des Präsens setzen.**

1. (Noi) .... la televisione solo la sera.
2. Scusi, ... una domanda?
3. D'estate Lia e Caio .... con la finestra aperta.
4. Rina, ... i nuovi vicini?
5. Signora, ... un amaro?
6. Marcella .... il pianoforte e la chitarra.
7. Purtroppo (noi) non .... per le vacanze.
8. A che ora (voi) .... di solito?
9. Il giovedì (io) .... di lavorare tardi.
10. Quando .... l'ufficio postale?

guardare
permettere
dormire
conoscere
desiderare
suonare
partire
pranzare
finire
chiudere

guardare la televisione	fernsehen	**il pianoforte**	das Klavier
		la chitarra	die Gitarre
permettere	gestatten	**purtroppo**	leider
la domanda	die Frage	**partire**	(ab)fahren
la finestra	das Fenster	**per le vacanze**	in die Ferien
aperto	offen	**pranzare**	zu Mittag essen
conoscere	kennen	**di solito**	gewöhnlich
il vicino	*hier* der Nachbar	**finire**	aufhören
desiderare	wünschen	**tardi**	spät
l'amaro	*hier* der Bitter	**chiudere**	schließen
suonare	*hier* spielen	**l'ufficio postale**	das Postamt

144 **Vervollständigen Sie die Sätze mit dem passenden Verb und setzen Sie es in die richtige Form des Präsens.**

preferire · cantare · vivere · prendere · tornare · cucinare · pensare · spendere · leggere · sentire

1. Lara .... nel coro della chiesa.
2. I bambini .... dalla scuola all'una e mezza.
3. Wanda non .... libri d'avventura.
4. (Voi) .... una camera matrimoniale o una doppia?
5. (Io) .... sempre al viaggio in Africa.
6. (Noi) .... molto in vestiti.
7. Marta e Nello .... la metropolitana per andare in ufficio.
8. Parla più forte, non (io) .... niente.
9. Mimmo ed io .... a Lisbona da due anni.
10. Oggi, a pranzo, cosa (tu) ....? – Le lasagne.

vivere	leben	**doppio**	doppel
prendere	nehmen	**sempre**	immer
tornare	zurückkommen	**il viaggio**	die Reise
cucinare	kochen	**in vestiti**	für Kleider
pensare	denken	**la metropolitana**	die U-Bahn
spendere	ausgeben	**l'ufficio**	das Büro
sentire	hören, fühlen	**più forte**	*hier* lauter
il coro	der Chor	**da**	*hier* seit
la chiesa	die Kirche	**l'anno**	das Jahr
l'avventura	das Abenteuer	**oggi**	heute
la camera matrimoniale	das Doppelzimmer mit Ehebett	**il pranzo**	das Mittagessen
		cosa	*hier* was

Regelmäßige Verben: Besonderheiten

In der nächsten Übung geht es um Verben mit Besonderheiten bei den Formen *tu* und *noi*. Lesen Sie die folgenden Beispiele:

Verben auf -*care*:	*giocare* (spielen)	*tu giochi, noi giochiamo*
Verben auf -*gare*:	*pagare* (bezahlen)	*tu paghi, noi paghiamo*
Verben auf -*ciare*:	*lanciare* (werfen)	*tu lanci, noi lanciamo*
Verben auf -*giare*:	*mangiare* (essen)	*tu mangi, noi mangiamo*
Verben auf -*gliare*:	*sbadigliare* (gähnen)	*tu sbadigli, noi sbadigliamo*
Verben auf -*sciare*:	*lasciare* (lassen)	*tu lasci, noi lasciamo*
Verben auf -*iare*:	*cambiare* (ändern)	*tu cambi, noi cambiamo*
	sciare (Ski fahren)	*tu scịi* (mit betontem -*ị*-), *noi sciamo*

Beachten Sie: Bei den Verben auf -*iare* lässt sich nicht festlegen, wann das -*i* zu betonen ist und wann nicht. Darüber gibt Ihr Wörterbuch Auskunft.
Wichtig: Wenn das -*i* im Singular betont ist, wird es auch in der 3. Person Plural betont: *io scịo, tu scịi, lui scịa, noi sciamo, voi sciate, loro scịano.*

Konjugieren Sie jetzt die Verben der folgenden Übung und achten Sie dabei besonders auf die Sonderformen.

145 **Vervollständigen Sie die Tabelle mit den fehlenden Verbformen des Präsens.**

	baciare (küssen)	**cercare** (suchen)	**assaggiare** (kosten)	**avviare** (einleiten)
(io)	bacio	....	assaggio	avvịo
(tu)	....	....	....	....
(lui, lei, Lei)	bacia	....	....	....
(noi)	....	....	assaggiamo	....
(voi)	....	cercate	....	avviate
(loro)	....	cercano	....	....

	consigliare (raten)	**studiare** (lernen)	**litigare** (streiten)
(io)	....	....	....
(tu)	consigli	....	....
(lui, lei, Lei)	....	studia	litiga
(noi)	....	....	....
(voi)	....	studiate	....
(loro)	consigliano	....	litigano

In der folgenden Aufgabe lernen Sie die regelmäßigen Verben von den Verben zu unterscheiden, die Besonderheiten aufweisen.

146 Vervollständigen Sie die Sätze, indem Sie die rechts stehenden Verben in die richtige Form des Präsens setzen.

1. Senta, ci può dare un'informazione? (Noi) .... una farmacia. — cercare
2. Lo spettacolo .... alle sette. — finire
3. Quando (tu) .... il pacco ai tuoi parenti in Ungheria? — inviare
4. Lilli e Massimiliano .... a Istanbul. — abitare
5. Al totocalcio io non .... mai! — vincere
6. Che cosa (noi) .... stasera? — mangiare
7. Perché (voi) .... questo pavimento così bello con un tappeto? — coprire
8. Simona, sei bravissima! Quando fai un esercizio, non .... mai. — sbagliare
9. Ma come mai (voi) .... sempre tutto? — perdere
10. Quanto (tu) .... per la permanente dalla parrucchiera? — pagare

senta	hören Sie	**coprire**	decken
ci	uns	**il pavimento**	der Boden
potere	können	**il tappeto**	der Teppich
l'informazione	die Auskunft	**quando**	*hier* wenn
la farmacia	die Apotheke	**l'esercizio**	die Übung
lo spettacolo	die Aufführung	**sbagliare**	einen Fehler begehen
inviare	verschicken	**come mai**	wieso
il pacco	das Paket	**perdere**	verlieren
il/la parente	der/die Verwandte	**pagare**	(be)zahlen
vincere	gewinnen	**la permanente**	die Dauerwelle
non … mai	nie	**la parrucchiera**	die Friseurin

→ Gr LGr S. 170–171

Unregelmäßige Verben

Die unregelmäßigen Verben weichen mehr oder weniger vom regelmäßigen Konjugationsschema ab. Oft handelt es sich um sehr gebräuchliche Verben, es lohnt sich also, diese Verben besonders intensiv zu üben.

147 Bilden Sie den Infinitiv der Verbformen und suchen Sie die deutsche Entsprechung.

1.	stai	*stare*	trinken
2.	vanno	....	sein
3.	beviamo	....	bleiben
4.	dice	....	wählen
5.	hai	....	vorschlagen
6.	vengono	....	sagen
7.	esco	....	geben
8.	diamo	....	führen
9.	sono	....	gelingen
10.	facciamo	....	haben
11.	scelgo	....	machen
12.	conducete	....	gehen
13.	proponete	....	kommen
14.	riesce	....	ausgehen

148 Die Verbformen sind durcheinandergeraten. Bringen Sie sie wieder in die richtige Reihenfolge.

	essere (sein)		**avere** (haben)	
(io)	sono	....	abbiamo	....
(tu)	siamo	....	hanno	....
(lui, lei, Lei)	siete	....	hai	....
(noi)	sei	....	ho	....
(voi)	è	....	ha	....
(loro)	sono	....	avete	....

	andare (gehen)		**fare** (machen, tun)	
(io)	andiamo	....	fa	....
(tu)	andate	....	facciamo	....
(lui, lei, Lei)	vai	....	fanno	....
(noi)	vanno	....	faccio	....
(voi)	vado	....	fate	....
(loro)	va	....	fai	....

	stare (bleiben)		**bere** (trinken)	
(io)	state	....	bevete	....
(tu)	stai	....	beve	....
(lui, lei, Lei)	sto	....	bevi	....
(noi)	sta	....	bevono	....
(voi)	stiamo	....	beviamo	....
(loro)	stanno	....	bevo	....

	dire (sagen)		**venire** (kommen)	
(io)	dici	....	vieni	....
(tu)	dicono	....	venite	....
(lui, lei, Lei)	dico	....	vengono	....
(noi)	dite	....	viene	....
(voi)	dice	....	veniamo	....
(loro)	diciamo	....	vengo	....

	salire (hinaufgehen)	
(io)	sale	....
(tu)	saliamo	....
(lui, lei, Lei)	salgono	....
(noi)	salgo	....
(voi)	sali	....
(loro)	salite	....

149 Kreuzen Sie die richtige Form des Präsens an.

1.	D'estate, in campagna, (io) .... le more.	☐ raccolgono	☐ raccolgo
2.	Vera, con chi .... in genere?	☐ esce	☐ esci
3.	I miei nonni .... bene.	☐ stanno	☐ stiamo
4.	Quanti giorni .... gli ospiti?	☐ rimanete	☐ rimangono
5.	Per l'abito da sposa Liliana .... una stoffa pregiata.	☐ scegli	☐ sceglie
6.	Peppe, ... all'inaugurazione?	☐ vai	☐ vado
7.	(Io) non .... ad aprire la bottiglia.	☐ riesco	☐ riesce
8.	I viaggiatori .... sul treno per Milano.	☐ saliamo	☐ salgono
9.	(Noi) .... una passeggiata sul lungomare?	☐ facciamo	☐ faccio
10.	Amici, mi .... un consiglio?	☐ date	☐ danno

la campagna	das Land	**l'abito da sposa**	das Hochzeitskleid
raccogliere	pflücken	**pregiato**	wertvoll
la mora	die Brombeere	**l'inaugurazione**	die Eröffnung
con chi	mit wem	**il viaggiatore**	der Fahrgast
in genere	gewöhnlich	**la passeggiata**	der Spaziergang
quanto	wie viel	**il lungomare**	die Strandpromenade
l'ospite	der Gast	**il consiglio**	der Ratschlag

150 Vervollständigen Sie die Sätze, indem Sie die rechts stehenden Verben in die richtige Form des Präsens setzen.

1.	Vittorio .... un'azienda agricola.	condurre
2.	Signori, cosa ....? Un vino bianco secco o un rosé?	bere
3.	Domani (io) .... a Dino di lavorare insieme al progetto.	proporre
4.	Dove .... Luca e Matteo? – Qui, accanto a te.	sedere
5.	A settembre (io) .... in montagna con tutta la famiglia.	andare
6.	Valeria e io .... amiche per la pelle!	essere
7.	Signor Ventre, come ....? – Abbastanza bene, grazie. E Lei?	stare

8. Cecilia ………………………… puzzle di mille pezzi. – A dieci anni!? È un mostro!
9. Io ………………………… un gatto siamese.
10. Rosario, ………………………… con noi a vedere la mostra? – Penso di sì.

fare
avere
venire

condurre	führen	**la montagna**	der Berg
l'azienda agricola	der Landwirtschafts-betrieb	**l'amico per la pelle**	der Busenfreund
		abbastanza	ziemlich
secco	trocken	**il pezzo**	das Stück
proporre	vorschlagen	**a dieci anni**	mit zehn Jahren
insieme	zusammen	**il mostro**	*hier* das Phänomen
il progetto	das Projekt	**siamese**	siamesisch
accanto	neben	**la mostra**	die Ausstellung
settembre	September	**Penso di sì.**	Ich glaube schon/ja.

151 Vervollständigen Sie die Sätze mit dem passenden Verb und setzen Sie es in die richtige Form des Präsens.

andare | venire | dire | dare | rimanere | scegliere | bere | uscire | fare | produrre

1. Sara ………………………… sicuramente in centro perché oggi cominciano le svendite.
2. I miei nonni mi ………………………… mille euro per le vacanze. – Che fortuna che hai!
3. Lucia, passo stasera da te ma non ………………………… a cena.
4. (Tu) ………………………… con noi quest'anno all'Oktoberfest?
5. I signori Brambilla ………………………… sempre un albergo a quattro stelle. Beati loro!
6. (Io) non ………………………… alcolici perché sono astemia.
7. Cosa mi (tu) ………………………… dei tuoi studi? – Purtroppo sono fuori corso.
8. I bambini ………………………… dalla scuola all'una.
9. Se non piove sabato sera (io) ………………………… una grigliata in giardino.
10. La mia famiglia ………………………… olio extravergine di oliva biologico.

la svendita	der Schlussverkauf	**l'alcolico**	das Alkoholgetränk
Che fortuna che hai!	Du hast aber Glück!	**l'astemio**	der Abstinenzler
passare	vorbeikommen	**essere fuori corso**	die übliche Studienzeit überschritten haben
da te	*hier* bei dir		
la stella	der Stern	**la grigliata**	das Grillfest, das Grillen
Beati loro!	Die Glücklichen!		

In der nächsten Übung geht es ausschließlich um die Verben *essere* und *avere*. Sie werden feststellen, dass sie in einigen Fällen nicht mit den deutschen Entsprechungen „sein" und „haben" übereinstimmen.

152 A **Vervollständigen Sie die Sätze mit den Verbformen von *essere* oder *avere*. Dann verbinden Sie sie mit den deutschen Übersetzungen.**

1.	Io *sono* greca, di Atene.	a.	Ist es dir kalt? – Ja, sehr.
2.	E tu di dove ....? – Io .... di Vienna.	b.	Ich bin Griechin, aus Athen.
3.	Quanti anni (voi) ....? – Io .... venti anni e lei ventidue.	c.	Mein Mann und ich sind mit dem neuen Haus zufrieden.
4.	Lei .... un bel lavoro, ... consulente legale in un'azienda.	d.	Den Gästen ist es warm. – Dann schalte ich die Klimaanlage an.
5.	(Tu) .... freddo? – Sì, molto.	e.	Die Kinder sind müde und möchten schlafen.
6.	Dove .... i libri? – Sul tavolo.	f.	Und wo bist du her? – Ich bin aus Wien.
7.	I bambini .... stanchi e .... anche sonno.	g.	Habt ihr Hunger? – Ja, und wir haben auch Durst.
8.	Gli ospiti .... caldo. – Allora accendo l'aria condizionata.	h.	Wie alt seid ihr? – Ich bin zwanzig Jahre alt und sie ist zweiundzwanzig.
9.	(Voi) .... fame? – Sì, e .... anche sete.	i.	Sie hat einen schönen Job, sie ist Rechtsberaterin in einer Firma.
10.	Mio marito e io .... contenti della nuova casa.	j.	Wo sind die Bücher? – Auf dem Tisch.

152 **Notieren Sie nun die Nummern der Sätze, in denen *essere* und *avere* („sein“ und „haben“) im italienischen und deutschen Sprachgebrauch unterschiedlich benutzt werden.**

B

....

Modalverben

Zu den unregelmäßigen Verben zählen auch die sogenannten Modalverben ***volere*** (wollen), ***dovere*** (müssen, sollen) und ***potere*** (können, dürfen). Sie werden im Italienischen – wie im Deutschen – sehr häufig gebraucht und meist von Verben im Infinitiv begleitet. Modalverben dienen vor allem dazu, die Art und Weise einer Handlung näher zu beschreiben. Sie zeigen zum Beispiel, ob es sich bei der Handlung um einen Wunsch, eine Verpflichtung oder eine Möglichkeit handelt.

*Anna e Filippo **vogliono** togliere la moquette dalla camera da letto.*	Anna und Filippo **wollen** den Teppichboden vom Schlafzimmer entfernen.
***Devo** sostenere ancora tre esami prima della laurea.*	Ich **muss** noch drei Prüfungen vor dem Studienabschluss ablegen.
*Mi **puoi** aiutare, per favore?*	**Kannst** du mir bitte helfen?

Auch das unregelmäßige Verb *sapere* kann als Modalverb gebraucht werden und bedeutet dann nicht „wissen“, sondern „können“. Als Modalverb wird es von einem Verb im Infinitiv begleitet.

wissen:	*Lo **sai** che mi sposo?*	**Weißt** du, dass ich heirate?
können:	*Maria **sa** cucinare molto bene.*	Maria **kann** sehr gut kochen.

153 **Hier sind alle Verbformen aus den Tabellen entwischt. Setzen Sie sie wieder an ihre richtige Stelle.**

	volere (wollen)	**dovere** (müssen, sollen)
(io)	....	....
(tu)	....	....
(lui, lei, Lei)	....	....
(noi)	....	....
(voi)	....	....
(loro)	....	....

devono devo
voglio devi
vuoi dovete
deve
vogliamo
vogliono
dobbiamo
volete vuole

	potere (können, dürfen)	**sapere** (wissen, können)
(io)	....	....
(tu)	....	....
(lui, lei, Lei)	....	....
(noi)	....	....
(voi)	....	....
(loro)	....	....

so puoi sanno può sappiamo possono possiamo sapete potete sa posso sai

154 **Ergänzen Sie die Präsens-Formen von *volere*, *dovere* oder *potere*.**

1. (Io) .... chiudere le finestre? Si sentono molto i rumori della strada.
2. (Voi) .... venire in pizzeria con noi domani? – No, purtroppo non .... La babysitter è malata.
3. Franco .... assolutamente telefonare ad Annarita per sapere come sta.
4. Mamma, ho fame, ... mangiare qualcosa.
5. Susanna ha un valore del colesterolo piuttosto elevato, perciò non .... mangiare cibi troppo grassi.
6. La macchina si è rotta e quindi la (io) .... portare dal meccanico.
7. Allora, vengo la settimana prossima a trovarti? – (Tu) .... venire quando ....
8. Stanotte partite per la Grecia per un mese e .... fare ancora i bagagli!?
9. Scusi, dove (noi) ci .... sedere? – Dove .... I tavoli sono tutti liberi.
10. Vito e Cinzia amano la natura, infatti .... comprare un casale in Toscana.

il rumore	der Lärm	**grasso**	fett
malato	krank	**si è rotta (rompersi)**	(es) ist kaputt gegangen
assolutamente	unbedingt		
per	*hier* um zu ...	**quindi**	also
il valore del colesterolo	der Cholesterinwert	**il meccanico**	der Mechaniker
		quando	*hier* wann
piuttosto	ziemlich	**stanotte**	heute Nacht
elevato	hoch	**i bagagli**	das Gepäck
perciò	deshalb	**infatti**	in der Tat
il cibo	*hier* die Speise	**il casale**	das Bauernhaus

Die Verben *potere* und *sapere* in der Gegenüberstellung

In der nächsten Übung geht es ausschließlich um den Unterschied zwischen *potere* und *sapere*. Lesen Sie folgende Beispiele:

(1) ***Posso** entrare?*	**Darf** ich reinkommen?
(2) *Oggi Maria **può** cucinare.*	Heute **kann** Maria kochen.
(3) *Maria **sa** cucinare molto bene.*	Maria **kann** sehr gut kochen.
(4) ***Sai** che ore sono?*	**Weißt** du, wie spät es ist?

Achtung: Bei den Beispielen 2 und 3 werden beide Verben *potere* und *sapere* im Deutschen mit „können" übersetzt. Es gibt aber einen großen Bedeutungsunterschied: ***Potere*** drückt eine Möglichkeit (2) aus: Es ist Maria heute möglich zu kochen. ***Sapere*** hingegen drückt eine Fähigkeit (3) aus: Maria ist fähig zu kochen.

155 Ergänzen Sie die Formen von *potere* oder *sapere*.

1. Scusi, ... dov'è la stazione? – No, mi dispiace, non lo ....
2. Marilena, mi .... dare un bicchiere d'acqua, per piacere?
3. Antonio ha quattro anni e .... già leggere. – Eh, non ci credo!
4. Senta, Lei qui non .... fumare. È vietato.
5. Facciamo la settimana bianca insieme? – No, noi non .... sciare.
6. Scusate, ... quando passa l'autobus? – Il prossimo passa alle otto e un quarto.
7. Oggi (io) non .... mangiare niente perché domani devo fare la colonscopia.
8. Maurizio e Stefano .... frequentare un master a Londra perché usufruiscono di una borsa di studio.
9. Scusa, ... se c'è un ufficio postale nella zona?
10. Umberto e Pia non vanno mai al mare perché non .... nuotare.

dispiacere	leidtun	**prossimo**	nächste/-r/-s
il bicchiere d'acqua	das Glas Wasser	**perché**	*hier* weil
già	schon	**la colonscopia**	die Darmspiegelung
Non ci credo.	Ich glaube das nicht.	**frequentare**	besuchen
vietato	verboten	**usufruire**	verfügen
la settimana bianca	*Ausdruck für eine Woche Skiurlaub*	**la borsa di studio**	das Stipendium
		nella zona	in der Gegend
sciare	Ski fahren	**nuotare**	schwimmen
passare	*hier* kommen		

→ Gr LGr S. 333

Reflexive Verben

Reflexive (= rückbezügliche) Verben sind Verben wie *lavarsi* (sich waschen). Folgende Punkte sollten Sie sich merken:

- Reflexive Verben bestehen im Italienischen wie im Deutschen aus einem Reflexivpronomen (auch → S. 103) und einer Verbform. Die Reflexivpronomen stehen im Italienischen immer vor der zugehörigen Verbform, im Deutschen dagegen hinter dem Verb: ***mi lavo*** → ich **wasche mich**.
- Im Gegensatz zu den Subjektpronomen dürfen die Reflexivpronomen der reflexiven Verben nie weggelassen werden: *(io)* ***mi + lavo***.
- Die regelmäßigen reflexiven Verben haben dieselben Endungen wie die regelmäßigen Verben.

  Beispiel:

Regelmäßiges Verb	Reflexives Verb
*lav**o*** (ich wasche)	*mi lav**o*** (ich wasche mich)

  Das heißt: Um reflexive Verben zu konjugieren, müssen Sie keine neuen Verbendungen lernen!
- Auch bei unregelmäßigen Verben stehen die Reflexivpronomen immer vor den unregelmäßigen Verbformen: *sedersi* → ***mi siedo***.

*Con gli amici **mi diverto** sempre.*	Mit den Freunden amüsiere ich mich immer.
*Come **vi vestite** per il matrimonio?*	Wie zieht ihr euch für die Hochzeit an?
*Loro non **si lavano** le mani.*	Sie waschen sich nicht die Hände.
***Ci sediamo** qui.*	Wir setzen uns hierhin.

Achtung: Einige Verben, die im Deutschen nicht reflexiv sind, werden im Italienischen jedoch reflexiv gebraucht, z. B. *chiamarsi* (heißen), *alzarsi* (aufstehen).

*Come **ti chiami**?*	Wie heißt du?
***Ci alziamo** presto.*	Wir stehen früh auf.

156 Vervollständigen Sie die Tabelle mit den fehlenden Reflexivpronomen und den passenden Verbformen im Präsens.

	lavarsi (sich waschen)		nascondersi (sich verstecken)		vestirsi (sich anziehen)	
(io)	....	....	....	....	mi	....
(tu)	....	....	ti	nascondi	....	....
(lui, lei, Lei)	....	lava	....	....	....	....
(noi)	....	....	....	....	....	vestiamo
(voi)	vi	....	....	....	....	....
(loro)	....	....	....	....	....	....

	stabilirsi (sich niederlassen)		piegarsi (sich biegen)		sedersi (sich hinsetzen)	
(io)	....	....	....	....	....	siedo
(tu)	....	stabilisci	....	....	....	....
(lui, lei, Lei)	si	....	....	....	....	....
(noi)	....	....	....	pieghiamo	ci	....
(voi)	....	....	....	....	....	....
(loro)	....	....	si	....	....	....

157 Vervollständigen Sie die Sätze mit dem passenden reflexiven Verb. Setzen Sie es dabei in die richtige Form des Präsens.

sposarsi • annoiarsi • riposarsi • vestirsi • sentirsi • incontrarsi • chiamarsi • divertirsi • conoscersi • farsi

1. Allora, Gigi, come ....? – Oggi, va meglio, grazie.
2. L'appuntamento è alle cinque. (Noi) .... davanti al liceo.
3. Dopo pranzo .... sempre una mezz'ora e poi ricomincio a lavorare.
4. Antonella e Silverio .... Il matrimonio è in dicembre.
5. Scusi, Lei come ....? – Aurelio Romano.
6. Mamma, (noi) ....! Qui non c'è niente da fare.
7. Da quanto tempo (voi) ....?
8. Mariella ha proprio buon gusto. .... sempre in modo impeccabile.
9. Ogni volta che Ettore e Andrea giocano a calcio con gli amici, ... male.
10. Alle sagre di paese (io) non .... mai. È solo un'occasione per mangiare.

sposarsi	heiraten, sich vermählen
annoiarsi	sich langweilen
riposarsi	sich ausruhen
sentirsi	sich fühlen
incontrarsi	sich treffen
conoscersi	sich kennenlernen
farsi	sich tun, sich machen
meglio	besser
l'appuntamento	der Termin
davanti	vor
la mezz'ora	die halbe Stunde

ricominciare	wieder anfangen
il matrimonio	die Hochzeit
Qui non c'è niente da fare.	Hier gibt es nichts zu tun.
da quanto tempo	seit wann
il gusto	der Geschmack
impeccabile	einwandfrei, makellos
ogni volta che	jedes Mal, wenn
giocare a calcio	Fußball spielen
male	*hier* Weh
la sagra di paese	die Kirmes, das Dorffest
l'occasione	die Gelegenheit

In der nächsten Übung geht es um das *presente* der regelmäßigen, der unregelmäßigen und der reflexiven Verben. Üben Sie also in gemischter Form, was Sie bis jetzt gelernt haben.

158 Vervollständigen Sie das Telefonat mit den Verben in Klammern in der richtigen Form des *presente*.

▶ Pronto!

■ Ciao, Giulia, sono Monica. Come va?

▶ Ah, ciao, Monica! Lo so, lo so ... non (noi / vedersi) .... da tanto, ma qui (noi / essere) .... in piena emergenza. (noi / avere) .... gli operai in casa per dei lavori di ristrutturazione. Guarda, un caos!

■ (io / capire) Ti .... E come (voi / organizzarsi) .... la mattina?

▶ Beh, io (svegliarsi) .... alle cinque e mezza, (alzarsi) .... subito e (farsi) .... la doccia. Anche Carlo (svegliarsi) .... alle cinque e mezza, ma (rimanere) .... a letto ancora un po'. Poi (alzarsi) .... anche lui e (lavarsi) .... in fretta. Eh, sì ... E io nel frattempo (preparare) .... la colazione.

■ E i bambini?

- ▶ Eh … i bambini (dormire) .... fino alle sei e mezza, poi (alzarsi) .... anche loro e (andare) .... a lavarsi. Poi tutti insieme (fare) .... colazione. Alle sette e mezza i bambini (essere) .... pronti per andare a scuola. A quell'ora (venire) .... gli operai. Carlo e i bambini (uscire) .... immediatamente e io (rimanere) .... a casa tutto il giorno perché (dovere) .... controllare i lavori. Un rumore assordante per ore e polvere dappertutto!
- ■ Giulia, (io / potere) .... aiutarti in qualche modo?
- ▶ Eh, forse … (tu / avere) .... una maschera antigas?

Pronto!	Hallo! *(am Telefon)*	**nel frattempo**	in der Zwischenzeit
lo so	ich weiß	**preparare**	vorbereiten
vedersi	sich sehen	**fino**	bis
da tanto	seit langem	**tutti insieme**	alle zusammen
in piena emergenza	im dringenden Notfall	**pronto**	fertig
		a quell'ora	um die Zeit
l'operaio	der Handwerker	**immediatamente**	sofort
il lavoro di ristrutturazione	die Renovierungsarbeiten	**tutto il giorno**	den ganzen Tag
		il rumore assordante	der ohrenbetäubende Lärm
svegliarsi	aufwachen		
alzarsi	aufstehen	**la polvere**	der Staub
la doccia	die Dusche	**dappertutto**	überall
rimanere	bleiben	**in qualche modo**	irgendwie
ancora un po'	noch ein bisschen	**la maschera antigas**	die Gasmaske
in fretta	in Eile		

→ Gr LGr S. 180–183

Passato prossimo

Passato prossimo: Bildung

Das *passato prossimo* ist eine der wichtigsten Vergangenheitsformen des Italienischen. Es entspricht formal dem deutschen Perfekt und wird häufig in Verbindung mit Zeitangaben wie *ieri* (gestern), *la settimana scorsa* (letzte Woche), *l'anno passato* (vergangenes Jahr), *due anni fa* (vor zwei Jahren) usw. gebraucht.
Das *passato prossimo* besteht, wie das deutsche Perfekt, aus dem Präsens von *avere* (haben) oder *essere* (sein) und dem *participio passato* (Partizip Perfekt).

avere

Ho visto *Milena ieri.*	Ich **habe** gestern Milena **gesehen**.
I nostri amici ***hanno comprato*** *una barca a vela.*	Unsere Freunde **haben** ein Segelboot **gekauft**.

essere

Marco ***è uscito*** *presto.*	Marco **ist** früh **weggegangen**.
Anche Carla ***è uscita*** *presto.*	Auch Carla **ist** früh **weggegangen**.
L'altro ieri Valerio e Teresa ***sono andati*** *a Roma.*	Vorgestern **sind** Valerio und Teresa nach Rom **gefahren**.
Dieci anni fa Anna e Maria ***sono andate*** *in Spagna.*	Vor zehn Jahren **sind** Anna und Maria nach Spanien **gefahren**.

Beachten Sie: Das *participio passato* (Partizip Perfekt) endet immer auf *-o*, wenn es mit dem Hilfsverb *avere* benutzt wird. Wird es hingegen mit dem Hilfsverb *essere* gebraucht, wird das *participio passato* an das Subjekt angeglichen (Endungen *-o, -a, -i* und *-e*).

Achtung: Will man eine zusammengesetzte Vergangenheitsform verneinen, so stellt man das Verneinungswort *non* vor das Hilfsverb *avere* oder *essere*.

Piero ***non*** *ha telefonato.*	Piero hat **nicht** angerufen.

Und nun schauen Sie sich die Beispiele nochmals genauer an. Was stellen Sie bezüglich der Wortstellung im Vergleich zum Deutschen fest?
Das Hilfsverb und das Partizip werden im Deutschen meist durch Einschübe getrennt, im Italienischen dagegen bleiben sie zusammen.

Abbiamo chiacchierato *molto.*	Wir **haben** viel **geplaudert**.

Keine Regel ohne Ausnahme: In einigen Fällen werden Hilfsverb und Partizip getrennt:

*Hai **già** mangiato?*	Hast du **schon** gegessen?
*Miriam non è **ancora** tornata.*	Miriam ist **noch** nicht zurückgekommen.
*Piero non ha **più** telefonato.*	Piero hat nicht **mehr** angerufen.

159 **Ordnen Sie die Partizipien dem passenden Feld zu.**

parlato vinto avuto rimasto visto uscito ~~letto~~ scoperto ~~mangiato~~ preso dormito nato offerto bevuto camminato aperto partito venduto creduto venuto

Regelmäßige Verben	
Infinitiv	Partizip
auf *-are*	*mangiato*
	....
	....
auf *-ere*	....
	....
	....
auf *-ire*	....
	....
	....

Unregelmäßige Verben	
Infinitiv	Partizip
leggere	*letto*
venire	....
vincere	....
offrire	....
bere	....
scoprire	....
vedere	....
aprire	....
prendere	....
rimanere	....
nascere	....

vincere	gewinnen	**nascere**	geboren werden
offrire	anbieten	**vendere**	verkaufen
scoprire	entdecken	**credere**	glauben
prendere	nehmen	**partire**	abfahren
rimanere	bleiben		

160 **Hier sind die Buchstaben der Partizipien durcheinandergeraten. Bringen Sie sie wieder in Ordnung, ergänzen Sie die Infinitivformen und verbinden Sie sie mit den deutschen Entsprechungen.**

svtsiuo	*vissuto*	*vivere*	machen
ssepo	....	....	fragen
icaamotb	....	....	leben
naipto	....	....	passieren
ocuhsi	....	....	sterben
drgauato	....	....	weinen
ttisocr	....	....	ändern
dteto	....	....	schreiben
tdaano	....	....	sagen
ottaf	....	....	sehen
itoupl	....	....	gehen
osessucc	....	....	schließen
otorm	....	....	verstehen
cthoise	....	....	putzen
ocpiat	....	....	ausgeben

161 **Kreuzen Sie die richtige Form des Partizips an.**

1. Hai .... gli occhiali? — ☐ trovati ☐ trovato
2. L'anno scorso abbiamo .... tante persone in vacanza. — ☐ conosciute ☐ conosciuto
3. Liana, quando sei .... dal viaggio in Australia? — ☐ ritornata ☐ ritornato
4. Venerdì scorso i bambini sono .... al circo con la scuola. — ☐ andati ☐ andato
5. Ti è .... il film? — ☐ piaciuti ☐ piaciuto
6. Le mie sorelle sono .... negli Stati Uniti. — ☐ nate ☐ nato
7. Perché non mi avete ....? — ☐ avvisati ☐ avvisato
8. Finalmente ho .... la verità. — ☐ scoperta ☐ scoperto
9. Che cosa hai .... all'opera? – Il barbiere di Siviglia. — ☐ vista ☐ visto
10. Orsola ha .... a un concorso di bellezza. — ☐ partecipata ☐ partecipato

trovare	finden	**finalmente**	endlich
gli occhiali	die Brille	**scoprire**	entdecken
scorso	letzte/-r/-s	**la verità**	die Wahrheit
conoscere	kennenlernen	**Il barbiere di Siviglia**	*Oper von Gioachino Rossini (1792–1868)*
ritornare	zurückkommen		
il circo	der Zirkus	**partecipare**	teilnehmen
piacere	gefallen	**il concorso di bellezza**	der Schönheits-wettbewerb
nascere	geboren werden		
avvisare	Bescheid geben		

162 **Bilden Sie das *passato prossimo* der rechts stehenden Verben und setzen Sie es ein. Benutzen Sie dazu die angegebenen Hilfsverben.**

1. L'anno scorso Marcello .... all'autodromo di Monza per vedere il Gran Premio di Formula 1.	essere / andare
2. Renato ed io .... un prestito alla banca per comprare una casa.	avere / chiedere
3. L'altro giorno (io) .... una barzelletta divertentissima. Te la racconto?	avere / sentire
4. Sono al settimo cielo. Ieri Oscar mi .... per la prima volta!	avere / baciare
5. Olga, Achille, ... a vendere l'auto?	essere / riuscire
6. La scorsa settimana il mio ragazzo .... il suo primo contratto di lavoro. Che bello!	avere / firmare
7. Sabina e Flora non .... al concerto di Alex Britti. Peccato!	essere / venire
8. Ehi, ragazzi, che brutta faccia! Che cosa vi ....?	essere / succedere
9. A carnevale mi maschero da torero. Mia nonna mi .... il vestito.	avere / cucire
10. Roberta, dove ....? – Da un'amica.	essere / essere

l'autodromo	die Rennstrecke	**essere al settimo cielo**	sich wie im siebten Himmel fühlen
il Gran Premio	der Grand Prix		
il prestito	das Darlehen	**baciare**	küssen
la barzelletta	der Witz	**per la prima volta**	zum ersten Mal
divertente	lustig	**riuscire**	gelingen
raccontare	erzählen	**firmare**	unterschreiben

il contratto	der Vertrag	**succedere**	passieren
Che bello!	Wie schön!	**il carnevale**	der Fasching
Alex Britti	*Sänger (1968)*	**mascherarsi**	sich verkleiden
Peccato!	Schade!	**il torero**	der Stierkämpfer
Che brutta faccia!	*hier* Wie seht ihr denn aus?	**cucire**	nähen

→ Gr LGr S. 184–186 und S. 334

Der Gebrauch der Hilfsverben *avere* und *essere*: Grundregel

Wenn Sie das *passato prossimo* bilden wollen, stellt sich automatisch die Frage: Wann verwendet man das Hilfsverb *avere* und wann das Hilfsverb *essere*? Dazu grundsätzlich: Im Italienischen werden die Hilfsverben *avere* und *essere* genauso gebraucht wie im Deutschen „haben" und „sein".
Vergleichen Sie die Beispiele:

Ho parlato *a lungo.*	Ich **habe** lange **geredet**.
Non ***hanno mangiato*** *nulla.*	Sie **haben** nichts **gegessen**.
Ieri non ***siamo andati*** *a scuola.*	Gestern **sind** wir nicht in die Schule **gegangen**.
Sono rimasto *a cena.*	Ich **bin** zum Abendessen **geblieben**.

Leider gibt es von dieser Regel einige Abweichungen:

- Verben der Bewegung, die keine bestimmte Zielrichtung ausdrücken, werden mit *avere* gebildet.
  Abbiamo camminato *per due ore.* — Wir **sind** zwei Stunden lang **gelaufen**.
- Alle reflexiven Verben werden mit *essere* gebildet.
  Mi sono vestito. — Ich **habe** mich **angezogen**.
- Bei unpersönlichen Ausdrücken wird *essere* gebraucht.
  La pizza ***è costata*** *cinque euro.* — Die Pizza **hat** fünf Euro **gekostet**.
  Il romanzo non mi ***è piaciuto****.* — Der Roman **hat** mir nicht **gefallen**.
  La lezione ***è durata*** *un'ora.* — Der Unterricht **hat** eine Stunde **gedauert**.

163 A **Im Buchstabenkasten sind waagerecht oder senkrecht 14 Verben im Infinitiv versteckt. Suchen Sie diese und bilden Sie ihre entsprechenden Partizipien. Dann ordnen Sie sie dem passenden Feld zu.**

G	U	A	R	D	A	R	E	A	V
I	N	C	O	N	T	R	A	R	E
O	F	I	E	H	U	I	E	R	D
C	I	F	A	R	E	D	S	I	E
A	B	I	T	A	R	E	S	V	R
R	I	M	A	N	E	R	E	A	E
E	C	O	D	I	R	E	R	R	L
P	A	R	T	I	R	E	E	E	R
N	U	O	T	A	R	E	T	R	O
A	D	I	M	A	G	R	I	R	E

Mario ha *guardato*, …

Mario è …

163 B **Schreiben Sie nun die im Buchstabenkasten gefundenen Infinitivformen zu ihrer deutschen Entsprechung.**

guardare	schauen	....	abnehmen
....	spielen	....	abfahren
....	treffen	....	sein
....	machen	....	lachen
....	wohnen	....	ankommen
....	schwimmen	....	sehen
....	bleiben	....	sagen

164 **Vervollständigen Sie die Biografie einer bekannten italienischen Schauspielerin mit den Verben im *passato prossimo*.**

La famosa diva italiana (nascere) .... a Roma il 20 settembre 1934, ma (crescere) .... a Pozzuoli, vicino a Napoli, dove (trascorrere) .... l'infanzia in condizioni disagiate. Prima di diventare famosa (partecipare) .... a concorsi di bellezza, (recitare) .... in fotoromanzi e (avere) .... piccole parti in diversi film. Nel 1952 (conoscere) .... il produttore Carlo Ponti, suo futuro marito, il quale le (aprire) .... le grandi porte del cinema. Pochi anni dopo (diventare) .... famosa sia in Italia che all'estero per la sua bravura ma anche grazie alla sua prorompente bellezza.
Dall'unione con il produttore Carlo Ponti (nascere) .... due figli: Carlo jr nel 1968 ed Edoardo nel 1973.

Tra i suoi film più conosciuti si ricordano: "L'oro di Napoli", "Orchidea nera", "La Ciociara", "Matrimonio all'italiana", "La contessa di Hong Kong", "Una giornata particolare".
Negli Stati Uniti lei (lavorare) .... insieme a star americane come Cary Grant, Clark Gable e Marlon Brando.
A partire dagli anni ottanta (ritirarsi) .... in parte dai set cinematografici e (dedicarsi) .... fondamentalmente alla televisione.
Nel corso della sua carriera (ottenere) .... ambiti riconoscimenti: nel 1960 con il film "La Ciociara", diretto da Vittorio De Sica, (vincere) .... il premio Oscar e il premio per la migliore interpretazione al Festival di Cannes; (ricevere) .... un secondo Oscar alla carriera nel 1991 e il David di Donatello sempre alla carriera nel 1999.
Il suo vero nome è Sofia Villani Scicolone. Qual è il suo nome d'arte?

crescere	aufwachsen
trascorrere	verbringen
l'infanzia	die Kindheit
la condizione	die Verhältnisse
disagiato	ärmlich
prima di	bevor
partecipare	teilnehmen
il concorso di bellezza	der Schönheitswettbewerb
il fotoromanzo	der Fotoroman
la parte	*hier* die Rolle
il produttore	der Produzent
futuro	zukünftig
il quale	der, welcher
sia ... che	sowohl ... als auch
all'estero	im Ausland
la bravura	die Tüchtigkeit
grazie a	dank
prorompente	ungestüm, üppig
la bellezza	die Schönheit
l'unione	*hier* die Ehe
tra	*hier* zu
conosciuto	bekannt
ricordare	*hier* zählen
l'oro	das Gold
ciociaro	Einwohner der Ciociaria
la contessa	die Gräfin
la giornata	der Tag
a partire da	von ... an
ritirarsi	sich zurückziehen
in parte	zum Teil
il set cinematografico	das Filmset
dedicarsi	sich widmen
fondamentalmente	grundsätzlich
nel corso di	im Laufe von
ottenere	erhalten
ambịto	ersehnt, begehrt
il riconoscimento	die Anerkennung
vincere	gewinnen
il premio	der Preis
migliore	beste/-r/-s
l'interpretazione	die schauspielerische Leistung
il nome d'arte	der Künstlername

165 **Setzen Sie die Verben in Klammern ins *passato prossimo* und verbinden Sie die linke Spalte mit der rechten zu sinnvollen Sätzen oder Mini-Dialogen.**

1.	I miei genitori (arrabbiarsi)	a.	Oh, molto! (noi / pagare) .... 1500 euro.
2.	Che bel tappeto! Quanto (costare) ....? –	b.	Sì, certo, (noi / sciare) .... tutto il tempo!
3.	Alfonso, ti (piacere) .... la finale Italia – Francia? –	c.	perché io (prendere) .... la loro auto senza permesso.
4.	Gabriella è molto raffreddata ...	d.	e (loro / diventare) .... subito amiche.
5.	Allora, (voi / andare) .... sulle Dolomiti? –	e.	Non (io / avere) .... proprio tempo.
6.	Tiberio (partecipare) .... al gioco televisivo "L'Eredità"...	f.	Chiaro! I professori invece (stancarsi) ....!
7.	Nadia, perché poi non (venire) .... ieri? –	g.	perciò non (lei / lavarsi) .... i capelli.
8.	Allora, ragazzi, (voi / divertirsi) .... alla gita scolastica? –	h.	ma non (lui / vincere) .... niente!
9.	Ieri (nevicare) .... tutto il santo giorno ...	i.	Beh, così così ... La partita non (essere) .... brillante.
10.	Tania e Serena (conoscersi) .... in discoteca ...	j.	e perciò (noi / rimanere) .... bloccati in casa!

arrabbiarsi	sich ärgern	**sciare**	Ski fahren
il tappeto	der Teppich	**prendere**	nehmen
la finale	*hier* das Endspiel	**il permesso**	die Erlaubnis
raffreddato	erkältet	**diventare**	werden
partecipare	teilnehmen	**stancarsi**	müde werden
il gioco televisivo	das Fernsehspiel	**i capelli**	die Haare
l'eredità	das Erbe	**vincere**	gewinnen
divertirsi	sich amüsieren	**la partita**	das Spiel
la gita scolastica	die Klassenfahrt	**brillante**	hervorragend
tutto il santo giorno	den lieben langen Tag	**rimanere**	bleiben
conoscersi	sich kennenlernen	**bloccato**	blockiert

→ Gr LGr S. 187 und S. 335

Der Gebrauch der Hilfsverben *avere* und *essere* bei Modalverben

Bei den Modalverben (*volere*, *potere*, *dovere*) werden in der Regel beide Hilfsverben *avere* und *essere* gebraucht, je nachdem ob das darauf folgende Verb im Infinitiv *avere* oder *essere* für die Bildung des *passato prossimo* verlangt. Im Deutschen hingegen wird immer „haben" verwendet.

Non ti ho aiutato. ↓	Ich habe dir nicht geholfen.
*Non ti **ho potuto aiutare**.*	Ich **habe** dir nicht **helfen können**.
Sono andato/andata in banca. ↓	Ich bin zur Bank gegangen.
***Sono dovuto/dovuta andare** in banca.*	Ich **habe** zur Bank **gehen müssen**.

Achtung: In der Umgangssprache ist auch die Variante mit *avere* statt *essere* verbreitet:

***Ho** dovuto andare in banca.* anstatt ***Sono** dovuto/dovuta andare in banca.*

Sie machen also nichts verkehrt, wenn Sie im Zweifelsfall *avere* benutzen.

Wenn allerdings ein reflexives Verb dem Modalverb folgt, gibt es zwei gleichwertige Möglichkeiten der Satzstellung:

- Das Reflexivpronomen wird vom Verb getrennt.
  Reflexivpronomen + ***essere*** + Partizip des Modalverbs + Verb im Infinitiv
  *Anita **si è dovuta lavare** con l'acqua fredda.* — Anita hat sich mit kaltem Wasser waschen müssen.
- Das Reflexivpronomen wird ans Verb angehängt.
  avere + Partizip des Modalverbs + reflexives Verb im Infinitiv
  *Anita **ha dovuto lavarsi** con l'acqua fredda.* — Anita hat sich mit kaltem Wasser waschen müssen.

166 Setzen Sie die Sätze mit Modalverben ins *passato prossimo*.

ESEMPIO **Devo chiamare Giovanni.** — ***Ho dovuto chiamare Giovanni.***

1. Caterina deve pagare una multa. ……………
2. Non vogliamo uscire. ……………
3. Posso ottenere un anticipo. ……………
4. Devono restare in ufficio più a lungo. ……………
5. Ci vogliamo sposare in settembre. ……………
6. Marina deve trasferirsi. ……………
7. Devi tornare prima. ……………

8. Vera non può completare gli studi. ....
9. I bambini possono alzarsi tardi. ....
10. Purtroppo devo licenziare un collaboratore. ....
11. Mirco, perché non ti vuoi lavare le mani? ....
12. Vogliono partire alle cinque del mattino. ....

la multa	die Geldstrafe, der Strafzettel
ottenere	erhalten, bekommen
l'anticipo	der Vorschuss
restare	bleiben
l'ufficio	das Büro
più a lungo	länger
trasferirsi	umziehen
prima	früher
completare	beenden
licenziare	entlassen
il collaboratore	der Mitarbeiter
la mano	die Hand

→ Gr LGr S. 187

Der Gebrauch der Hilfsverben *avere* und *essere*: Sonderfall

*Bea **ha cominciato** un nuovo lavoro.*	Bea hat einen neuen Job begonnen.
*Il film **è cominciato** alle sette.*	Der Film hat um sieben Uhr begonnen.
***Abbiamo finito** di scrivere la relazione.*	Wir haben den Bericht zu Ende geschrieben.
*La riunione **è finita** tardi.*	Die Sitzung ist spät zu Ende gegangen.

Einige Verben können das *passato prossimo* sowohl mit *avere* als auch mit *essere* bilden. Zu diesen gehören sehr häufig gebrauchte Verben wie z. B. *cominciare* (beginnen), *finire* (beenden), *salire* (hinaufgehen) oder *scendere* (hinuntergehen).

- Wenn diesen Verben ein direktes Objekt (Akkusativobjekt) oder eine Infinitivkonstruktion folgt (transitiver Gebrauch), bilden sie das *passato prossimo* mit *avere*.

***Ho** cambiato tutto il guardaroba.* (*tutto il guardaroba:* direktes Objekt nach dem Verb)	Ich habe alle Kleider gewechselt.
*Renato **ha** cominciato a studiare.* (*a studiare:* Infinitivkonstruktion nach dem Verb)	Renato hat angefangen zu lernen.

- Wenn diesen Verben aber kein Akkusativobjekt folgt (intransitiver Gebrauch), bilden sie das *passato prossimo* mit *essere*.

*Il tempo **è** cambiato ultimamente.* (kein Akkusativobjekt nach dem Verb)	Das Wetter hat sich in der letzten Zeit verändert.

Beachten Sie auch den folgenden Satz: ***Ho** finito.* (Ich bin fertig.)

Hier wird kein Akkusativobjekt erwähnt, trotzdem wird das Hilfsverb *avere* statt *essere* verwendet, da das Akkusativobjekt impliziert ist. Gemeint ist: *Ho finito qualcosa.* (*qualcosa* = Akkusativobjekt)

Genau das nämlich hat der ehemalige Trainer des FC Bayern München Giovanni Trapattoni gemeint, als er seine Rede vor der Presse mit dem berühmt gewordenen Satz „Ich habe fertig!“ beendete – nur eben leider auf Deutsch! Die Interferenz mit seiner italienischen Muttersprache hat ihn dabei unsterblich gemacht.

Einen ähnlichen Fehler könnte ein deutscher Muttersprachler machen, wenn er im ungekehrten Fall auf Italienisch sagen würde: *Sono finito.* (Das wäre im Italienischen allerdings nicht so witzig, denn es würde „Ich bin erledigt!“ bedeuten.)

167 Kreuzen Sie die richtige Form des *passato prossimo* an.

1. Quando sono andato a trovare Enzo, ... le scale a piedi.	☐ sono salito	☐ ho salito
2. Enzo, abita al quinto piano! Perché non .... con l'ascensore?	☐ sei salito	☐ hai salito
3. Mi passi la marmellata? – La marmellata	☐ è finita	☐ ha finito
4. .... tutta la marmellata?	☐ Sei già finita	☐ Hai già finito
5. Francesca .... tutto l'arredamento.	☐ è cambiata	☐ ha cambiato
6. Eh, sì, da quando ha sposato quel riccone, Francesca ....!	☐ è cambiata	☐ ha cambiato
7. Lo sai che il preside .... il numero delle classi per mancanza di iscritti?	☐ è diminuito	☐ ha diminuito
8. Per forza! Le nascite	☐ hanno diminuito	☐ sono diminuite

la scala	die Treppe	**il piano**	das Stockwerk
salire	hinaufgehen	**l'ascensore**	der Aufzug
a piedi	zu Fuß	**passare**	*hier* reichen
quinto	fünfte/-r/-s	**finire**	*hier* aufessen

l'arredamento	die Einrichtung
il riccone	der steinreiche Mensch
il preside	der Schulleiter
diminuire	vermindern, verringern

il numero	die Zahl
la mancanza	der Mangel
l'iscritto	der Angeschriebene, *hier* die Anmeldung
Per forza!	*hier* Ja, klar!
la nascita	die Geburt

168 **Setzen Sie die rechts stehenden Verben ins *passato prossimo*. Benutzen Sie je nach Verb das Hilfsverb *avere* oder *essere*.**

1. Devi lavorare ancora molto? – No, ...!
2. Il prezzo del petrolio .... ancora!
3. Mia madre ha fatto una bella dieta ed .... di peso.
4. Il seminario .... alle cinque.
5. Oggi la giornata .... male! Non ho sentito la sveglia e sono arrivata tardi al lavoro.
6. A Napoli Gennaro, per la fretta, ... dal tram in corsa e si è slogato la caviglia.
7. Sono andato in banca e .... i 500 dollari che mi ha regalato lo zio John.
8. Questa casa mi sembra una bisca. (Voi) .... di giocare a carte?
9. Sta meglio il bambino? – No, la febbre .... di nuovo.
10. Quando (tu) .... a suonare il clarinetto? – Due anni fa.

finire
aumentare
scendere
finire
iniziare
saltare
cambiare
finire
salire
cominciare

il petrolio	das Erdöl
il peso	das Gewicht
scendere	*hier* sinken, abnehmen
la sveglia	der Wecker
la fretta	die Eile
in corsa	während der Fahrt
slogarsi	sich verstauchen
la caviglia	der Knöchel

saltare	springen
sembrare	(er)scheinen
la bisca	die Spielhölle
giocare a carte	Karten spielen
meglio	besser
la febbre	das Fieber
suonare	*hier* spielen
il clarinetto	die Klarinette

→ Gr LGr S. 189

Das *passato prossimo* mit dem Hilfsverb *avere*: eine Besonderheit

Beachten Sie die folgenden Beispiele:

Ho bevuto *un'aranciata.*	Ich habe eine Orangenlimonade getrunken.
L'ho *[La ho]* ***bevuta****.*	Ich habe sie getrunken.
Abbiamo speso *tutti i soldi.*	Wir haben das ganze Geld ausgegeben.
Li abbiamo spesi *tutti.*	Wir haben alles ausgegeben.
Ugo ***ha mangiato*** *delle pere.*	Ugo hat Birnen gegessen.
Ugo ***le ha mangiate****.*	Ugo hat sie gegessen.

Aus diesen Beispielen lässt sich die folgende Regel ableiten:

Wenn vor dem Hilfsverb *avere* die Pronomen *lo*, *la*, *li* und *le* stehen, wird das Partizip in Geschlecht und Zahl den Pronomen angeglichen.

Und immer beachten: *Lo* und *la* werden vor Vokal apostrophiert (*l'*).

Die oben erläuterte Regel gilt auch für das Pronominaladverb *ne*. Dabei wird das Partizip dem Wort angepasst, auf das sich *ne* bezieht.

Ho fumato *una sigaretta.*	Ich habe eine Zigarette geraucht.
Ne ho fumata *una.*	Ich habe eine (davon) geraucht.
Ho bevuto *due bicchieri d'acqua.*	Ich habe zwei Gläser Wasser getrunken.
Ne ho bevuti *due.*	Ich habe zwei (davon) getrunken.
Rita ha fatto un dolce e	Rita hat einen Kuchen gebacken und
ne ha mangiate *tre fette!*	hat drei Stück davon gegessen!

Achtung: Die Angleichung des Partizips in Geschlecht und Zahl nach den Pronomen *lo*, *la*, *li* und *le* ist obligatorisch, während sie nach *ne* nicht zwingend, aber üblich ist.

169 **Ergänzen Sie den Dialog mit *lo*, *la*, *li* oder *le* und gleichen Sie die Endung der Partizipien entsprechend an.**

Saverio (▸) e Carmela (●) vanno in vacanza. Adesso sono in auto pronti per partire.

▸ Carmela, hai portato le mie pillole?
● Sì, certo, ... ho portat.... .
▸ Hai preso il mio cappellino giallo?
● .... ho pres.... .
▸ E gli occhiali?
● Sì, ... ho pres....!
▸ Hai chiuso la chiave d'arresto dell'acqua?
● .... ho chius.... .
▸ Hai abbassato tutte le tapparelle?
● Sissignore, ... ho abbassat.... .
▸ Hai chiuso il gas?
● Certo che .... ho chius....!
▸ Hai spento tutte le luci?
● Le luci .... ho spent.... .
▸ Hai ritirato i biglietti in agenzia?
● Sì, ... ho ritirat.... ieri.
▸ Hai inserito l'allarme?
● Sìiii, ... ho inserit.... . Saverio, ho fatto tutto!
... E tu hai preso i passaporti nel cassetto della scrivania?
▸ Ehh ... no, non .... ho pres.... .
... Ma è mai possibile che devo pensare a tutto io!

pronto	fertig	**ritirare**	abholen
la pillola	die Pille, die Tablette	**il biglietto**	die Fahrkarte
il cappellino	der kleine Hut	**l'agenzia (di viaggi)**	das Reisebüro
chiudere	*hier* abstellen	**inserire**	aktivieren
la chiave d'arresto	der Absperrhahn	**l'allarme**	die Alarmanlage
abbassare	*hier* herunterrollen	**il passaporto**	der Reisepass
la tapparella	das Rollo	**il cassetto**	die Schublade
sissignore	*etwa* jawohl	**la scrivania**	der Schreibtisch
spegnere	ausschalten	**Ma è mai possibile che devo pensare a tutto io!**	*etwa* Muss ich denn immer an alles denken!
la luce	das Licht		

170 **Vervollständigen Sie die Sätze, indem Sie die in Klammern angegebenen Verben ins *passato prossimo* setzen. Verwenden Sie dabei auch *lo*, *la*, *li*, *le* oder *ne*.**

1. Dov'è il mio cappotto? – (mettere) .... io nell'armadio.
2. Dobbiamo comprare lo spumante per la festa? – (comprare) .... io.
3. Al supermercato ho incontrato Michele e Fabrizio e (invitare) .... per domani a cena.
4. Puoi chiudere la porta? – (chiudere) .... già ....
5. Signora De Nicola, la lettera (scrivere) ....? – Mi dispiace non ho avuto tempo.
6. Ho portato il vino a tavola e gli ospiti (bere) .... due bottiglie a testa!
7. I nonni non (noi / salutare) ....
8. Ci servono le uova per la torta. – (io / comprare) .... sei. Bastano?
9. Dal fruttivendolo ho visto i lamponi e (comprare) .... due chili!
10. Le fotografie (tu / fare) ....? – Sì, certo.

il cappotto	der Mantel	**a testa**	pro Kopf
l'armadio	der Schrank	**i nonni**	die Großeltern
incontrare	treffen	**servire**	brauchen
domani	morgen	**bastare**	(aus-)reichen
mi dispiace	es tut mir leid	**il fruttivendolo**	der Gemüsehändler
l'ospite	der Gast	**il lampone**	die Himbeere

→ Gr LGr S. 175–176

Imperfetto

Imperfetto: Formen

Das *imperfetto* ist eine weitere wichtige Zeit der Vergangenheit. Es wird gebildet, indem man an den Verbstamm die jeweiligen Endungen des *imperfetto* anhängt.

Beispiel:
Verb *camminare*: Lassen Sie das *-re* der Infinitivendung weg und fügen Sie die Endungen des *imperfetto* hinzu: *camminare* → *cammina-vo, cammina-vi, cammina-va, cammina-vamo, cammina-vate, cammina-vano.*

Sie können dasselbe Prinzip auch für die anderen zwei Verbgruppen (*-ire* und *-ere*) anwenden:
Verb *vedere* → *vede-vo, vede-vi* usw. Verb *capire* → *capi-vo, capi-vi* usw.

So gesehen gelten dieselben Endungen des *imperfetto* für alle drei Verbgruppen. Das erleichtert Ihnen das Lernen.

Es gibt sehr wenige Verben, die im *imperfetto* unregelmäßig sind. Im Gegensatz zu den regelmäßigen Verben ändert sich bei den unregelmäßigen Verben nur der Verbstamm, die Endungen des *imperfetto* hingegen bleiben gleich.

Beispiel: Verb *dire*: Stamm *dice-* + Endung *-vo* → *dicevo* usw.

Prägen Sie sich die unregelmäßigen Stämme der Verben gut ein: Sie sind später auch für die Bildung anderer Verbzeiten nützlich!

171 A **Vervollständigen Sie die Tabelle mit den fehlenden Verbformen des *imperfetto*.**

	parlare (sprechen)	vivere (leben)	capire (verstehen)	dire (sagen)
(io)	....	vivevo	....	dicevo
(tu)	....	....	capivi	....
(lui, lei, Lei)	parlava	....	....	....
(noi)	....	....	....	....
(voi)	....	....	....	....
(loro)	parlavano	....	....	....

	fare (tun)	bere (trinken)	essere (sein)	condurre (führen)
(io)	....	....	ero	....
(tu)	....	....	....	conducevi
(lui, lei, Lei)	....	....	....	....
(noi)	facevamo	....	eravamo	....
(voi)	....	bevevate	....	....
(loro)	....	....	....	....

171 B **Welche der oben konjugierten Verben haben im *imperfetto* unregelmäßige Stämme?** ....

Welches Verb ist ganz unregelmäßig? ....

172 Setzen Sie die Verben in die passende Form des *imperfetto*.

abitare	(io)	*abitavo*	venire	(tu)	....
uscire	(lui)	....	addormentarsi	(loro)	....
finire	(loro)	....	sapere	(Lei)	....
mettere	(tu)	....	dire	(io)	....
alzarsi	(noi)	....	partire	(voi)	....
produrre	(io)	....	scrivere	(noi)	....
avere	(lei)	....	lavorare	(loro)	....
prendere	(voi)	....	aiutare	(lui)	....
essere	(io)	....	ballare	(io)	....
fare	(noi)	....	bere	(voi)	....

uscire	ausgehen	**addormentarsi**	einschlafen
finire	(be)enden	**sapere**	wissen
mettere	hinlegen, hinstellen	**dire**	sagen
alzarsi	aufstehen	**partire**	abreisen
produrre	herstellen	**aiutare**	helfen
prendere	nehmen	**ballare**	tanzen
venire	kommen	**bere**	trinken

173 Setzen Sie die in Klammern angegebenen Verben ins *imperfetto*.

1. Prima (io / praticare) .... molto sport, ora non vado nemmeno in bicicletta.
2. Quando Loredana (essere) .... piccola, (amare) .... dipingere.
3. Vi ricordate quando a Natale (noi / giocare) .... a tombola con i nonni che (loro / capire) .... sempre i numeri sbagliati?
4. La mamma ci (preparare) .... sempre la merenda da portare a scuola.
5. Da piccoli (voi / bere) .... la coca-cola?
6. Clelia (vedere) .... tutte le soap opera che (esserci) .... sul mercato!
7. Quando i miei figli (andare) .... all'asilo, (ammalarsi) .... sempre.
8. Prima si (camminare) .... molto a piedi, oggi si prende la macchina anche per fare dieci metri.

9. Da ragazza Federica (portare) .... i capelli lunghi.
10. La domenica (noi / fare) .... sempre una passeggiata in campagna.

prima	früher	**la merenda**	die Brotzeit
praticare	treiben	**l'asilo**	*hier* der Kindergarten
nemmeno	auch nicht	**ammalarsi**	krank werden
la bicicletta	das Fahrrad	**camminare**	laufen
quando	*hier* als	**a piedi**	zu Fuß
piccolo	klein	**la macchina**	das Auto
dipingere	malen	**da ragazza**	*hier* als sie jung war
ricordarsi	sich erinnern	**i capelli**	die Haare
la tombola	*eine Art Bingo*	**la passeggiata**	der Spaziergang
il numero sbagliato	die falsche Zahl	**la campagna**	das Land

→ Gr LGr S. 176–178 und 190–194

Imperfetto und *passato prossimo*: Gebrauch

Im nächsten Abschnitt geht es um den richtigen Gebrauch des *imperfetto* und des *passato prossimo*.

Der Unterschied zwischen den beiden Vergangenheitszeiten ist nicht immer leicht auszumachen. Schauen Sie sich daher zuerst folgende Beispiele zur Verwendung beider Zeitformen an.

Imperfetto

A che ora ***ti alzavi*** *per andare a scuola?* Um wie viel Uhr bist du aufgestanden, um in die Schule zu gehen?	Gewohnheit
I miei nonni ***abitavano*** *in una cittadina a sud di Roma.* Meine Großeltern wohnten in einer kleinen Stadt südlich von Rom.	Handlung von unbestimmter Dauer
Il tempo ***era*** *bello ma* ***faceva*** *freddo.* Das Wetter war schön, aber es war kalt.	Zustandsbeschreibung
Alla festa Laura ***portava*** *un vestito blu.* Laura trug ein blaues Kleid auf der Party.	Zustandsbeschreibung

Passato prossimo

L'anno scorso ***ho comprato*** *una macchina fotografica digitale.* Letztes Jahr habe ich eine Digitalkamera gekauft.	einmalige Handlung
Ieri sera Leo ***è andato*** *al cinema e poi* ***ha mangiato*** *un gelato.* Gestern Abend ist Leo ins Kino gegangen und dann hat er ein Eis gegessen.	aufeinanderfolgende Handlungen
Ho lavorato *tre mesi in un negozio d'abbigliamento.* Ich habe drei Monate in einem Bekleidungsgeschäft gearbeitet.	abgeschlossene Handlung

Beachten Sie: *Imperfetto* und *passato prossimo* können auch zugleich im selben Satz erscheinen.

passato prossimo ↓ *imperfetto* ↓

Ho fatto *una doccia perché* ***avevo*** *caldo.*

einmalige Handlung — Zustandsbeschreibung

Ich habe geduscht, weil es mir heiß war.

174 Lesen Sie den Text und wählen Sie zwischen *imperfetto* und *passato prossimo*.

Le nostre vacanze in Grecia

Da ragazzi di solito passavamo / abbiamo passato le vacanze in Grecia. Facevamo / Abbiamo fatto campeggio perché i miei genitori avevano / hanno avuto la roulotte. Ai miei fratelli piaceva / è piaciuto molto pescare, invece io preferivo / ho preferito nuotare.
Il primo anno eravamo / siamo stati a Corfù e lì trascorrevamo / abbiamo trascorso delle bellissime giornate di mare. Poi ci imbarcavamo / ci siamo imbarcati per Patrasso e visitavamo / abbiamo visitato il Peloponneso.
Un altr'anno, invece, andavamo / siamo andati ad Atene e naturalmente salivamo / siamo saliti sull'Acropoli per vedere il famoso Partenone. Faceva / Ha fatto un caldo terribile. C'erano / Ci sono stati almeno 40 gradi all'ombra! Nonostante il caldo quell'anno facevamo / abbiamo fatto, però, un'esperienza indimenticabile.

fare campeggio	campen	**salire**	steigen, gehen
la roulotte	der Wohnwagen	**terribile**	fürchterlich
pescare	fischen	**l'ombra**	der Schatten
nuotare	schwimmen	**nonostante**	trotz
trascorrere	verbringen	**però**	aber
imbarcarsi	sich einschiffen	**indimenticabile**	unvergesslich
un altr'anno	ein anderes Jahr		

175 ***Imperfetto*** **oder** ***passato prossimo*****? Setzen Sie die rechts stehenden Verben in die jeweils richtige Zeitform.**

1. Vittoria, ... alla festa di Maria ieri sera? – Sì, ma .... poca gente.	andare esserci
2. Da piccolo Luca .... molto permaloso perché .... le lentiggini e .... gli occhiali.	essere avere portare
3. Quando (io) .... a Madrid .... più volte la corrida.	vivere vedere
4. L'altra sera non (noi) .... voglia di vedere la televisione e quindi .... di giocare a scacchi.	avere decidere
5. Mio nonno .... festeggiare il compleanno solo con la famiglia. Ma una volta, per i suoi settanta anni, mia nonna gli .... una festa a sorpresa con tutti gli amici.	amare organizzare
6. Stamattina (io) .... prestissimo, ... colazione e .... già alle sette.	alzarsi fare, uscire
7. Mariano, ti .... andare a scuola? – Certo! .... anche il più bravo della classe!	piacere essere
8. Prima Anna e Veronica .... sempre alla moda, adesso, chissà perché, a loro la moda non interessa più.	vestire
9. Ragazzi, vi ricordate quella volta che (noi) .... in macchina perché non .... i soldi nemmeno per andare in un ostello?	dormire avere
10. Paolo e Cristina .... nel 1998 e .... la luna di miele nei Caraibi.	sposarsi trascorrere
11. Mattia .... un corso di francese per due anni e adesso parla la lingua perfettamente.	seguire
12. Da bambina (io) .... molto timida, infatti .... sempre a casa, da sola, a leggere o a disegnare.	essere rimanere

la gente	die Leute	**fare colazione**	frühstücken
permaloso	überempfindlich	**già**	schon
la lentiggine	die Sommersprosse	**il più bravo**	*hier* der Beste
gli occhiali	die Brille	**vestire**	sich kleiden
la corrida	der Stierkampf	**alla moda**	modisch
l'altra sera	neulich abends	**chissà perché**	wer weiß
la voglia	die Lust	**nemmeno**	auch nicht
vedere la televisione	fernsehen	**l'ostello**	die Jugendherberge
giocare a scacchi	Schach spielen	**sposarsi**	heiraten
festeggiare	feiern	**la luna di miele**	die Flitterwoche
il compleanno	der Geburtstag	**timido**	schüchtern
la festa a sorpresa	die Überraschungs-party	**disegnare**	zeichnen

Achten Sie jetzt auf folgende Beispielsätze, die Ihnen weitere Hinweise zum Gebrauch und zum Verhältnis von *imperfetto* und *passato prossimo* geben.

Mentre la nonna ***cuciva****, il nonno* ***leggeva*** *il giornale.*
Während die Oma nähte, las der Opa Zeitung.

In diesem Beispiel handelt es sich um zwei Handlungen, die gleichzeitig ablaufen. Man benutzt daher für beide Handlungen (Nebensatz von *mentre* eingeleitet und Hauptsatz) das *imperfetto*.

Mentre ***guardavo*** *la TV,* ***ha telefonato*** *una mia amica.*
Während ich fern schaute, hat eine Freundin von mir angerufen.

In diesem Beispiel ist eine Handlung noch nicht abgeschlossen, als eine weitere eintritt. Man benutzt daher für die nicht abgeschlossene Handlung (Nebensatz von *mentre* eingeleitet) das *imperfetto*, für die hinzutretende Handlung (Hauptsatz) das *passato prossimo*.

Achtung: Man kann die Reihenfolge von Nebensatz und Hauptsatz auch umstellen. Das ändert nichts am Gebrauch der Zeitformen.

Il nonno ***leggeva*** *il giornale mentre la nonna* ***cuciva****.*
Ha telefonato *una mia amica mentre* ***guardavo*** *la TV.*

176 ***Passato prossimo* oder *imperfetto*? Setzen Sie die rechts stehenden Verben in die richtige Zeitform.**

1. Mentre (io) .... al computer, (io) .... la radio.
2. Mentre Lina .... dal lavoro, ... Giulio.
3. L'ultimo libro di Gianrico Carofiglio (io) l' .... mentre (io) .... il sole sulla spiaggia.
4. A che (tu) .... mentre la professoressa .... "I Sepolcri"?
5. Mio marito .... un dito mentre .... a calcio.
6. Nella semifinale Germania-Italia del 2006 mentre i tedeschi già .... nei calci di rigore, gli italiani .... due gol.
7. Durante la gita mentre l'autista ...., i ragazzi .... delle canzoni.
8. Mentre Francesco .... i compiti, la mamma .... i vetri.

scrivere
ascoltare
tornare
incontrare
leggere
prendere
pensare
spiegare
fratturarsi
giocare

sperare
segnare
guidare
cantare
fare
pulire

ascoltare	hören	**il dito**	der Finger
tornare	zurückkommen	**giocare a calcio**	Fußball spielen
incontrare	treffen	**la semifinale**	das Halbfinale
Gianrico Carofiglio	*Schriftsteller (1961)*	**sperare**	hoffen
prendere il sole	sich sonnen	**il calcio di rigore**	das Elfmeterschießen
la spiaggia	der Strand	**segnare un gol**	ein Tor erzielen
pensare	denken	**la gita**	*hier* der Klassenausflug
il sepolcro	das Grab		
I Sepolcri	*literarisches Werk von Ugo Foscolo (1778–1827)*	**l'autista**	der Fahrer
		guidare	fahren
spiegare	erklären	**il compito**	*hier* die Hausaufgabe
fratturarsi	sich brechen	**pulire i vetri**	Fenster putzen

Die Modalverben (*volere, dovere, potere*) und die Verben *sapere* und *conoscere* im *imperfetto* und *passato prossimo*

Es gibt bestimmte Verben, die ihre Bedeutung ändern, je nachdem ob sie im *imperfetto* oder im *passato prossimo* verwendet werden. Diese Verben sind die Modalverben *volere*, *dovere* und *potere* und die Verben *sapere* und *conoscere*.

- Werden die Modalverben *volere*, *dovere* und *potere* im *imperfetto* benutzt, ist es nicht unbedingt klar, ob die Handlung wirklich stattgefunden hat oder nicht. Nur der Kontext kann es klären. Werden die Modalverben im *passato prossimo* verwendet, dann hat die Handlung tatsächlich stattgefunden.

*Non **dovevi** frequentare il corso di giapponese?*	**Hättest** du nicht den Japanischkurs besuchen **sollen**?
*Non **siamo potuti** arrivare in orario a causa del traffico.*	Wir **konnten** wegen des Verkehrs nicht pünktlich kommen.

- Das Verb *sapere* hat im *imperfetto* die Bedeutung „wissen", im *passato prossimo* die Bedeutung „erfahren".

*Non **sapevo** che ti trasferisci.*	Ich **habe** nicht **gewusst**, dass du umziehst.
***Ho saputo** che ti trasferisci.*	Ich **habe erfahren**, dass du umziehst.

- Das Verb *conoscere* bedeutet im *imperfetto* „kennen", im *passato prossimo* „kennenlernen".

***Conoscevate** questa storia?*	**Kanntet** ihr diese Geschichte?
***Abbiamo conosciuto** Sergio in Turchia.*	Wir **haben** Sergio in der Türkei **kennengelernt**.

177 *Passato prossimo* oder *imperfetto*? Kreuzen Sie die richtige Form an.

1. Sandra è incinta! – Ah, non lo	☐ sapevo ☐ ho saputo
2. Al corso di aggiornamento .... una persona veramente interessante.	☐ conoscevo ☐ ho conosciuto
3. Per l'esame d'inglese .... studiare tutte le opere di Shakespeare.	☐ dovevamo ☐ abbiamo dovuto
4. Pino non .... partecipare alla maratona perché si è fratturato un ginocchio.	☐ poteva ☐ ha potuto
5. I turisti .... visitare una chiesa celebre ma purtroppo era chiusa.	☐ volevano ☐ hanno voluto
6. Da Tiziana .... che Peppe si vuole separare dalla moglie.	☐ sapevamo ☐ abbiamo saputo
7. .... andare a una conferenza ma mi è venuta l'influenza e quindi sono rimasto a casa.	☐ Dovevo ☐ Ho dovuto

8. Allora, come sono i vostri consuoceri? – Simpatici. Comunque noi li .... già!
9. Ieri sono andato alla casa di riposo ma mio nonno non mi .... vedere: non si ricordava più di avere un nipote.
10. Me lo .... dire che non hai fame. Ho cucinato inutilmente.

8.	☐ conoscevamo ☐ abbiamo conosciuti
9.	☐ voleva ☐ ha voluto
10.	☐ potevi ☐ hai potuto

essere incinta	schwanger sein	**quindi**	deshalb
il corso di aggiornamento	der Fortbildungskurs	**i consuoceri**	die Eltern der/des Schwiegertochter/-sohns
l'opera	das Werk		
partecipare	teilnehmen	**comunque**	sowieso, jedoch
la maratona	der Marathonlauf	**la casa di riposo**	das Altersheim
fratturarsi	sich brechen	**il nonno**	der Großvater
il ginocchio	das Knie	**ricordarsi**	sich erinnern
celebre	berühmt	**il/la nipote**	*hier* der Enkel/die Enkelin
separarsi	sich trennen		
l'influenza	die Grippe	**inutilmente**	umsonst

178 *Passato prossimo* oder *imperfetto*? Setzen Sie die Verben in die richtige Zeitform.

1. Ornella, Vanessa e Adina .... andare all'ultima manifestazione di Umbria Jazz ma la macchina non è partita. — dovere
2. Cara Anna, non (io) .... fare la marmellata di more perché l'incendio ha bruciato tutti i rovi. Baci, mamma. — potere
3. Signora Adua, lo .... che il macellaio ha chiuso? — sapere
4. (Noi) .... fare un picnic sul fiume ma è venuto a piovere. — volere
5. Gli antichi romani non .... l'uso delle posate. — conoscere
6. Durante i suoi viaggi mio zio .... gente d'ogni Paese. — conoscere
7. All'improvviso il frigorifero si è rotto e quindi (noi) .... comprarne uno nuovo. — dovere
8. Congratulazioni! (Noi) .... che hai vinto il concorso. — sapere

9. (Voi) .... ristrutturare la casa senza un preventivo, e ora siete rimasti senza una lira.
10. Cinzia, Pasquale, ... venire alla presentazione del libro. È stata molto interessante.

volere
potere

la manifestazione	die Veranstaltung
partire	*hier* anspringen
la mora	die Brombeere
l'incendio	der Brand, das Feuer
bruciare	verbrennen
il rovo	der Brombeerstrauch
il macellaio	der Metzger
venire a piovere	anfangen zu regnen
l'uso	der Gebrauch
la posata	das Besteck
ogni	jede/-r/-s
il Paese	das Land
all'improvviso	plötzlich
il frigorifero	der Kühlschrank
rompersi	kaputtgehen
Congratulazioni!	Herzlichen Glückwunsch!
il concorso	der Prüfungswettbewerb
il preventivo	der Kostenvoranschlag
rimanere senza una lira	kein Pfennig mehr übrig haben
la presentazione del libro	die Buchvorstellung

→ Gr LGr S. 208 ff.

Trapassato prossimo

Das *trapassato prossimo* ist eine weitere wichtige Zeit der Vergangenheit. Es entspricht dem deutschen Plusquamperfekt. Man sagt auch Vorvergangenheit, denn es bezeichnet Handlungen, die <u>vor</u> anderen Handlungen in der Vergangenheit stattgefunden haben. Was die Bildung angeht, so ist das *trapassato prossimo* unkompliziert: *imperfetto* von *avere* oder *essere* + Partizip Perfekt.

*Siccome non **avevo studiato** a sufficienza, non mi sono presentato all'esame.*	Da ich nicht genug **gelernt hatte**, bin ich bei der Prüfung nicht erschienen.
*Quando siamo arrivati al cinema, il film **era** già **cominciato**.*	Als wir im Kino angekommen sind, **hatte** der Film schon **begonnen**.
*Quando sono arrivato in ufficio, mi sono accorto che mi **avevano rubato** il cellulare.*	Als ich im Büro angekommen bin, habe ich bemerkt, dass mein Handy **gestohlen worden war**.
*Dato che non **si era sentito** bene, è andato dal medico.*	Da er sich nicht gut fühlte (wörtl.: **gefühlt hatte**), ist er zum Arzt gegangen.

179 Vervollständigen Sie die Sätze mit den Angaben.

non si erano più visti • aveva abboccato • era cominciato • avevo mai visto • avevamo appena finito • avevo sconsigliato • avevo detto • avevano chiuso • ero appena salito • eravamo tornati

1. .... al mio amico di comprarsi un'auto a quattro ruote motrici ma lui non mi ha dato ascolto.
2. Ti .... di toglierti le scarpe prima di entrare. Guarda qui! hai sporcato tutto il pavimento.
3. Quando ieri Gabriele è tornato a casa, era infuriato a causa di un problema in ufficio. Non lo .... così.
4. Il campionato del mondo di Formula 1 .... con un predominio della Mercedes, ma poi la Ferrari ha recuperato.
5. .... di innaffiare il giardino quando è scoppiato un temporale.
6. Quando la mamma è tornata a casa, ha trovato che Luigino e Michele .... il gatto nella lavatrice.
7. .... sull'autobus, quando ho notato di non avere il portafoglio.
8. Pino e Achille .... dalla fine del liceo.
9. Poiché .... da un lungo viaggio e il frigorifero era vuoto, abbiamo ordinato una pizza da asporto.
10. Quando ho visto che il galleggiante della lenza affondava, ho capito che un pesce ....

abboccare	anbeißen
sconsigliare	abraten
la ruota motrice	das Triebrad
dare ascolto a	Gehör schenken
togliersi	abnehmen
la scarpa	der Schuh
sporcare	verschmutzen
il pavimento	der Fußboden
infuriato	wütend
il campionato del mondo	die Weltmeister-schaft
il predominio	die Überlegenheit
recuperare	nachholen
innaffiare	gießen
scoppiare	ausbrechen
il temporale	das Gewitter
la lavatrice	die Waschmaschine
notare	(be)merken
il portafoglio	der Geldbeutel
il liceo	das Gymnasium
il frigorifero	der Kühlschrank
ordinare	bestellen
da asporto	zum Mitnehmen
il galleggiante	der Schwimmer
la lenza	die Angelschnur
affondare	versenken
il pesce	der Fisch

180 Setzen Sie die Verben in Klammern ins *trapassato prossimo*.

Liliana ha da qualche giorno un cucciolo di pastore tedesco, Kevin. Un animale delizioso!
Ieri è dovuta uscire urgentemente per delle commissioni e lo ha lasciato solo nell'appartamento.
Quando è tornata ha trovato che Kevin
(mangiucchiare) .... i calzini del marito,
(lacerare) .... i cuscini del divano e le piume
(sparpagliarsi) .... dovunque;
(scovare) .... il sacco con il suo mangime, lo (strappare) .... e il mangime
(rotolare) .... su tutto il pavimento;
(rovesciare) .... la scodella dell'acqua e con le zampe bagnate (distendersi) .... sul letto;
e per finire (scavare) .... le begonie dai vasi e
(fare) .... la pipì nella terra.
Ma chi l'ha detto che il cane è il miglior amico dell'uomo?

il cucciolo	der Welpe
il pastore tedesco	der Schäferhund
delizioso	entzückend, niedlich
urgentemente	dringend
la commissione	*hier* die Besorgung, die Einkäufe
mangiucchiare	naschen
il calzino	die Socke
lacerare	zerreißen
il cuscino	das Kissen
il divano	das Sofa
la piuma	die Feder
sparpagliarsi	sich zerstreuen
scovare	entdecken, finden
il mangime	das Futter
strappare	reißen
rotolare	rollen
rovesciare	ausschütten
la scodella	der Napf
la zampa	die Pfote
distendersi	sich hinlegen
scavare	graben
la begonia	die Begonie
la terra	die Erde
il cane	der Hund

→ Gr LGr S. 197 ff.

Passato remoto

Das *passato remoto* (auch „historische Vergangenheit" genannt) wird vor allem in der geschriebenen Sprache (1) verwendet, in Süditalien auch in der gesprochenen Sprache (2). Im Gebrauch entspricht es dem *passato prossimo*.

(1) *Alessandro Manzoni **nacque** a Milano nel 1785.*
Alessandro Manzoni ist 1785 in Mailand geboren.
(2) *La settimana scorsa **andai** a Bologna per un incontro d'affari.*
Letzte Woche bin ich geschäftlich nach Bologna gefahren.

Da das *passato remoto* hauptsächlich in der geschriebenen Sprache verwendet wird, müssen Sie es nur „passiv" beherrschen, um einen schriftlichen Text richtig zu verstehen.

181 Vervollständigen Sie die Tabelle mit den fehlenden Verbformen des *passato remoto*. Es handelt sich ausschließlich um regelmäßige Verben.

	parlare (sprechen)	**vendere** (verkaufen)	**capire** (verstehen)
(io)	parlai	.... /	capii
(tu)	....	vendesti	....
(lui, lei, Lei)	....	vendé / vendette	capì
(noi)	parlammo	....	....
(voi)	....	vendeste	....
(loro)	....	.... /	....

	amare (lieben)	**credere** (glauben)	**sentire** (hören)
(io)	....	.... /	....
(tu)	amasti	....	....
(lui, lei, Lei)	....	.... /	....
(noi)	....	credemmo	....
(voi)	....	....	sentiste
(loro)	amarono	crederono / credettero	....

182 **Einige Verbformen sind aus der Tabelle entwischt. Setzen Sie sie wieder an der richtigen Stelle ein. Es handelt sich ausschließlich um unregelmäßige Verben.**

	avere (haben)	**essere** (sein)	**chiedere** (fragen)	**rispondere** (antworten)
(io)	....	fui	....	....
(tu)	....	fosti	....	....
(lui, lei, Lei)	ebbe	....	....	....
(noi)	....	....	....	rispondemmo
(voi)	....	....	chiedeste	....
(loro)	ebbero	....	chiesero	risposero

avemmo – scrissero – dissero – chiedemmo – dicemmo – dicesti – chiese – dissi – fu – faceste – venimmo – scriveste – risposi – foste – aveste – venne – venni – rispondeste – rispose – venisti – facesti – furono – chiesi – avesti – fece – rispondesti – fummo – ebbi – scrisse – chiedesti – fecero – facemmo – scrivesti

	fare (machen, tun)	**scrivere** (schreiben)	**dire** (sagen)	**venire** (kommen)
(io)	feci	scrissi	....	....
(tu)	....	....	....	....
(lui, lei, Lei)	....	....	disse	....
(noi)	....	scrivemmo	....	....
(voi)	....	....	diceste	veniste
(loro)	....	....	....	vennero

183 **Lesen Sie die Biografie von Giuseppe Verdi aufmerksam durch. Setzen Sie die Verbformen des *passato remoto* an der richtigen Stelle ein.**

prese • compose • nacque • morì • fu • sposò • si accostò • studiò • nacquero • morì • debuttò • fu • ottenne • poté • sostenne • si unì • cominciò • morirono

Giuseppe Verdi .... da modestissima famiglia a Le Roncole (oggi Roncole Verdi), presso Parma, nel 1813.
.... molto giovane alla musica incoraggiato da suo padre.
Grazie all'appoggio di Antonio Barezzi, commerciante e amante di musica, nel 1823 .... a frequentare il ginnasio e nel frattempo .... musica privatamente.
Non .... frequentare il Conservatorio di Milano avendo superato l'età adatta e allora .... lezioni private da un maestro che insegnava lì.
Nel 1836 .... la figlia di Barezzi, Margherita. Dalla loro unione .... due figli. La moglie Margherita .... improvvisamente nel 1840, in seguito .... anche i figli.
Nel 1839 Giuseppe Verdi .... alla Scala di Milano con l'opera "Oberto, conte di San Bonifacio" e .... un successo. Il primo grande trionfo lo ...., però, nel 1842 con l'opera "Nabucodonosor", successivamente chiamata "Nabucco". Da allora .... circa un'opera all'anno.
Nel 1859 .... in matrimonio con il soprano Giuseppina Strepponi, con la quale viveva già da alcuni anni.
Tra i suoi capolavori si ricordano: "Rigoletto", "Il trovatore", "La traviata", "Aida"; tra le opere non teatrali la "Messa di Requiem" scritta per la morte di Alessandro Manzoni.
Verdi .... anche molto impegnato politicamente e socialmente.
.... in particolar modo i moti risorgimentali. .... a Milano nel 1901.

comporre	*hier* komponieren
accostarsi	sich nähern
sostenere	unterstützen
modesto	bescheiden
incoraggiare	ermutigen
l'appoggio	die Unterstützung
superare	überschreiten
l'unione	*hier* die Ehe
la Scala di Milano	*Mailänder Oper*
il conte	der Graf
il capolavoro	das Meisterwerk
la morte	der Tod
impegnato	engagiert
il moto risorgimentale	der Befreiungskampf

184 **Vervollständigen Sie das Märchen mit den Verben in Klammern in der richtigen Form des *passato remoto*.**

Breve storia di un gambero
C'era una volta un gambero. Lo sai che i gamberi camminano all'indietro?
Un giorno il gambero (incontrare) .... ad una festa sottomarina una graziosa tartarughina di mare e (innamorarsene) ....
"Vuoi fare una passeggiata con me?" le (chiedere) ....
"Con piacere." (rispondere) .... vezzosa la tartarughina e (loro / incamminarsi) ....
Ma la tartarughina sia pure lentamente (camminare) .... in avanti, il gambero invece (spostarsi) .... all'indietro.
Fatti due passi (loro / separarsi) .... e non (loro / vedersi) .... più.
E ancora oggi sono là in fondo al mare che si cercano.

(per gentile concessione di Gabriella Bova)

il gambero	*hier* der Hummer	**incamminarsi**	sich auf den Weg machen
C'era una volta ...	Es war einmal ...		
all'indietro	rückwärts	**in avanti**	vorwärts
sottomarino	Tiefsee-	**spostarsi**	*hier* rücken
la tartarughina	die kleine Schildkröte	**separarsi**	sich trennen
		in fondo	unten
vezzoso	geziert, niedlich	**la concessione**	die Genehmigung

→ Gr LGr S. 212 ff.

Trapassato remoto

Das *trapassato remoto* ist die historische Vorvergangenheit. Es wird wie das *trapassato prossimo* gebraucht, allerdings ausschließlich in der Schriftsprache in Nebensätzen, die z. B. von *quando* oder *dopo che* eingeleitet werden.
Das *trapassato remoto* wird aus dem *passato remoto* von *avere* oder *essere* und dem Partizip Perfekt des Verbs gebildet.

*Dopo che Galileo Galilei, nel 1632, **ebbe pubblicato** il trattato "Dialogo sui massimi sistemi" fu processato per eresia.*

Nachdem Galileo Galilei 1632 das Traktat „Dialog über die beiden hauptsächlichsten Weltsysteme" **veröffentlicht hatte**, wurde ihm wegen Ketzerei der Prozess gemacht.

185 **Setzen Sie die rechts stehenden Verben ins *trapassato remoto* und fügen Sie sie ein.**

1. Quando Cartagine, nel III secolo a. C., ... anche le coste della Sicilia e della Sardegna, Roma fu in pericolo.	conquistare
2. Dante Alighieri (1265 – 1321) compose la Divina Commedia dopo che .... in esilio.	andarsene
3. Dopo che il Re di Napoli, nel 1647, ... una tassa sulla frutta, scoppiò la rivolta guidata da Tommaso Aniello, detto Masaniello.	imporre
4. Quando, il 2 giugno 1946, gli Italiani .... la repubblica con il referendum, il re Umberto di Savoia fu costretto ad andare in esilio.	scegliere
5. Lo scrittore Gabriele D'Annunzio, dopo che .... volontario durante la prima guerra mondiale, partecipò attivamente a diverse azioni belliche.	arruolarsi
6. Dopo che gli Italiani .... con due referendum popolari le leggi sul divorzio (1970) e sull'aborto (1978), la Chiesa cattolica perse il ruolo dominante nel Paese.	confermare
7. Dopo che con il suo assassinio (44. a. C.) Giulio Cesare .... dalla scena politica, Roma piombò nella guerra civile.	uscire
8. Dopo che Giuseppe Garibaldi, nel 1860, ... con successo la spedizione dei Mille, si giunse facilmente all'unificazione del Regno d'Italia.	guidare

nel III (terzo) secolo	im dritten Jahrhundert
a. C. (avanti Cristo)	v. C. (vor Christus)
conquistare	erobern
comporre	*hier* schreiben
l'esilio	die Verbannung
imporre	auferlegen
la tassa	die Steuer
scoppiare	ausbrechen
il referendum	die Volksabstimmung
arruolarsi	*hier* sich melden
volontario	freiwillig
bellico	Kriegs-
il divorzio	die Scheidung
l'aborto	die Abtreibung
dominante	vorherrschend
l'assassinio	die Ermordung
piombare	herabstürzen
la guerra civile	der Bürgerkrieg
la spedizione	das Unternehmen
giungere	gelangen, kommen
l'unificazione	die Vereinigung
il regno	das Königreich

→ Gr LGr S. 215 ff.

Futuro semplice

In diesem Abschnitt geht es um die Zukunftsform. Das *futuro semplice* (= Futur I) wird sowohl in der geschriebenen als auch in der gesprochenen Sprache verwendet. Allerdings wird es in der Umgangssprache häufig durch das *indicativo presente* (→ S. 137) ersetzt, vor allem bei Ereignissen, die sicher oder in Kürze stattfinden werden.

*L'anno prossimo **faremo** il giro del mondo.*	Nächstes Jahr werden wir eine Weltreise unternehmen.
*Che cosa **farete** dopo il liceo?*	Was werdet ihr nach dem Gymnasium machen?

Das *futuro semplice* kann ebenfalls eine Vermutung ausdrücken.

*Quanto **sarà** lungo il ponte?*	Wie lang wird wohl die Brücke sein?

186 Unterscheiden Sie zwischen regelmäßigen und unregelmäßigen Verben. Ordnen Sie die jeweiligen Verbformen dem passenden Feld zu. Schreiben Sie dazu, um welche Person es sich handelt.

~~parlerò~~ ~~vedremo~~ aiuteranno berrà saremo daranno leggerò telefonerete staremo vorrai finiranno capirai augureremo potrete rimarrete scriveremo perderai aprirremo avrò andrete saprò farai

Regelmäßige Verben	Unregelmäßige Verben
io parlerò, ...	*noi vedremo, ...*

bere	trinken	**perdere**	verlieren
augurare	wünschen	**rimanere**	bleiben

187 **Setzen Sie die in Klammern angegebenen Verben ins *futuro semplice* und verbinden Sie dann die linke Spalte mit der rechten zu sinnvollen Sätzen.**

1.	Massimo non sa perdere, ...	a.	appena possibile.
2.	Alla festa ci (essere) .... tante cose buone da mangiare e ...	b.	le feste natalizie?
3.	Come (voi / trascorrere)	c.	per fare gli spaghetti alla carbonara per quattro persone?
4.	I miei superiori non (accettare)	d.	non (io / giocare) .... mai più con lui!
5.	Quante uova ci (volere)	e.	in modo più adatto alla tua età?
6.	Ragazzi, se (continuare) .... così, vi (prendere)	f.	una simile proposta in nessun caso.
7.	Vi (io / venire) .... a trovare ...	g.	una bella sospensione!
8.	Quando (tu / vestirsi)	h.	(noi / assaggiare) .... sicuramente un po' di tutto.

trascorrere	verbringen	**adatto**	geeignet
il superiore	der Vorgesetzte	**l'età**	das Alter
volerci	brauchen	**la sospensione**	der Verweis
continuare così	so weiter machen	**assaggiare**	kosten

188 **Vervollständigen Sie den Artikel, indem Sie die in Klammern angegebenen Verben ins *futuro semplice* setzen.**

Europaradiso: sì o no?

La Regione Calabria (esaminare) .... alla fine dell'estate il progetto Europaradiso. Si (decidere) .... se aprire i cantieri oppure no. Il progetto Europaradiso fa capo a una società composta da israeliani ed europei. Si (realizzare) .... una città faraonica che (occupare) .... oltre un milione e mezzo di metri quadrati della costa ionica vicino a Crotone. Ci (essere) .... alberghi, si (creare) .... parchi a tema, si (costruire) .... addirittura uno stadio da 30 mila posti. La struttura alberghiera (permettere) .... di ospitare migliaia di turisti. Il progetto (prevedere) .... anche un'offerta turistica rivoluzionaria: volo, camera e

prima colazione (essere) .... gratuiti, si (pagare) .... invece i vari servizi a disposizione, quali ristoranti, campi da golf, piscine, negozi.
Favorevoli al progetto sono in molti. Si pensa che questa superstruttura (produrre) .... oltre diecimila posti di lavoro e (determinare) .... uno sviluppo maggiore del turismo in Calabria.
Ma la costa ionica in quel tratto è zona protetta. Gli ambientalisti infatti sono contrari al progetto.
Secondo le voci più scettiche, in quella zona, (sorgere) .... un paradiso di cemento stimato in quattro milioni di metri cubi di edifici. Il progetto non (portare) .... effettivamente sviluppo come previsto e la ricchezza (restare) .... nelle mani di pochi. Gli imprenditori locali non (ricevere) .... infatti alcun vantaggio perché i turisti (rimanere) .... all'interno del villaggio. Inoltre la popolazione locale non (avere) .... più accesso libero alle spiagge.
Come (andare) .... a finire questa vicenda?

la Regione	*hier* die Regionalverwaltung
esaminare	prüfen
il cantiere	die Baustelle
fare capo	*hier* abhängen
addirittura	sogar
la struttura alberghiera	die Hotelanlage
permettere	ermöglichen
prevedere	vorsehen
gratuito	kostenlos
la disposizione	die Verfügung
favorevole	*hier* dafür
determinare	auslösen
il tratto	*hier* das Gebiet
l'ambientalista	der Naturschützer
stimato	geschätzt
il metro cubo	der Kubikmeter
effettivamente	tatsächlich
previsto	vorgesehen
l'imprenditore locale	der Lokalunternehmer
la popolazione	die Bevölkerung
l'accesso	der Zugang
la vicenda	das Ereignis, die Geschichte

→ Gr LGr S. 221 ff.

Futuro anteriore

Mit dem *futuro anteriore* (= Futur II) werden zukünftige Handlungen ausgedrückt, die vor anderen Handlungen in der Zukunft stattfinden.

*Quando **sarò andato** in pensione, viaggerò più spesso.*	Wenn ich in Rente **gegangen sein werde**, werde ich häufiger verreisen.

Es geht hier um zwei zukünftige Handlungen: Erst werde ich in Rente gehen, dann werde ich häufiger verreisen. Die erste der zukünftigen Handlungen wird mit dem *futuro anteriore* ausgedrückt, die zweite mit dem *futuro semplice*.

Das *futuro anteriore* kann auch benutzt werden, um eine Vermutung auszudrücken.

***Saranno** già **arrivati** alla stazione i ragazzi?*	**Werden** die Jungs **wohl** schon am Bahnhof **angekommen sein**?

Bildung: *futuro semplice* von *avere* oder *essere* + Partizip Perfekt des Verbs

avrò mangiato	ich werde gegessen haben
saremo usciti/e	wir werden ausgegangen sein

189 **Setzen Sie die in Klammern angegebenen Verben ins *futuro anteriore* und verbinden Sie dann die linke Spalte mit der rechten zu sinnvollen Sätzen.**

1.	Appena (io / finire) .... la specializzazione, ...	a.	meno di vent'anni.
2.	Mamma mia, Francesca com'è dimagrita, ...	b.	andremo in barca.
3.	In questa foto la nonna (avere)	c.	(lei / perdere) .... almeno 15 chili!
4.	Farò una bella festa ...	d.	offriremo gli aperitivi.
5.	Quando il mare (calmarsi)	e.	farò uno stage a Parigi in una ditta.
6.	Appena la babysitter (arrivare)	f.	potremo uscire.
7.	Appena (noi / ricevere) .... i contributi statali ...	g.	quando (io / superare) .... l'esame di laurea.
8.	Appena tutti gli ospiti (arrivare)	h.	cominceremo il restauro della facciata.

la specializzazione	die Spezialisierung, die Fachausbildung	**almeno**	mindestens
		lo stage	das Praktikum
dimagrire	abnehmen	**superare**	bestehen
calmarsi	sich beruhigen	**il restauro**	die Renovierung
i contributi statali	die staatlichen Zuschüsse	**la facciata**	die Fassade

190 ***Futuro semplice* oder *futuro anteriore*? Setzen Sie die Verben in Klammern in die richtige Zeitform.**

1. Che cosa (tu / fare) .... quando arrivano i tuoi parenti dall'America?
2. Vogliamo regalare a Giovanna una camicetta? Ma che taglia (lei / avere) ....?
3. Dopo che (noi / imparare) .... bene l'inglese, (noi / andare) .... a fare un giro in Scozia.
4. Francesco ha promesso al padre che d'ora in poi (rigare) .... diritto.
5. Appena (finire) .... la riunione, (noi / andare) .... a mangiare una pizza.
6. Ho incontrato Giuliana l'altro giorno in farmacia. L'ho trovata cambiata. Non (lei / farsi) .... mica la plastica al naso?
7. L'anno prossimo i miei suoceri (affittare) .... una casa sul litorale ligure.
8. Sai dove sono andate a finire le chiavi della cantina? – Le (tu / dimenticare) .... come sempre vicino alla porta.
9. Dove (tenersi) .... le prossime Olimpiadi?
10. A quest'ora papà (atterrare) .... già .... a Fiumicino.

il/la parente	der/die Verwandte	**i suoceri**	die Schwiegereltern
la camicetta	die Bluse	**affittare**	mieten
fare un giro	eine Rundfahrt machen	**il litorale ligure**	die ligurische Küste
		andare a finire	stecken bleiben
rigare diritto	sich anständig benehmen	**tenersi**	stattfinden
		atterrare	landen
la riunione	die Sitzung	**Fiumicino**	*Flughafen von Rom*
farsi la plastica al naso	sich die Nase operieren lassen		

VERBEN • *CONGIUNTIVO*

→ Gr LGr S. 225 ff.

Der italienische *congiuntivo* hat mit dem deutschen Konjunktiv wenig gemeinsam. Der italienische Modus *congiuntivo* hat vier Zeiten: *presente, passato, imperfetto* und *trapassato* (→ auch „Zeitenfolge im *congiuntivo*“, S. 242).

Er wird hauptsächlich in Nebensätzen verwendet nach bestimmten Verben und Ausdrücken, die im Hauptsatz erscheinen, z. B. *credere* (glauben), *sperare* (hoffen), *desiderare* (wünschen), *sembrare* (scheinen), *avere paura* (Angst haben), *volere* (wollen), *è difficile* (es ist schwierig), *è necessario* (es ist notwendig).

Er wird außerdem nach einigen Konjunktionen (→ S. 278) wie z. B. *affinché* (damit), *sebbene* (obwohl) oder *prima che* (bevor) sowie nach dem relativen Superlativ (→ S. 46) gebraucht.

*Non pensavo che **avessi** già **finito**.*	Ich dachte nicht, dass du schon fertig bist.
*Speriamo che **smetta** di piovere presto.*	Wir hoffen, dass es bald aufhört zu regnen.
*Mi auguro che il tuo sogno si **realizzi**.*	Ich wünsche mir, dass dein Traum in Erfüllung geht.
*Sembra che **abbia smesso** di piovere.*	Es scheint, dass es aufgehört hat zu regnen.
*Avevamo paura che tu non ce la **facessi**.*	Wir hatten Angst, dass du es nicht schaffst.
*Esigo che tu mi **dica** la verità.*	Ich verlange, dass du mir die Wahrheit sagst.
*È difficile che **possano** arrivare in tempo.*	Es ist schwierig, dass sie zur rechten Zeit ankommen.
*Sebbene **fossimo partiti** in anticipo, siamo arrivati tardi.*	Obwohl wir früher abgefahren waren, sind wir spät angekommen.
*Edoardo è l'uomo più affascinante che **abbia** mai **conosciuto**.*	Edoardo ist der charmanteste Mann, den ich je kennengelernt habe.

→ Gr LGr S. 225–226 und 237

Congiuntivo presente

In der folgenden Übung geht es um regelmäßige Verben.

191 **Ergänzen Sie die Verbformen des *congiuntivo presente* mit der passenden Endung. Benutzen Sie dabei die Endungen der drei Verbgruppen, auch mehrmals.**

-iamo -i -ino -iate -a -ano

	amare (lieben)	**vendere** (verkaufen)	**aprire** (öffnen)	**capire** (verstehen)
(io)	am.......	vend.......	apr.......	capisc.......
(tu)	am.......	vend.......	apr.......	capisc.......
(lui, lei, Lei)	am.......	vend.......	apr.......	capisc.......
(noi)	am.......	vend.......	apr.......	cap.......
(voi)	am.......	vend.......	apr.......	cap.......
(loro)	am.......	vend.......	apr.......	capisc.......

In der folgenden Aufgabe üben Sie einige unregelmäßige Verben im *congiuntivo presente*. Einige Verben (leider nicht alle) richten sich bei der Bildung des *congiuntivo presente* nach dem *indicativo presente*. Das heißt, wenn Sie deren Präsensformen kennen, können Sie auch den *congiuntivo presente* bilden, Sie müssen dann nämlich nur noch die Endungen angleichen, z. B. *fare*:
indicativo presente → *faccio*, *congiuntivo presente* → *faccia*.

192 **Ergänzen Sie die Tabelle mit den fehlenden Verbformen des *congiuntivo presente*.**

	avere (haben)	**essere** (sein)	**andare** (gehen)	**fare** (machen)
(io)	abbia	....	....	faccia
(tu)	abbia	....	....	....
(lui, lei, Lei)	....	sia	....	....
(noi)	....	....	....	....
(voi)	....	siate	andiate	....
(loro)	....	....	vadano	....

	stare (bleiben)	**bere** (trinken)	**uscire** (ausgehen)	**venire** (kommen)
(io)	....	beva	....	venga
(tu)	stia	....	esca	....
(lui, lei, Lei)	....	beva	esca	....
(noi)	stiamo	....	....	....
(voi)	....	....	....	veniate
(loro)	....	....	....	....

193 Setzen Sie die rechts stehenden Verben in den *congiuntivo presente*.

1. Io non credo che tu .... la gravità della situazione!
2. Hai visto Marcella? Pare che .... un nuovo amore.
3. Pensi che Luigi .... soddisfatto del nuovo incarico?
4. Leonardo, non credo che tutti questi dolci ti .... bene!
5. Spero che Vincenzo .... presto dall'intervento.
6. Pensi che .... anche Liliana e Alessio a messa con noi?
7. Lilli, è necessario che tu .... una cameriera. Da sola non ce la puoi fare a portare avanti una casa così grande.
8. Sebbene (loro) .... alla perfezione la grammatica, non sono in grado di parlare l'inglese.
9. Suppongo che tu .... quello che fai.
10. Caro Mimì, ti mando questo assegno affinché tu e Liuccia .... affrontare le spese del trasloco.

capire
avere
essere
fare
riprendersi
venire
cercarsi
conoscere
sapere
potere

la gravità	der Ernst	**farcela**	es schaffen
soddisfatto	zufrieden	**portare avanti**	führen
l'incarico	der Auftrag	**alla perfezione**	perfekt
i dolci	*hier* die Süßigkeiten	**essere in grado**	*hier* können
riprendersi	sich erholen	**l'assegno**	der Scheck
presto	*hier* schnell	**affinché**	damit
l'intervento	die Operation	**affrontare le spese**	die Unkosten auf sich nehmen
la messa	die Messe		
la cameriera	*hier* die Putzfrau	**il trasloco**	der Umzug

194 Vervollständigen Sie die Sätze mit dem passenden Verb und setzen Sie es in den *congiuntivo presente*.

diventare | potere | risolvere | guarire | venire | convenire | finire | stare | iscriversi | bastare

1. Non voglio assolutamente che il lavoro .... più importante della famiglia.
2. Abbiamo paura che nostra madre .... troppo tempo da sola.
3. I negozi stanno facendo le svendite. Danno tutto a prezzi stracciati. Penso proprio che ci .... andare a dare un'occhiata.
4. Speriamo che il processo .... al più presto.
5. Dubito che l'indulto .... i problemi carcerari in Italia.
6. Non vediamo l'ora che voi ci .... a trovare nella casa al mare.
7. Luca e Grazia sperano che il figlio .... presto dalla depressione.
8. Pensi che un solo babà .... per dodici persone? – Beh, dipende dalla grandezza ...
9. Credete che questa composizione floreale .... piacere a Marina?
10. I miei genitori non vogliono che io .... all'Accademia di Belle Arti.

risolvere	lösen
bastare	(aus)reichen, genug sein
guarire	gesund werden
convenire	*hier* sich lohnen
iscriversi	sich anmelden
assolutamente	*hier* auf keinen Fall
avere paura	Angst haben
la svendita	der Schlussverkauf
il prezzo stracciato	der Schleuderpreis
dare un'occhiata	einen Blick darauf werfen
il processo	der Prozess

al più presto	so schnell wie möglich
dubitare	zweifeln
l'indulto	der Straferlass
carcerario	Gefängnis-
non vedere l'ora	es kaum erwarten können
il babà	*traditioneller Kuchen aus Neapel*
la grandezza	die Größe
la composizione floreale	die Blumenkomposition
l'Accademia di Belle Arti	die Kunstakademie

→ Gr LGr S. 229 und 236

Wenn Haupt- und Nebensatz das gleiche Subjekt haben, wird der Nebensatz mit dem *congiuntivo* durch eine Infinitivkonstruktion ersetzt.

Antonio spera ~~che Antonio vinca~~ la partita di tennis.
*Antonio spera **di vincere** la partita di tennis.*
Antonio hofft, dass er das Tennismatch gewinnt.

Noi riteniamo ~~che siamo~~ persone perbene.
*Noi riteniamo **di essere** persone perbene.*
Wir denken, anständige Menschen zu sein.

195 Wandeln Sie die Aussagesätze in persönliche Meinungen um. Verwenden Sie dabei *che* und den *congiuntivo presente* oder *di* und den Infinitiv.

ESEMPIO **La pasta basta per tutti.** — ***Penso che la pasta basti per tutti.***
Maria sa cucinare. — ***Maria pensa di sapere cucinare.***

1. Il divano è abbastanza grande. — Pensi .... ?
2. Adina e Giulio convivono. — Credo ....
3. Paolo non si fida di te. — Abbiamo l'impressione ....
4. Gianna ha ragione. — Gianna crede ....
5. Mi fermo da voi qualche giorno. — Penso ....
6. I signori Catalano hanno tre figli. — Mi sembra ....
7. Fate poco sport. — Riteniamo ....
8. Giuseppe e Ugo sono divertenti. — Giuseppe e Ugo credono ....
9. Ho un debole per Fabio. — Mia sorella pensa ....
10. Non parliamo bene lo spagnolo. — Pensiamo ....

bastare	(aus)reichen	**fidarsi**	trauen
il divano	das Sofa	**avere ragione**	recht haben
abbastanza grande	groß genug	**fermarsi**	*hier* bleiben
convivere	zusammenleben	**avere un debole**	eine Schwäche haben

→ Gr LGr S. 229

Achten Sie auf die folgenden Unterscheidungen:

- Nach Verben der persönlichen Meinung steht der *congiuntivo*.
  Doch nach Ausdrücken der persönlichen Meinung steht der Indikativ.
  *Penso che tu **sia** bravo.* aber *Secondo me **sei** bravo.*
  Ich denke, du bist gut. Meiner Meinung nach bist du gut.
- Nach Verben der Unsicherheit steht der *congiuntivo*. Doch nach Verben der Sicherheit steht der Indikativ.
  *Dubito che tu ce la **faccia**.* aber *Sono sicuro che ce la **fai**.*
  Ich bezweifele, das du es schaffst. Ich bin sicher, dass du es schaffst.

In der nächsten Übung geht es um diese Unterscheidung: *congiuntivo* oder *indicativo*?

196 Vervollständigen Sie die Sätze. Setzen Sie die rechts stehenden Verben in den *congiuntivo presente* oder in den *indicativo presente*.

1. Non credo che .... uscire con questo tempaccio. (convenire)
2. È sicuro che Lina .... a vedere la mostra? (venire)
3. Sai che gli zii .... lunedì sera? – Davvero? Bello! (arrivare)
4. Ci auguriamo che la camera .... di vostro gradimento. (essere)
5. Hai sempre mal di testa? Sono convinto che l'agopuntura ti .... aiutare. (potere)
6. Secondo noi le votazioni non si .... ripetere. (dovere)
7. Con tre figli, cari miei, penso proprio che .... bisogno di un appartamento più grande! (avere)
8. Secondo te come mi .... questo vestito? – Bene! (stare)
9. Per me l'omeopatia non .... a niente. – Non sono d'accordo. (servire)
10. Non ci aspettiamo che (tu) .... le nostre ragioni. (capire)

il tempaccio	das schlechte Wetter	**la votazione**	der Wahlgang
convenire	*hier* sich lohnen	**cari miei**	meine Lieben
la mostra	die Ausstellung	**l'omeopatia**	die Homöopathie
augurarsi	sich wünschen	**servire**	nutzen
il gradimento	die Zufriedenheit	**aspettarsi**	erwarten
l'agopuntura	die Akupunktur	**la ragione**	*hier* der Grund

→ Gr LGr S. 240–242

Congiuntivo passato

In den nächsten drei Übungen geht es um den *congiuntivo passato*. Wie Sie den Beispielen entnehmen können, ist der *congiuntivo passato* eine zusammengesetzte Vergangenheitsform, gebildet aus dem *congiuntivo presente* von *avere* oder *essere* und dem Partizip Perfekt des Verbs.

Sono contento che Vittorio non ***abbia preso*** *una decisione avventata.*	Ich freue mich, dass Vittorio keine voreilige Entscheidung getroffen hat.
Penso che lei ***sia*** *già* ***uscita***.	Ich glaube, dass sie schon weggegangen ist.

197 Vervollständigen Sie die Sätze mit den Formen des *congiuntivo passato*.

sia capitato • siano arrivati • abbiate accettato • sia stato • abbia già perdonato • sia già cominciato • abbia beneficato • abbia pensato

1. È un peccato che Marco e Lucia .... quando la festa era quasi finita.
2. Non pensi che .... imbarazzante per l'onorevole Trombetta sentire parlare tutta la sera della corruzione del mondo politico?
3. Temo che ormai il film .... da almeno mezz'ora. Non ha più senso andare.
4. Sebbene mi .... di incontrare Carlo Tanzi più volte, nessuno me lo ha mai presentato.
5. Non sperare che ti .... È stato proprio uno scherzo di cattivo gusto.
6. Nonostante .... più volte di iscrivermi a un corso di balli latino-americani, non si è mai presentata l'occasione adatta.
7. Siamo lieti che .... il nostro invito. Vi aspettiamo con ansia.
8. Strano che zia Concetta .... nel suo testamento proprio Marcello, quel buono a nulla!

capitare	passieren	**ormai**	nun
accettare	annehmen	**non avere senso**	keinen Sinn machen
perdonare	vergeben	**sebbene**	obwohl
beneficare	Wohltaten erweisen	**presentare**	vorstellen
imbarazzante	unangenehm, peinlich	**uno scherzo di cattivo gusto**	ein böser Scherz
l'onorevole	der Abgeordnete	**nonostante**	obwohl
la corruzione	die Korruption	**l'occasione**	die Gelegenheit
temere	fürchten	**lieto**	froh

l'ansia	die Sehnsucht	**buono a nulla**	Nichtsnutz
strano	komisch		

198 **Setzen Sie die rechts stehenden Verben in den *congiuntivo passato*.**

1. È probabile che l'hotel dove siamo stati l'anno scorso .... — chiudere
2. È il giallo più avvincente che (io) .... in questi ultimi tempi. — leggere
3. Sono convinta che Alessandro ci .... una bugia. — dire
4. Mi dispiace che non (voi) .... in vacanza. Avete sicuramente fatto una brutta esperienza. — rilassarsi
5. Hai saputo che commento ha fatto Rosa sull'eutanasia? È la cosa più cretina che (io) .... mai .... — sentire
6. Sai come mai Manuele non si è visto ieri sera? – Credo che .... rimanere a casa a badare ai fratellini. — dovere
7. Dubito che (loro) .... la nostra offerta. — apprezzare
8. Nonostante a Miriam .... diverse volte di inciampare, continua a portare scarpe con i tacchi altissimi. — capitare

il giallo	der Krimi	**badare a**	sich kümmern um
avvincente	spannend	**dubitare**	zweifeln
convinto	überzeugt	**apprezzare**	schätzen
la bugia	die Lüge	**inciampare**	stolpern
cretino	dumm	**il tacco**	der Absatz

Wenn Haupt- und Nebensatz das gleiche Subjekt haben, wird auch der Nebensatz mit dem *congiuntivo passato* durch eine Infinitivkonstruktion ersetzt.

Teresa spera ~~che Teresa abbia avuto~~ un buon voto.
*Teresa spera **di aver avuto** un buon voto.*
Teresa hofft, dass sie eine gute Note erhalten hat.

Credono ~~che siano~~ già ~~stati~~ qui.
*Credono **di essere** già **stati** qui.*
Sie glauben, dass sie hier schon gewesen sind.

199 **Wandeln Sie die Aussagesätze in persönliche Meinungen um. Verwenden Sie *che* und den *congiuntivo passato* oder *di* und den Infinitiv.**

ESEMPIO **Lorenzo non è ancora arrivato.** ***Credo che Lorenzo non sia ancora arrivato.***
Non ho superato l'esame. ***Credo di non aver superato l'esame.***

1. Il film è stato bello. — Penso ....
2. Germano è andato al mare. — Suppongo ....
3. I bambini non hanno ancora mangiato. — È possibile ....
4. Roberto ha perso circa 10 chili. — Roberto pensa ....
5. Ho rotto la videocamera. — Credo ....
6. Eliseo ha interrotto gli studi? — Pensi ....
7. Maria è diventata buddista. — Pare ....
8. Ada e Lia si sono arrabbiate troppo. — Ada e Lia temono ....
9. La tua orchidea è fiorita prima del solito. — Credo ....
10. Marco si è fatto veramente male. — Abbiamo paura ....

superare	*hier* bestehen	**arrabbiarsi**	sich ärgern
interrompere	unterbrechen	**fiorire**	blühen
diventare	werden	**farsi male**	sich wehtun

→ Gr LGr S. 244–246

Congiuntivo imperfetto

Für die Formen des *congiuntivo imperfetto* gilt dasselbe, was wir hinsichtlich der Formen des *indicativo imperfetto* festgestellt haben: Das *-re* der Infinitivendung entfällt und die entsprechenden Endungen werden hinzugefügt:
parlare → parla-ssi, parla-ssi, parla-sse, parla-ssimo, parla-ste, parla-ssero; vedere → vede-ssi ...; sentire → senti-ssi ... Alle Verbgruppen haben dieselben Endungen.

Wenige Verben sind im *congiuntivo imperfetto* unregelmäßig. Bei ihnen ändert sich der Stamm, die Endungen des *congiuntivo imperfetto* bleiben wie gesagt unverändert.

Tipp: Wenn Sie sich an den Stamm des *indicativo imperfetto* gut erinnern, dann können Sie problemlos den *congiuntivo imperfetto* bilden.
Beispiel: *dire → indicativo imperfetto → **dice**-vo; congiuntivo imperfetto → **dice**-ssi.*

200 A **Ordnen Sie die Verbformen dem passenden Feld zu. Achtung: Einige Verbformen müssen Sie mehreren Feldern zuordnen.**

io *decidessi*, ...

tu *decidessi*, ...

lui, lei, Lei ...

noi ...

voi ...

loro ...

vedessero, asciugassero, bussaste, ottenesse, steste, fossi, mentissero, dicessimo, facessimo, ci rilassassimo, fingesse, bevessi, desse, nascondessero, producesse, calmassi, ~~decidessi~~, distruggeste, saltaste, fabbricassi

200 B **Welche der oben eingetragenen Verben sind unregelmäßig? Geben Sie ihre Infinitivform an.**

....

asciugare	trocknen	**fabbricare**	anfertigen
bussare	klopfen	**fingere**	vortäuschen
calmare	beruhigen	**mentire**	lügen
decidere	entscheiden	**nascondere**	verstecken
distruggere	zerstören	**ottenere**	erreichen

201 **Setzen Sie die Verben in die passende Form des *congiuntivo imperfetto*.**

fare	(io)	*facessi*	poltrire	(lei)	....
mangiare	(lui)	....	nutrirsi	(voi)	....
partire	(noi)	....	stare	(io)	....
scappare	(tu)	....	dare	(loro)	....
condurre	(voi)	....	dedicare	(tu)	....
bere	(loro)	....	preferire	(Lei)	....
pregare	(io)	....	essere	(noi)	....
raccogliere	(noi)	....	avere	(loro)	....

scappare	fortlaufen	**poltrire**	faulenzen
condurre	führen	**nutrirsi**	sich ernähren
raccogliere	aufheben, sammeln	**dedicare**	widmen

202 Setzen Sie die rechts stehenden Verben in den *congiuntivo imperfetto* und fügen Sie sie ein.

1. Perché mi hai regalato quest'anello? – Perché immaginavo che ti ....
2. Luigi pensava che la gomma .... solo sgonfia e invece era bucata.
3. Crescenzo ha sbagliato strada perché credeva che la casa .... proprio sul mare.
4. Anselmo era il ragazzo più borioso che (noi) .... ai tempi dell'università.
5. Pensavamo che anche quest'anno (tu) .... in villeggiatura in Turchia, e invece sei stato in Irlanda. Come mai?
6. Non le ho detto niente perché avevo paura che ....
7. Quando ero piccolo non spendevo mai i soldi della paghetta perché non volevo che .... E poi mio fratello me li rubava.
8. Sebbene Michele e Tiziana .... sempre la metropolitana, avevano una Ferrari in garage.
9. A causa dell'epidemia di morbillo non ho portato Daniele all'asilo perché temevo che ....
10. Bravi! Non mi aspettavo che (voi) .... a fare un puzzle di cinquemila pezzi in così breve tempo.

piacere
essere
sorgere
conoscere
andare
offendersi
finire
usare
contagiarsi
riuscire

la gomma	der Reifen	**offendersi**	beleidigt sein
sgonfio	luftleer	**la paghetta**	das Taschengeld
bucato	ein Loch haben	**rubare**	stehlen
sbagliare strada	sich verfahren	**il morbillo**	die Masern
sorgere	sich erheben, stehen	**l'asilo**	*hier* der Kindergarten
borioso	hochmütig	**contagiarsi**	sich anstecken
la villeggiatura	der Sommeraufenthalt	**il pezzo**	das Stück

Auch für den *congiuntivo imperfetto* gilt, was wir im Zusammenhang mit dem *congiuntivo presente* und *passato* geübt haben. Wenn Haupt- und Nebensatz das gleiche Subjekt haben, wird der *congiuntivo*-Nebensatz durch eine Infinitivkonstruktion ersetzt.

Antonio sperava ~~che Antonio vincesse~~ la partita di tennis.
*Antonio sperava **di vincere** la partita di tennis.*
Antonio hoffte, dass er das Tennismatch gewinnen würde.

203 Vervollständigen Sie die Sätze mit *che* und dem *congiuntivo imperfetto* oder mit *di* und dem Infinitiv.

ESEMPIO **Non pensavo *che Oscar venisse* alla festa.**	Oscar venire
Avevo paura *di ammalarmi*.	(io) ammalarsi
1. Eravamo contenti .... un periodo al mare.	(noi) trascorrere
2. Speravo .... da te nel pomeriggio, ma non ce l'ho fatta.	(io) fare un salto
3. Temevamo .... di operare la nonna d'urgenza.	(loro) decidere
4. Nina, non sapevo .... i colori forti.	piacerti
5. Si auguravano .... una bella figura regalando agli sposi un vaso d'argento.	(loro) fare
6. Eravamo tutti del parere .... cercare un lavoro nel settore tecnologico.	Valerio dovere
7. Renata era felice .... per la prima volta a una trasmissione televisiva.	(lei) partecipare
8. Complimenti, non immaginavamo .... un negozio di articoli sportivi così fornito.	(voi) aprire

fare un salto	auf einen Sprung vorbeikommen
farcela	es schaffen
d'urgenza	eilig, dringend
fare una bella figura	eine gute Figur abgeben
l'argento	das Silber
il parere	die Meinung
il settore	der Bereich
la trasmissione televisiva	die Fernsehsendung
il negozio di articoli sportivi	das Sportgeschäft
fornito	ausgestattet, versehen

→ Gr LGr S. 248–250

Congiuntivo trapassato

Der *congiuntivo trapassato* ist die vierte und letzte Zeit des *congiuntivo*. Es handelt sich um eine zusammengesetzte Zeit, die aus dem *congiuntivo imperfetto* von *avere* oder *essere* und dem Partizip Perfekt des Verbs besteht.

*Nessuno immaginava che io **avessi vinto** la lotteria di capodanno.*	Niemand konnte sich vorstellen, dass ich die Neujahrslotterie gewonnen hatte.
*Pensavo che lui non **fosse** ancora **tornato**.*	Ich dachte, dass er noch nicht zurückgekommen war.

204 Setzen Sie die rechts stehenden Verben in den *congiuntivo trapassato* und fügen Sie sie ein.

1. Sebbene (loro) ci .... l'albergo più bello della città, non siamo stati soddisfatti del servizio. — consigliare
2. Credevo che quel tipo mi .... per chiedere un'informazione e invece aveva cercato di derubarmi. — fermare
3. Per la popolazione era importantissimo che il comune .... di togliere la discarica dei rifiuti dalle vicinanze della zona abitata. — stabilire
4. Maria non pensava che tu .... le amarene anche per lei. — cogliere
5. Speravo che i colleghi con i quali avevo l'appuntamento non .... già .... visto che ero in ritardo. — arrivare
6. Ieri mi sono fermata un attimo per comprare le sigarette. Quando sono tornata non mi è sembrato possibile che il vigile mi .... già .... per divieto di sosta. — multare
7. Avrei potuto esprimere il mio voto per corrispondenza ammesso che mi .... i documenti. — pervenire
8. Non riuscivo a credere che il mio partito .... una sconfitta così eclatante alle ultime elezioni amministrative. — subire
9. Perché non riuscivate a credere che io .... capace di un'azione tanto audace? — essere
10. Sono partito sperando che le autorità non .... ancora .... le ricerche dei superstiti. — abbandonare

consigliare	empfehlen
soddisfatto	zufrieden
il servizio	der Service
fermare	anhalten
derubare	berauben
la popolazione	die Bevölkerung
il comune	die Gemeinde-verwaltung
stabilire	beschließen
togliere	wegtun, abbauen
la discarica dei rifiuti	die Mülldeponie
cogliere	pflücken
l'amarena	die Sauerkirsche
l'attimo	der Augenblick
il vigile	der Verkehrspolizist
multare	mit einer Geldstrafe belegen
il divieto di sosta	das Parkverbot
esprimere il voto	die Stimme abgeben
il voto per corrispondenza	die Briefwahl
ammesso che	immer vorausgesetzt, dass
pervenire	ankommen
il partito	die Partei
subire	erleiden
la sconfitta	die Niederlage
eclatante	auffallend, deutlich
le elezioni amministrative	die Verwaltungs-wahlen
audace	mutig, kühn
abbandonare	aufgeben, einstellen
la ricerca	*hier* die Suche
il superstite	der Überlebende

In der letzten Übung zum *congiuntivo* befassen wir uns wieder mit dem Fall, dass Haupt- und Nebensatz dasselbe Subjekt haben.

Erminia sperava ~~che (lei) avesse superato~~ l'esame.
*Erminia sperava **di aver superato** l'esame.*
Erminia hoffte, dass sie die Prüfung bestanden hatte.

Credevano ~~che fossero~~ già ~~stati~~ qui.
*Credevano **di essere** già **stati** qui.*
Sie glaubten, dass sie hier schon gewesen waren.

Wie Sie sehen, wird der *congiuntivo trapassato* auch hier durch eine Infinitivkonstruktion ersetzt.

205 Vervollständigen Sie die Sätze mit *che* und dem *congiuntivo trapassato* oder mit *di* und dem Infinitiv.

ESEMPIO **Non sapevo *che aveste avuto* un bambino.** — (voi) avere
Non pensavo *di avere già finito*. — (io) già finire

1. Sono arrivato alla stazione pensando ………………………… il treno, ma poi hanno annunciato che viaggiava con dieci minuti di ritardo. — (io) perdere
2. Ho fatto gli auguri a Cecilia e Alessio perché credevo ……………… già ……………… e poi ho scoperto che il matrimonio è l'anno prossimo. — (loro) sposarsi
3. Non mi sembrava possibile ………………………… nel giro di pochi giorni tutti i sensi unici della città. Un caos totale! — (loro) cambiare
4. Catia, non mi sono fatta viva prima perché pensavo ………………………… in vacanza. — (tu) andare
5. Serena credeva ………………………… i termini di presentazione dei documenti e invece i termini erano già scaduti da due giorni. — (lei) rispettare
6. Zaccaria sperava ………………………… la sua posizione sociale cambiando lavoro. — (lui) migliorare
7. Teo e Nicoletta pensavano ………………………… a superare l'esame scritto di spagnolo. — (loro) riuscire
8. Conoscevo bene Maria e mi sembrava impossibile ………………………… un'azione così indegna. — (lei) commettere

perdere	*hier* verpassen	**il termine di presentazione**	der Abgabetermin
annunciare	ankündigen		
nel giro di	im Laufe von	**scadere**	fällig werden
il senso unico	die Einbahnstraße	**migliorare**	verbessern
farsi vivo	sich melden, von sich hören lassen	**commettere un'azione**	eine Tat begehen
rispettare	*hier* einhalten	**indegno**	unwürdig

VERBEN • *CONDIZIONALE*

→ Gr LGr S. 252 ff.

Condizionale presente

Wünsche, Vorschläge, höfliche Bitten sowie Vorgänge, die unter bestimmten Bedingungen eintreten könnten, werden im Italienischen mit dem *condizionale presente*, der Bedingungsform der Gegenwart, ausgedrückt. Der *condizionale presente* entspricht weitgehend dem deutschen Konjunktiv II.

*Mi **piacerebbe** imparare ad andare a cavallo.*	Ich **würde** gerne reiten **lernen**.
*Ragazzi, stasera **potremmo** fare una spaghettata a casa mia.*	Jungs, wir **könnten** heute Abend ein Spaghetti-Essen bei mir organisieren.
*Michele, al posto tuo **andrei** dal medico.*	Michele, ich **ginge** an deiner Stelle zum Arzt.
*Mi **presteresti** la telecamera per un giorno?*	**Würdest** du mir deine Videokamera für einen Tag **leihen**?
*Forse lo zio Enrico ci **ospiterebbe** a casa sua.*	Vielleicht **würde** uns Onkel Enrico bei sich **unterbringen**.

Beachten Sie: Der *condizionale presente* wird in der Regel im Hauptsatz verwendet, kann aber auch im Nebensatz gebraucht werden, nach Verben wie *dire*, *pensare* oder *credere*.

*Dici che Gennaro **verrebbe** con noi?* — Meinst du, Gennaro würde mitkommen?

206 Unterscheiden Sie zwischen regelmäßigen und unregelmäßigen Verben. Ordnen Sie die jeweiligen Verbformen dem passenden Feld zu. Schreiben Sie dazu, um welche Person es sich handelt.

~~guarderei~~, benedirebbe, berreste, canteremmo, leggereste, avrei, soffrirebbero, terrebbe, andrei, rimarrebbe, amerebbero, sareste, dipingeremmo, faresti, sceglieresti, sapremmo, laveresti, potremmo, mi vestirei, verresti, vorrebbero

Regelmäßige Verben	Unregelmäßige Verben
io guarderei,	

benedire	segnen	**scegliere**	(aus)wählen
dipingere	malen	**soffrire**	leiden
rimanere	bleiben	**vestirsi**	sich anziehen

207 A **Vervollständigen Sie die Tabellen mit den fehlenden Formen des *condizionale presente*.**

	avere (haben)	**essere** (sein)	**ballare** (tanzen)	**fare** (tun)
(io)	avrei	....	....	....
(tu)	....	....	balleresti	....
(lui, lei, Lei)	....	....	....	....
(noi)	....	saremmo	....	....
(voi)	....	....	....	....
(loro)	....	....	....	farebbero

	mangiare (essen)	**scrivere** (schreiben)	**cucire** (nähen)	**volere** (wollen)
(io)	....	....	cucirei	....
(tu)	....	....	....	....
(lui, lei, Lei)	mangerebbe	....	....	....
(noi)	....	....	....	....
(voi)	....	....	....	vorreste
(loro)	....	scriverebbero	....	....

207 B **Welche Verben sind regelmäßig?**

....

208 **Kreuzen Sie die richtige Verbform des *condizionale presente* an.**

1. Ragazzi, mi .... a spostare il mobile del soggiorno? — ☐ aiuteresti ☐ aiutereste
2. Tesoro, che ne .... di andare a cena fuori stasera? — ☐ diresti ☐ direbbe
3. Al posto suo io .... abiti meno attillati. — ☐ indosserei ☐ indosseresti
4. Chissà, forse i miei genitori ci .... l'auto per una settimana. — ☐ presteremmo ☐ presterebbero

5. Scusi, mi .... dare un'informazione?
6. Gli .... molto imparare a suonare il violino.
7. Teresa, Rossana, Vincenzo, ... voglia di fare una grigliata sulla spiaggia stasera?
8. Il pacco .... arrivare entro tre giorni.

☐ potrei	☐ potrebbe
☐ piacerebbero	☐ piacerebbe
☐ avremmo	☐ avreste
☐ dovrebbe	☐ dovrebbero

spostare	umstellen	**prestare**	leihen, ausleihen
il soggiorno	das Wohnzimmer	**il violino**	die Geige
dirne di	halten von	**la grigliata**	die Grillparty, das Grillen
al posto suo	an seiner/ihrer Stelle		
indossare	anziehen, tragen	**il pacco**	das Paket
attillato	eng anliegend	**entro**	binnen
chissà	wer weiß		

209 Setzen Sie die in Klammern angegebenen Verben in den *condizionale presente*.

Da: Ernesto Speranza
A: Guglielmo Gentili
Data invio: 27/01/2014
Oggetto: Saluti!

Ciao, Guglielmo!
Come va? Come stanno zio Andrea e zia Carla?
Io sto abbastanza bene e anche i miei vecchi tirano avanti!
A proposito del tuo problemuccio ... ti capisco perfettamente. (Piacere) .... anche a me avere una casa tutta mia! E tu questo sogno (potere) .... realizzarlo veramente, ormai hai un lavoro. È vero che hai appena cominciato, ma perché non (dovere) .... andare bene?! Io, al posto tuo, non mi (fare) .... tanti problemi, anzi (mettersi) .... subito alla ricerca di un appartamento.
E poi, perché dici che i tuoi genitori non ti (appoggiare) ....? Pensi che non ti (aiutare) .... economicamente ad affrontare le prime spese? Non credo. Beh, certo (loro / preferire) .... avere il loro caro Guglielmo ancora a casa. Ma, insomma, ormai hai 32 anni! Mi sembra proprio arrivata l'ora di staccare questo cordone ombelicale, no?
In fondo non (essere) .... una cattiva idea cercare un appartamento ammobiliato, così non (tu / spendere) .... tanti soldi per comprare i mobili.

D'altra parte, però, non è necessario arredare tutto l'appartamento subito. Io (comprare) .... i mobili poco alla volta e (andare) .... a prenderli da IKEA. Ci sono cose carine, giovanili e i prezzi sono abbordabili. Se vuoi, quando è il momento ti accompagno. Fammi sapere.

A presto!

Ernesto

i miei vecchi	meine Alten	**insomma**	schließlich, also, na
tirare avanti	sich durchschlagen	**staccare il cordone ombelicale**	sich abnabeln
il problemuccio	das Problemchen		
realizzare	verwirklichen	**in fondo**	im Grunde genommen
ormai	jetzt	**ammobiliato**	möbliert
mettersi	anfangen	**arredare**	einrichten
la ricerca	*hier* die Suche	**poco alla volta**	nach und nach
appoggiare	unterstützen	**abbordabile**	tragbar
affrontare le spese	die Unkosten auf sich nehmen	**accompagnare**	begleiten
		fammi sapere	sag mir Bescheid

210 Vervollständigen Sie die Sätze mit dem passenden Verb in der richtigen Form des *condizionale presente*.

mangiare • sposarsi • venire • prendere • consumare • dovere • gradire • fare • essere • trasferirsi

1. (Noi) .... organizzarci subito per le vacanze, altrimenti non troviamo più posto.
2. Gentile Signor Consigliere, (io) .... ricevere una risposta a stretto giro di posta.
3. (Noi) .... volentieri al battesimo ma abbiamo già un altro impegno che non possiamo rimandare.
4. Io e Ludovico siamo fidanzati da tre anni e .... anche subito, ma non riusciamo a trovare casa.
5. Visto che hai i reumatismi, ti .... bene i fanghi. Perché non vai alle terme di Casamicciola, a Ischia?
6. Mamma mia, che freddo! Non .... il caso di spegnere l'aria condizionata?
7. Scusa, ma perché corri tanto? .... meno benzina moderando la velocità.

8. L'Umbria è una regione incantevole; (io) .... volentieri in quella zona.
9. Arturo, guarda, lì vicino al frigorifero c'è il mio pacchetto di sigarette, me lo .... per favore?
10. (Io) .... formaggi a pranzo e a cena, ma il dottore mi ha prescritto una dieta ferrea perché ho il colesterolo alto.

consumare	verbrauchen	**i fanghi**	die Schlammbäder
gradire	wünschen	**essere il caso**	angebracht sein
trasferirsi	umziehen	**spegnere**	ausschalten
altrimenti	sonst	**l'aria condizionata**	die Klimaanlage
a stretto giro di posta	umgehend	**moderare**	*hier* verringern
il battesimo	die Taufe	**incantevole**	bezaubernd
l'impegno	die Verpflichtung	**prescrivere**	verschreiben
rimandare	verschieben	**la dieta ferrea**	die strikte Diät
essere fidanzato	verlobt sein	**il colesterolo**	das Cholesterin
il reumatismo	das Rheuma		

In der nächsten Übung geht es um die Unterscheidung zwischen dem *condizionale presente* und dem *congiuntivo presente*.

211 ***Condizionale presente*** **oder** ***congiuntivo presente*****? Setzen Sie die in Klammern angegebenen Verben in der jeweils passenden Form ein.**

1. Orsella, Pietro, (avere) .... voglia di fare una gita in montagna il prossimo fine settimana?
2. Gigi, dici che Vincenzo mi (prestare) .... il camioncino per il trasloco?
3. Preferisco che (voi / venire) .... prima di ferragosto, perché subito dopo ho altri ospiti.
4. Non pensare che (essere) .... facile per me affrontare la separazione da mia moglie, ma è una cosa inevitabile.
5. Dario conosce molto bene il Powerpoint e poi è molto disponibile. Penso che ci (aiutare) .... a preparare la relazione. Che dite, lo chiamiamo?
6. Non credo che ai bambini (fare) .... bene mangiare tanta cioccolata.
7. (Io / volere) .... tanto viaggiare, ma attualmente le mie finanze non me lo permettono.
8. Al posto suo io (tagliarsi) .... i capelli corti corti per farli infoltire un po'.
9. Speriamo che (essere) .... ancora aperta la macelleria. Altrimenti che mangiamo stasera? Il frigorifero è vuoto.
10. Suppongo che tu (sapere) .... quello che fai. Comunque io, al posto tuo, non (lasciare) .... così su due piedi un lavoro sicuro e ben pagato.

la gita	der Ausflug
prestare	leihen, ausleihen
il camioncino	der Kleinlastwagen
il trasloco	der Umzug
il ferragosto	das Mariä-Himmelfahrt-Fest
affrontare	sich auseinandersetzen
la separazione	die Trennung
inevitabile	unvermeidlich
disponibile	hilfsbereit
la relazione	der Bericht
le finanze	die Finanzen, die finanziellen Mittel
permettere	leisten
tagliare	schneiden
infoltire	verdichten
la macelleria	die Metzgerei
comunque	wie auch immer, jedenfalls
su due piedi	sofort, unverzüglich

→ Gr LGr S. 258 ff.

Condizionale passato

Der *condizionale passato* ist die Bedingungsform der Vergangenheit.
Er wird verwendet,

- um unerfüllte Wünsche zu äußern.

*Maria **avrebbe voluto** imparare a suonare la chitarra.*	Maria **hätte** gerne Gitarre (spielen) lernen **wollen**.
*Mi **sarebbe** tanto **piaciuto** studiare danza classica.*	Ich **hätte** gern klassischen Tanz **gelernt**.

- um Ereignisse auszudrücken, die unter anderen Umständen hätten eintreten können.

*Purtroppo mi sono ammalato, altrimenti vi **avrei invitato** a cena.*	Leider bin ich krank geworden, sonst **hätte** ich euch zum Abendessen **eingeladen**.
*Ieri **saremmo andati** a teatro ma eravamo stanchi.*	Gestern **wären** wir ins Theater **gegangen**, aber wir waren müde.

- um Ratschläge zu formulieren, die sich auf eine vergangene Situation beziehen.

***Avreste potuto** / **dovuto** prendere il treno.*	Ihr **hättet** den Zug nehmen **können** / **sollen**.
*Roberto, non ti **saresti dovuto** intromettere.*	Roberto, du **hättest** dich nicht einmischen **sollen**.

Bildung: *condizionale presente* von *avere* oder *essere* + Partizip Perfekt des Verbs.

avrei parlato	***sarei andato/a***
ich hätte gesprochen	ich wäre gegangen

212 **Setzen Sie die Verben in den *condizionale passato* und verbinden Sie dann die linke Spalte mit der rechten zu sinnvollen Mini-Dialogen.**

1.	Non (tu / dovere) .... essere così aggressivo con Carmela?	a.	Oh, e perché non ci avete chiamato? Vi (venire) .... a prendere.
2.	Al posto di Franco non (io / iscriversi) .... a scienze politiche.	b.	Ma se è stonata come una campana!
3.	Ieri siamo rimasti fermi sull'autostrada con l'auto in panne.	c.	Sì, lo so, hai ragione, ma mi ha fatto proprio arrabbiare.
4.	Tania (volere) .... studiare canto.	d.	Come mai non ci sei andato?
5.	Beh, com'è stato lo spettacolo?	e.	Non fa niente, peraltro non mi (tu / trovare) .... a casa.
6.	Ieri (io / andare) .... a vedere volentieri l'ultimo film di Tom Cruise.	f.	Ma perché, scusa, in fondo si studiano delle belle materie.
7.	Scusa, non siamo più venuti, perché mia madre non poteva stare con i bambini.	g.	Le (tu / dovere) .... innaffiare più spesso.
8.	Ortensio, scusami, ti (io / chiamare) .... dal cellulare, ma mi trovavo in una zona senza campo.	h.	Bello! Peccato che non siete venuti, (divertirsi) ....
9.	Guarda, si sono seccate tutte le piante!	i.	Non ti preoccupare, l'ho pagata io oggi pomeriggio.
10.	La bolletta l' (pagare) .... io, ma non ho fatto in tempo.	j.	Beh, ma li (voi / potere) .... portare con voi!

iscriversi	sich anmelden	**il campo**	*hier* das Signal
le scienze politiche	die politische Wissenschaft	**seccarsi**	vertrocknen
		la bolletta	die Rechnung
rimanere fermo	stehen bleiben	**non fare in tempo**	es zeitlich nicht schaffen
l'auto in panne	die Autopanne		
lo spettacolo	die Aufführung	**venire a prendere**	abholen
dal cellulare	vom Handy aus	**essere stonato**	falsch singen

la campana	die Glocke	**la materia**	das Fach
fare arrabbiare	ärgern	**innaffiare**	gießen
peraltro	allerdings	**Peccato!**	Schade!
in fondo	im Grunde genommen		

In der nächsten Übung geht es darum, sich je nach Kontext für den *condizionale presente* oder den *condizionale passato* zu entscheiden.

213 Setzen Sie die in Klammern angegebenen Verben in den *condizionale presente* oder in den *condizionale passato*.

1. Ho un terribile mal di testa. – Al posto tuo (io / prendersi) .... subito un'aspirina.
2. Marcella è molto portata per lo sport. A lei (piacere) .... fare atletica leggera.
3. Peccato che ti sei svegliato tardi. (Tu / potere) .... partire con noi.
4. I figli di Angelo e Benedetta prendono sempre dei brutti voti in matematica. (Loro / dovere) .... proprio andare a ripetizione da un professore.
5. Marizia, mi (passare) .... il sale e il pepe, per favore?
6. (Io / mangiare) .... volentieri una bella mela, ma nel frigorifero c'erano solo pere!
7. Il pandispagna (crescere) .... benissimo, ma mio marito involontariamente ha aperto il forno e ora il mio povero dolce sembra una pizza.
8. Ragazzi, che ne (dire) .... di andare a giocare a bowling?
9. Ma, cara nipote, non (tu / dovere) .... fare una scenata a tuo padre prima di sapere come stavano veramente le cose!
10. Chiediamo a Ugo e Armando se vengono con noi in Croazia? – Noo, quelli non (fare) .... campeggio mai e poi mai. Loro hanno bisogno di tutte le comodità.

essere portato	begabt sein	**crescere**	*hier* gehen
l'atletica leggera	die Leichtathletik	**involontariamente**	unabsichtlich
svegliarsi	aufwecken	**il forno**	der Ofen
il voto	*hier* die Note	**la scenata**	die Szene
andare a ripetizione	zur Nachhilfe gehen	**fare campeggio**	campen
passare	*hier* reichen	**la comodità**	der Komfort
il pandispagna	der Kuchenboden		

VERBEN • IMPERATIV

→ Gr LGr S. 262 ff.

In diesem Kapitel geht es um die Befehlsform, den Imperativ. Er wird benutzt, um Befehle und Anordnungen zu erteilen.

Sta' zitto.	**Sei** still.
Entri pure.	**Kommen Sie** ruhig herein.

Der Imperativ wird außerdem verwendet, um einen Rat zu geben.

Mi sento stanco.	Ich bin müde.
*– Beh, **stenditi** un po'.*	– Dann **leg** dich kurz hin.

Beachten Sie:

- Die Höflichkeitsform im Singular und Plural (3. Person Singular und Plural) des Imperativs ist identisch mit der 3. Person Singular und Plural des *congiuntivo presente* (→ S. 194).
- Die 1. und 2. Person Plural (*noi*, *voi*) des Imperativs entsprechen der 1. und 2. Person Plural des *indicativo presente* (→ S. 137).
- Auch die 2. Person Singular (*tu*) der Verben auf *-ere* und *-ire* ist identisch mit der 2. Person Singular des *indicativo presente* (→ S. 137).

Die gute Nachricht: Alles in allem müssen Sie nur neu lernen:

- die Endung der 2. Person Singular (*tu*) der Verben auf *-are*
  Beispiel: *imperativo* von *parlare* → ***parl-a*** sprich
- und die unregelmäßigen Verben.
  Beispiel: *imperativo* von *dire* → ***di'*** sag

In der folgenden Übung haben Sie die Möglichkeit, eine Übersicht über die Imperativformen der regelmäßigen Verben und einiger sehr wichtiger unregelmäßiger Verben anzufertigen.

214 A **Einige Verbformen sind aus der Tabelle entwischt. Setzen Sie sie wieder an der richtigen Stelle ein.**

chiuda · venga · chiudete · fai · faccia · diano · diamo · aprite · finiscano · fa' · guarda · apriamo · chiudano · vengano · veniamo · facciano · guardino · finisci · beviamo · guardate · finisca · bevano · apri · dia · fate · bevi

	guardare (anschauen)	**dare** (geben)	**fare** (tun)	**bere** (trinken)
(tu)	....	da' / dai	.... /	....
(Lei)	guardi	....	....	beva
(noi)	guardiamo	....	facciamo	....
(voi)	....	date	....	bevete
(loro)	....	....	....	....

	chiudere (schließen)	**aprire** (öffnen)	**finire** (beenden)	**venire** (kommen)
(tu)	chiudi	....	....	vieni
(Lei)	....	apra	....	....
(noi)	chiudiamo	....	finiamo	....
(voi)	....	....	finite	venite
(loro)	....	aprano	....	....

214 B **Welche Verben sind unregelmäßig?**

....

215 **Wandeln Sie die Imperative der 2. Person Plural (*voi*) in die 2. Person Singular (*tu*) um.**

ESEMPIO **Parlate con il direttore del caso.** ***Parla con il direttore del caso.***

1. Spedite la lettera entro domani. ....
2. Provate questo cocktail, è proprio buono. ....
3. Dite a Vittorio che lo cerco. ....
4. Chiamate papà sul cellulare. ....

5. Spazzate il pavimento. ....
6. Scegliete il regalo più bello. ....
7. Bevete tutto il latte, mi raccomando. ....
8. Siate gentili con gli ospiti. ....*gentile*................
9. Abbiate pazienza con i bambini. ....
10. Fate il biglietto di andata e ritorno. ....

il direttore	der Chef	**raccomandare**	nahelegen, empfehlen
il caso	der Fall	**gentile**	nett, freundlich
spedire	verschicken	**l'ospite**	der Gast
entro	bis	**avere pazienza**	Geduld haben
provare	*hier* kosten, probieren	**fare il biglietto**	die Fahrkarte lösen
spazzare	zusammenkehren	**andata e ritorno**	hin und zurück
scegliere	auswählen		

216 Wandeln Sie die Imperative der 2. Person Singular *(tu)* in die 3. Person Singular *(Lei)* um.

ESEMPIO **Sii prudente sull'autostrada.** ***Sia prudente sull'autostrada.***

1. Spegni la luce, per favore. ....
2. Manda un'e-mail di conferma. ....
3. Invia per raccomandata la disdetta. ....
4. Fai le fotocopie al più presto. ....
5. Firma questo modulo. ....
6. Accendi il televisore, per cortesia. ....
7. Aggiungi un posto a tavola. ....
8. Finisci pure il dolce. ....
9. Di' a Fabio che lo aspetto. ....
10. Parti domani, c'è meno traffico. ....

prudente	vorsichtig	**il modulo**	das Formular
l'autostrada	die Autobahn	**accendere**	anschalten
spegnere	ausschalten	**aggiungere**	hinzufügen
la luce	das Licht	**pure**	*hier* ruhig
la conferma	die Bestätigung	**il dolce**	der Kuchen
inviare	versenden	**aspettare**	warten
la raccomandata	das Einschreiben	**partire**	abfahren
la disdetta	die Absage	**il traffico**	der Verkehr
firmare	unterschreiben		

217 **Fügen Sie die rechts stehenden Verben im Imperativ ein.**

1. Ragazzi, per piacere, ... la tavola. Tra poco si mangia.
2. Signora, ..., mi sa dire che ore sono?
3. (Loro) .... i documenti, per cortesia.
4. Francesco, ..., te l'ho spiegato mille volte che la roba mia non la devi toccare!
5. Noi siamo pronti. – Bene! Allora, ...!
6. Grazia, Davide, ... qua, per favore.
7. Mi sa dire dov'è la fermata dell'autobus? – .... al vigile, è lì, vede?
8. Signora, oggi, ... bene il bagno e la cucina, per piacere.
9. Marco, ... tranquillo, ti accompagno io alla stazione.
10. (Noi) ....! Chi vuole venire alla lavagna?

apparecchiare

scusare
favorire
sentire

andare
venire

chiedere
pulire

stare

cominciare

apparecchiare	(Tisch) decken	**il bagno**	das Badezimmer
tra poco	in Kürze	**la cucina**	die Küche
Che ore sono?	Wie spät ist es?	**tranquillo**	ruhig
favorire	*hier* reichen	**accompagnare**	begleiten, bringen
la roba	die Sachen	**la stazione**	der Bahnhof
toccare	anfassen	**chi**	wer
la fermata	die Haltestelle	**la lavagna**	die Tafel
il vigile	der Verkehrspolizist		

In den nächsten drei Übungen geht es um das Zusammenspiel von Befehlsform und Pronomen. Schauen Sie sich zunächst die Beispiele an.

tu, noi, voi **→ Imperativ + Pronomen**

Prendine *pure una fetta.*	Nimm dir ruhig ein Stück (davon).
Andiamoci *domani.*	Lass uns morgen dorthin fahren.
Scrivetegli *subito.*	Schreibt ihm sofort.

Achten Sie auch auf die einsilbigen Formen!

Dammi *la chiave, per piacere. (da' + mi → dammi)*	Gib mir bitte den Schlüssel.

Lei, Loro **→ Pronomen + Imperativ**

Glielo dica *subito.*	Sagen Sie es ihm/ihr/ihnen sofort.
Prego, ***si accomodino****.*	Nehmen Sie bitte Platz.

218 A **Üben Sie den Imperativ beim Kochen. Lesen Sie zunächst das Rezept durch.**

Pasta alla siciliana

Lavare le melanzane e tagliarle a pezzetti di circa un centimetro. Riscaldare l'olio in una padella e friggerci le melanzane. Nel frattempo far imbiondire uno spicchio d'aglio in un po' d'olio, aggiungere i pomodori a pezzetti, salarli e lasciarli cuocere per una ventina di minuti. Versare le melanzane fritte nel sugo e farle insaporire un pochino. Cuocere la pasta e condirla con il sugo. Poi tagliare la mozzarella a pezzetti e aggiungerla alla pasta condita. Infine, prima di servire, tagliuzzare il basilico e mescolarlo al tutto.

Ingredienti per quattro persone

400 g di tubetti
o penne rigate
3 melanzane medie
1/2 l di olio
500 g di pomodori a pezzetti
1 mozzarella
1 spicchio d'aglio
5 o 6 foglie di basilico fresco

218 B **Veronica will ihrer Freundin Emanuela erklären, wie man das Rezept *Pasta alla siciliana* zubereitet. Helfen Sie ihr. Wandeln Sie das Rezept in den Imperativ um. Setzen Sie dabei die hervorgehobenen Verben in die du-Form und ergänzen Sie die Pronomen (sofern vorhanden).**

Allora, Emanuela, lava le melanzane e ...

l'ingrediente	die Zutat	**imbiondire**	goldbraun anbraten
i tubetti	*kleine Röhrennudeln*	**aggiungere**	hinzufügen
le penne rigate	*gerillte Röhrennudeln*	**salare**	salzen
la melanzana media	die mittelgroße Aubergine	**la ventina**	etwa zwanzig
		versare	schütten
il pezzetto	das Stückchen	**il sugo**	die Sauce
lo spicchio d'aglio	die Knoblauchzehe	**far insaporire**	ziehen lassen
la foglia	das Blatt	**condire**	würzen
tagliare	schneiden	**prima di**	bevor
riscaldare	erhitzen	**tagliuzzare**	zerkleinern
la padella	die Pfanne	**mescolare**	mischen
friggere	frittieren	**il tutto**	das Ganze
nel frattempo	in der Zwischenzeit		

219 **Wandeln Sie die Imperative der 2. Person Plural (*voi*) in die 3. Person Singular (*Lei*) um.**

ESEMPIO **Accomodatevi pure in sala d'aspetto.** *Si accomodi pure in sala d'aspetto.*

1. Il microonde fatelo riparare subito. ....
2. Ricordatevi di avvisare gli altri colleghi. ....
3. A Milano andateci in aereo, è meglio. ....
4. Prendetene ancora un bicchiere. ....
5. Il tavolo prenotatemelo per le sette. ....
6. Datemi pure il soprabito, lo appendo io. ....
7. Il giornale leggetelo pure con calma. ....
8. Vestitevi in modo elegante per l'inaugurazione. ....
9. Con l'avvocato parlateci voi. .... *Lei.*
10. L'appuntamento fissatelo per lunedì. ....

accomodarsi	Platz nehmen	**appendere**	aufhängen
la sala d'aspetto	das Wartezimmer	**con calma**	mit Ruhe
il microonde	die Mikrowelle	**vestirsi**	sich anziehen
avvisare	benachrichtigen	**l'inaugurazione**	die Eröffnung
meglio	besser	**l'avvocato**	der Rechtsanwalt
prenotare	reservieren	**l'appuntamento**	der Termin
il soprabito	der Übermantel	**fissare**	ausmachen

220 **Fügen Sie die rechts stehenden Verben im Imperativ mit dem passenden Pronomen oder dem Pronominaladverb *ci* ein.**

1. Flora, guarda, la porta è rimasta aperta. ...., per piacere. — chiudere
2. Pino, ..., che cosa è successo? Ti posso aiutare? — dire
3. Questo poster non mi piace più. (Noi) .... – No, perché? A me piace. — buttare
4. Signora Ferrara, ecco, questi sono gli articoli. .... all'ingegnere Mercaldo. — restituire
5. Signori, mi dispiace, questo non è l'ufficio competente. .... al comune per informazioni più dettagliate. — rivolgersi
6. Dove ci sediamo? – Prego, (voi) .... pure qui. — sedersi

7. Allora, vai in farmacia a prendere gli antibiotici? –
No, senti, ………………………… tu, perché io non faccio in tempo.
8. Luigia, …………………………! Non è successo niente.
Il piccolo sta bene.
9. Vogliamo bere il vino che ci ha portato Filippo dalla
Francia? – No, ………………………… a Natale. È un vino speciale!
10. Ehi, Peppe, Cesare, …………………………, che è tardi!

andare
calmarsi
bere
alzarsi

la porta	die Tür	**il comune**	die Gemeinde-verwaltung
rimanere aperto	offen bleiben		
chiudere	schließen	**sedersi**	sich setzen
Che cosa è successo?	Was ist passiert?	**pure**	ruhig, doch
aiutare	helfen	**la farmacia**	die Apotheke
dire	sagen	**l'antibiotico**	das Antibiotikum
buttare	wegwerfen	**non fare in tempo**	es zeitlich nicht schaffen
restituire	zurückgeben		
l'ingegnere	der Ingenieur	**calmarsi**	sich beruhigen
competente	zuständig	**bere**	trinken
rivolgersi	sich wenden	**alzarsi**	aufstehen

In den beiden letzten Übungen geht es um den verneinten Imperativ. Schauen Sie sich zunächst die Beispiele an.

tu → *non* + Infinitiv

Non parlare.	Rede nicht.
Non aprire il pacco.	Mach das Paket nicht auf.
Non lo aprire. / Non aprirlo.	Mach es nicht auf.

Lei, noi, voi, Loro → *non* + Imperativ

Non dica niente.	Sagen Sie nichts.
Non vada all'incontro.	Gehen Sie nicht zum Treffen.
Non ci vada.	Gehen Sie nicht hin.
Non usciamo!	Gehen wir nicht aus.
Non andiamo a Roma.	Gehen/Fahren wir nicht nach Rom.
Non andiamoci.	Gehen/Fahren wir nicht hin.
Non parlate!	Redet nicht!
Non vi alzate. / Non alzatevi.	Steht nicht auf.
Non bevano questo vino.	Trinken Sie diesen Wein nicht.
Non lo bevano.	Trinken Sie ihn nicht.

221 **Ihr Freund Salvatore hat ständig Probleme und braucht viele Ratschläge. Sagen Sie ihm, was er nicht tun soll. Setzen Sie das passende Verb in den verneinten Imperativ. Wo nötig, benutzen Sie auch das passende Pronomen oder Pronominaladverb (*ci*, *ne*).**

andare | spendere | ~~passare~~ | mangiare | scegliere | sforzare | giocare | bere | lamentarsi | parcheggiare

1. Mi fa male la testa! — *Non passare* le ore davanti al computer!
2. Ho mal di stomaco! — .... cibi troppo grassi!
3. Ho pochi soldi! — .... in cose inutili!
4. Non ho tempo di andare a trovare lo zio Eugenio! — ...., tanto lui è comprensivo.
5. Il vino mi dà subito alla testa! — Allora .... troppo!
6. Mi fa male la schiena! — .... sollevando cose pesanti!
7. Prendo una multa al giorno con l'auto! — Beh, ... sempre in divieto di sosta!
8. Le mie relazioni amorose non durano mai più di una settimana! — .... sempre la donna che non fa per te!
9. Sono sfortunato al gioco! — Allora ....!
10. Uffa, mi va sempre tutto storto! — E .... sempre di tutto!

spendere	ausgeben
passare	verbringen
scegliere	aussuchen
sforzare	beanspruchen
lamentarsi	sich beschweren
parcheggiare	parken
far male	weh tun
la testa	der Kopf
il mal di stomaco	das Magenweh
il cibo	die Speise
inutile	nutzlos
comprensivo	verständnisvoll
dare alla testa	in den Kopf steigen
la schiena	der Rücken
sollevare	heben
la multa	die Strafe
il divieto di sosta	das Parkverbot
la relazione amorosa	die Liebesbeziehung
essere sfortunato	Pech haben
mi va tutto storto	bei mir läuft alles schief

222 **Fügen Sie die rechts stehenden Verben im verneinten Imperativ und, wenn nötig, mit den passenden Pronomen oder Pronominaladverbien (*ci*, *ne*) ein.**

1. Ragazzi, per cortesia, ... sempre così tardi la mattina! Affollate tutti il bagno alla stessa ora!	alzarsi
2. Basta! (Noi) .... male degli assenti! Non è corretto!	parlare
3. (Voi) .... troppo severi con i vostri figli!	essere
4. (Noi) .... sempre nello stesso bar. Che noia!	incontrarsi
5. Signor Nugnes, domani .... così presto. Non è necessario.	venire
6. (Voi) .... paura di affrontare le difficoltà della vita.	avere
7. Se vede la signora De Rosa, ... ancora niente dell'incontro.	dire
8. Signora Maria, ... le scale oggi. Questa settimana tocca ai vicini.	pulire
9. Ragioniere, ci serve carta da stampa. .... troppa, però, perché non c'è posto in magazzino.	ordinare
10. Quel dentista è un macellaio! (Lei) .... più nessuno.	mandare

affollare	*hier* belegen	**la scala**	die Treppe
il bagno	das Badezimmer	**toccare**	*hier* dran sein
alla stessa ora	um dieselbe Zeit	**il vicino**	der Nachbar
Basta!	Schluss!	**servire**	brauchen
l'assente	der Abwesende	**la carta da stampa**	das Druckpapier
severo	streng	**ordinare**	bestellen
incontrarsi	sich treffen	**il posto**	der Platz
che noia	wie langweilig	**il magazzino**	das Lager
necessario	notwendig	**il dentista**	der Zahnarzt
la paura	die Angst	**il macellaio**	der Metzger
affrontare	entgegentreten	**mandare**	schicken
la difficoltà	das Hindernis		

VERBEN • INFINITIV

Modi indefiniti

Im folgenden Abschnitt geht es um die sogenannten *modi indefiniti* (infinite Modi): Infinitiv, Partizip und Gerundium, also um Formen, die nicht konjugiert werden.

→ Gr LGr S. 275 ff.

Infinitiv

Im Italienischen gibt es ein Sprichwort: *Tra il dire e il fare c'è di mezzo il mare.* (Zwischen Sagen und Tun liegen Welten.)

Dieses Sprichwort hat die Besonderheit, dass es zwei Verben im Infinitiv enthält – *dire* und *fare* –, die substantivisch verwendet werden. Im Italienischen werden substantivierte Infinitive vom männlichen bestimmten Artikel begleitet: *il dire* (das Sagen), *il fare* (das Tun), *il dare* (das Geben) usw.

Der Gebrauch des Infinitivs als Substantiv bereitet dem deutschsprachigen Lerner in der Regel keine Schwierigkeiten.

Üben sollte man allerdings den Gebrauch des Infinitivs in Verbindung mit konjugierten Verben. Denn Infinitive werden oft im Zusammenhang mit einem konjugierten Verb verwendet, und zwar mit oder ohne Präposition.

Genau zu erklären, wann und ob man eine Präposition vor dem Infinitiv gebraucht, ist schwierig: Denn es sind viele Einzelfälle, bei denen sich „nicht immer" eine Regel festlegen lässt. Um den Lerneffekt zu vergrößern, sollten Sie daher die Übungen so oft wie möglich wiederholen, bis sich die verschiedenen Einzelfälle eingeprägt haben.

Preferiamo ***pagare*** *in contanti.*	Wir zahlen lieber bar.
La prego ***di confermare*** *la prenotazione.*	Ich bitte Sie, die Reservierung zu bestätigen.
Andiamo ***a sciare****?*	Gehen wir Ski fahren?
Non ho niente ***da fare****.*	Ich habe nichts zu tun.
Vado a Londra ***per fare*** *un corso d'inglese.*	Ich fahre nach London, um einen Sprachkurs zu machen.
Prima di partire *dammi un colpo di telefono.*	Bevor du fährst, ruf mich kurz an.

223 Kreuzen Sie die richtige Form des Infinitivs an.

1.	La nonna mi ha chiesto .... compagnia domani sera.	☐ di farle	☐ farle
2.	Dimmi un po', quando avete imparato .... a ping-pong così bene?	☐ di giocare	☐ a giocare
3.	Ho dimenticato .... la dottoressa Tolomei che l'appuntamento è stato rimandato a venerdì.	☐ ad avvisare	☐ di avvisare
4.	Dobbiamo assolutamente .... la questione entro domani.	☐ di risolvere	☐ risolvere
5.	Nella nostra cittadina non c'è molto .... Noi giovani ci annoiamo a morte!	☐ a fare	☐ da fare
6.	Martina, mi fai .... da Oscar quando rientra?	☐ a richiamare	☐ richiamare
7.	Non ti vengo .... alla stazione perché non ho l'auto a disposizione. Prendi un tassì.	☐ a prendere	☐ prendere
8.	Non vi permetto .... con questo tono!	☐ di parlarmi	☐ da parlarmi
9.	Preferiamo .... a casa stasera. Comunque grazie dell'invito.	☐ di rimanere	☐ rimanere
10.	Frequento la facoltà di giurisprudenza .... notaio.	☐ per diventare	☐ diventare
11.	Io non sono abituato .... insieme a qualcuno.	☐ a studiare	☐ studiare
12.	Avete finito .... in ordine la vostra camera?	☐ a mettere	☐ di mettere

chiedere	*hier* bitten	**richiamare**	zurückrufen
fare compagnia	Gesellschaft leisten	**rientrare**	zurückkehren
avvisare	benachrichtigen	**la disposizione**	die Verfügung
rimandare	verschieben	**l'invito**	die Einladung
risolvere	lösen	**la giurisprudenza**	die juristische Fakultät
la questione	die Angelegenheit	**il notaio**	der Notar
entro	binnen	**essere abituato**	es gewohnt sein
annoiarsi a morte	sich zu Tode langweilen	**mettere in ordine**	aufräumen

224 **Vervollständigen Sie die Sätze, indem Sie die richtige Präposition zum passenden Verb im Infinitiv suchen. Einige Präpositionen können auch mehrmals verwendet werden.**

1. Maria ha voglia …
2. Il professore di matematica ci ha insegnato …
3. Puoi comprare qualche bottiglia di vino …
4. Maurizio e Roberta sono andati a Parigi solo …
5. Dovreste leggere di più …
6. Franco aveva paura …
7. Ho risposto a tutti i test …
8. Sono curioso …
9. Mi presti qualche libro …
10. Gabriella ha continuato …
11. Mi sono vaccinato contro la malaria …
12. Ieri siamo andati …

di · senza · per · invece di · a · da · prima di

giocare · ballare · mangiare · sbagliare · portare · viaggiare · fare · partire · leggere · fumare · visitare · vedere

… un gelato.
… le equazioni.
… alla festa di Lia?
… il Louvre.
… per ore con la Playstation.
… in aereo.
… nemmeno un quesito!
… l'ultimo film di Woody Allen.
… quando vado in vacanza?
… anche con la bronchite.
… per l'Africa.
… in una bella discoteca.

l'equazione	die Gleichung	**curioso**	neugierig
la paura	die Angst	**sbagliare**	*hier* falsch antworten
il quesito	die Prüfungsfrage	**vaccinare**	impfen

Der Infinitiv wird auch dazu benutzt, um Satzinhalte in verkürzter Form auszudrücken, wobei der Nebensatz durch einen Infinitiv ersetzt wird. Dies ist jedoch nur möglich, wenn Haupt- und Nebensatz das gleiche Subjekt haben!

Leonardo dice che (Leonardo) non sa niente. → *Leonardo dice* ***di non sapere*** *niente.*
Leonardo sagt, er wisse nichts davon.

Dopo che (io) avevo mangiato (io) sono uscito. → ***Dopo aver mangiato*** *sono uscito.*
Nachdem ich gegessen hatte, bin ich weggegangen.

Nicht vergessen: Der Infinitiv wird in zwei Zeiten benutzt:

infinito presente → *Renzo pensa di* ***uscire****.* — Renzo denkt daran auszugehen.
infinito passato → *Dopo* ***essermi alzato*** *ho fatto colazione.* — Nachdem ich aufgestanden bin, habe ich gefrühstückt.

225 **Ersetzen Sie die hervorgehobenen Satzteile durch eine Infinitivkonstruktion. Verwenden Sie dabei je nachdem den *infinito presente* oder den *infinito passato* und die passende Präposition.**

ESEMPIO **Sono riuscito a prendere i biglietti per il concerto dopo che avevo fatto una fila di due ore.** *Sono riuscito a prendere i biglietti per il concerto dopo aver fatto una fila di due ore.*

1. Mentre stava andando in ufficio Federico ha notato che aveva dimenticato il cellulare a casa. ....
2. Ho deciso di fare la dieta dopo che ero ingrassato di venti chili. ....
3. Lo so che non ti sono di grande aiuto ultimamente. Mi dispiace. ....
4. L'hanno saputo dopo che erano partiti. ....
5. Giovanni dice che sa giocare bene a poker. ....
6. Ho saputo ieri che ho vinto il primo premio alla lotteria parrocchiale. ....
7. Dopo che avevamo mangiato tutti gli yogurt abbiamo notato che erano scaduti. ....
8. Ti verrò a trovare dopo che mi sarò ripreso dall'influenza. ....

riuscire	es schaffen	**ultimamente**	in letzter Zeit
fare la fila	Schlange stehen	**vincere**	gewinnen
notare	(be)merken	**il premio**	der Preis
dimenticare	vergessen	**parrocchiale**	Pfarr-
il cellulare	das Handy	**scadere**	ablaufen
ingrassare	zunehmen	**riprendersi**	sich erholen
essere di aiuto	behilflich sein	**l'influenza**	die Grippe

226 **Ergänzen Sie die Sätze mit den angegebenen Infinitiven. Verwenden Sie, wo nötig, die passende Präposition.**

correre | ~~aver conosciuto~~ | andare | fumare | bere | aver fatto | ringraziarti | avere | studiare | essermi infortunato

1. Patrizia ha raccontato *di aver conosciuto* suo marito durante una crociera.
2. Cara Vittoria, desidero .... per il sostegno e l'affetto che mi hai dimostrato in quest'occasione.
3. .... al ginocchio ho dovuto camminare due settimane con le stampelle.
4. Gino, tu eri un fumatore accanito! Dimmi, quando hai smesso ....?
5. Lo sapete che Liliana ha cominciato .... l'olandese? Pare che abbia conosciuto in vacanza un ragazzo per il quale ha perso la testa!
6. Guarda, Serena, con i bambini bisogna .... molta pazienza e tanta fantasia.
7. Roberto è un tipo veramente sportivo, va .... ogni mattina nel parco.
8. Non è facile .... d'accordo con Amelia. Lei si offende piuttosto facilmente.
9. Pensavo .... un affare in quel negozio e invece poi ho trovato lo stesso articolo, in un altro negozio, a prezzo notevolmente inferiore.
10. Signori, posso offrirvi qualcosa ....? Un caffè, un tè o un succo di frutta?

correre	laufen
infortunarsi	verunglücken
la crociera	die Kreuzfahrt
il sostegno	die Unterstützung, der Beistand
l'affetto	die Zuneigung, die Liebe, das Mitgefühl
l'occasione	die Angelegenheit
il ginocchio	das Knie
la stampella	die Krücke
il fumatore accanito	der starke Raucher
smettere	aufhören
perdere la testa	sich Hals über Kopf verlieben
la pazienza	die Geduld
offendersi	beleidigt sein
piuttosto	ziemlich
l'affare	das Geschäft
notevolmente	beträchtlich
inferiore	niedriger
il succo di frutta	der Fruchtsaft

VERBEN • PARTIZIP

→ Gr LGr S. 291 ff.

Das *participio* (Partizip) wird in zwei Zeiten benutzt:

participio presente: *z. B. perdente* verlierend
participio passato: *z. B. capito* verstanden

- Die Formen des ***participio presente*** werden in der Regel als Adjektive oder Substantive verwendet: *Divertente* und *invitante* werden z. B. als Adjektive, *cantante* und *insegnante* als Substantive verwendet.
  Achtung: Das italienische *participio presente* ist nicht immer identisch mit dem deutschen Partizip Präsens, z. B.:
  l'esercizio ***seguente*** = die folgende Übung
  eine werdende Mutter ≠ *una* ***futura*** *madre*
- Das ***participio passato*** wird hauptsächlich für die Bildung der zusammengesetzten Zeiten verwendet, z. B. beim *passato prossimo*.
  Das *participio passato* wird außerdem verwendet, um Sätze zu verkürzen.
  Quando sono arrivata a casa, mi sono fatta subito una doccia.
  Arrivata *a casa, mi sono fatta subito una doccia.*
  Als ich zu Hause angekommen bin, habe ich zuerst geduscht.
  Wie das *participio presente* kann auch das *participio passato* die Funktion eines Adjektivs oder eines Substantivs übernehmen:
  l'effetto ***desiderato*** = der gewünschte Effekt; *gli* ***impiegati*** = die Angestellten

227 Vervollständigen Sie die Tabelle mit den fehlenden Formen des *participio presente* und *passato*.

	Participio presente	Participio passato
parlare	....	parlato
vedere	vedente	....
cantare	....	....
obbedire	obbediente	....
conoscere	....	....
dormire	dormente/dormiente	....
condurre	....	condotto
ridere	....	riso
offrire	offerente	....

	Participio presente	Participio passato
rimanere	....	rimasto
preoccupare	....	....
fare	....	....

obbedire	gehorchen	**ridere**	lachen
condurre	führen	**preoccupare**	beunruhigen

228 **Setzen Sie die Partizipien (*participio presente* und *passato*) an der richtigen Stelle ein.**

conoscenti • insegnante • riscaldata • spiovente • tornati • divertenti • conducente • passato • vista • spumeggianti • corrente • finita

1. Quest'albergo ha una .... incantevole sul golfo.
2. Annamaria lavora come .... in un liceo.
3. La storia è la memoria del ....
4. Non parlate al ....
5. Le onde .... del mare in tempesta raggiungevano le prime case del litorale.
6. Ho tanti .... ma pochi amici.
7. .... a casa l'abbiamo trovata svaligiata.
8. Nella casa di campagna di Simone non c'è nemmeno l'acqua .... !
9. Non sopporto la pasta .... !
10. Un tetto così .... è adatto a una casa di montagna e non al mare.
11. .... l'università sono andata all'estero per perfezionare l'inglese e il tedesco.
12. Il nonno racconta sempre degli aneddoti ....

il/la conoscente	der/die Bekannte	**la tempesta**	der Sturm
spiovente	überstehend	**raggiungere**	erreichen
il passato	*hier* die Vergangenheit	**il litorale**	die Küste
spumeggiante	Schaum gekrönt	**svaligiare**	plündern
corrente	fließend	**sopportare**	ertragen
incantevole	sagenhaft	**il tetto**	das Dach
il golfo	der Golf, die Bucht	**l'estero**	das Ausland
la memoria	das Gedächtnis	**perfezionare**	verbessern
l'onda	die Welle	**l'anẹddoto**	die Anekdote

VERBEN • *GERUNDIO*

→ Gr LGr S. 301 ff.

Sbagliando s'impara sagt man im Italienischen, was auf Deutsch so viel heißt wie „aus Fehlern lernt man". Das ist auch unser Motto: Egal wie viele Fehler Sie bei den Übungen machen, wichtig ist, dass Sie aus ihnen lernen. *Sbagliando s'impara!*

Die Verbform *sbagliando* ist ein *gerundio*. Das *gerundio* (Gerundium) hat im Deutschen keine direkte Entsprechung. Im Italienischen dient es dazu, zwei Sätze zu verknüpfen. **Achtung:** Dabei müssen beide Sätze in der Regel dasselbe Subjekt haben.

- *Si sono abbracciati e così si sono riappacificati.*
  Abbracciandosi *si sono riappacificati.*
  Sie haben sich umarmt und so haben sie sich versöhnt.
- *Quando si legge molto si imparano tante cose.*
  Leggendo *molto si imparano tante cose.*
  Wenn man viel liest, lernt man viel.
- *Se prendi la macchina arrivi prima.*
  Prendendo *la macchina arrivi prima.*
  Wenn du das Auto nimmst, kommst du schneller an.
- *Mentre tornavo a casa ho incontrato Tina.*
  Tornando *a casa ho incontrato Tina.*
  Während ich nach Hause zurückkehrte, habe ich Tina getroffen.
- *Dato che avevo lavorato tanto, mi sono concesso una serata rilassante.*
  Avendo lavorato *tanto mi sono concesso una serata rilassante.*
  Da ich viel gearbeitet hatte, habe ich mir einen entspannenden Abend gegönnt.

Nicht vergessen: Das *gerundio* wird in zwei Zeiten benutzt.
gerundio presente: z. B. *parlando, vedendo, uscendo.*
gerundio passato: z. B. *avendo parlato, avendo visto, essendo uscito.*

229 Vervollständigen Sie die Sätze mit dem passenden Verb im *gerundio presente*.

vestirsi • fare • dovere • tornare • andare • sapere • partire • vedere

1. .... dall'ufficio Corrado ha incontrato un amico che non vedeva da un po'.
2. .... le prime scene del film mi sono reso conto che avevo già letto il libro.
3. .... ginnastica spero di tonificare i muscoli addominali.
4. .... in crociera Giuliana spera di incontrare l'uomo dei suoi sogni!
5. Pur .... di essere astemio ho bevuto un bicchiere di champagne e mi sono ubriacato immediatamente.
6. .... andare negli Stati Uniti per un viaggio d'affari ho rinnovato il passaporto.
7. .... la mattina presto dovremmo essere da voi per le dieci.
8. .... in modo casual Manuela si sente più a suo agio.

vestirsi	sich anziehen	**astemio**	abstinent
rendersi conto	bemerken	**ubriacarsi**	sich betrinken
tonificare	festigen	**rinnovare**	erneuern
il muscolo addominale	der Bauchmuskel	**il passaporto**	der Reisepass
la crociera	die Kreuzfahrt	**Si sente più a suo agio.**	Er/Sie fühlt sich wohler.

230 Wandeln Sie die Sätze um. Drücken Sie die hervorgehobenen Satzteile mit dem *gerundio presente* oder *passato* aus.

ESEMPIO **Trasformate le frasi e usate il gerundio.** — *Trasformate le frasi usando il gerundio.*

1. A volte quando si scherza si dice la verità. ....
2. Anche se conosceva bene l'inglese, Nico a New York ha avuto difficoltà a comunicare. *Pur* ....
3. Poiché aveva tradotto bene la versione di greco, Gianni ha avuto il suo primo otto. ....
4. Mentre toglieva la teglia dal forno, Maria si è scottata il polso. ....

5. Dato che siamo arrivati tardi in banca, non abbiamo più potuto fare il versamento. ....

6. Clelia si rende antipatica perché corregge sempre gli errori a tutti. ....

7. Poiché sono andati al mare in Sardegna Vito e Luca hanno potuto fare molto surf. ....

8. Quando zia Cecilia è stata scippata, piangeva e gridava: "Al ladro! Al ladro!". ....

trasformare	umwandeln
la frase	der Satz
usare	benutzen
scherzare	scherzen
la verità	die Wahrheit
la difficoltà	die Schwierigkeit
la versione	die Übersetzung
otto	*höchste Schulnote*
la teglia	das Blech
scottarsi	sich verbrennen
il polso	das Handgelenk
il versamento	die Überweisung
rendersi	sich machen
scippare	durch Wegreißen stehlen
piangere	weinen
gridare	schreien
Al ladro!	Haltet den Dieb!

VERBEN • DIE VERLAUFSFORM

→ Gr LGr S. S. 308

Wenn Sie im Italienischen betonen wollen, dass Sie etwas **gerade** tun, benötigen Sie die sogenannte „Verlaufsform“. Sie wird mit dem Verb *stare* und dem *gerundio presente* gebildet.
Das Verb *stare* kann dabei konjugiert werden. In Frage kommen aber nur die einfachen Zeiten: *presente*, *imperfetto*, *futuro semplice*, *congiuntivo presente* und *congiuntivo imperfetto*.

Sto scrivendo *un libro.*	Ich schreibe gerade an einem Buch.
Quando hai chiamato ***stavo dormendo****.*	Als du angerufen hast, schlief ich gerade.
Domani alle otto Mara ***starà sostenendo*** *l'ultimo esame.*	Morgen um acht Uhr wird Mara gerade ihre letzte Prüfung ablegen.
Credo che Lia ***stia studiando****.*	Ich denke, Lia lernt gerade.
Pensava che io ***stessi facendo*** *la doccia.*	Er/Sie dachte, dass ich gerade duschte.

231 **Setzen Sie die rechts stehenden Verben in die Verlaufsform: *presente* von *stare* + *gerundio*.**

ESEMPIO **Roberta *sta preparando* la cena.** — preparare

1. Vinni, ma che cosa ....? – Niente di particolare. — fare
2. Patrizia e Fernando .... un casale in campagna. — ristrutturare
3. In questo momento (io) .... un caffè, poi esco. — bere
4. Ma che (tu) ....? Non è vero niente! — dire
5. Fa' silenzio, per favore, i bambini .... già .... — dormire
6. Gabi e Hans .... un corso d'italiano a Firenze. — frequentare
7. No, non (io) ...., ... in Internet. Perché? Ti serve qualcosa? — lavorare, navigare
8. Ci possiamo risentire tra due settimane? (Noi) .... per le vacanze proprio ora. — partire
9. Dove (voi) ....? – In piscina. Vuoi venire anche tu? — andare
10. Vi va di giocare a biliardo? – No, guarda, ... un film. — vedere

niente di particolare	nichts Besonderes
ristrutturare	renovieren
il casale	das Bauernhaus
la campagna	das Land
Non è vero niente!	Es stimmt nicht!
fare silenzio	ruhig sein
frequentare	besuchen
navigare	*hier* surfen
servire	*hier* brauchen
risentirsi	wieder voneinander hören
la piscina	das Schwimmbad
vi va di …	habt ihr Lust zu …

In der nächsten Übung besteht die Aufgabe darin zu entscheiden, ob eine Handlung gerade jetzt stattfindet und dementsprechend das *presente* von *stare* + *gerundio* verwendet wird, oder ob sie sich gewöhnlich ereignet und mit dem *presente* ausgedrückt wird.

Adesso ***stiamo mangiando****.* — Jetzt essen wir gerade.
Mangiamo *sempre all'una.* — Wir essen immer um ein Uhr.

232 *Stare* + *gerundio*: ja oder nein? Kreuzen Sie die richtige Form an.

1.	Adesso non posso venire. .... una lampada.	☐ Riparo	☐ Sto riparando
2.	La domenica .... a pranzo dai nonni.	☐ andiamo	☐ stiamo andando
3.	Durante la settimana non .... mai sport perché non ho tempo.	☐ faccio	☐ sto facendo
4.	Senti, ... Puoi chiamarmi più tardi?	☐ ceniamo	☐ stiamo cenando
5.	No, guarda, adesso Davide .... Torna fra un'ora.	☐ riposa	☐ sta riposando
6.	Di solito .... alle sei e mezza. E tu?	☐ mi alzo	☐ mi sto alzando
7.	A che ora .... dall'ufficio in genere?	☐ uscite	☐ state uscendo
8.	Ma non vedi che .... il giornale? Parliamo dopo, okay?	☐ leggo	☐ sto leggendo
9.	Che genere di musica .... i tuoi figli?	☐ ascoltano	☐ stanno ascoltando
10.	Sebastiano non ama camminare, infatti .... sempre l'auto.	☐ prende	☐ sta prendendo

la lampada	die Lampe	**alzarsi**	aufstehen
i nonni	die Großeltern	**l'ufficio**	das Büro
durante	während	**in genere**	normalerweise
il tempo	die Zeit	**il giornale**	die Zeitung
cenare	zu Abend essen	**dopo**	später
riposare	ausruhen	**che genere di**	was für
fra	in (*zeitlich*)	**camminare**	laufen
di solito	gewöhnlich		

Für die folgende Übung sollten Sie *presente*, *imperfetto* und *futuro* des Modus *indicativo* und *presente* und *imperfetto* des Modus *congiuntivo* präsent haben.

233 Vervollständigen Sie die Sätze mit den Angaben.

stavamo già dormendo | stessi tornando | starai mangiando | stia lavando | stavo montando | staremo firmando | stavo correggendo | stai combinando | stiamo aspettando | stava appendendo

1. Quando il telefono ha squillato, ... degli scaffali e quindi non ho potuto rispondere.
2. Ma che ....!? Lascia stare i miei libri! Me li hai messi tutti in disordine!
3. Lunedì prossimo, alle cinque, ... il contratto di acquisto della casa. Che bello!
4. .... i compiti in classe dei miei studenti quando è arrivata una visita inaspettata.
5. E Veronica? – Penso che .... i piatti. Vai a vedere in cucina.
6. Pronto! Alberto? Ma dove sei? Credevo che .... a casa!
7. .... quando è cominciato il temporale, quindi non ci siamo accorti di niente.
8. Olga, Teresa, vi .... da almeno mezz'ora. Quando arrivate?
9. Nonno, non .... un'altra volta i cioccolatini di nascosto?
10. Pino .... un quadro quando si è dato il martello sul dito fratturandoselo!

montare	*hier* aufbauen
firmare	unterschreiben
combinare	*hier* anstellen
appendere	aufhängen
squillare	läuten
lo scaffale	das Regal
lasciare stare	*hier* nicht berühren
mettere in disordine	durcheinander-bringen
il contratto d'acquisto	der Kaufvertrag
il compito in classe	die Klausur, die Klassenarbeit
la visita	der Besuch
inaspettato	unerwartet
i piatti	*hier* das Geschirr
il temporale	das Gewitter
accorgersi	merken
almeno	mindestens
di nascosto	heimlich
il quadro	das Bild
il martello	der Hammer
il dito	der Finger
fratturarsi	sich brechen

VERBEN • ZEITENFOLGE IM INDIKATIV

→ Gr LGr S. 319 ff.

Nachdem Sie alle Verbzeiten kennen und ihre Formen und ihren Gebrauch geübt haben, stellt sich die Frage: Was für eine Zeitform muss ich im Nebensatz verwenden, um den chronologischen Zusammenhang zwischen Haupt- und Nebensatz auszudrücken? Es geht also um die Zeitenfolge. Sie ist im Italienischen ziemlich flexibel. Die Tabelle gibt einen Überblick über die mögliche Zeitenfolge zwischen Haupt- und Nebensatz im Indikativ.

Hauptsatz	**Nebensatz** [vorzeitig]	[gleichzeitig]	[nachzeitig]
Zeiten der Gegenwart	• ***imperfetto*** • ***passato prossimo***	• ***presente*** • ***stare + gerundio***	• ***futuro semplice*** • ***presente*** • ***condizionale presente***
So / Ho appena saputo che …	*… **volevi** partire ieri.* *… ieri **sei partito**.*	*… oggi **parti**.* *… **stai partendo**.*	*… domani **partirai** / **parti**.* *… **vorresti** partire domani.*
Zeiten der Vergangenheit	• ***trapassato prossimo***	• ***imperfetto***	• ***condizionale passato*** • ***imperfetto***
Sapevo / Ho saputo che …	*… il giorno prima **eri partito**.*	*… quel giorno **partivi**.*	*… il giorno dopo **saresti partito**.* *… **volevi** partire.*

sapere	wissen, erfahren	**prima**	*hier* davor
appena	gerade, eben	**quel giorno**	an dem Tag
partire	abfahren	**dopo**	*hier* danach

234 **Vervollständigen Sie die Sätze mit den angegebenen Verbformen. Beachten Sie, dass in jeder Satzgruppe jeweils eine falsche Verbform übrig bleibt.**

stanno arrivando • arrivano • arrivavano • sono arrivati

1. Mi hanno appena comunicato che i clienti francesi non .... più.
2. Mi hanno appena comunicato che i clienti francesi .... in tassì.
3. Mi hanno appena comunicato che i clienti francesi .... già .... all'aeroporto.

parte • partirebbe • sta partendo • è partito

4. Hai visto che l'ultimo treno per Roma .... tra un'ora?
5. Hai visto che l'ultimo treno per Roma .... due ore fa?
6. Hai visto che l'ultimo treno per Roma .... proprio ora?

vengono • verranno • venivano • sono venuti

7. Lo sai che ieri Nino e Bea non .... al concerto perché non avevano i soldi?
8. Lo sai che, oggi, anche Nino e Bea .... al concerto?
9. Lo sai che il mese prossimo .... anche Nino e Bea al concerto?

comunicare	mitteilen	**due ore fa**	vor zwei Stunden
l'aeroporto	der Flughafen	**proprio ora**	gerade jetzt

In der nächsten Übung sind keine Verbformen vorgegeben. Sie müssen daher selbst je nach Kontext die passende Verbzeit wählen und die entsprechende Verbform bilden. Das wird etwas Zeit in Anspruch nehmen. Zur Vereinfachung können Sie sich die Übung auch in zwei Hälften aufteilen.

235 **Setzen Sie die Verben in Klammern in die passende Zeitform. In Frage kommen folgende Zeiten: *presente*, *passato prossimo*, *imperfetto*, *trapassato prossimo*, *futuro semplice*, *condizionale presente*, *condizionale passato*. Achtung: In einigen Fällen sind zwei Alternativen möglich.**

1. Quando mia madre si è resa conto che non (io / avere) .... più intenzione di comprare la moto, si è tranquillizzata.
2. Sapevo che alcuni giorni prima i vicini (partire) ...., perciò mi sono preoccupato quando ho visto la porta aperta.

3. Ho appena incontrato Annarita, la quale mi ha raccontato che il mese scorso Michela (sposarsi) .... Tu lo sapevi?
4. Quando l'ho conosciuto, sulla spiaggia, sapevo che, due giorni dopo, la mia vacanza (finire) .... e che probabilmente non (io / vedere) .... più ....
5. Bravo! Lo sapevo che cambiando lavoro (tu / fare) .... carriera!
6. Quando sono andato alla posta per ritirare la raccomandata, l'impiegato allo sportello mi ha spiegato che i termini per il ritiro (scadere) .... il giorno prima e che perciò (loro / rispedire) .... la lettera al mittente.
7. Pino ha appena sentito al telegiornale che domani (esserci) .... lo sciopero dei treni.
8. Mi è appena venuto in mente che (noi / potere) .... farci prestare la tenda canadese da Lello. Che dici, lo chiamo e glielo chiedo?
9. Sapevo che in quel periodo Susanna (fare) .... la dieta e quindi, quando quella volta è venuta a cena, le ho preparato delle pietanze molto leggere alle verdure.
10. Ho letto da qualche parte che, stasera, su Rai tre (loro / trasmettere) .... quel vecchio film, "Vacanze romane", te lo ricordi?, quello con Gregory Peck. Ce lo vediamo?

rendersi conto	merken	**il mittente**	der Absender
avere intenzione	vorhaben	**venire in mente**	einfallen
tranquillizzarsi	sich beruhigen	**la tenda canadese**	das Zwei-Personen-Zelt
preoccuparsi	sich Sorgen machen		
ritirare	abholen	**la pietanza**	das Gericht, die Speise
la raccomandata	das Einschreiben		
lo sportello	der Schalter	**da qualche parte**	irgendwo
il termine di ritiro	die Abholungsfrist	**trasmettere**	*hier* zeigen
scadere	verfallen		

VERBEN • ZEITENFOLGE IM *CONGIUNTIVO*

→ Gr LGr S. 324 ff.

Für die Zeitenfolge im *congiuntivo* gelten dieselben Regeln wie für den *indicativo*. Wichtig: Der *congiuntivo* steht nur dann im Nebensatz, wenn bestimmte Verben (= „Auslöser") im Hauptsatz stehen (→ S. 193).
Es folgt ein Überblick über die Zeitenfolge, der Ihnen bei den Übungen helfen soll.

Hauptsatz im *indicativo*	**Nebensatz** [vorzeitig]	[gleichzeitig]	[nachzeitig]
presente	• ***cong. passato*** • ***cong. imperfetto******	• ***cong. presente***	• ***cong. presente*** • ***futuro semplice ind.***
Penso che …	*Lina **sia** già **arrivata**.* *ieri Lina **fosse** stanca.*	*Lina **parli** lo spagnolo.*	*Lina **venga** /* ***verrà** tra poco.*
imperfetto	• ***cong. trapassato***	• ***cong. imperfetto***	• ***cong. imperfetto*** • ***cond. passato***
Pensavo che …	*Lina **fosse** già **arrivata**.*	*Lina **parlasse** lo spagnolo.*	*Lina **venisse** / **sarebbe venuta** più tardi.*
condizionale	• ***cong. trapassato***	• ***cong. imperfetto***	• ***cong. imperfetto***
Vorrei che …	*Lina mi **avesse** già **chiamato**.*	*Lina mi **chiamasse** in questo momento.*	*Lina mi **chiamasse** più tardi.*

---

* Nach dem *indicativo presente* kann manchmal auch der *congiuntivo imperfetto* verwendet werden, und zwar in den Fällen, die normalerweise den *imperfetto indicativo* erfordern würden: Zustandsbeschreibungen und Gewohnheiten in der Vergangenheit.

*Ieri Lina **era** stanca.* *[indicativo]*
*Penso che ieri Lina **fosse** stanca.* *[congiuntivo]*
Ich denke, dass Lina gestern müde war.

236 **Setzen Sie die rechts stehenden Verben in die richtige Zeitform: *congiuntivo presente*, *congiuntivo passato* oder *futuro semplice*. Achtung: In einigen Fällen sind zwei Alternativen möglich.**

1. Mi sembra che tra un mese (loro) .... un pub irlandese in centro.	aprire
2. Carla ha ricevuto un'ottima offerta di lavoro e si trasferisce in Turchia. Non credo però che .... la lingua.	parlare
3. Sebbene Alfredo .... appena .... a guidare, è bravissimo al volante.	imparare
4. Questo è il complimento più bello che (io) .... mai ....!	ricevere
5. Pensi che il capo mi .... le ferie in agosto quest'anno?	concedere
6. Vuoi andare in bicicletta senza casco? Non credo che questa .... una buon'idea. È pericoloso, piccolo mio!	essere
7. Domani è domenca. Speriamo che i bambini .... più a lungo.	dormire
8. Piera ha un aspetto raggiante. Credo proprio che .... un bambino.	aspettare
9. Immagino che ieri voi .... una bella giornata al mare, vero?	trascorrere
10. Ida soffre di vertigini. Non penso che .... sulla torre Eiffel, quando è andata a Parigi.	salire

tra un mese	in einem Monat	**il casco**	der Schutzhelm
aprire	eröffnen	**pericoloso**	gefährlich
ricevere	erhalten	**dormire a lungo**	ausschlafen
l'offerta	das Angebot	**raggiante**	strahlend
trasferirsi	umziehen	**aspettare un bambino**	ein Kind erwarten
sebbene	obwohl	**immaginare**	*hier* vermuten
guidare	fahren	**soffrire**	leiden
il volante	das Steuerrad	**la vertigine**	der Schwindel
concedere	bewilligen	**salire**	hinaufgehen

237 **Setzen Sie die rechts stehenden Verben in die richtige Zeitform:** ***congiuntivo imperfetto*****,** ***congiuntivo trapassato*** **oder** ***condizionale passato*****.** **Achtung: In einigen Fällen sind zwei Alternativen möglich.**

1. Vorrei tanto che mi (voi) .... a trovare. Avete tempo il mese prossimo?	venire
2. Pensavo che (tu) .... già .... di studiare. Peccato! Saremmo potuti andare a fare una passeggiata in centro.	finire
3. Quella sera, sebbene ...., non faceva per niente freddo.	nevicare
4. Avrei desiderato che, quella volta, i miei genitori mi .... il permesso di partecipare al gioco a premi. Chissà, forse avrei vinto.	dare
5. Daniele non era riuscito a finire i preparativi per la festa e perciò sperava che gli invitati .... un po' più tardi.	arrivare
6. L'altro giorno, per strada, c'erano due grossi cani randagi. All'improvviso si sono avvicinati e io ho avuto paura che mi .... In realtà cercavano solo qualcosa da mangiare.	aggredire
7. Eravamo felici che Giulio .... il giusto riconoscimento per il lavoro svolto per la sua azienda.	ottenere
8. Nonostante .... tutte le finestre aperte, quella notte non siamo riusciti a dormire per il gran caldo.	lasciare
9. Speravamo che alla fine mio padre e mia madre .... di acquistare quella bella villetta in Liguria, sulla Riviera di Ponente.	decidere
10. Era probabile che il progetto di legge non .... in parlamento a causa dei franchi tiratori.	passare

il permesso	die Erlaubnis	**svolto (svolgere)**	geführt
il gioco a premi	das Glücksspiel	**l'azienda**	die Firma
chissà	wer weiß	**acquistare**	erwerben, kaufen
il preparativo	die Vorbereitungen	**la riviera**	das Ufer, der Küstenstrich
l'invitato	der Eingeladene, der Gast	**il ponente**	der Westen
il cane randagio	der streunende Hund	**il progetto di legge**	der Gesetzesentwurf
avvicinarsi	sich (an)nähern	**passare**	annehmen
aggredire	überfallen	**a causa di**	wegen
il riconoscimento	die Anerkennung	**il franco tiratore**	der Heckenschütze

238 Kreuzen Sie die richtige Zeitform an.

1. Molti temono che la situazione in Medio Oriente .... peggiorare.	☐ possa ☐ fosse potuta
2. Ci piacerebbe che la nostra città .... un'offerta culturale migliore.	☐ avesse ☐ avrebbe
3. Mi pare che stamattina gli operatori ecologici .... già .... i bidoni della spazzatura.	☐ avessero ritirato ☐ abbiano ritirato
4. Non sapevo che Sophia Loren .... nel 1999 anche il David di Donatello alla carriera.	☐ avesse ricevuto ☐ ricevesse
5. Alcuni turisti hanno paura, andando a Napoli, che i borseggiatori li	☐ derubassero ☐ derubino
6. Credevamo che ci .... i mobili entro la fine della settimana.	☐ avessero consegnato ☐ avrebbero consegnato
7. Non siamo sicuri se, con un'estate così piovosa, il vino di quest'anno .... buono.	☐ sarà ☐ sia stato
8. Mi pare che da bambina Clelia .... male in matematica.	☐ andasse ☐ andrà
9. Credo che la zia Elvira .... bene il nuovo sindaco.	☐ conoscerebbe ☐ conosca
10. Penso proprio che, a questo punto, ... la concordanza dei tempi in italiano.	☐ abbiate imparato ☐ aveste imparato

temere	befürchten
la situazione	die Lage
il Medio Oriente	der Nahe Osten
peggiorare	schlechter werden
l'offerta	das Angebot
l'operatore ecologico	der Müllmann
ritirare	abholen
il bidone della spazzatura	die Mülltonne
ricevere	bekommen
il David di Donatello	*Filmpreis*
il borseggiatore	der Taschendieb
derubare	berauben, ausrauben
consegnare	liefern
il mobile	das Möbelstück
entro	binnen
piovoso	regnerisch
andare male in	schlecht sein
il sindaco	der Bürgermeister
la concordanza dei tempi	die Zeitenfolge

VERBEN • INDIREKTE REDE

→ Gr LGr S. 321 ff.; 413 ff.

Wie oft passiert es, dass man etwas weitererzählen muss, das man von anderen gehört hat? In der Grammatik spricht man in solchen Fällen von „indirekter Rede“.

Um die „Technik“ der indirekten Rede zu erlernen, ist es zum Glück nicht notwendig, sich neue Formen anzueignen. Bei der Umwandlung einer direkten in die indirekte Rede genügt es, einige Änderungen der Satzteile vorzunehmen. Merken Sie sich dabei Folgendes:

- Pronomen mit Verbformen, Ortsadverbien und Zeitadverbien müssen je nach Kontext in der indirekten Rede entsprechend geändert werden.

*Pino dice: “**(noi) Rimaniamo qui**”.*	*Pino dice che **(loro) rimangono lì**.*
Pino sagt: „Wir bleiben hier.“	Pino sagt, dass sie dort bleiben.

- Steht das **Einleitungsverb in der Gegenwart**, so bleiben die Zeiten der direkten Rede erhalten. Nur der Imperativ wird durch *di* und den Infinitiv ausgedrückt.

*Ada dice: “Lo **chiamo** stasera”.*	*Ada dice/ha appena detto che lo **chiama** stasera.*
Ada sagt: „Ich rufe ihn heute Abend an.“	Ada sagt/hat eben gesagt, dass sie ihn heute Abend anruft.
*Ada dice: “**Chiamami** stasera”.*	*Ada dice/ha appena detto **di chiamarla** stasera.*
Ada sagt: „Ruf mich heute Abend an.“	Ada sagt/hat eben gesagt, ich soll sie heute Abend anrufen.

- Steht das **Einleitungsverb in der Vergangenheit**, so verschiebt sich die Zeitform des Verbs der direkten Rede in der Regel um eine Stufe in die Vergangenheit: z. B. *presente → imperfetto, passato prossimo → trapassato prossimo, condizionale presente → condizionale passato*

*Eva gli ha chiesto: “Mi **puoi** aiutare?”*	*Eva gli ha chiesto se la **poteva** aiutare.*
Eva hat ihn gefragt: „Kannst du mir helfen?“	Eva hat ihn gefragt, ob er ihr helfen könn(t)e.

Beachten Sie jedoch die folgenden **Ausnahmen**:
futuro semplice → condizionale passato
imperativo → infinito
Unverändert bleiben die Zeiten: *imperfetto, trapassato prossimo, passato remoto.*

239 **Gabriella hat eine Nachricht für Franca auf Band hinterlassen. Paola, Francas Mitbewohnerin, hat den Anrufbeantworter abgehört. Helfen Sie ihr Franca zu erzählen, was Gabriella gesagt hat. Setzen Sie dann den hervorgehobenen Textteil in die indirekte Rede (der Gegenwart).**

"Questa è la segreteria telefonica di Franca Conte e Paola Formigoni. In questo momento non siamo in casa. Lasciate un messaggio dopo il segnale acustico, vi richiameremo appena possibile".

"Ciao, Franca, sono Gabriella. Senti, mi dispiace, ma domani non ti posso più accompagnare dall'avvocato. Si è rotta la macchina e devo portarla urgentemente dal meccanico. E poi la babysitter è malata e i miei suoceri sono in vacanza, quindi dovrei comunque rimanere con i bambini. Puoi cercare di spostare l'appuntamento alla prossima settimana? Oppure, chiedi a Bernardo se ti può accompagnare con la sua macchina. Fammi sapere. Ciao".

Franca, ti ha appena telefonato Gabriella. Ha detto che ...

la segreteria telefonica	der Anrufbeantworter
il messaggio	die Nachricht
il segnale acustico	der Signalton
richiamare	zurückrufen
appena possibile	so schnell wie möglich
accompagnare	begleiten, bringen

l'avvocato	der Rechtsanwalt
rompersi	kaputtgehen
urgentemente	dringend
i suoceri	die Schwiegereltern
comunque	*hier* sowieso
spostare	*hier* verschieben
far sapere	Bescheid geben

240 Setzen Sie die Sätze in die indirekte bzw. direkte Rede (der Vergangenheit).

	Discorso diretto	Discorso indiretto
1.	Enza ha detto a Paolo: "Me ne sono andata via prima perché ero molto stanca".	Enza ha detto a Paolo che …………
2.	L'insegnante ha ordinato agli studenti: …………	L'insegnante ha ordinato agli studenti di stare zitti.
3.	Gli ho chiesto: "Hai una sigaretta?"	Gli ho chiesto …………
4.	Le ho detto: "Sono molto offeso a causa del comportamento di Giusi".	Le ho detto che …………
5.	Ci hanno raccontato: …………	Ci hanno raccontato che sarebbero andati a villeggiare in un agriturismo in Toscana.
6.	Ha detto: "Ti avevo chiamato per avvisarti dell'accaduto".	Gli aveva detto che …………
7.	Mi hanno chiesto: …………	Mi hanno chiesto se avevo voglia di cenare da loro quella sera.
8.	Avevano detto: "Ci piacerebbe festeggiare il matrimonio in una villa antica".	Avevano detto che …………
9.	Ha detto: "Sono contenta di ricominciare a lavorare dopo il periodo di aspettativa".	Ha detto che …………
10.	Gli ho chiesto: …………	Gli ho chiesto se era andato a ritirare il certificato di nascita al comune.

andarsene	weggehen	**avvisare**	*hier* unterrichten
ordinare	befehlen	**l'accaduto**	das Geschehen
stare zitto	still bleiben, den Mund halten	**festeggiare**	feiern
		il matrimonio	die Hochzeit
essere offeso	beleidigt sein	**ricominciare**	wieder anfangen
a causa di	auf Grund	**l'aspettativa**	der Wartestand
il comportamento	das Benehmen	**ritirare**	abholen
villeggiare	den Urlaub verbringen	**il certificato di nascita**	die Geburtsurkunde
l'agriturismo	der Urlaub auf dem Bauernhof	**il comune**	die Gemeindeverwaltung

241 Setzen Sie die Sätze in die indirekte Rede.

1. “Comincia a pelare le cipolle e l’aglio per il sugo”.
   Lucia dice ……………………
2. “Puoi cambiare la lampadina del lampadario del salotto?”
   Enza chiede a Davide ……………………
3. “Le ho fissato un appuntamento per domani dal dentista”.
   La segretaria mi disse ……………………
4. “Dovreste ascoltare il consiglio del nonno”.
   Papà e mamma dissero ……………………
5. “Da ora in poi non trascurerò più la mia famiglia per il lavoro”.
   Bianca disse che ……………………
6. “Amo leggere libri fantasy”.
   Giampiero dice ……………………
7. “Questo vaso di porcellana è proprio bello”.
   Laura disse ……………………
8. “Non penso che i pantaloni a vita bassa ti stiano bene”.
   Gina disse alla sua amica ……………………
9. “Ci piacerebbe visitare il museo di arte antica”.
   I turisti dissero ……………………
10. “Lo sposo e la sposa sono molto emozionati”.
    Gli invitati raccontarono che ……………………

pelare	schälen
cambiare	wechseln
la lampadina	die Glühbirne
il lampadario	der Leuchter
il salotto	das Wohnzimmer
fissare	ausmachen
il/la dentista	der Zahnarzt / die Zahnärztin
il consiglio	der Ratschlag
da ora in poi	von heute ab
trascurare	vernachlässigen
la porcellana	das Porzellan
i pantaloni a vita bassa	die Hüfthosen
il museo di arte antica	das Museum der Antike
lo sposo	der Bräutigam
la sposa	die Braut
emozionato	gerührt, aufgeregt

VERBEN • BEDINGUNGSSÄTZE

→ Gr LGr S. 328 ff.

"S'i' fosse foco, arderei 'l mondo". Wenn ich Feuer wäre, würde ich die Welt in Brand setzen. Oder in heutigem Italienisch "Se io fossi il fuoco, arderei il mondo". Das sind berühmte Anfangsreime eines Sonetts von Cecco Angiolieri (ca. 1260 – ca. 1313), in denen der Dichter Gott und die Welt verflucht – nur in hypothetischer Form. Genau darum geht es in diesem Kapitel: Um hypothetische Sätze, die in der Grammatiksprache „Bedingungssätze" genannt werden.
Ein Bedingungssatz besteht aus einer Bedingung (mit *se* = wenn eingeleitet) und ihrer Folge: **Bedingung**: *Se io fossi il fuoco ...* **Folge**: *arderei il mondo.*
Es gibt drei Typen von Bedingungssätzen. Schauen Sie sich dazu den Überblick an, der Ihnen bei den Übungen helfen soll.

Typ	Bedingung	Folge
I	***Presente***	***Presente***
	Se ***ho*** *tempo,* Wenn ich Zeit habe,	***faccio*** *un dolce.* backe ich einen Kuchen.
	Presente	***Imperativo***
	Se ***puoi****,* Wenn du kannst,	***chiamami****.* ruf mich an.
	Futuro semplice	***Futuro semplice***
	Se il tempo ***sarà*** *bello,* Wenn das Wetter schön ist,	***faremo*** *una gita in montagna.* werden wir einen Ausflug in die Berge machen.
II	***Congiuntivo imperfetto***	***Condizionale presente***
	Se ***avessi*** *tanti soldi,* Wenn ich viel Geld hätte,	*non* ***lavorerei****.* würde ich nicht arbeiten.
III	***Congiuntivo trapassato***	***Condizionale passato***
	Se me lo ***avessi detto****,* Wenn du es mir gesagt hättest,	*ti* ***avrei aiutato****.* hätte ich dir geholfen.
	Imperfetto	***Imperfetto*** [← Umgangssprache]
	Se me lo ***dicevi****,* Wenn du es mir gesagt hättest,	*ti* ***aiutavo****.* hätte ich dir geholfen.

242 Verbinden Sie die linke Spalte mit der rechten zu sinnvollen Sätzen.

1.	Se prendiamo l'autostrada, …	a.	compratevi il navigatore satellitare.
2.	Se ti senti stanca, …	b.	facciamo prima e poi possiamo uscire.
3.	Se avete difficoltà a trovare la strada in una zona che non conoscete, …	c.	ti regaleremo una bicicletta nuova.
4.	Se sarai promosso, …	d.	sarò costretto a trasferirmi a Milano.
5.	Senti, se vedi Elisabetta, …	e.	se cambi idea e decidi di venire allo stadio.
6.	Alessandro, guarda che ti prendi un brutto raffreddore, …	f.	troviamo certamente meno traffico.
7.	Se cambierò lavoro, …	g.	se non l'hai ancora visto.
8.	Se mi date una mano, …	h.	riposati un pochino.
9.	Questo film te lo posso prestare, …	i.	le dici di chiamarmi sul cellulare?
10.	Mandami un sms, …	j.	se continui a giocare con le mani nell'acqua fredda!

il navigatore satellitare	das Navigationssystem	**cambiare idea**	seine Meinung ändern
fare prima	schneller fertig werden	**prendersi un raffreddore**	sich eine Erkältung einfangen
essere promosso	*hier* befördert werden	**dare una mano**	zur Hand gehen, helfen
essere costretto	gezwungen sein	**riposarsi**	sich ausruhen

243 Setzen Sie die Verben in Klammern in die richtige Zeitform: *indicativo presente*, *futuro semplice* oder *imperativo*.

1. Se non la smetti di prendermi in giro, (io / andarsene) .... e ti lascio a piedi!
2. Se (continuare) .... a fare questo caldo, resteremo in casa tutta l'estate con l'aria condizionata accesa giorno e notte.
3. Se i pantaloni sono troppo lunghi, (tu / farli) .... accorciare dalla sarta.
4. Se metterete a posto la vostra cameretta, dopo (potere) .... vedere i cartoni animati alla televisione.
5. (Straripare) .... il fiume se pioverà in questo modo tutta la notte.

6. Se l'aereo (partire) .... alle dieci, bisogna stare in aeroporto per le otto e mezza.
7. Se anche voi (partecipare) .... al regalo, gli possiamo comprare un servizio di posate da dodici.
8. Se hai mal di denti, (tu / andare) .... subito dal dentista.
9. Se (Lei / prendere) .... questo autobus, arriva direttamente alla stazione centrale.
10. (Tu / mangiare) .... qualcos'altro, se hai ancora fame.

smetterla	aufhören	**la sarta**	die Schneiderin
prendere in giro qualcuno	sich über jemanden lustig machen	**mettere a posto**	aufräumen
		i cartoni animati	die Zeichentrickfilme
lasciare a piedi	stehen lassen	**straripare**	über die Ufer treten
l'aria condizionata	die Klimaanlage	**il servizio di posate da dodici**	das Besteckset für zwölf Personen
accendere	anschalten		
accorciare	kürzen		

244 Setzen Sie die Verbformen an der richtigen Stelle ein.

arrivassero • compreremmo • prenderebbero • dovessero • sapessi • farei • avessi • lavorassi • vinceste • soffriresti

1. Nora e Vittorio .... lezioni private di tedesco, se trovassero un'insegnante di madrelingua.
2. Se .... più tempo a disposizione, mi piacerebbe imparare a suonare la chitarra.
3. .... tante piante verdi se il nostro appartamento fosse più luminoso.
4. Se .... di meno, non ti sentiresti sempre così stressato.
5. Se riuscissi ad avere quattro settimane di ferie, ... un bel viaggio in Sudamerica.
6. Se Carla ed Ettore .... in orario, potremmo trovare dei posti in prima fila.
7. Se facessi un po' di attività fisica dopo il lavoro, non .... così spesso di mal di schiena.
8. Se i miei amici Fabio e Renato non .... studiare tanto, potremmo giocare a calcetto ogni pomeriggio.
9. Se .... cucire, farei dei rivestimenti per i cuscini del divano.
10. Che fareste se .... alla lotteria di capodanno?

vincere	gewinnen	**il mal di schiena**	der Rückenschmerz
soffrire	leiden	**il calcetto**	der kleine Fußballplatz
la lezione privata	der Privatunterricht		
la madrelingua	die Muttersprache	**cucire**	nähen
la disposizione	die Verfügung	**il rivestimento**	der Überzug
luminoso	hell	**il cuscino**	das Kissen
riuscire	es schaffen, können	**il divano**	die Couch
l'attività fisica	die sportliche Betätigung	**il capodanno**	das Neujahr

245 Setzen Sie die Verben in Klammern in den *congiuntivo imperfetto* oder in das *condizionale presente*.

ESEMPIO **Se (tu / prendere) *prendessi* un'aspirina, ti (passare) *passerebbe* il mal di testa.**

1. Se i tuoi figli (andare) .... alla scuola materna, (avere) .... più possibilità di stare con altri bambini.
2. Se (tu / pitturare) .... la tua stanza di giallo, (sembrare) .... più calda e luminosa.
3. Le colline della nostra zona (essere) .... più rigogliose se (piovere) .... di più.
4. Se (io / ereditare) .... dai miei zii, (dare) .... in beneficenza una consistente somma di denaro.
5. Se (loro / avere) .... un po' di buon senso, (comprare) .... solo prodotti biologici.
6. (Noi / dovere) .... cercarci un appartamento più grande se (avere) .... figli.
7. Se (io / sapere) .... cavalcare, (trascorrere) .... le vacanze in una fattoria per equitazione.
8. Se a Luca (piacere) .... il gioco d'azzardo, mi (accompagnare) .... al casinò di Sanremo.
9. (Io / acquistare) .... una roulotte, se mia moglie (amare) .... fare campeggio.
10. Se Lucia (studiare) .... con più impegno, (andare) .... meglio in tutte le materie.

passare	*hier* vorübergehen, vorbeigehen	**pitturare**	malen
		luminoso	hell
la scuola materna	der Kindergarten	**la collina**	der Hügel

rigoglioso	blühend, üppig
ereditare	erben
dare in beneficenza	spenden
consistente	*hier* groß
il denaro	das Geld
il buon senso	gesunder Menschenverstand
cavalcare	reiten
trascorrere	verbringen
la fattoria per equitazione	der Reithof
il gioco d'azzardo	das Glücksspiel
acquistare	erwerben, kaufen
la roulotte	der Wohnwagen
fare campeggio	campen
l'impegno	das Engagement
la materia	das Fach

246 **Wandeln Sie die Bedingungssätze der vorhergehenden Übung um. Benutzen Sie dabei den *congiuntivo trapassato* und das *condizionale passato*.**

ESEMPIO **Se prendessi un'aspirina, ti passerebbe il mal di testa. →**
Se avessi preso un'aspirina, ti sarebbe passato il mal di testa.

1. *Se i tuoi figli* ....
2. ....
3. ....
4. ....
5. ....
6. ....
7. ....
8. ....
9. ....
10. ....

247 **Wandeln Sie die Bedingungssätze um. Benutzen Sie dabei den *congiuntivo trapassato*, das *condizionale passato* oder das *indicativo imperfetto*.**

ESEMPIO **Se l'avessi saputo, sarei venuto.** → ***Se lo sapevo, venivo.***

1. Se da bambino ti lavavi i denti, non avevi tutte queste carie.
   ....
2. Se il governo avesse varato una legge antievasione, i cittadini onesti avrebbero pagato meno tasse.
   ....
3. Se non dimenticavate di inserire l'allarme, probabilmente i ladri non entravano.
   ....

4. Se arrivavi in orario al vernissage, ti presentavo lo scultore.

....

5. Se Liana si fosse laureata in tempo, avrebbe potuto partecipare all'ultima abilitazione all'insegnamento.

....

6. Se ieri foste venuti a pranzo da me, vi avrei preparato la polenta taragna.

....

7. Se andavo più piano con l'auto, forse non facevo l'incidente.

....

8. Se fosse stata una bella giornata, saremmo andati a passeggio sul lago di Como.

....

9. Se avessimo avuto tempo, saremmo andati a fare visita ai nostri amici pescatori.

....

10. Se guardavo sulla cartina, non mi perdevo.

....

la carie	die Karies, die Zahnfäule	**laurearsi**	das Studium abschließen
varare una legge	ein Gesetz verabschieden	**l'abilitazione all'insegnamento**	die Aufnahmeprüfung für das Lehramt
antievasione	gegen Steuer-hinterziehung	**la polenta taragna**	*Polenta mit Käse und Butter*
onesto	ehrlich	**andare piano**	langsam fahren
la tassa	die Steuer	**l'incidente**	der Unfall
inserire	anschalten, anstellen	**il pescatore**	der Fischer
l'allarme	die Alarmanlage	**la cartina**	der Straßenplan
il ladro	der Dieb	**perdersi**	sich verfahren
lo scultore	der Bildhauer		

VERBEN • BESONDERHEITEN

→ Gr LGr S. 340–341

Reflexiv und nicht-reflexiv gebrauchte Verben

Einige italienische Verben können sowohl reflexiv (→ auch S. 152) als auch nicht-reflexiv gebraucht werden, z. B. *cambiarsi* / *cambiare*. Manche dieser Verben ändern dabei ihre Bedeutung. So heißt das Verb *cambiarsi* als reflexives Verb „sich umziehen", das nicht-reflexive Verb *cambiare* hingegen bedeutet „ändern, wechseln".

Prima di riparare la Vespa Gennaro ***si è cambiato****.*	Bevor Gennaro die Vespa reparierte, **hat er sich umgezogen**.
Gennaro ***ha cambiato*** *lavoro.*	Gennaro **hat** den Job **gewechselt**.

Mit diesem Thema beschäftigt sich die nächste Übung.

248 **Reflexiv oder nicht-reflexiv? Kreuzen Sie die richtige Form an.**

1. Probabilmente .... le chiavi. Non le trovo più!	☐ mi sono perso	☐ ho perso
2. Laura, a che ora .... stamattina?	☐ ti sei alzata	☐ hai alzato
3. E Lei, come ....? – Armando Ricci.	☐ si chiama	☐ chiama
4. Poiché non conoscevano la strada	☐ si sono persi	☐ hanno perso
5. Quando andiamo a lavorare, dobbiamo .... piuttosto presto.	☐ svegliarci	☐ svegliare
6. Il pranzo è pronto. .... i bambini.	☐ Si chiamano	☐ Chiamate
7. Quando il nonno dorme, non .... nemmeno le cannonate.	☐ si sente	☐ sente
8. Il testimone .... la mano destra e dica: "Lo giuro".	☐ si alzi	☐ alzi
9. Ragazzi, ..., per favore? È tardissimo!	☐ vi sbrigate	☐ sbrigate
10. Bettina, ... meglio oggi?	☐ ti senti	☐ senti

11. Tania, ... papà, perché tra poco arrivano i suoi clienti.

12. Prima di partire devo assolutamente .... una faccenda.

☐ si sveglia	☐ sveglia
☐ sbrigarmi	☐ sbrigare

perdersi	sich verlaufen / verfahren
poiché	da, weil
piuttosto	ziemlich
svegliarsi	aufwachen
svegliare	wecken
la cannonata	der Kanonenschuss
il/la testimone	der Zeuge / die Zeugin
giurare	schwören
sbrigarsi	sich beeilen
sbrigare	erledigen
la faccenda	die Angelegenheit

→ Gr LGr S. 341

Reflexive und nicht-reflexive Verben im Italienischen und im Deutschen

Ein Verb, das im Italienischen reflexiv ist, muss dies nicht auch im Deutschen sein, und umgekehrt. So ist das italienische reflexive Verb *stancarsi* im Deutschen nicht-reflexiv (= müde werden); dagegen ist das deutsche reflexive Verb „sich (ver)ändern" im Italienischen nicht-reflexiv (= *cambiare*).

Ci siamo stancati molto.
Wir sind sehr **müde geworden**.

Non mi sono accorto di niente.
Ich habe nichts **bemerkt**.

I bambini si sono ammalati.
Die Kinder **sind krank geworden**.

Rina è cambiata, vero?
Rina **hat sich verändert**, nicht wahr?

Attilio e Wanda vogliono divorziare.
Attilio und Wanda wollen **sich scheiden lassen**.

Ringrazio tutti per l'aiuto.
Ich bedanke mich bei allen für die Hilfe.

Auf der nächsten Seite finden Sie eine nützliche Übung zu diesem Thema.

249 A **Lesen Sie die Sätze genau durch und entscheiden Sie, ob die hervorgehobenen Verben reflexiv sind oder nicht. Ergänzen Sie alle reflexiven Verben mit dem passenden Reflexivpronomen.**

1. Scusi, Lei come .... chiama? – Guglielmo Perrotta.
2. Adesso basta! Guarda, ... sei bagnato tutto!
3. .... dobbiamo ringraziare Teresa e Cesare per il bel regalo.
4. I bambini .... sono migliorati molto in inglese da quando prendono lezioni private.
5. La sera io .... addormento sempre davanti alla televisione.
6. Mio figlio .... sveglia spesso di notte perché fa dei brutti sogni.
7. Bernardo non .... è pentito del lavoro che ha scelto.
8. I vicini .... sono trasferiti fuori città.
9. La mia amica e io .... parliamo di tutto.
10. Ma lo sai che il farmacista .... è ammalato di nuovo?
11. .... è rotto il televisore che avevamo comprato appena l'anno scorso.
12. Ilaria è molto suscettibile, ... offende per la minima cosa!

249 B **Vervollständigen Sie jetzt die Verbliste mit den Infinitivformen der hervorgehobenen Verben. Achten Sie darauf, ob sie reflexiv sind oder nicht.**

offendersi	gekränkt sein	....	umziehen
....	aufwachen	....	bereuen
....	sich unterhalten	....	kaputtgehen
....	einschlafen	....	sich bessern
....	sich bedanken	....	krank werden
....	heißen	....	nass werden

Adesso basta!	Jetzt ist Schluss!	**fuori città**	außerhalb der Stadt
la lezione privata	der Privatunterricht	**il/la farmacista**	der Apotheker / die Apothekerin
davanti	vor		
fare brutti sogni	schlecht träumen	**suscettibile**	überempfindlich
scegliere	wählen	**minimo**	kleinste/-r/-s

→ Gr LGr S. 357 ff.

Unpersönliche Verben

Unpersönliche Verben und Ausdrücke beziehen sich auf keine bestimmte Person. Wie im Deutschen werden sie in der 3. Person Singular benutzt.

Basta *studiare un po' di più.*	**Es reicht** etwas mehr zu lernen.
Nella nostra zona ***piove*** *raramente.*	In unserer Gegend **regnet es** selten.
È meglio *tornare a casa.*	**Es ist besser**, nach Hause zu gehen.

Achtung: Im Deutschen sind unpersönliche Verben und Ausdrücke in der Regel vom Pronomen „es“ begleitet, im Italienischen dagegen nicht: **es** reicht → *basta*.

Nicht vergessen: Einige Verben können sowohl unpersönlich als auch persönlich verwendet werden:

- Wenn sie unpersönlich gebraucht werden, stehen sie in der 3. Person Singular.
  Capita *spesso di andare a cena fuori.* — **Es kommt** oft **vor**, dass man auswärts isst.
- Wenn sie persönlich gebraucht werden, werden sie an das Subjekt angeglichen.
  Tutte le cose più strane ***capitano*** *a me!* — Mir **passieren** die komischsten Sachen!

250 **Setzen Sie die Verben an der richtigen Stelle ein. Achten Sie darauf, ob sie persönlich oder unpersönlich verwendet werden. Die passende Zeitform (Modus *indicativo*) ist rechts angegeben.**

nevicare • ~~servire~~ • bisognare • convenire • servire • piovere • essere facile • bastare

1. Per fare la torta mi *servono* almeno sei uova freschissime. — presente
2. Domani mattina .... partire piuttosto presto per evitare il traffico. — presente
3. Poiché .... tutta la settimana ininterrottamente, si è allagata la cantina. — trapassato prossimo
4. Non .... ancora comprare il televisore nuovo, dato che probabilmente i prezzi scenderanno ulteriormente. — presente
5. Non credo che questi pannolini .... per due settimane. Dobbiamo comprarne ancora un pacco. — futuro semplice

6. Non ………………… andare in agenzia, puoi prenotare anche in Internet. — presente
7. Questo inverno è stato molto rigido, ………………… per diversi mesi consecutivi. — passato prossimo
8. Considerando il carattere difficile di Giampaolo non ………………… dirgli la verità. — futuro semplice

convenire	sich lohnen	**scendere**	senken, sinken
almeno	mindestens	**ulteriormente**	*hier* weiter, noch
evitare	(ver)meiden	**il pannolino**	die Windel
ininterrottamente	ununterbrochen	**rigido**	streng
allagarsi	überschwemmt werden	**consecutivo**	hintereinander
		considerando	in Anbetracht
la cantina	der Keller	**il carattere**	das Temperament

Das Verb *piacere*

Das häufig gebrauchte Verb *piacere* (gefallen, mögen, gern tun, schmecken) wird vor allem in der 3. Person Singular oder Plural verwendet.

3. Person Singular + Verb im Infinitiv / Substantiv im Singular

A Sandra ***piace*** *ricamare.*	Sandra stickt gern.
Ci ***piace*** *cucinare.*	Wir kochen gerne.
A Vincenzo non ***piace*** *la musica classica.*	Vincenzo mag / gefällt klassische Musik nicht.
Mi ***piace*** *la pizza.*	Mir schmeckt Pizza.

3. Person Plural + Substantiv im Plural

Ti ***piacciono*** *le tagliatelle?*	Schmecken dir / Magst du Bandnudeln?
A Rosaria non ***piacciono*** *i bambini.*	Rosaria mag Kinder nicht.

Vergessen Sie nicht: Wenn Sie das Verb *piacere* mit Pronomen verwenden, brauchen Sie die indirekten Objektpronomen (→ S. 111).

Gli *piace guidare di notte.*	Er fährt gern nachts.
A noi *non piace andare a cavallo.*	Uns gefällt Reiten nicht.

251 **Drücken Sie Vorlieben aus. Schreiben Sie zehn Sätze mit *piace* oder *piacciono*. Verwenden Sie, wo angebracht, die passenden unbetonten indirekten Objektpronomen.**

ESEMPIO			
Mary	☺	italienische Mode	*A Mary piace la moda italiana.*
ich	☹	kochen	*Non mi piace cucinare.*

1.	Patrizia	☹	Sport	....
2.	du	☺	Miesmuscheln	....
3.	wir	☺	ins Kino gehen	....
4.	Mirco und Teo	☹	Romane lesen	....
5.	Martina	☹	bügeln	....
6.	sie	☺	Rotwein	....
7.	er	☺	alkoholfreie Getränke	....
8.	ich	☺	Karten spielen	....
9.	Massimo	☹	Spinat	....
10.	Veronica	☺	Actionfilme sehen	....

la cozza	die Miesmuschel	**analcolico**	alkoholfrei
il romanzo	der Roman	**gli spinaci**	der Spinat
stirare	bügeln	**il film d'azione**	der Actionfilm

Piacere bildet die zusammengesetzten Zeitformen, z. B. das *passato prossimo*, mit dem Hilfsverb *essere*. Dabei wird das Partizip Perfekt an das Subjekt angeglichen.

*Il film non ci **è** piaciut**o**.*	Der Film hat uns nicht gefallen.
*Gli **è** piaciut**a** la festa?*	Hat ihm die Party gefallen?
*A Rosa i racconti non **sono** piaciuti*	Rosa haben die Erzählungen nicht gefallen.
*Ti **sono** piaciut**e** le canzoni del Festival di Sanremo?*	Haben dir die Lieder des Sanremo-Festivals gefallen?

Beachten Sie: Wenn jedoch ein Verb im Infinitiv folgt, wird das Partizip nicht angeglichen. In diesem Fall endet es immer auf *-o*.

*Vi è piaciut**o** andare a sciare?*	Hat es euch gefallen Ski zu fahren?

252 **Vervollständigen Sie die Sätze mit dem Verb *piacere* im *passato prossimo*.**

1. Allora, Vittorio, ti .... fare kyte surf?
2. Questa primavera abbiamo visitato l'Irlanda. – Ah, e vi ....?
3. A Ilaria non .... i cannelloni che ha preparato la nonna.
4. Professoressa Ricci, la Sua lezione .... a tutti!
5. A mio marito non .... mai .... cantare e nemmeno ballare.
6. La Sardegna ci .... moltissimo. Pensiamo di ritornarci l'anno prossimo.
7. Ho comprato delle bellissime coperte della Bassetti per mia figlia, ma non le ....!
8. Vi .... il film?
9. A me non .... affatto l'esposizione. E a te?
10. Beh, ai bambini .... i regali?

i cannelloni	*gefüllte Nudelröhren*	**Bassetti**	*Markennamen*
la coperta	die Decke	**affatto**	durchaus

→ Gr LGr S. 363 ff.

Präposition nach dem Verb: ja oder nein?

Der Gebrauch von Präpositionen nach einem Verb hängt davon ab, was für ein Objekt das Verb nach sich zieht. Man unterscheidet im Italienischen drei Arten von Objekten: direkte Objekte, indirekte Objekte und Präpositionalobjekte.

- **Ein direktes Objekt** (Akkusativobjekt oder Wen-Fall) wird nicht mit einer Präposition an das Verb angeschlossen, es steht „direkt" nach dem Verb.
  mangiare un gelato — ein Eis essen

- **Ein indirektes Objekt** (Dativobjekt oder Wem-Fall) wird mit der Präposition *a* an das Verb angeschlossen (eventuell mit Artikel, → S. 282).
  *scrivere **a** una persona* — einer Person schreiben

- **Präpositionalobjekte** werden mit Präpositionen wie *di* oder *da* an das Verb angeschlossen, aber auch mit der Präposition *a* (jedoch nicht in der Funktion eines Dativobjektes).
  *fidarsi **di** una persona* — einer Person vertrauen
  *imparare **dall'**insegnante* — vom Lehrer / von der Lehrerin lernen
  *imparare **a** guidare* — fahren lernen

Beachten Sie: Der Sprachgebrauch im Italienischen und Deutschen stimmt auch bezüglich der Objekte nicht immer überein. Ein Beispiel:

ascoltare un amico	einem Freund zuhören
[direktes Objekt = Akkusativ]	[indirektes Objekt = Dativ]

Leider gibt es keine Regel, ob ein Verb eine bestimmte Präposition verlangt, und wenn ja welche. Darüber gibt Ihnen jedes gute Wörterbuch Auskunft.

Tipp: Lernen Sie am besten ein neues Verb immer zusammen mit seiner Präposition:

imparare a guidare	fahren lernen

Bilden Sie Beispielsätze und schreiben Sie sie auf. Denn das Geschriebene prägt sich besser ein.

253 Direktes oder indirektes Objekt? Kreuzen Sie die richtige Form an.

1. Aspetto .... da un'ora.	☐ l'autobus	☐ all'autobus
2. D'estate Mirna aiuta .... nel loro campeggio in Calabria.	☐ gli zii	☐ agli zii
3. Hai chiamato .... per disdire l'appuntamento?	☐ il medico	☐ al medico
4. Per piacere, ricorda .... di ritirare il pacco alla posta oggi.	☐ la mamma	☐ alla mamma
5. Hai ringraziato .... per il regalo di compleanno?	☐ Carlo	☐ a Carlo
6. Il compito in classe è andato bene. Ho risposto .... le domande.	☐ tutte	☐ a tutte
7. Devo chiedere .... se mi presta la sua moto.	☐ Lorenzo	☐ a Lorenzo
8. Puoi ricordare .... di passare in farmacia?	☐ Barbara	☐ a Barbara

l'estate	der Sommer
il campeggio	der Campingplatz
gli zii	der Onkel und die Tante
disdire	absagen
l'appuntamento	der Termin, die Verabredung
ritirare	abholen
il compleanno	der Geburtstag
il compito in classe	die Klausur
la domanda	die Frage
prestare	leihen, ausleihen
ricordare	erinnern
passare	vorbeigehen
la farmacia	die Apotheke

254 Direktes und indirektes Objekt. Übersetzen Sie folgende Sätze ins Italienische.

1. Hast du die neue Wohnung von Marizia gesehen? ……………………
2. Ich habe Bernardo eine E-Mail geschrieben. ……………………
3. Wir haben mit den Kunden schon telefoniert. ……………………
4. Melania interessiert griechische Geschichte. ……………………
5. Ich muss dem Gemüsehändler 20 Euro geben. ……………………
6. Lisa denkt an Carlo. ……………………
7. Nino und Paola warten auf eine Antwort. ……………………
8. Habt ihr Lorenzo die Wahrheit gesagt? ……………………

l'appartamento	die Wohnung	**la storia**	die Geschichte
il cliente	der Kunde	**il fruttivendolo**	der Gemüsehändler
interessare	interessieren	**la verità**	die Wahrheit

255 Vervollständigen Sie die Sätze, indem Sie die zum jeweiligen Verb passende Präposition *di* oder *a* einsetzen. Wenn nötig, verschmelzen Sie die Präposition mit dem passenden bestimmten Artikel.

1. Ci dobbiamo abituare …………… nuova situazione.
2. I miei genitori mi hanno obbligato …………… iscrivermi all'università.
3. Il marito di Franca si occupa …………… cinema.
4. Gli operai dubitano …………… finire il lavoro entro sabato.
5. Non riesco …………… chiudere la finestra. Mi puoi aiutare?
6. Non mi fido …………… nessuno.
7. Alberto ha rinunciato …………… promozione per rimanere vicino alla famiglia.
8. Quando hai imparato …………… cucinare così bene?

abituarsi	sich gewöhnen	**dubitare**	zweifeln
obbligare	zwingen	**entro**	innerhalb, binnen
iscriversi	sich einschreiben	**fidarsi**	vertrauen
occuparsi	*hier* arbeiten für	**rinunciare**	aufgeben
l'operaio	der Handwerker	**la promozione**	die Beförderung

256 **Setzen Sie die Verbformen an den unterstrichenen Stellen (______) ein. Ergänzen Sie auch die zum jeweiligen Verb passende Präposition *di* oder *da* an den gepunkteten Stellen (.........) – wenn nötig mit dem bestimmten Artikel.**

l'ho riconosciuta • si lamenta • ho imparato • cominciamo • ho dimenticato • sono innamorata • tradurre • parlano

1. Grazie! .... Lei, don Carlo, ____________ molto.
2. Mi ____________ .... Clemente subito. È stato amore a prima vista!
3. Miriam non è mai contenta, ____________ sempre .... tutto!
4. Devo ____________ un catalogo .... inglese in italiano.
5. I nostri mariti ____________ .... politica per ore.
6. Scusa, ____________ .... registrare la partita di calcio.
7. Quando ho visto Clelia in metropolitana, ____________ .... camminata.
8. Ragazzi, oggi ____________ .... pagina ventidue.

riconoscere	erkennen	**amore a prima vista**	Liebe auf den ersten Blick
lamentarsi	sich beschweren		
tradurre	übersetzen	**registrare**	aufnehmen
don	*Ehrentitel, Anredeform*	**la camminata**	der Gang, der Schritt

257 **Welche Präposition passt zu welchem Verb? Verbinden Sie die Satzteile zu sinnvollen Sätzen. Achtung: Manche Präpositionen können Sie mehrmals verwenden.**

1. Cari amici, vi ringrazio ...
2. Nando spera ...
3. Questo attrezzo serve ...
4. Mia sorella soffre ...
5. L'autore ha dedicato le sue poesie ...
6. Non mi sono mai vergognato tanto ...
7. Ci siamo iscritti ...
8. Devo coprire la bicicletta per proteggerla ...

del • di • ai • a • dalla

mal di testa.
regalo.
un corso di francese.
me stesso.
neve.
levigare il legno.
sposarsi presto.
suoi figli.

l'attrezzo	das Werkzeug	**coprire**	bedecken
servire	dienen	**proteggere**	schützen
dedicare	widmen	**il mal di testa**	der Kopfschmerz
la poesia	das Gedicht	**levigare**	abschleifen
vergognarsi	sich schämen	**il legno**	das Holz

VERBEN • DIE *SI*-KONSTRUKTION

→ Gr LGr S. 349 ff.

*In Italia **si** mangiano spesso la pasta e la pizza.*	In Italien isst **man** oft Nudeln und Pizza.

Dieser Satz drückt eine allgemeine Erfahrung aus. Im Deutschen verwendet man in diesem Fall das Wort „man" in Verbindung mit einem Verb in der 3. Person Singular, im Italienischen hingegen das Wort *si* mit einem Verb in der 3. Person Singular oder Plural.

Bevor Sie die Übungen machen, schauen Sie sich die folgenden Beispiele an:

*In questo ristorante **si mangia** bene.*	In diesem Restaurant isst man gut.
*In Italia **si mangia** la pasta.*	In Italien isst man Nudeln.
*In Italia **si mangiano** la pasta e la pizza.*	In Italien isst man Nudeln und Pizza.
*La domenica **ci si alza** più tardi.*	Sonntags steht man später auf.
*Prima di un esame **si è** nervosi.*	Vor einer Prüfung ist man nervös.
*In quel ristorante non **si è mangiato** bene.*	In diesem Restaurant hat man nicht gut gegessen.
***Si è partiti** presto.*	Man ist früh abgefahren.
***Si è mangiata** la pizza.*	Man hat Pizza gegessen.
***Si sono mangiate** la pasta e la pizza.*	Man hat Pizza und Nudeln gegessen.

258 Setzen Sie die in Klammern angegebenen Verben in die *si*-Form (Präsens) und kreuzen Sie anschließend an, wo man die erwähnten Tätigkeiten ausübt.

1. Dove (giocare) .... a calcio?
2. Dove (vendere) .... frutta e verdura?
3. Dove (imparare) .... a leggere e scrivere?
4. Dove (comprare) .... la carne?
5. Dove (dormire) ....?
6. Dove (spedire) .... le lettere?

☐ Allo stadio.	☐ In piscina.
☐ Al mercato.	☐ In farmacia.
☐ In palestra.	☐ A scuola.
☐ In macelleria.	☐ In banca.
☐ Nel letto.	☐ Al supermercato.
☐ Al bar.	☐ All'ufficio postale.

7. Dove (prendere) .... il treno?
8. Dove (curare) .... i malati?

☐ Alla stazione.	☐ All'aeroporto.
☐ In lavanderia.	☐ All'ospedale.

giocare a calcio	Fußball spielen	**spedire**	abschicken
la piscina	das Schwimmbad	**curare**	behandeln
la palestra	die Turnhalle	**il malato**	der Kranke
la macelleria	die Metzgerei	**la lavanderia**	die Wäscherei

259 **Ordnen Sie die Tätigkeiten dem passenden Fest zu. Setzen Sie dabei die Verben in die *si*-Konstruktion (Präsens). Achtung: Einige Tätigkeiten passen zu mehreren Feldern.**

~~giocare a tombola~~

mascherarsi

addobbare l'albero

fare il presepe

andare a messa

brindare al nuovo anno

fare tanti scherzi

regalare le uova di cioccolato

aspettare la mezzanotte

indossare biancheria rossa

organizzare feste in costume

mangiare la colomba

scambiarsi i regali

mangiare il panettone

A Natale
si gioca a tombola,

La notte di Capodanno
si gioca a tombola,

A carnevale

A Pasqua

la tombola	*Art Bingo*	**addobbare**	schmücken
il capodanno	Neujahr	**il presepe**	die Krippe
brindare	anstoßen	**mascherarsi**	sich verkleiden
il panettone	*Kuchen mit Rosinen und Zitronat*	**la colomba**	*Kuchen in Form einer Taube*
scambiarsi	austauschen	**la biancheria**	die Unterwäsche

260 Wandeln Sie die Sätze in eine *si*-Konstruktion um.

ESEMPIO **In quel negozio le persone spendono bene.** — *In quel negozio si spende bene.*

1. Dopo una doccia calda le persone si sentono meglio. ……………………
2. D'estate tutti vanno al mare. ……………………
3. Quando uno è stanco, uno si addormenta subito. ……………………
4. Oggi le persone si sposano di meno. ……………………
5. Dopo un po' di sport uno è più rilassato. ……………………
6. Il giorno della prima comunione uno è emozionato. ……………………

spendere bene	günstig einkaufen	**sposarsi**	heiraten
meglio	besser	**rilassato**	entspannt
addormentarsi	einschlafen	**la comunione**	die Kommunion
subito	sofort	**emozionato**	aufgeregt, erregt

261 Setzen Sie die in Klammern angegebenen Verben ins *passato prossimo*. Benutzen Sie dabei die *si*-Konstruktion.

ESEMPIO **Lì (mangiare) *si è mangiato* bene.**

1. Per la realizzazione del progetto (lavorare) …………………… molto.
2. Quest'estate con le zanzariere (dormire) …………………… meglio.
3. Alla festa (divertirsi) …………………… molto.
4. Quest'inverno, in parrocchia, (organizzare) …………………… tante attività ludiche.
5. Alla fiera non (vendere) …………………… molti prodotti.
6. Con quella compagnia aerea (viaggiare) ………… sempre …………………… bene.

la zanzariera	das Moskitonetz	**la fiera**	der Jahrmarkt, die Messe
la parrocchia	die Pfarrei	**la compagnia aerea**	die Fluggesellschaft
l'attività	die Tätigkeit		
ludico	spielerisch		

VERBEN • DAS PASSIV

→ Gr LGr S. 343 ff.

Aktiv und Passiv sind zwei verschiedene Betrachtungsweisen des gleichen Sachverhalts:

Aktiv:	*Dante Alighieri*	*ha scritto*	*la Divina Commedia.*
Passiv:	*La Divina Commedia*	*è stata scritta*	*da Dante Alighieri.*

Im Aktivsatz wird der Urheber der Handlung (*Dante Alighieri*) hervorgehoben.
Im Passivsatz hingegen wird das Objekt der Handlung (*la Divina Commedia*) besonders betont.

Die Passiv-Konstruktion wird im Italienischen mit *essere* oder *venire* und dem Partizip Perfekt des Verbs gebildet. Ganz wichtig: Das Verb *venire* wird ausschließlich in den einfachen Zeiten (z. B. *presente*, *imperfetto*, *futuro*) verwendet.

La Divina Commedia ***è stata scritta*** *da Dante Alighieri.*	Die Göttliche Komödie wurde von Dante Alighieri geschrieben.
La chiesa ***è ristrutturata*** / ***viene ristrutturata***.	Die Kirche wird renoviert.

262 Setzen Sie die in Klammern angegebenen Verben ins Passiv (*passato prossimo*) und finden Sie die richtige Fortsetzung des Satzes.

1.	Il telefono (inventare) *è stato inventato* …	da Federico Fellini.
2.	L'università di Napoli (creare) ………… …	da Niccolò Machiavelli.
3.	Il trattato "Il principe" (scrivere) ………… …	da Antonio Meucci.
4.	Le opere "La Bohème" e "Tosca" (comporre) ………… …	da Michelangelo.
5.	Gli affreschi della Cappella Sistina (realizzare) ………… …	da Giotto.
6.	L'America (scoprire) ………… …	da Federico II.
7.	Il campanile del duomo di Firenze (progettare) ………… …	da Giacomo Puccini.
8.	I film "La strada" e "La dolce vita" (dirigere) ………… …	da Cristoforo Colombo.

inventare	erfinden	**Antonio Meucci**	*Mechaniker und Erfinder (1808–1889)*
creare	schaffen		
il trattato	das Traktat, das Werk	**Michelangelo Buonarroti**	*Bildhauer, Maler, Architekt und Dichter (1475–1564)*
il principe	der Fürst		
scoprire	entdecken	**Giotto**	*Maler und Architekt (1267?–1337)*
il campanile	der Glockenturm		
il duomo	der Dom	**Federico II**	*König Siziliens und deutscher Kaiser (1194–1250)*
dirigere	Regie führen		
Federico Fellini	*Regisseur (1920–1993)*	**Giacomo Puccini**	*Komponist (1858–1924)*
Niccolò Machiavelli	*Politiker und Autor (1469–1527)*	**Cristoforo Colombo**	*Seefahrer aus Genua (1451?–1506)*

263 **Schreiben Sie folgendes Tagesereignis um, indem Sie die hervorgehobenen Satzteile ins Passiv setzen. Benutzen Sie dabei die passende Zeitform (*passato prossimo* und *trapassato prossimo*).**

Adolescenti aggrediscono dodicenne

I carabinieri hanno denunciato tre adolescenti per aver assalito un ragazzo di dodici anni.

I tre aggressori avevano spinto il dodicenne in un fosso pieno di fango e lo avevano colpito alla testa con delle pietre. Gli assalitori se ne erano quindi andati. Fortunatamente il ragazzo era riuscito a tornare a casa ma non aveva detto niente ai genitori. La nonna, la quale aveva notato le ferite, ha convinto però il ragazzino a parlare. A quel punto sono intervenuti i carabinieri che hanno cominciato le ricerche. Qualche giorno dopo i carabinieri hanno rintracciato i giovani aggressori e li hanno denunciati.

.... per aver assalito un ragazzo di dodici anni.

.... in un fosso pieno di fango ed .... alla testa con delle pietre. Gli assalitori se ne erano quindi andati. Fortunatamente il ragazzo era riuscito a tornare a casa ma non aveva detto niente ai genitori. ...., la quale aveva notato le ferite. A quel punto sono intervenuti i carabinieri che hanno cominciato le ricerche. Qualche giorno dopo ....

l'adolescente	der Jugendliche	**colpire**	schlagen
aggredire	überfallen	**la testa**	der Kopf
il dodicenne	der Zwölfjährige	**la pietra**	der Stein
il carabiniere	*Angehöriger einer Waffengattung mit militärischen und polizeilichen Aufgaben*	**notare**	bemerken
		la ferita	die Wunde
		convincere	überzeugen
denunciare	anzeigen	**a quel punto**	dann
assalire	überfallen, angreifen	**intervenire**	einschreiten
l'aggressore	der Angreifer	**rintracciare**	aufspüren
spingere	schieben	**intervenire**	einschreiten
il fosso	der Graben	**rintracciare**	aufspüren
il fango	der Schlamm		

264 Schreiben Sie die Sätze – wo möglich – um, indem Sie die Passivform mit *essere* durch *venire* ersetzen.

1. L'anno prossimo la banca vicino a casa mia sarà chiusa. ....
2. Al posto della banca sarà aperto un discount enorme. ....
3. L'imputato è stato assolto. ....
4. Credevo che quegli edifici fossero stati abbattuti! ....
5. Non siamo mai invitati a cena dai vicini. ....
6. Quando è stata pagata la bolletta del telefono? ....

l'anno prossimo	nächstes Jahr	**abbattere**	abreißen
al posto di	anstelle	**invitare**	einladen
enorme	riesig	**la cena**	das Abendessen
l'imputato	der Angeklagte	**il vicino**	der Nachbar
assolvere	freisprechen	**la bolletta del telefono**	die Telefonrechnung
l'edificio	das Gebäude		

Das Passiv mit *andare*

Ein Passivsatz kann auch mit dem Verb *andare* ausgedrückt werden. Damit wird die Notwendigkeit einer Tätigkeit besonders hervorgehoben. Lesen Sie die Beispiele und machen Sie anschießend die Übung zu diesem Thema.

Il pavimento ***va lavato***.	Der Boden muss gewaschen werden.
Le scarpe ***andrebbero lucidate***.	Die Schuhe müssten poliert werden.

265 **Was muss vor der Abreise noch alles vorbereitet werden? Drücken Sie folgende Tätigkeiten mit *andare* (im Präsens) + Partizip Perfekt aus.**

1. ritirare i biglietti *I biglietti vanno ritirati.*
2. pulire il frigorifero ……………
3. innaffiare le piante ……………
4. portare il gatto ai vicini ……………
5. spegnere il riscaldamento ……………
6. chiudere bene le finestre ……………
7. buttare via la spazzatura ……………
8. attivare l'allarme ……………

ritirare	abholen	**buttare via**	wegwerfen
innaffiare	gießen	**la spazzatura**	der Müll
spegnere	ausschalten	**attivare**	aktivieren, einschalten
il riscaldamento	die Heizung	**l'allarme**	die Alarmanlage

SATZBAU

→ Gr LGr S. 401–402

Der Aussagesatz

In den nächsten zwei Übungen geht es um den Satzbau des einfachen Aussagesatzes. Schauen Sie sich vorher die Beispielsätze an. Beachten Sie auch die deutsche Übersetzung. Sie werden dabei einige Unterschiede zwischen dem Italienischen und dem Deutschen feststellen.

Sandra	*compra*	*una borsa.*	
Sandra	kauft	eine Tasche.	
La mamma	*dà*	***la merenda***	***ai bambini.***
Die Mama	gibt	**den Kindern**	**die Brotzeit**.
Renato	***ha***	***venduto***	*l'auto.*
Renato	**hat**	das Auto	**verkauft**.

Oggi *esco con due amici. / Esco con due amici* ***oggi****. / Esco* ***oggi*** *con due amici.*
Heute gehe ich mit zwei Freunden aus. / Ich gehe mit zwei Freunden **heute** aus. / Ich gehe **heute** mit zwei Freunden aus.

266 **Bringen Sie die durcheinandergeratenen Satzteile wieder in die richtige Reihenfolge.**

1. le città d'arte • i turisti • visitano ....
2. il conto • pago • io • con la carta di credito ....
3. i nipoti • alla nonna • una sciarpa • regalano ....
4. Bea • a sua zia • telefona ....
5. a un amico • il suo videogioco • presta • Paolo ....
6. guardiamo • ~~stasera~~ • noi • la partita di calcio *Stasera* ....

la città d'arte	die Kunststadt	**la sciarpa**	der Schal
il conto	die Rechnung	**il videogioco**	das Videogame
la carta di credito	die Kreditkarte	**la partita di calcio**	das Fußballspiel
la nonna	die Oma		

267 **In den Sätzen haben sich sechs Fehler eingeschlichen. Sie betreffen die Reihenfolge der Satzteile. Suchen Sie die Fehler und schreiben Sie die Sätze richtig um.**

1. Oggi Dario ha Sasà chiamato. ....
2. I compiti l'insegnante assegna agli alunni. ....
3. Abbiamo noi perso il treno ieri. ....
4. Gli zii spediscono a Ciro un pacco. ....
5. John l'inglese parla l'italiano e. ....
6. Domani vado io a Venezia. ....

chiamare	*hier* anrufen	**l'alunno**	der Schüler
il compito	*hier* die Hausarbeit	**perdere**	*hier* verpassen
assegnare	aufgeben	**spedire**	verschicken

→ Gr LGr S. 404–407

Verneinung und doppelte Verneinung

Korrekt „nein" sagen zu können ist eine der wichtigsten Fertigkeiten im täglichen Leben. In den folgenden vier Aufgaben werden Sie deshalb üben, Sätze zu verneinen. Im Italienischen verwendet man zu diesem Zweck die Verneinungswörter *no* und *non*.

Beachten Sie dabei eine Besonderheit der italienischen Sprache: die sogenannte „doppelte Verneinung". Diese kann eintreten, wenn man einen Negationsausdruck, z. B. *niente* (nichts), benutzen möchte. Im Gegensatz zum Deutschen gilt im Italienischen die Regel, dass der Negationsausdruck zusätzlich durch das *non* gedoppelt wird.

Verneinung

*Vuole un caffè? – **No**, grazie.*	Wollen Sie einen Kaffee? – **Nein**, danke.
*Domani piove. – Spero di **no**.*	Morgen regnet es. – Ich hoffe, **nicht**.
*Gabriella **non** parla il tedesco.*	Gabriella kann **kein** Deutsch.
***Non** abbiamo fame.*	Wir haben **keinen** Hunger.
***Non** lo so.*	Ich weiß es **nicht**.
*Stanotte **non** ho dormito bene.*	Heute Nacht habe ich **nicht** gut geschlafen.

Doppelte Verneinung

Non *sento* ***niente****.*	Ich höre **nichts**.
Non *conosco* ***nessuno****.*	Ich kenne **niemanden**.
Non *sono* ***più*** *tornati.*	Sie sind **nicht mehr** zurückgekommen.
<u>Aber</u>: *Cosa hai detto? –* ***Niente****!*	Was hast du gesagt? – **Nichts**!
Nessuno *ascolta.*	**Niemand** hört zu.

268 *No* oder *non*? Ergänzen Sie das passende Verneinungswort.

1. Domani .... vado a lavorare.
2. Marina partecipa al regalo? – Penso di ....
3. Mi puoi aiutare un momento? – Scusa, oggi .... ho tempo.
4. Hai voglia di andare al cinema? – Eh, perché .... !
5. Mi sa dire dov'è Piazza di Spagna? – .... , mi dispiace, ... sono di qui.
6. Tania .... è una brava babysitter. .... ha pazienza.
7. Hai finito? – .... ancora.
8. Allora, vieni o .... ?

partecipare	*hier* sich beteiligen	**la pazienza**	die Geduld
avere voglia	Lust haben	**Hai finito?**	Bist du fertig?
Mi dispiace.	Es tut mir leid.	**allora**	also dann

269 Verneinen Sie die Sätze.

1. Lo amo. ....
2. Raquel è messicana. ....
3. Speriamo di sì. ....
4. Anna e Dino hanno voglia di uscire. ....
5. Sì, sono stato ad Ancona. ....
6. Stasera possiamo venire. ....
7. Mi piace ballare. ....
8. Sì, ho paura. ....

sperare	hoffen	**ballare**	tanzen
stasera	heute Abend	**la paura**	die Angst

270 Vervollständigen Sie die Sätze mit den Negationsausdrücken (______). Vergessen Sie dabei nicht, zusätzlich *non* (........) einzusetzen.

nessuno • niente • nemmeno • mai • né ... né • nessuno • mai • più

1. La sera noi .... guardiamo _________ la televisione, preferiamo leggere.
2. Alla festa di Francesca .... conoscevo _________.
3. Ieri, a cena, ... ho mangiato _________.
4. Michele .... va _________ a caccia _________ a pesca.
5. Come mai .... studi _________ l'inglese? Ti piaceva tanto?
6. Wanda, se tu non fai il corso di yoga, ... lo faccio _________ io!
7. Hai raccontato a qualcuno dell'incidente? – No, io .... l'ho detto a _________!
8. Sandra ed Edoardo .... cucinano _________. Vanno sempre a pranzo fuori.

guardare la televisione	fernsehen	**la pesca**	das Fischen
		raccontare	erzählen
preferire	vorziehen	**qualcuno**	jemand
la cena	das Abendessen	**l'incidente**	der Unfall
la caccia	die Jagd	**il pranzo**	das Mittagessen

271 Übersetzen Sie die folgenden Sätze.

1. Wir gehen sonntags nie aus. ....
2. Ich habe keine Zeit mehr. ....
3. Niemand will mir helfen. ....
4. Ich habe niemanden kennengelernt. ....
5. Gehst du joggen? – Nie. ....
6. Maria kann weder singen noch tanzen. ....
7. Was ist passiert? – Nichts. Warum? ....
8. Sie haben noch nicht telefoniert. ....
9. Warum seid ihr nicht mehr gekommen? ....
10. Ich will nichts mehr tun. ....

uscire	ausgehen	**sapere**	*hier* können
la domenica	*hier* sonntags	**che cosa**	was
aiutare	helfen	**succedere**	passieren
conoscere	kennenlernen	**perché**	warum, weil
andare a correre	joggen gehen	**volere**	wollen

→ Gr LGr S. 407–408

Der Fragesatz

Im Italienischen entspricht die Wortstellung des Fragesatzes in der Regel der Wortstellung des Aussagesatzes – im Gegensatz zum Deutschen.

Benedetta è partita. Benedetta ist abgefahren.

Benedetta è partita? Ist Benedetta abgefahren?

In der geschriebenen Sprache ist die Interpunktion entscheidend, in der gesprochenen Sprache dagegen die Intonation: Die Satzmelodie des Fragesatzes steigt gegen Ende des Satzes an.

Ida e Carmine sono tornati? Sind Ida und Carmine zurückgekommen?

Manchmal kann das Subjekt auch nachgestellt werden, dadurch wird es besonders betont.

*Sono tornati **Ida e Carmine**?*

In der nächsten Übung lernen Sie, einen Fragesatz und einen Aussagesatz aus dem Kontext heraus zu unterscheiden.

272 Frage oder Aussage? Bei einigen Sätzen der folgenden Mini-Dialoge sind die Punkte (.) und die Fragezeichen (?) verschwunden. Setzen Sie sie wieder dort ein, wo sie hingehören.

1. A me piace molto cucinare .... – Anche a me.
2. Come ti chiami .... – Pasquale.
3. Domani vogliamo andare in pizzeria .... – Volentieri ....
4. Al concerto viene anche Italo .... – Penso di sì ....
5. Roberta è molto simpatica .... – Ed è anche molto carina!
6. Conosci Francesco Russo .... – No, non mi pare ....
7. I bambini sono in palestra – Sì, perché ....
8. Chi vuole venire alla lavagna .... – Io!
9. Noi andiamo al cinema stasera .... – Posso venire anch'io ....
10. È arrivato Lorenzo .... – Arriva verso le sei.

anche	auch	**parere**	scheinen
chiamarsi	heißen	**la palestra**	die Turnhalle
volentieri	gern	**la lavagna**	die Tafel
pensare	denken	**arrivare**	ankommen
carino	hübsch	**verso**	gegen

KONJUNKTIONEN

→ Gr LGr S. 386 ff.

Konjunktionen (auch „Bindewörter“ genannt) verbinden Wörter, Satzteile und ganze Sätze miteinander.

***Siccome** oggi è bel tempo, andiamo al lago?*	**Da** heute schönes Wetter ist, fahren wir zum See?
*Davide ha mangiato **e** poi ha fatto i compiti.*	Davide hat gegessen **und** dann die Hausaufgaben gemacht.

In den folgenden Aufgaben üben Sie die gebräuchlichsten Konjunktionen.

273 Bilden Sie acht Konjunktionen aus den Wortsegmenten und setzen Sie sie neben ihren deutschen Übersetzungen ein.

oppu · per · pe · cio · rò · al · né · ciò · an · sia · che · né ... · lora · sia ... · è · re

.... oder
.... deshalb/daher
.... auch
.... sowohl ... als auch
.... weder ... noch
.... also
.... aber
.... das heißt

274 Vervollständigen Sie die Sätze. Benutzen Sie dabei die Konjunktionen aus der vorangehenden Übung.

1. Antonio, sabato prossimo ti va di andare al concerto .... preferisci restare a casa?
2. Oggi Immacolata ha lavato i vetri e .... tutte le porte.
3. Non amo la musica: non mi piace .... la musica leggera .... la musica classica.
4. Passo da te verso le cinque, ... rimango poco.
5. Oggi fa molto freddo, ... mettiti la giacca pesante.
6. Mirella sa suonare .... la chitarra .... il pianoforte.
7. L’appuntamento è per dopodomani, ... mercoledì.
8. Se ti fa piacere, ... vengo a trovarti domani.

lavare i vetri	Fenster putzen	**rimanere**	bleiben
la musica leggera	die Unterhaltungsmusik, die seichte Musik	**pesante**	*hier* schwer
		sapere	*hier* können
passare	*hier* vorbeigehen	**dopodomani**	übermorgen

Quando und *se*

Quando wird temporal (zeitlich) mit der Bedeutung „(immer) wenn", „als" oder „wann" gebraucht, *se* dagegen konditional (d. h. in Bedingungssätzen) mit der Bedeutung „wenn, falls" und in indirekten Fragesätzen mit der Bedeutung „ob".

275 Ergänzen Sie *quando* oder *se*.

1. .... la partita finisce presto riusciamo a fare un giro in centro.
2. Il quadro possiamo restituirlo .... non ti piace.
3. .... non c'è molto traffico faccio un salto da te.
4. .... studio ho bisogno di silenzio assoluto.
5. Non lo so .... abbiamo ancora delle bottiglie di vino bianco in cantina.
6. .... siamo andati in Italia, abbiamo avuto un guasto all'auto.
7. Fammi sapere esattamente .... arrivi.
8. .... vedi Marco, gli dici di chiamarmi a casa?
9. .... vincessimo alla lotteria, ci compreremmo una casa in campagna.
10. Gaia aveva tredici anni .... si è messa con Fabio.
11. Devo telefonare all'asilo per chiedere .... c'è il prossimo incontro con i genitori.
12. .... la mia squadra dovesse perdere, sarei triste per tutta la settimana.

la partita	das Spiel	**il guasto**	die Panne
riuscire	es schaffen	**la campagna**	das Land
fare un giro	eine Runde drehen	**mettersi con**	mit jemandem eine Beziehung beginnen
il quadro	das Bild		
restituire	zurückgeben	**l'asilo**	*hier* der Kindergarten
fare un salto	auf einen Sprung vorbeikommen	**i genitori**	die Eltern
		la squadra	die Mannschaft
il silenzio	die Stille	**triste**	traurig
la cantina	der Keller		

276 Kreuzen Sie die richtige Konjunktion an.

1. Studio l'italiano .... voglio andare a vivere in Italia. — ☐ perché ☐ quando
2. Ci dai un colpo di telefono .... arrivi in albergo? — ☐ appena ☐ mentre
3. Aldo non lo sa ancora .... viene a giocare a pallavolo con noi domani. — ☐ se ☐ quando
4. .... Sandra si vestiva, canticchiava una vecchia canzone di Morandi. — ☐ Se ☐ Mentre
5. .... Umberto mette spesso le camicie, regaliamogli una bella cravatta per il suo compleanno. — ☐ Appena ☐ Dato che
6. Mi ero appena addormentato, ... è squillato il telefono. — ☐ se ☐ quando

perché	*hier* weil	**canticchiare**	vor sich hinsingen
dare un colpo di telefono	kurz anrufen	**Gianni Morandi**	*Popsänger (1944)*
		dato che	da, weil
appena	sobald	**il compleanno**	der Geburtstag
mentre	während	**addormentarsi**	einschlafen
la pallavolo	der Volleyball	**squillare**	läuten

277 A Vervollständigen Sie die Sätze mit den Konjunktionen.

appena • anche se • sebbene • perché • da quando • qualora • prima che • affinché

1. .... non amo guidare, sono costretto a usare la macchina tutti i giorni per andare al lavoro.
2. Ieri sera ho lavorato fino a tardi .... fossi stanchissimo.
3. .... ci fossero delle novità, mandami un sms.
4. Dobbiamo tornare a casa .... faccia buio.
5. Ho cambiato facoltà .... a biologia non mi trovavo bene.
6. Gli ho dovuto raccontare tutto, ... capisse le mie ragioni.
7. .... è partito, Roberto non si è fatto più sentire.
8. La mattina, ... mi alzo, ho bisogno di un caffè per svegliarmi.

277 B Welche der Konjunktionen ziehen den Gebrauch des *congiuntivo* nach sich?

....

appena	sobald	**fare buio**	dunkel werden
anche se	auch wenn	**a biologia**	*hier* bei der biologischen Fakultät
sebbene	obwohl		
da quando	seitdem	**trovarsi**	sich fühlen
qualora	falls	**la ragione**	der Grund
prima che	bevor	**farsi sentire**	sich melden
affinché	damit	**avere bisogno**	brauchen
essere costretto	gezwungen sein	**svegliarsi**	wach werden, aufwachen
stanco	müde		

Mentre oder *durante*?

In der folgenden Übung geht es um die Unterscheidung zwischen der Konjunktion *mentre* (während) und der Präposition *durante* (während). Achten Sie auf den richtigen Gebrauch!

Mentre *seguivo la lezione ho preso appunti.*	**Während** ich der Vorlesung folgte, habe ich mir Notizen gemacht.
Durante *la lezione ho preso appunti.*	**Während** der Vorlesung habe ich mir Notizen gemacht.

278 Ergänzen Sie die Konjunktion *mentre* oder die Präposition *durante*.

1. L'anno scorso .... le vacanze estive ho letto tanti libri interessanti.
2. Sono accesi i termosifoni .... la notte?
3. Non si parla .... si mangia!
4. L'altra domenica .... la messa una vecchietta si è sentita male.
5. Signora Rocca, legga questo articolo .... aspetta.
6. .... l'operaio stava facendo un buco con il trapano, è andata via la luce.
7. .... il professore teneva la lezione, gli studenti erano molto attenti.
8. .... l'incontro d'affari Ernesto ha spento il telefonino.

le vacanze estive	die Sommerferien	**È andata via la luce.**	Das Licht ist ausgefallen.
accendere	anschalten		
il termosifone	der Heizkörper	**tenere**	halten
la vecchietta	die alte Frau	**attento**	aufmerksam
il buco	das Loch	**spegnere**	ausschalten
il trapano	der Bohrer	**il telefonino**	das Handy

PRÄPOSITIONEN

Präpositionen (auch „Verhältniswörter" genannt) stellen Beziehungen (räumliche, zeitliche, kausale etc.) zwischen Wörtern und Wortgruppen her. Man unterscheidet zwischen Präpositionen ohne starke Eigenbedeutung (z. B. *di*, *a* und *da*) und solche mit starker Eigenbedeutung (z. B. *sotto, dopo, vicino a*).

Unter den Präpositionen ohne starke Eigenbedeutung gibt es einige, die mit dem bestimmten Artikel verschmelzen. Mit diesen beginnen wir.

→ Gr LGr S. 419–420

Preposizioni articolate (Präposition + Artikel)

Die italienischen Präpositionen *di*, *a*, *da*, *in* und *su* können mit dem bestimmten Artikel verschmelzen. Zum Beispiel:

*La finestra **della** cucina è rotta.* [***della*** ← ***di*** + ***la***]	Das Fenster der Küche ist kaputt.
*L'insegnante **delle** mie amiche è severa.* [***delle*** ← ***di*** + ***le***]	Die Lehrerin meiner Freundinnen ist streng.
*Vado **al** mercato.* [***al*** ← ***a*** + ***il***]	Ich gehe zum Wochenmarkt.
*La mamma prepara la merenda **ai** bambini.* [***ai*** ← ***a*** + ***i***]	Die Mutter macht den Kindern die Brotzeit.
*Jane viene **dagli** Stati Uniti.* [***dagli*** ← ***da*** + ***gli***]	Jane kommt aus den Vereinigten Staaten.
*Il vestito è **nell'**armadio.* [***nell'*** ← ***in*** + ***l'***]	Das Kleid ist im Schrank.
*Il libro è **sullo** scaffale.* [***sullo*** ← ***su*** + ***lo***]	Das Buch liegt auf dem Regal.

279 A **Lesen Sie die Sätze aufmerksam durch. Unterstreichen Sie die *preposizioni articolate* und tragen Sie sie an der richtigen Stelle in die Tabelle ein.**

1. Jane viene dagli Stati Uniti.
2. Nel giardino c'è un gatto che dorme sulla sedia.
3. Andiamo alla festa del nostro amico.
4. Devo andare dall'otorino.
5. Guarda, hai una macchia sui pantaloni.
6. Al primo piano c'è un grande soggiorno.
7. Gli altoparlanti dello stereo non funzionano bene.
8. Nelle due camere più grandi abbiamo la moquette.

	il	lo	l’	la	i	gli	le
di							
a							
da						*dagli*	
in							
su							

279 B **Und jetzt vervollständigen Sie die Tabelle mit den fehlenden Formen.**

la sedia	der Stuhl	**il soggiorno**	das Wohnzimmer
l’otorino	der Ohrenarzt	**l’altoparlante**	der Lautsprecher
la macchia	der Fleck	**lo stereo**	die Stereoanlage
i pantaloni	die Hose	**la camera**	das Zimmer
il primo piano	der erste Stock	**la moquette**	der Teppichboden

280 **Verschmelzen Sie die Präpositionen in Klammern mit den passenden bestimmten Artikeln.**

1. Io lavoro (da) .... lunedì (a) .... giovedì.
2. (In) .... classe di mio figlio Emilio ci sono alcuni bambini stranieri.
3. Oggi in tv c’è un documentario (su) .... vulcani.
4. Il cane (di) .... vicini è molto tranquillo.
5. Matteo è un amante (di) .... sport.
6. Quanto tempo rimanete (da) .... zii?
7. (In) .... ingresso c’è uno specchio antico.
8. Ci incontriamo (a) .... dieci davanti (a) .... discoteca, okay?

il lunedì	der Montag	**l’amante**	der Liebhaber, der Fan
il giovedì	der Donnerstag		
il figlio	der Sohn	**Quanto tempo?**	Wie lange?
alcuni/e	einige	**rimanere**	bleiben
straniero	fremd, ausländisch	**lo zio / la zia**	der Onkel / die Tante
il documentario	der Dokumentarfilm	**l’ingresso**	der Eingang
il vulcano	der Vulkan	**lo specchio**	der Spiegel
il cane	der Hund	**incontrarsi**	sich treffen
il vicino	der Nachbar	**davanti a**	vor
tranquillo	ruhig		

→ Gr LGr S. 425–436

Die Präpositionen *di, a, da, in, con, su, per, tra/fra*

Ob eine Präposition mit oder ohne Artikel benutzt wird, dafür gibt es meist keine verlässliche Regel. Am besten Sie lernen eine Präposition gleich zusammen mit dem Substantiv und, wenn es erforderlich ist, mit dem dazugehörigen Artikel als feststehenden Ausdruck.

281 **Die Präposition *a* mit oder ohne Artikel? Vervollständigen Sie die Sätze mit den Angaben.**

all' • a • a • al • al • a • a • alle • alla • a

1. Sono .... Parigi per lavoro.
2. Finisco di lavorare .... cinque.
3. Voglio comprare una gonna .... quadri.
4. Mamma e papà vanno .... cinema stasera.
5. .... luglio compio ventisette anni.
6. Il fine settimana in genere torniamo .... mezzanotte.
7. Dove fai la spesa? – .... supermercato.
8. La nonna porta il solito vestito .... pois.
9. Quando si mangia? – .... una.
10. Signora, Lei deve scendere .... terza fermata.

la gonna	der Rock	**portare**	*hier* tragen, anhaben
compiere	*hier* vollenden, werden	**solito**	üblich
in genere	gewöhnlich	**scendere**	aussteigen
la mezzanotte	die Mitternacht	**la fermata**	*hier* die Haltestelle

282 **Ergänzen Sie die Präposition *a*. Wo nötig, verschmelzen Sie *a* mit dem passenden Artikel.**

1. Domenica prossima andiamo .... mare con gli amici.
2. Devo scrivere un sms .... Cinzia.
3. Vai .... festa di Tania?
4. Massimiliano non si iscrive .... università.
5. I bambini sono già .... letto.
6. Cesare e Raimondo lavorano .... Stadio Olimpico.
7. Paolo adora le camicie .... righe.
8. .... Pasqua facciamo un viaggio.

9. Ciro fa il cameriere .... Ischia.
10. Rimaniamo qui fino .... fine della settimana.

prossimo	nächste/-r/-s	**la camicia**	das Hemd
iscriversi	sich anmelden, sich einschreiben	**la Pasqua**	Ostern
		il cameriere	der Kellner
già	schon	**fino a**	bis
adorare	verehren, besonders lieben	**la fine**	das Ende

283 Die Präposition *in* mit oder ohne Artikel? Kreuzen Sie die richtige Form an.

1. John e Mary vivono .... Inghilterra.	☐ in	☐ nella	☐ nell'
2. .... 2018 mi sposo.	☐ Nell'	☐ In	☐ Nel
3. Quest'estate andiamo .... Sardegna.	☐ in	☐ nello	☐ nella
4. .... settembre vengono a trovarci gli zii.	☐ Nel	☐ Nello	☐ In
5. Il tuo libro è .... studio.	☐ in	☐ nello	☐ nell'
6. Ho dei parenti .... Australia.	☐ nel	☐ in	☐ nell'
7. Vogliamo fare un viaggio .... Stati Uniti.	☐ in	☐ nello	☐ negli
8. Preferisco viaggiare .... treno.	☐ nel	☐ in	☐ nello
9. Ci piace andare .... piscina.	☐ nella	☐ nel	☐ in
10. .... nostra camera da letto ci sono due finestre.	☐ Nelle	☐ In	☐ Nella

sposarsi	heiraten	**la piscina**	das Schwimmbad
venire a trovare	*hier* besuchen	**la camera da letto**	das Schlafzimmer
i parenti	die Verwandten		

284 Ergänzen Sie die Präposition *in* oder die Präposition *a* – ohne Artikel.

1. Dove abiti? – Io abito .... Spagna, ... Madrid.
2. Carlo e Rosaria vivono .... campagna.
3. Non mi piace andare .... scuola.
4. Non vado mai .... teatro.
5. Finalmente .... primavera vado .... vacanza!
6. Devo andare .... biblioteca per fare una ricerca.
7. Prendiamo l'autobus o andiamo .... piedi?
8. .... Natale vengono tutti i parenti.
9. Mangiamo sempre .... cucina.
10. Alex e Giusi vanno spesso .... discoteca.

la campagna	das Land	la ricerca	die Recherche
piacere	gefallen, mögen	prendere	nehmen
il teatro	das Theater	il piede	der Fuß
finalmente	endlich	il Natale	Weihnachten
la primavera	der Frühling	tutti i parenti	alle Verwandten
dovere	müssen, sollen	spesso	oft

285 **Die Präposition *a* oder *in*, mit oder ohne Artikel? Bilden Sie aus den Satzteilen sinnvolle Sätze. Achtung: Die Präpositionen *a* und *in* können mehrmals verwendet werden.**

1. Qui non si può girare ...
2. Mio figlio ha la tosse e quindi devo andare ...
3. Gabriele è impiegato, lavora ...
4. Per favore, può mandare un fax ...
5. Il lunedì sera, di solito, vado ...
6. Ernesto è molto occupato, oggi torna ...
7. Io odio camminare, infatti esco sempre ...
8. D'estate passiamo le giornate ...
9. I signori Vivarelli si trasferiscono ...
10. Non ho voglia di lavorare ...

a – al – alla – all' – in – nel – nella

ufficio.
fabbrica dei miei genitori!
sinistra.
casa molto tardi.
farmacia a comprare lo sciroppo.
macchina!
giardino dei miei genitori.
dottoressa Mazza?
corso d'italiano.
inizio del mese prossimo.

girare	*hier* abbiegen	la giornata	der Tag
la tosse	der Husten	trasferirsi	umziehen
l'impiegato	der Angestellte	avere voglia	Lust haben
mandare	schicken	lo sciroppo	*hier* der Hustensaft
occupato	beschäftigt	l'inizio	der Anfang
odiare	hassen	il mese	der Monat
camminare	laufen		

286 Die Präposition *di* (oder *d'*) mit oder ohne Artikel? Vervollständigen Sie die Sätze mit den Angaben.

di • della • di • del • dello • di • d' • di • dei • di • di

1. L'appartamento .... Rita è molto bello.
2. Bianca è .... Verona.
3. Questa è la macchina .... signor De Santis.
4. .... inverno andiamo a sciare sulle Dolomiti.
5. La porta .... studio è aperta.
6. .... sera mi preparo sempre una minestra.
7. Piero e Nadia sono .... provincia .... Salerno.
8. Ti piacciono questi pantaloni .... lino?
9. Organizziamo la festa nel giardino .... nonni.
10. Vorrei tre etti .... prosciutto crudo, per cortesia.

l'appartamento	die Wohnung	**la minestra**	die Suppe
sciare	Ski fahren	**i pantaloni**	die Hose
lo studio	*hier* das Arbeitszimmer	**il lino**	das Leinen
		l'etto	100 Gramm
prepararsi	sich vorbereiten, kochen	**il prosciutto crudo**	der Rohschinken

287 Die Präposition *da* mit oder ohne Artikel? Kreuzen Sie die richtige Form an.

1. Virginia viene .... Viterbo.	☐ dal	☐ da	☐ dallo
2. Devo andare .... medico.	☐ da	☐ dai	☐ dal
3. Siamo invitati a cena .... Melania.	☐ da	☐ dalla	☐ dall'
4. Lavoro .... otto alle sedici.	☐ dall'	☐ dalle	☐ da
5. .... domani non fumo più.	☐ Da	☐ Dal	☐ Dai
6. Paul e Johann vengono .... Austria.	☐ dall'	☐ dal	☐ da
7. Dove sono le mie scarpe .... tennis?	☐ da	☐ dal	☐ dai
8. Quando ritornate .... vacanze?	☐ dalle	☐ da	☐ dalla

il medico	der Arzt	**le scarpe**	die Schuhe
essere invitato	eingeladen sein	**ritornare**	zurückkommen
fumare	rauchen	**le vacanze**	die Ferien, der Urlaub

288 Ergänzen Sie die Präposition *di* (oder *d'*) oder die Präposition *da*, mit oder ohne Artikel.

1. Sei italiano? – No, io sono portoghese, ... Lisbona.
2. I viaggiatori scendono .... treno.
3. Vi piace la villetta .... amici .... Patrizia?
4. Io vengo .... Palermo, e tu?
5. .... inverno la signora Rosati porta solo pullover .... lana.
6. Non ricevo più sue notizie .... mese scorso.
7. Vivo a Londra .... sei anni.
8. A cena beviamo sempre una bottiglia .... vino.
9. Ma perché porti gli occhiali .... sole? Sta piovendo!
10. Che bella collana .... perle!
11. Mamma, vado .... Luigi a fare i compiti, okay?
12. A che ora uscite .... scuola?

il viaggiatore	der Fahrgast, der Reisende	**ricevere**	bekommen
		la notizia	die Nachricht
scendere	aussteigen	**gli occhiali**	die Brille
la villetta	die kleine Villa	**piovere**	regnen
l'inverno	der Winter	**la collana**	die Halskette
la lana	die Wolle	**i compiti**	*hier* die Hausaufgaben

289 Die Präposition *su* mit oder ohne Artikel? Vervollständigen Sie die Sätze mit den Angaben.

sulla • sulle • su • sugli • sul • su • sulla • su

1. Pino, la tua giacca è lì .... letto.
2. Vogliamo ritornare .... Costa Smeralda.
3. Abbiamo trascorso alcuni giorni .... Appennini. – Dove esattamente?
4. Attento al gatto! Guarda, sta saltando .... quel mobile.
5. Hai visto il documentario .... Aldo Moro ieri?
6. Il salotto e la cucina danno .... strada.
7. Il film dove lo trasmettono? – .... Rai uno.
8. Ho letto un libro interessantissimo .... Repubbliche Marinare.

la Costa Smeralda	*nordöstliche Küste Sardiniens*	**Aldo Moro**	*Politiker (1916–1978), von den linksextremistischen „Roten Brigaden" entführt und später erschossen*
trascorrere	verbringen		
gli Appennini	der Apennin (*Gebirgskette*)		
esattamente	genau	**dare**	*hier* gehen
Attento al gatto!	Achtung, Katze!	**trasmettere**	übertragen
saltare	springen	**Rai uno**	*öffentlich-rechtliches Fernsehprogramm in Italien*
il documentario	der Dokumentarfilm		
il salotto	das Wohnzimmer	**le Repubbliche Marinare**	die Seerepubliken

290 Ergänzen Sie die Präpositionen *con*, *per* oder *fra/tra*.

1. Il gelato lo vuole .... la panna o senza?
2. Dobbiamo comprare il regalo .... la zia Carmela.
3. .... una settimana è Natale.
4. Devo assolutamente prendere il volo delle dodici .... Milano.
5. Oggi mi incontro .... un'amica al centro commerciale.
6. La scuola si trova .... il supermercato e il municipio.
7. Vuoi uscire .... questo tempo?
8. Vado al concerto .... Antonio.
9. Quando partite .... l'Olanda?
10. Mi laureo .... un anno.
11. Le scarpe .... i tacchi alti mi piacciono da morire.
12. Tante persone anziane si sono sentite male .... il caldo.
13. Ti mando il file .... e-mail domani, va bene?
14. .... tre mesi finisce la scuola. Che bello!

la panna	die Sahne	**laurearsi**	das Studium abschließen
senza	ohne		
assolutamente	unbedingt	**i tacchi alti**	hohe Absätze
il volo	der Flug	**piacere da morire**	sehr gefallen
il centro commerciale	das Einkaufszentrum	**anziano**	alt, betagt
il municipio	das Rathaus	**il caldo**	die Hitze
il tempo	das Wetter	**il file**	die Datei

291 Vervollständigen Sie die Sätze mit den Präpositionen.

sul • per • a • per • con • in • sul • in • tra • da • sul • di • da • con

1. .... quale binario parte il treno .... Bari?
2. .... il mio compleanno vorrei invitare alcuni amici .... cena.
3. Mi dispiace, le camere .... vista .... mare sono tutte occupate.
4. Scusi, paga .... contanti o .... la carta di credito?
5. La camera .... letto dà .... cortile interno.
6. Il mio ragazzo lavora .... banca.
7. I miei amici trascorrono le vacanze .... lago .... Garda.
8. La videoteca è lì, guardi, ... la pasticceria e la profumeria.

il binario	das Gleis	**trascorrere**	verbringen
il compleanno	der Geburtstag	**il lago**	der See
la vista	*hier* der Blick	**lì**	dort
occupato	belegt	**la pasticceria**	die Konditorei
il cortile interno	der Innenhof	**la profumeria**	die Parfümerie

→ Gr LGr S. 437 ff.

Weitere Präpositionen

Bei den folgenden Übungen geht es um gebräuchliche Präpositionen, die eine starke Eigenbedeutung aufweisen, z. B. *sotto* (unter), *verso* (gegen), *dopo* (nach), *fa* (vor), und häufig benutzte Doppelpräpositionen wie *dentro a* (in), *vicino a* (nahe bei), *invece di* (statt) usw.

*Torno **verso** le tre.*	Ich komme gegen drei Uhr zurück.
*Ci vediamo **dopo** la scuola.*	Wir sehen uns nach der Schule.
*Un anno **fa** abbiamo comprato un'auto.*	Vor einem Jahr haben wir ein Auto gekauft.
*Il cinema è **vicino al** supermercato.*	Das Kino ist neben dem Supermarkt.
*Preferirei la carne **invece del** pesce.*	Statt Fisch hätte ich lieber Fleisch.

292 **In der Wohnung von Lucia herrscht ein totales Durcheinander. Alles liegt am falschen Platz. Helfen Sie Lucia beim Aufräumen.**

Il portasapone è | dentro alla borsa.

Le posate sono | sotto il letto.

Il computer è | dentro alla credenza.

I piatti sono | davanti alla porta d'ingresso.

Le chiavi di casa sono | vicino al garage.

Le pantofole sono | ~~sopra il lavandino.~~

Il bidone della spazzatura è | dentro al cassetto.

Lo zerbino è | sopra la scrivania.

Il portasapone deve stare *sopra il lavandino* !
Le posate devono stare ………… !
Il computer deve stare ………… !
I piatti devono stare ………… !
Le chiavi di casa devono stare ………… !
Le pantofole devono stare ………… !
Il bidone della spazzatura deve stare ………… !
E lo zerbino deve stare ………… !

il portasapone	die Seifenschale	**il lavandino**	das Waschbecken
la borsa	die Handtasche	**il bidone della spazzatura**	die Mülltonne
le posate	das Besteck	**il cassetto**	die Schublade
la credenza	die Anrichte	**lo zerbino**	der Fußabtreter
il piatto	der Teller	**la scrivania**	der Schreibtisch
davanti a	vor		
le chiavi di casa	die Hausschlüssel		

293 Kreuzen Sie die richtige Präposition an.

1. Facciamo una passeggiata .... il fiume? ☐ sotto ☐ lungo
2. Ti aspetto .... alla fermata dell'autobus. ☐ vicino ☐ insieme
3. Quattro anni .... ho frequentato un corso d'inglese a Cambridge. ☐ secondo ☐ fa
4. Per favore, il caffè .... zucchero! ☐ lungo ☐ senza
5. .... te, Gemma si tinge i capelli? ☐ Senza ☐ Secondo
6. .... la settimana non ho molto tempo per fare sport. ☐ Durante ☐ Dopo
7. Oggi, ... del cappuccino vorrei bere una tazza di cioccolata calda. ☐ invece ☐ a causa
8. .... la maturità vado tre mesi negli Stati Uniti. ☐ Fa ☐ Dopo

lungo	entlang	**invece di**	statt
senza	ohne	**a causa di**	wegen
tingersi	sich färben	**fa**	*hier* vor
secondo	nach	**la maturità**	das Abitur

294 Vervollständigen Sie die Sätze mit den Präpositionen.

fa • vicino a • dopo • sotto • fino a • dietro al • verso • lontano dalla

1. L'ospedale si trova proprio .... casa mia.
2. Abito piuttosto .... ditta per cui lavoro.
3. Ci siamo conosciuti in treno molti anni ....
4. Ho un appuntamento subito .... pranzo.
5. Il gatto dorme .... il tavolo.
6. Hai visto le mie scarpe? – Sono lì, guarda, ... divano.
7. Oggi non posso uscire con voi perché sono di turno. Lavoro .... mezzanotte.
8. Quando pensate di arrivare? – .... le otto e mezza.

verso	gegen	**per cui**	*hier* für die
lontano da	weit von	**subito**	gleich
l'ospedale	das Krankenhaus	**il pranzo**	das Mittagessen
piuttosto	ziemlich	**il divano**	das Sofa
la ditta	die Firma	**essere di turno**	Dienst haben

ZAHLEN UND ZEITANGABEN

→ Gr LGr S. 444 ff.

Zahlen

In diesem Kapitel beschäftigen wir uns mit einem sehr praktischen Thema, das man täglich braucht: die Grundzahlen und die Ordnungszahlen.
Bevor Sie die Übungen machen, beachten Sie die in den Beispielen hervorgehobenen Besonderheiten.

*vent**u**no*	einundzwanzig	*trentatr**é***	dreiunddreißig
*quarant**o**tto*	achtundvierzig		
mille	tausend	***duemila***	zweitausend
*un milion**e***	eine Million	*due milion**i***	zwei Millionen
*un milione **di** euro*	eine Million Euro		
*il prim**o** piano*	der erste Stock	*la prim**a** volta*	das erste Mal
*i prim**i** passi*	die ersten Schritte	*le prim**e** esperienze*	die ersten Erfahrungen

295 **Bilden Sie aus den Wortsegmenten Zahlen und schreiben Sie sie neben die Ziffern.**

centodieci .... → 110
.... → 85
.... → 71
.... → 48
.... → 3000
.... → 66
.... → 1001
.... → 93
.... → 77
.... → 2022

296 ***Quanto fa ...?*** **Wie viel macht ...? Schreiben Sie die Additionen und Subtraktionen mit den entsprechenden Summen aus.**

ESEMPIO 10 + 10 = 20 → *Dieci più dieci fa venti.*
10 – 8 = 2 → *Dieci meno otto fa due.*

25 + 32 = 57 ....
30 + 3 = 33 ....
41 – 20 = 21 ....
97 – 16 = 81 ....
10 + 7 = 17 ....
9 + 6 = 15 ....
14 + 5 = 19 ....
61 – 18 = 43 ....
501 + 12 = 513 ....
1000 – 70 = 930 ....

297 Schreiben Sie die Zahlen aus.

333 → *trecentotrentatré*
545 → ....
777 → ....
1448 → ....
2001 → ....
4990 → ....
6006 → ....
8927 → ....
22.000 → ....
100.000 → ....
5.000.000 → ....
2.000.000.000 → ....

298 Vervollständigen Sie die Ausdrücke, indem Sie die in Klammern angegebenen Ordnungszahlen ausschreiben.

il (1°) .... anniversario
il (50°) .... compleanno
la (3ª) .... traversa
la (7ª) .... volta
l' (11°) .... piano
la (4ª) .... scena
il (10°) .... capitolo
la (2ª) .... classe
l' (8ª) .... fila
il (XV) .... secolo
la (6ª) .... sinfonia
Papa Benedetto (XVI) ....
il (9°) .... paragrafo
Carlo (V) ....

l'anniversario	der Jahrestag	**il piano**	das Stockwerk
il compleanno	der Geburtstag	**la fila**	die Reihe
la traversa	die Querstraße	**il secolo**	das Jahrhundert

→ Gr LGr S. 448 ff.

Zeitangaben

Und zuletzt üben Sie, wie man die Uhrzeit und das Datum auf Italienisch ausdrückt.

299 ***Che ore sono?*** **Wie spät ist es? Geben Sie die Uhrzeit an.**

ESEMPIO 11.10 → *Sono le undici e dieci.*

7.45 →	....	00.05 →	....
12.15 →	....	17.40 →	....
13.00 →	....	10.20 →	....
7.25 →	....	22.10 →	....
9.35 →	....	8.00 →	....
15.30 →	....	19.55 →	....

300 A **Schreiben Sie das Datum aus und verbinden Sie es mit dem passenden Fest.**

25/12 → *il venticinque dicembre*
08/03 → ....
01/01 → ....
02/06 → ....
15/08 → ....
24/12 → ....
08/12 → ....
14/02 → ....
01/11 → ....
06/01 → ....
01/05 → ....
19/03 → ....

Ognissanti
San Valentino
la Vigilia di Natale
Natale
la Festa della Repubblica
San Giuseppe/la Festa del Papà
Capodanno
la Festa dei Lavoratori
la Festa della Donna
Ferragosto
la Festa dell'Immacolata
l'Epifania

300 B **Welche Monate wurden oben nicht erwähnt? Nennen Sie sie.**

....

Ognissanti	Allerheiligen	**il lavoratore**	der Arbeiter
la vigilia di Natale	Heiligabend	**Ferragosto**	Mariä Himmelfahrt
la Festa della Repubblica	*1946 stimmten die Italiener für die Republik*	**l'Immacolata (Concezione)**	die unbefleckte Empfängnis
Capodanno	Neujahr	**l'Epifania**	das Dreikönigsfest

LÖSUNGEN

Aussprache

1
[k] → correre, occhiali, perché, mucca, chi
[tʃ] → ciao, cena, Grecia, vivace
[g] → gatto, funghi, Inghilterra, lungo, portoghese, pregare
[dʒ] → *mangiare*, gelato, giorno, pomeriggio
[gl] → gloria, glassa
[ʎ] → famiglia, abbigliamento, luglio
[sk] → scherzo, scuola, pesca, rischio, dischi, scarpa
[ʃ] → asciugamano, pesce

2
1. [k]; 2. [ʎ]; 3. [ʃ]; 4. [tʃ], [k]; 5. [sk]; 6. [dʒ], [g]

Substantive

3
männlich: ragazzo, pane, cellulare, ospedale, lavoro, tavolo, letto, ponte, quartiere, giornale, vento, latte, cappello
weiblich: amica, chiave, piazza, festa, televisione, fame, lingua, camera, moglie, collina, gita, neve, carne

4
2. Baum / albero – alberi; 3. Sekt / spumante – spumanti; 4. Messer / coltello – coltelli; 5. Licht / luce – luci; 6. Zitrone / limone – limoni; 7. Tür / porta – porte; 8. Apfel / mela – mele; 9. Duft / profumo – profumi; 10. Buch / libro – libri; 11. Fisch / pesce – pesci; 12. Jahreszeit / stagione – stagioni
Spumante, limone, pesce ***sind männlich.***
Notte, luce, stagione ***sind weiblich.***

5
1. Maria, Marta, Ludovico e Paolo sono **nomi**. (m)
2. Il Po, il Tevere e l'Arno sono **fiumi**. (m)
3. La Germania, l'Italia, la Francia e l'Olanda sono **nazioni**. (w)
4. Quella pendente di Pisa e quella di Parigi sono **torri**. (w)
5. Le Alpi e gli Appennini sono formati da **montagne**. (w)
6. La Sardegna, la Sicilia, Capri e Ischia sono **isole**. (w)
7. Il ragù alla bolognese e la pizza margherita sono **piatti**. (m)
8. La Divina Commedia e il Convivio sono **opere** di Dante Alighieri. (w)
9. Il Tirreno, l'Adriatico e lo Ionio sono **mari**. (m)
10. Quelli Vaticani di Roma e gli Uffizi di Firenze sono **musei**. (m)

6
männlich: dentista, sport, computer, dessert, bar, panorama, poema, diploma, artista
weiblich: dentista, crisi, analisi, oasi, artista

7
1. tema – temi (m); 2. foto – foto (w); 3. giornalista – giornalisti / giornaliste (m / w); 4. moto – moto (w); 5. yogurt – yogurt (m); 6. metropoli – metropoli (w); 7. sintesi – sintesi (w); 8. telegramma – telegrammi (m); 9. musicista – musicisti / musiciste (m / w); 10. cronista – cronisti / croniste (m / w); 11. biberon – biberon (m); 12. ipotesi – ipotesi (w)

8
viaggio – viaggi; città – città; psicologo – psicologi; impiego – impieghi; giacca – giacche; gioco – giochi; farmacia – farmacie; pioggia – piogge; zio – zii; età – età; diplomatico – diplomatici; catalogo – cataloghi; esca – esche; re – re; arancia – arance; ciliegia – ciliegie / ciliege

9
1. collega – colleghe; 2. albergo – alberghi; 3. monologo – monologhi; 4. sindaco – sindaci; 5. fiocco – fiocchi; 6. bocca – bocche; 7. verità – verità; 8. bacio – baci;
Lösungswort: amico → amic*i*

10
2. membro → membra / membri; 3. dio → dei; 4. ala → ali; 5. migliaio → migliaia; 6. centinaio → centinaia; 7. osso → ossi / ossa; 8. braccio → bracci / braccia; 9. uovo → uova; 10. arma → armi;
Lösungswort: paio → paia

11
Singular
männlich: *muro*, membro, dio, migliaio, centinaio, osso, braccio, uovo, paio
weiblich: ala, arma

Plural
männlich: *muri*, membri, dei, ossi, bracci
weiblich: *mura*, membra, ali, migliaia, centinaia, ossa, braccia, uova, armi, paia

12
1. a Ho comprato una bellissima lampada con **i bracci** snodabili.
   b I bambini si sentono protetti tra **le braccia** di mamma e papà.

2. a **Le membra** sono parti del corpo umano.
b Oggi **i membri** della giuria si riuniscono per prendere una decisione.
3. a Mario è massiccio, ha **le ossa** molto grandi.
b I cani hanno l'abitudine di nascondere **gli ossi**.
4. a Devo assolutamente rinfrescare **i muri** di casa.
b La città conserva ancora **le mura** del periodo medioevale.
5. a Rosa muove **le labbra** proprio come sua madre.
b **I labbri** della ferita devono ancora rimarginarsi.

13
1. essere tutto miele con qualcuno → a. jemandem Honig um den Mund schmieren
2. prendere il coraggio a due mani → e. sich ein Herz fassen
3. tagliare i viveri a qualcuno → f. jemandem den Geldhahn zudrehen
4. tenere le redini → b. das Heft in die Hand nehmen
5. avere una fame da lupi → d. einen Bärenhunger haben
6. vendere qualcosa per quattro soldi → c. etwas für ein Butterbrot verkaufen

Singular: fame, miele, coraggio
Plural: soldi, redini, viveri

14 padre – madre; fratello – sorella; amico – amica; gatto – gatta; presidente – presidentessa; re – regina; artista – artista; cameriere – cameriera; pittore – pittrice; cantante – cantante; attore – attrice; studente – studentessa

15 ***Männlich***
Singular: *tabù*, smog, marito, record, clima, latte, bicchiere, giorno, hotel, oculista
Plural: *tabù*, record, funghi, teoremi, teppisti, libri, hotel

Weiblich
Singular: paralisi, coperta, unità, novità, canzone, patata, informazione, auto, oculista
Plural: *finestre*, paralisi, mani, colleghe, unità, bocche, novità, auto, domande

Regelmäßig sind: *finestre*, marito, coperta, funghi, latte, bicchiere, libri, canzone, patata, informazione, giorno, domande

16 1. tram – tram; 2. sociologo – sociologi; 3. banca – banche; 4. schema – schemi; 5. università – università; 6. lavoro – lavori; 7. lezione – lezioni; 8. sugo – sughi; 9. autista – autisti; 10. uomo – uomini

Artikel

17 1. la porta; 2. il tavolo; 3. il problema; 4. lo pseudonimo; 5. la testa; 6. l'acqua; 7. lo sci; 8. l'aperitivo; 9. lo sgabello; 10. la parola; 11. lo zoccolo; 12. l'olio

18 lo scialle – gli scialli; l'ombrello – gli ombrelli; la sedia – le sedie; l'insalata – le insalate; il telefono – i telefoni; l'abito – gli abiti; lo zingaro – gli zingari; l'azienda – le aziende; il pavimento – i pavimenti

19 il burro, lo zero, gli amici, le mele, la / le foto, la / le società, il / la giornalista, i giornali, l'aula, lo squillo, l'amore

20 il quadro → i quadri; gli scavi → lo scavo; la pianta → le piante; i ragazzi → il ragazzo; l'ospite → gli ospiti; lo sciroppo → gli sciroppi; le fragole → la fragola; il pranzo → i pranzi; l'ape → le api

21
1. **L'**amore fa gioire e soffrire milioni di persone.
2. Roberto è stato **il** grande amore della mia vita.
3. Abbiamo diversi problemi con **gli** inquilini del primo piano.
4. Chi si è lamentato questa volta? – **I** soliti inquilini del primo piano.
5. **Lo** specchio che hai nell'ingresso è molto bello.
6. È già **il** terzo specchio che compro!
7. **Il** mese di febbraio è stato molto piovoso.
8. **Lo** scorso mese ho sostenuto due esami all'università.
9. Ti vengo a prendere con **l'**auto di mio padre.
10. Questa è **la** vecchia auto di mio padre.

22
1. Gigi e Vincenza vanno a vivere in Spagna.
2. Ti va di giocare a tennis domani?
3. **Lo** spagnolo è una lingua romanza come **l'**italiano.
4. Oh, sono **le** nove! Devo tornare a casa.
5. Che ne dici di questo pullover di cotone?
6. Conoscete **la** dottoressa Bellini?
7. **La** Francia confina con diverse nazioni.
8. Ti senti meglio? – Veramente no, ho ancora **il** raffreddore.
9. Rossella, **il** verde ti dona molto.
10. Professor Amato, come si trova all'università?

23
1. **Il** calcio è lo sport più amato dagli italiani.
2. Giovanni mi ha regalato una catenina di oro.
3. Perché non andate in vacanza in Egitto?
4. **La** Lombardia è una regione dell'Italia settentrionale.
5. Non conosco né **l'**inglese né **il** francese.

6. Monica ha **gli** occhi azzurri e **i** capelli biondi.
7. Signora Frattini, prego si accomodi!
8. Alla fermata dell'autobus incontro sempre **il** dottor Vespa.
9. Lo sai che i figli di Nora hanno **la** varicella?
10. Sono **le** sei e mezza. Presto, comincia la partita!

24 **un:** nome, autografo, cortile, vestito, orto
uno: spazio, gnomo, zucchino
una: scoperta, lezione, cravatta
un': elica, aranciata, idea

25 1. lo stadio → uno stadio; 2. la macelleria → una macelleria; 3. l'odore → un odore; 4. l'isola → un'isola; 5. lo zio → uno zio; 6. la commessa → una commessa; 7. il vocabolario → un vocabolario; 8. lo straccio → uno straccio; 9. l'arancia → un'arancia; 10. il kiwi → un kiwi

26 1. una scuola; 2. un affare; 3. un pettine; 4. una notte

27
1. Mi scusi, mi può aiutare? Cerchiamo **un** albergo qui in zona.
2. Signori, è **un** onore avervi a cena da noi stasera.
3. Questa è **una** scelta difficile.
4. Ho freddo ai piedi, probabilmente da sotto la porta viene **uno** spiffero.
5. Riccardo è violinista e suona in **un'**orchestra.
6. Ogni sera seguo **una** trasmissione molto interessante alla TV.
7. Senta, mi può portare **un** bicchiere pulito, per favore?
8. Nella strada dove abita Lucia c'è tutto: **un'**edicola, **un** supermercato, **uno** studio legale, **una** banca e perfino **un** ospedale.

28 1. un'auto; 2. una nuova auto; 3. uno spavento; 4. un brutto spavento; 5. un biglietto; 6. un solo biglietto; 7. un segreto; 8. un piccolo segreto; 9. un incontro; 10. uno strano incontro; 11. un'attesa; 12. una breve attesa; 13. uno yacht; 14. un nuovo yacht

29
1. Domani c'è **lo** sciopero dei treni.
2. Questi sono **gli** amici di Patrizia.
3. **L'**attacco terroristico alle torri gemelle è stato **uno** shock per tutti.
4. **Il** liceo "Alessandro Manzoni" si trova in **una** strada principale.
5. Scusate, c'è **un'**edicola da queste parti?
6. Signora Bianconi, Le presento **il** signor D'Amico.
7. Voglio comprare **un** maglione di lana.
8. Ti piace **il** vino o preferisci **la** birra?
9. **L'**invenzione dell'aspirina è stata **una** scoperta formidabile.
10. Sono **le** nove, devo andare. Ho **un** appuntamento importante.

30 delle carte, dell'aglio, dello spumante, dei cerini, delle sigarette, del vino, della frutta, dell'acqua, dei mandarini, degli ombrelloni, degli spinaci

31
▸ Maria, esco un attimo a comprare le sigarette. Ci serve qualcosa?
■ Sì, senti, compri **degli** elastici?
▸ Va bene.
■ Ah, aspetta, ci servono anche **dei** cerotti.
▸ Sì, certo ...
■ Eh ... se passi dal fruttivendolo, compri **delle** albicocche? Lo sai che mi piacciono da morire.
▸ Ah, sì ...
■ Un momento, aspetta, se vai al supermercato, prendi **della** pasta corta? Mangiamo sempre spaghetti! E poi compra pure **dell'**olio, che è finito, olio extravergine, mi raccomando! Ah, e anche **dello** zucchero. Se poi passi in panetteria, prendi anche **del** pane fresco? Eh ...
▸ Maria, io vado all'angolo a comprare le sigarette, non faccio mica il giro della città!

32
1. Stasera abbiamo **degli** ospiti a cena.
2. Vorrei mezzo chilo **di** carne macinata.
3. Eleonora ha sempre **delle** idee geniali.
4. Per l'esame di storia devo leggere **dei** libri molto interessanti.
5. Prendi una bottiglia **di** vino rosso in cantina?
6. Mi dà due etti **di** prosciutto crudo, per cortesia?
7. Ci serve **dello** zafferano per il risotto alla milanese.
8. Ho sete. Mi puoi dare **dell'**acqua, per favore?
9. C'è ancora un po' **di** birra. Chi la vuole?
10. Antonietta mi ha regalato una scatola **di** cioccolatini.

Adjektive

33 *männlich:* tipico, scuro, centrale, felice, grande, triste, caldo, irritante, severo
weiblich: centrale, felice, bionda, grande, triste, rossa, corta, irritante

34 un uomo affascinante – una donna affascinante; un divano comodo – una poltrona comoda; un fiore profumato – una rosa profumata; un libro particolare – una storia particolare; un pranzo squisito – una torta squisita; un bambino capriccioso – una bambina capricciosa; un giorno speciale – una vacanza speciale; uno studente inglese – una studentessa inglese; un caffè freddo – una birra fredda; un treno veloce – un'auto veloce

35 2. grande – piccolo = groß – klein; 3. leggero – pesante = leicht – schwer; 4. freddo – caldo = kalt – warm; 5. dolce – amaro = süß – sauer / bitter; 6. divertente – noioso = lustig – langweilig
il vaso grande, i vasi grandi, la casa grande, le case grandi;
il piatto leggero, i piatti leggeri, la tazza leggera, le tazze leggere;
il tè freddo, i tè freddi, la bibita fredda, le bibite fredde;
il vino dolce, i vini dolci, l'aranciata dolce, le aranciate dolci;
il film divertente, i film divertenti, la storia divertente, le storie divertenti;
il libro noioso, i libri noiosi, la persona noiosa, le persone noiose;
il mobile pesante, i mobili pesanti, la scatola pesante, le scatole pesanti;
il tema difficile, i temi difficili, la questione difficile, le questioni difficili;
il caffè amaro, i caffè amari, la mandorla amara, le mandorle amare;
il naso piccolo, i nasi piccoli, la bocca piccola, le bocche piccole;
il clima caldo, i climi caldi, la stagione calda, le stagioni calde

36
1. "Ballarò" è una trasmissione televisiva veramente interessante.
2. Garibaldi e Mazzini sono due personaggi popolari della storia.
3. Mi piace il caffè freddo.
4. Io compro solo scarpe italiane.
5. Silvana preferisce gli uomini sportivi.
6. I miei amici alloggiano in un albergo economico.
7. Tuo figlio ha gli occhi molto espressivi.
8. Wanda è una ragazza solare.
9. Quest'anno i turisti giapponesi hanno affollato le città d'arte.
10. Davide porta sempre una giacca nera di pelle.

37 2. l'esercizio complicato → gli esercizi complicati; 3. la macchina lenta → le macchine lente; 4. la ragazza allegra → le ragazze allegre; 5. la colazione abbondante → le colazioni abbondanti; 6. il bambino pigro → i bambini pigri; 7. il calciatore portoghese → i calciatori portoghesi; 8. la sciarpa colorata → le sciarpe colorate; 9. la persona previdente → le persone previdenti; 10. la città francese → le città francesi

38
1. La gioielleria in centro ha degli anelli **magnifici** in vetrina!
2. Fate mai delle cene **romantiche** a lume di candela?
3. Sul balcone ho tante piante **verdi**.
4. Come mai hai gli occhi **lucidi**? Hai pianto?
5. Il ristorante all'angolo prepara piatti **tipici** della cucina toscana.
6. Chi frequenta persone **altruiste** è fortunato.
7. In estate porto spesso magliette **rosa**.
8. Mio figlio odia il latino perché ha un'insegnante **severa**.
9. Nel centro storico della città ci sono tanti palazzi **antichi**.
10. Per la laurea mi metto una giacca **grigio chiaro**.

39
1. Sono così contento! I miei compagni di scuola sono dei ragazzi proprio **simpatici**.
2. Noi mangiamo solo carne **magra**.
3. Pietro e Saverio pensano sempre e solo a sé stessi. Sono due ragazzi **egoisti**.
4. Mi piacciono i libri ricchi di "suspense". – Ah, quindi ti piacciono i libri **avvincenti**!
5. No, guardi, le scarpe così **larghe** non mi stanno bene. Ho i piedi sottili.
6. Il due è un numero **pari**.
7. Mi dispiace, non so molto dell'incidente. Ho solo notizie **vaghe**.
8. Fa così caldo e porti ancora i pantaloni **lunghi**!
9. John viene da New York. È uno studente **americano**.
10. Per l'inverno ho comprato dei guanti **verde bottiglia** al centro commerciale.

40 un manuale pratico – dei manuali pratici; un politico corrotto – dei politici corrotti; una ragazza snob – delle ragazze snob; un turista inglese – dei turisti inglesi; una tenda rosso scuro – delle tende rosso scuro; una finestra aperta – delle finestre aperte; un lavoratore stanco – dei lavoratori stanchi; una gamba lunga – delle gambe lunghe; un problema banale – dei problemi banali; una borsa bianca – delle borse bianche

41
1. La commessa è gentile.
2. I bicchieri sono rotti.
3. Il bambino è intelligente.
4. Le sciarpe sono calde.
5. Il dipinto è famoso.
6. La bottiglia è vuota.
7. Gli studenti sono diligenti.
8. Il lavoro è stancante.
9. I turisti sono tedeschi.
10. Le ragazze sono italiane.

42
1. I televisori sono vecchi.
2. Il fiume è lungo.
3. I segnali sono deboli.
4. La strada è trafficata.
5. I cellulari sono piccoli.
6. Lo scrittore è francese.
7. La montagna è alta.
8. Gli ingegneri sono competenti.
9. La conduttrice è elegante.
10. Le notizie sono attuali.

43
1. La nostra insegnante di fisica è giovan**e** e carin**a**!
2. Oggi papà va al mercato a comprare il pesce fresc**o**.
3. Le figlie dei signori Verdoni sono proprio grazios**e**.
4. Nella mia città ci sono due chiese baroc**che**.
5. I miei amici hanno tante qualità: sono generos**i**, sono sempre disponibil**i** e soprattutto sono sincer**i**.
6. Il tuo amico Romeo, invece, ha tanti difetti: è opportunist**a** e soprattutto è avar**o**.
7. Mi posso mettere i tuoi stivali marron**e** scuro stasera?
8. In vacanza conosco sempre gente interessant**e**.
9. Ieri, alla festa, abbiamo mangiato delle tartine veramente gustos**e**!
10. Gli attacchi sono opera di gruppi estremist**i**!

44
1. Vittorio e Rodolfo sono simpatici.
2. Vorrei un pullover / maglione e una gonna sportivi.
3. I signori Lanza hanno un'auto e una casa nuove.
4. Matteo e Carla sono magri.
5. Beviamo un caffè e un tè caldi.
6. Conosco un ragazzo e una ragazza spagnoli.
7. Raffaella e Bianca non sono basse.
8. Tommaso e Giuliana, i figli di Gabriella, sono educati e ubbidienti.
9. La T-shirt / maglietta di Lucia e la borsa di Pina sono verdi.
10. Vado sempre in un bar e in un ristorante italiani.

45
1. a Quel **povero** ragazzo ha perso i genitori in un incidente stradale.
   b Quando ho dei vestiti che non porto più, li do ad una famiglia **povera**.
2. a Roberto è un **caro** amico.
   b Attenzione! Quella lampada è un oggetto **caro** e sopratutto è antico!
3. a L'insegnante di matematica ci ha dato un compito **semplice** oggi.
   b Se non ti va di andare al cinema, non fa niente. Era una **semplice** idea!
4. a Il professore mi ha fatto una **sola** domanda, io non ho saputo rispondere e lui mi ha bocciato!
   b Ernesto non ha amici e nemmeno parenti. È un uomo **solo**.
5. a Con queste cose ci puoi giocare. È roba **vecchia** che non mi serve più.
   b Chi sono quelle persone? – Sono **vecchi** amici dei miei genitori.

46
1. Francesco ha proprio una bella casa.
2. Roberto ha proprio un bel cappotto.
3. Sofia ha proprio dei begli orecchini.
4. Leonardo ha proprio una bella auto / una bell'auto.
5. Massimo ha proprio dei bei capelli.
6. Simona ha proprio una bella pelliccia.
7. Giuliana ha proprio delle belle gambe.
8. Daniele ha proprio dei begli occhi.
9. Patrizia ha proprio un bell'anello.
10. Vittorio ha proprio un bel giardino.

47
1. Buon Natale! → f. Frohe Weihnachten! 2. Buon compleanno! → i. Herzlichen Glückwunsch zum Geburtstag! 3. Buona fortuna! → a. Viel Glück! 4. Buona Pasqua! → d. Frohe Ostern! 5. Buon viaggio! → h. Gute Reise! 6. Buone feste! → j. Frohes Fest! 7. Buon onomastico! → b. Herzlichen Glückwunsch zum Namenstag! 8. Buon giorno! → g. Guten Tag! 9. Buona notte! → e. Gute Nacht! 10. Buon appetito! → c. Guten Appetit!

48
1. Che be**i** fiori! Grazie!
2. Rosa è veramente una buo**na** amica / una buo**n'**amica.
3. I quadri di Guttuso sono molto be**lli**.
4. Il ristorante vicino a casa mia fa un tiramisù particolarmente buo**no**.
5. Renato è un padre premuroso e indulgente. È sicuramente un buo**n** padre.
6. Ehi, guarda quello! Che be**l** tipo! Lo conosci?
7. Facciamo una grigliata stasera? – Sì, questa è proprio una buo**na** idea / una buo**n'**idea!
8. Quel negozio d'abbigliamento in centro ha tante be**lle** cose: dei be**i** cappotti, delle be**lle** giacche, dei be**gli** impermeabili.
9. Orlando e Alessandro sono buo**ni** amici.
10. Barbara, le tue torte sono be**lle** e buo**ne**!

49
1. Andrea è **più alto di** Lia.
2. Vincenzo e Gianna sono **più bassi di** Teresa.
3. Sara è **più magra di** Rita.
4. Massimiliano è **più grande di** Marina.
5. Francesco è **più giovane di** Giuseppe.
6. Carmela è **bruna come** Vera.
7. Serena e Anna sono **toscane come** Davide.
8. Il Tevere è **più lungo dell'**Arno.
9. Roma è **più popolosa di** Napoli.

10. La Sardegna è **più piccola della** Sicilia.
11. Jürgen e Hans sono **tedeschi come** Gabi.
12. L'auto di Aurelio è **più veloce di** quella di Giulio.

50
1. Attualmente viaggiare in aereo è più conveniente **che** andare in treno.
2. Ieri ha fatto molto più caldo **di** oggi.
3. Il nuoto è sicuramente uno sport più completo **del** tennis.
4. Tuo fratello Daniele è meno disordinato **di** te.
5. Tra poco comincia a piovere. Mi sembra più sensato cenare in tinello **che** in giardino.
6. Gli uomini sono più legati alla mamma **delle** donne. Sarà vero?
7. Il supermercato in piazza è più economico **di** quello lì all'angolo.
8. Amedeo è più suscettibile **che** sensibile.

51
Due sorelle a confronto
Marisa e Loredana sono sorelle, eppure hanno veramente poco in comune.
Marisa è più alt**a di** Loredana e anche più robust**a di** lei. Loredana invece è più sportiv**a di** Marisa. Loredana ama sciare, nuotare e fare jogging. Per Marisa è più interessant**e** leggere un libro **che** sciare o fare jogging! E poi Marisa adora l'opera. Invece Loredana trova più eccitant**e** andare in discoteca **che** a teatro.
E all'università? Beh, certamente Marisa è più studios**a di** sua sorella. Loredana però non è meno intelligent**e di** Marisa. Anche di carattere sono diverse. Marisa appare più riflessiv**a che** intuitiv**a**. Loredana è una persona sveglia ed è sicuramente più apert**a di** Marisa. Loredana, infatti, ha tanti amici ed è sempre in movimento. Sua sorella Marisa è meno vivac**e di** lei. Marisa preferisce andare al cinema e ci va anche da sola. Ma allora cosa hanno in comune queste due sorelle? ... Beh, sono gemelle!

52
1. Senta, vorrei due etti di prosciutto San Daniele tagliato **sottile sottile**, per cortesia.
2. Conosci il romanzo "La solitudine dei numeri primi" di Paolo Giordano? Secondo me è un libro **molto interessante**. Lo devi leggere!
3. Oggi Giovanna si è messa dei pantaloni **stretti stretti**. Mamma mia, le stanno proprio male.
4. Quest'anno abbiamo avuto l'estate **più calda** degli ultimi dieci anni.
5. Tra Eduardo, Mimmo, Alba e Maurizio probabilmente sono Mimmo e Alba i **meno flessibili**, perché hanno due figli.
6. Secondo Francesco, Monica Bellucci è la donna **più bella** del mondo!
7. Tommaso è il **più riservato** fra tutti i miei colleghi. Non dice mai una parola!
8. Vuoi preparare la "torta mimosa"? Attenta, però, la ricetta è **assai impegnativa**.
9. Ehi, ragazze, oggi siete **puntualissime**? Come mai?
10. Tuo fratello Gigi è sicuramente la persona **meno adatta** per quel lavoro.

53
1. *Qual è la regione più estesa d'Italia?* – La Sicilia. 2. Qual è il lago più grande d'Italia? – Il lago di Garda. 3. Qual è il fiume più lungo d'Italia? – Il Po. 4. Qual è la città più popolosa d'Italia? – Roma. 5. Qual è il vulcano più attivo d'Europa? – L'Etna. 6. Qual è la montagna più alta d'Italia? – Il Monte Bianco. 7. Qual è il lago più profondo d'Italia? – Il lago di Como.
Lösungswort: ENRICO DE NICOLA

54
1. Io sono ordinatissimo.
2. Beatrice mette sempre gonne cortissime.
3. Ugo ha un cellulare modernissimo.
4. Mm, queste tagliatelle sono buonissime!
5. Veronica, oggi sei elegantissima!
6. I miei amici sono affidabilissimi.
7. Abbiamo un'insegnante preparatissima.
8. "La dolce vita" è un film famosissimo.
9. Bianca porta scarpe particolarissime.
10. La mia lavatrice è silenziosissima.

55
1. Speriamo di avere un futuro **migliore**.
2. Io non ho fratelli **minori**.
3. Devo assolutamente ritornare in banca perché ho bisogno di una somma di denaro **maggiore**.
4. L'insegnante del mio amico non ha un buon metodo d'insegnamento, ma la mia insegnante ha un metodo ancora **peggiore**.
5. Ecco, queste sono le mie sorelle **maggiori**.
6. Gli studenti della vostra scuola sono **migliori** di quelli della nostra scuola.
7. Anche quest'anno ci sono state alluvioni, ma i danni sono stati **minori** dell'anno scorso.
8. Questa stoffa è di qualità **peggiore** dell'altra.

56
1. "I promessi sposi" sono l'opera **maggiore** di Alessandro Manzoni.
2. Per questo esame lo sforzo è stato **minimo**.
3. Una cena **ottima**! Complimenti!
4. L'incidente d'auto è stata una delle esperienze **peggiori** della mia vita.
5. Quest'estate abbiamo avuto una temperatura **massima** di 37 gradi.
6. No, guarda, lasciami in pace! Oggi sono di **pessimo** umore.
7. In quel ristorante fanno il **migliore** ragù della zona!
8. Giorgio è il **minore** dei miei fratelli.

Adverbien

57 2. improvvisamente → plötzlich; 3. adesso → jetzt; 4. intensamente → intensiv; 5. dopodomani → übermorgen; 6. lontano → weit; 7. attualmente → derzeit; 8. tardi → spät; 9. vicino → in der Nähe; 10. assolutamente → unbedingt

58 1. urgente → urgentemente; 2. antico → anticamente; 3. profondo → profondamente; 4. debole → debolmente; 5. particolare → particolarmente; 6. attento → attentamente; 7. felice → felicemente; 8. raro → raramente; 9. finale → finalmente; 10. prudente → prudentemente

59
1. **Oggi** non sono andato in ufficio, ma **domani** ci vado.
2. Riccardo, puoi venire **qui** / **qua** , per piacere? Ho bisogno di aiuto.
3. Vado **raramente** al cinema, preferisco prendere in affitto un DVD.
4. Frequentiamo un corso d'inglese e ci andiamo **regolarmente**.
5. **Forse** l'anno prossimo vado a fare un master a Bruxelles.
6. Le lasagne che fa mia moglie sono **veramente** buone, ma le lasagne di mia madre sono migliori!
7. Ragazzi, dovete partecipare **attivamente** alla lezione, **altrimenti** vi annoiate!
8. Sono un po' preoccupato perché mio figlio Mariano mangia **poco**.
9. **Finalmente** siete arrivati!
10. C'è una farmacia **qui** / **qua vicino**? – Sì, guardi, è **lì** / **là**.

60
1. La nonna di Luciana è **gravemente** ammalata.
2. Stamattina sull'autostrada c'è stato un **violento** scontro tra un camion e un furgoncino.
3. Eugenio, che brutta faccia! Stai **male**?
4. Aspetto **pazientemente** una conferma dalla banca.
5. I miei genitori sono **felicemente** sposati da 40 anni!
6. Per il pranzo di domani voglio preparare delle pietanze **tipiche** della nostra cucina locale.
7. Ho ereditato una scrivania **autentica** del 1800.
8. Ieri ho incontrato un vecchio compagno di scuola, ma lui mi ha trattato **freddamente**. Non capisco perché!
9. I bambini sono **impazienti** di rivedere i genitori.
10. Linda, c'è qualcosa che non va? – Eh, insomma, sono **leggermente** influenzata.

61
1. Oh, queste rose sono **veramente** belle.
2. Per piacere, può parlare **lentamente**? Sono straniero.
3. Adesso arriva una curva **pericolosa**, perciò cerca di andare piano.
4. Alberto e Dino vincono ogni settimana al totocalcio. Sono **fortunati**.
5. Mio figlio è bilingue, parla **perfettamente** l'italiano e il tedesco.
6. Devo tornare **urgentemente** a casa.
7. Ci hanno regalato un vaso davvero **particolare**.
8. **Generalmente** mi alzo alle sei ed esco di casa prima delle sette.
9. Gli inquilini del piano di sopra sono **rumorosi**, soprattutto di notte!
10. Corrado è un tipo **tranquillo**. Non si arrabbia mai.
11. Ti piace la frutta? – Sì, mi piace **specialmente** la frutta estiva.
12. Mi sa dire **cortesemente** dov'è il prossimo distributore di benzina?

62
1. Emilio non può giocare con noi a calcio perché non si sente **bene**.
2. Va **bene**, allora ti aspetto come sempre per le cinque.
3. Allora, com'è lo spezzatino? – Veramente **buono**!
4. Catia, questo vestito ti sta proprio **bene**.
5. Signori, tutto **bene**? – Sì, grazie.
6. Assunta è una **buona** madre.
7. Tesoro, mi vuoi **bene**? – Ma certo, lo sai che ti amo!
8. Stasera vengono a cena Ennio e Oscar, due **buoni** amici di mio marito.

63 Roma, la città eterna
Roma è una città molt**o** famosa, è forse la città più famosa del mondo.
Ogni anno molt**i** turisti la affollano per ammirare le sue bellezze. A Roma ci sono infatti tant**e** cose da vedere. Chi ha po**chi** giorni a disposizione, ha sicuramente l'imbarazzo della scelta.
Ti affascina molt**o** il periodo romano? Beh, allora a Roma trovi per esempio tant**i** acquedotti, l'anfiteatro Flavio noto come Colosseo, molt**i** ponti e le terme.
Se invece ti piace tant**o** l'età rinascimentale, allora puoi ammirare parecchi**e** chiese e molt**i** palazzi come i Palazzi Capitolini, i Palazzi Vaticani, Palazzo Farnese. Chi ama particolarmente la cultura, può anche visitare tant**i** musei e molt**e** gallerie.
L'arte e la cultura ti interessano poc**o**? Allora puoi fare shopping, e chiaramente devi andare a Via Condotti, ma fai attenzione a non spendere tropp**o**!

Naturalmente è bello girare la città a piedi, così si possono conoscere molt**e** strade e si possono attraversare tant**e** piazze. Ovviamente si cammina parecchi**o**, perché la città è molt**o** grande.
Se poi sei tropp**o** stanco e hai tant**a** sete perché fa molt**o** caldo, ti puoi sedere in un bar a bere un buon cappuccino o una bibita fresca. Così puoi anche osservare la vitalità della città: tant**a** gente indaffarata, molt**i** turisti in giro, parecchi**e** auto e soprattutto tropp**i** motorini! Allora, vuoi fare una vacanza speciale? ... Quo vadis?

64

1. Mia madre cucina **meno volentieri di** mio padre.
2. L'anno scorso l'inverno è arrivato **più tardi di** quest'anno.
3. A letto guardo la TV **più comodamente che** in poltrona.
4. Michele naviga su Internet **raramente come** i suoi amici.
5. Alberto, bravo! ti sei comportato **più intelligentemente di** Nando!
6. Adesso faccio sport **meno spesso di** prima. Non ho tempo!
7. Olga e Salvatore parlano il francese **correntemente come** l'inglese.
8. Stanotte abbiamo dormito **più profondamente di** ieri.

65

1. Mio padre torna a casa, la sera, **molto tardi** e quindi non possiamo cenare tutti insieme.
2. Alessandra è una studentessa molto in gamba. Risponde alle domande **più velocemente** di tutti.
3. Abito **vicinissimo** al mio nuovo posto di lavoro. Ci vogliono cinque minuti d'auto.
4. Sono solo le 5.00. È **prestissimo**! Possiamo dormire ancora un po'.
5. Ieri sono arrivato all'ufficio postale un attimo prima della chiusura, ma per fortuna l'impiegata **molto gentilmente** mi ha fatto entrare lo stesso.
6. Orlando ha una salute di ferro. Sta a letto con la febbre **più raramente** di tutti.
7. Andiamo a piedi? – No, dai! il cinema si trova **lontanissimo** da qui. Prendiamo la macchina!
8. Il nostro insegnante di filosofia ci fa addormentare durante la lezione perché parla **lentissimamente**.
9. In ufficio abbiamo un collega un po' superficiale. Lavora **meno accuratamente** di tutti.
10. Mi piace molto la pittura, infatti, vado **spessissimo** a vedere delle mostre.

66

- Io lavoro **meglio** in estate, con il caldo, che in inverno, con il freddo.
- Veramente io lavoro **benissimo / molto bene / (ottimamente)** soprattutto in inverno.
- A me, invece, non interessa com'è il tempo. Io lavoro **più volentieri** con la musica in sottofondo.
- No, no, macché! Io rendo **di più** se c'è silenzio assoluto!
- Sì, anche io mi concentro **pochissimo** con la musica in sottofondo.
- Mia sorella, che studia ancora, si concentra **moltissimo** di notte.
- Anche mio fratello va ancora a scuola, lui studia **spessissimo** con un compagno.
- Sì, anche a mia cugina piace studiare in due, secondo lei ci si distrae **di meno**.
- Non sono per niente d'accordo, in due si perde tempo e si impara **molto lentamente / (lentissimamente)**.
- Vabbè, ... andiamo al mare, che è **meglio**!

67

1. Fulvio, esci troppo raramente, dovresti uscire **più spesso**.
2. L'anno scorso guadagnavo poco, adesso invece mi hanno dato un aumento e quindi guadagno **di più**.
3. Vanno bene le scarpe? – Sì, queste qui vanno **meglio**.
4. I figli dei vicini si comportano sempre male, ma oggi si sono comportati ancora **peggio** del solito!
5. Mamma mia, ho mangiato troppo. Domani devo mangiare **di meno**.
6. Senti, ma perché cammini così lentamente? Io ho fretta, potresti camminare **più velocemente**?
7. Signora Rocchetta, si sente ancora male? – No, ora mi sento **molto meglio.**
8. Abitate ancora così lontano dal centro? – No, ora abitiamo **più vicino**.
9. Allora, vengo verso le sette. – No, è troppo presto. Puoi venire **più tardi**?
10. Prima mio padre fumava molto. Adesso per fortuna, fuma **di meno**.

68

1. Vorrei avere una vita **migliore**.
2. Si è fatto buio, è **meglio** tornare a casa.
3. Stanotte con le finestre aperte abbiamo dormito **meglio**.
4. Gli alunni **migliori** hanno avuto un premio.
5. Bravo, hai agito nel modo **migliore**.
6. Oreste ha preso la decisione **peggiore**.
7. Ma come è possibile!? Dopo l'intervento Gabriella sta **peggio**.
8. Il 2010 e il 2011 sono stati gli anni **peggiori** per lui.

9. La nuova lavastoviglie funziona **peggio** della vecchia.
10. Con l'orecchio sinistro sento **peggio** che con il destro.

Possessiva

69 il mio cappello – i miei cappelli, la mia cintura – le mie cinture
il tuo orologio – i tuoi orologi, la tua borsa – le tue borse
il suo bicchiere – i suoi bicchieri, la sua tazza – le sue tazze
il nostro amico – i nostri amici, la nostra amica – le nostre amiche
il vostro giornale – i vostri giornali, la vostra rivista – le vostre riviste
il loro cuscino – i loro cuscini, la loro coperta – le loro coperte

70
1. Come si chiama **la tua** insegnante d'inglese? – Mary.
2. **I nostri** vicini hanno deciso di cambiare casa.
3. Vivo con **la mia** famiglia a Treviso.
4. Ti piace **il tuo** lavoro? – Sì, abbastanza.
5. **La vostra** auto è molto veloce e confortevole.
6. Ieri sono andato a trovare Arturo e Clelia. **La loro** nuova casa è bellissima.
7. Emanuela è simpatica, ma **le sue** amiche sono invadenti.
8. Diego, Margherita, allora! com'è **il vostro** direttore?
9. Ecco, guarda, qui tengo tutti **i miei** libri dell'università.
10. Flora e Manlio sono molto saggi, io seguo sempre **i loro** consigli.

71
1. Una volta al mese mi incontro con **i miei colleghi (di lavoro)** in un locale vicino all'ufficio.
2. Sì, d'accordo, dottor Carrara, accetto **la Sua proposta**.
3. A volte i politici mi danno ai nervi, **i loro discorsi** sono incomprensibili.
4. Finalmente Liliana mi ha risposto. Ho ricevuto **la sua e-mail** proprio ieri sera.
5. **Il tuo impegno** per i problemi sociali è lodevole.
6. Leonardo da Vinci era un noto artista e scienziato. **I suoi interessi** erano estremamente vasti.
7. Bambini, avete messo a posto **i vostri giocattoli**?
8. Prego, signori, **il Vostro tavolo** è qui.
9. Conosci i signori Ferrara? **La loro villa** è quella a due piani con i tetti rossi e le persiane bianche.
10. Vittoria, **le tue feste** hanno sempre molto successo!

72
1. Ieri ho visto tu**a** sorella in biblioteca. Era insieme ad un'amica, credo.
2. Mamma mi**a**, che hai combinato!
3. Chi sono questi nella foto? – Questa è Paola e quello è **il** su**o** fratellino.
4. Wanda è pittrice. **Il** su**o** ultimo quadro rivela uno stile più maturo dei quadri precedenti.
5. Vai ancora in vacanza con **i** tuo**i** genitori? Ma hai 30 anni!
6. Per colpa vostr**a**, stasera non posso andare alla partita! Uffa!
7. Questo fine settimana andiamo a trovare due nostr**i** ex-compagni di scuola.
8. Forza! figlia mi**a**! Sono sicuro che ce la fai.
9. Enzo sta giocando con **i suoi** cugini in giardino.
10. Oggi pomeriggio abbiamo incontrato Ivana e Barbara che ci hanno invitato a casa lor**o**.
11. Scusa, hai visto per caso **i** mi**ei** occhiali?
12. Gennaro ha prestato alcuni suo**i** cd a Roberta, ma lei non li trova più!

73
1. Sua sorella ama la musica.
2. Le nostre cognate parlano bene l'inglese.
3. Tuo nipote ha molti giocattoli.
4. I nostri zii lavorano in banca.
5. I loro genitori non sanno nuotare.
6. Dove abitano i vostri nonni?
7. Mio cugino viene domani.
8. Quanti anni ha la tua mamma?

74 Ciao a tutti!
Mi chiamo Sebastiano e abito in una cittadina vicino a Napoli. **La mia** famiglia non è molto numerosa, ma non è nemmeno tanto piccola. Ho un fratello e una sorella. Io sono il secondo, ho 33 anni. **Mio** fratello è il maggiore, si chiama Matteo e ha 36 anni. **La mia** sorella minore, Stefania, ha 25 anni. **I miei** fratelli e io non abitiamo più con **i nostri** genitori da qualche anno. Matteo si è sposato sette anni fa e vive a Milano. **Sua** moglie, Nicoletta, è milanese, si sono conosciuti in vacanza. Loro hanno un figlio di tre anni che si chiama Simone: **il mio** primo nipotino! Il piccolo Simone viene a trovarci con **sua** madre e **suo** padre tre volte all'anno. Anche Stefania abita fuori perché studia medicina a Pavia. Lei non è sposata e non è nemmeno fidanzata. Io, invece, sono fidanzato e mi sposo fra pochi mesi. **La mia** fidanzata si chiama Orsola ed è molto più giovane di me. Orsola ha 22 anni ed è la primogenita. **Sua** sorella, Angela, ha 16 anni e naturalmente va ancora a scuola.
E voi? Com'è **la vostra** famiglia?

75
1. Alice, non so più dove ho messo gli occhiali. – Nemmeno io trovo **i miei**.
2. Ehi, Gianni, queste sono le mie chiavi! – No, guarda, queste non sono **le tue**!

3. Ma questo non è il cellulare di Liana? – Sì, è vero. È proprio **il suo**.
4. Scusi, qual è il Suo cappotto? – Eccolo là, quello è **il mio**.
5. Il nostro insegnante di matematica è il più severo della scuola. – Sì, è vero. **Il vostro** è il più severo ma è anche il più bravo.
6. Ma perché prendi sempre la mia roba? – E tu, perché prendi sempre **la mia**?
7. Scusi, sono questi i miei documenti? – No, signora ... Ecco, prego, questi sono **i Suoi**.
8. Guarda, quella è la barca di Rosario e Gina! – No, **la loro** è più piccola!
9. Ecco, ragazzi, finalmente vi restituisco i vostri libri. – Eh ... questi, però, non sono **i nostri**.
10. Veramente ... questa è la mia borsa. – Hai ragione. È vero, è **la tua**.

Demonstrativa

76

questo: cane, problema, cavallo, salame
quest': uccello
questa: matita, mano, posta
quest': atmosfera, ora
questi: suggerimenti, bambini
queste: indicazioni, scoperte, uova, pentole

77

questa candela – queste candele; questo regalo – questi regali; questo tema – questi temi; questo pacco – questi pacchi; questa margherita – queste margherite; quest'orchestra – queste orchestre; questo vestito – questi vestiti; questa pantofola – queste pantofole; quest'ingegnere – questi ingegneri; quest'odore – questi odori; questa foto – queste foto; questa collana – queste collane

78

1. Sono incinta. – Amore mio, **questa** è la notizia più bella del mondo!
2. Ma come sono buoni **questi** cioccolatini! Chi ce li ha regalati?
3. Stasera cosa metto? Il solito vestito bianco o **questo** qui a righe?
4. Chi sono **queste** ragazze nella foto?
5. Allora, quale cappello mi compro? – Io ti consiglio **questo** di lana a tinta unita.
6. Mi dispiace, **questa** proposta non è proprio accettabile.
7. **Quest'**anno mi laureo e poi faccio uno stage all'estero.
8. **Questi** esercizi sono tutti sbagliati! Li devi rifare.
9. Scusa, dove possiamo sederci? – Ecco! **questi** sono i vostri posti.
10. Dunque, io vorrei delle pesche. Mi dà un chilo di **queste** da 3 euro?

Questo als Adjektiv: 2, 4, 6, 7, 8
Questo als Pronomen: 1, 3, 5, 9, 10

79

quell'esperienza → quelle esperienze; quelle albicocche → quell'albicocca; quello spettacolo → quegli spettacoli; quella palla → quelle palle; quella commedia → quelle commedie; quei coltelli → quel coltello; quell'aceto → quegli aceti; quegli antipasti → quell'antipasto; quegli scivoli → quello scivolo; quel romanzo → quei romanzi; quelle chiavi → quella chiave

80

1. Anna! Pensi ancora a **quel** ragazzo? E basta! È passato un anno!
2. Scusi, posso provare **quegli** occhiali da sole con la montatura marrone?
3. No, senti, **quelle** tende a pois sono orribili! Non le vuoi mica comprare?
4. Come si chiama **quello** sport, tanto alla moda, che fa tua cugina? – Spinning.
5. Ti piace **quella** giacca nera in vetrina? È in svendita.
6. Ho incontrato **quell'**amico di Patrizia che studia informatica. È un tipo simpatico.
7. Mi passi **quel** piatto, per piacere?
8. Non ho più visto **quella** dottoressa che abbiamo conosciuto in treno l'anno scorso.
9. Come sono belli **quei** pantaloni! Chissà quanto costano!?
10. Di chi sono **quegli** asciugamani? – Uno è di Alessandro, l'altro è il mio.

81

1. Quali scarpe vuole provare? – **Quelle** blu.
2. Chi sono **quelli**? – Sono i figli di Tiberio e Linda.
3. Da dove vengono **quei** turisti?
4. Enza ha un bel naso, ma **quello** di Cinzia è perfetto!
5. Volete la granita di limone o **quella** di caffè?
6. Prendi l'ombrello, per piacere? – Quale? **Quello** nero?
7. Vedete **quelle** biciclette laggiù?
8. Ma perché grida tanto **quell'**uomo?
9. Puoi togliere **quegli** arnesi, per piacere? Sono pericolosi.
10. **Quello** è il nuovo collega di mio padre.

Quello als Adjektiv: 3, 7, 8, 9
Quello als Pronomen: 1, 2, 4, 5, 6, 10

82

1. Mi sono diplomato nel 2007. **Quell'**anno per me è stato bellissimo.
2. Quale pigiama ti vuoi mettere? **Questo** a maniche lunghe o **quello** a maniche corte?
3. Ieri siamo andati in **quel** ristorante in via de Carolis con la vista sul lago.
4. Chi sono **queste** ragazze qui nella foto?
5. Ecco qua, **questi** sono proprio gli stivali che fanno per me!
6. Allora, **quest'**inverno vogliamo fare la settimana bianca a Livigno?

7. Guarda qui, ti piacciono **questi** guanti di pelle? – No, sinceramente io preferisco **quelli** di lana.
8. Li vedi **quei** due soldati laggiù? Che carini!
9. Ti ricordi **quella** volta in Grecia ... – Quando abbiamo perso le chiavi dell'auto?
10. **Questi** qui sono i miei genitori e **quelle** lì dietro sono le mie sorelle.

83
1. **Ciò** è vero.
2. Mamma mia! Ripetete sempre **le stesse** cose!
3. Ehi, guarda che combinazione! Abbiamo avuto **gli stessi** voti.
4. Sabina e sua sorella hanno **la stessa** bocca e **gli stessi** occhi.
5. **Questa** tovaglia è sporca. La devo lavare.
6. Possiamo vederci stasera o rimandare a domani, per me è **lo stesso**.
7. Fate **ciò** che vi sembra più giusto.
8. **Quelle** sono delle care amiche di Teresa.
9. **Ciò** non mi interessa per niente.
10. Mia madre e mio padre svolgono **la stessa** professione.

Indefinita

84
1. Sono stato malato **tutta la** settimana. → die ganze Woche
2. Capisci sempre **tutto** tu! → alles
3. Mia madre conosce a memoria **tutte le** poesie di Leopardi. → alle Gedichte
4. Abbiamo provato **tutte** e tre le ricette che ci hai dato. → alle drei Rezepte
5. Oggi ho lavorato al computer **tutto il** giorno. → den ganzen Tag
6. Hai comprato **tutti** questi vestiti? → alle diese Kleider
7. Hanno usato **tutta la** frutta che era in frigo per fare la macedonia. → das ganze Obst
8. Ragazzi, siete **tutti** d'accordo con me? → alle
9. Come sempre, anche quest'anno andiamo in vacanza **tutto il** mese di agosto. → den ganzen Monat
10. Ho scritto **tutta la** lettera, l'ho messa in busta, ho incollato il francobollo e poi ho dimenticato di spedirla. → den ganzen Brief

85
1. **Ogni** sei mesi mi incontro con i miei ex-compagni di liceo.
2. **Tutti gli** anni, in primavera, andiamo a trovare gli zii di Lecce.
3. Quando vai a fare fisioterapia? – **Tutti i** giorni.
4. **Ogni** lingua straniera ha le sue difficoltà.
5. **Ogni** sera, alle 19.00, vediamo il telegiornale di RAI tre.
6. Da bambino andavo a pranzo dai miei nonni, insieme a mamma e papà, **tutte le** domeniche.
7. Se avete veramente finito **tutti i** compiti potete andare in cortile a giocare.
8. Signora, deve prendere l'antibiotico **ogni** otto ore.
9. Hai mangiato **tutta la** pasta! 300 grammi di pasta! E io che mangio adesso?
10. Prima andavamo al cinema **ogni** settimana, adesso che abbiamo due figli ci andiamo una volta all'anno!

86
1. I ladri hanno rubato **alcuni** oggetti di valore.
2. **Alcune** piante fioriscono tutto l'anno.
3. Avete **qualche** domanda?
4. Ho portato **alcuni** vestiti dalla sarta per farli stringere.
5. L'insegnante mi ha rimproverato senza **alcun** motivo.
6. Durante la finale c'era solo **qualche** persona per la strada.
7. Ho comprato delle fragole e ne ho mangiate **alcune** subito.
8. Non ti preoccupare, non ho **alcuna** fretta.
9. Ho tutti i cd di De André. – Io ne ho solo **alcuni**.
10. Avete capito la regola o avete ancora **qualche** dubbio?

87
1. Allo stadio c'è **troppa gente**. Non ci vengo.
2. In questa situazione ci vuole coraggio e tu ne hai **parecchio**!
3. L'accusa ha fornito **diverse prove** contro di lui.
4. Hai degli elastici? – Sì, ne ho **tanti**. Se ti servono, li vado a prendere.
5. In vacanza, quest'anno, ho speso **pochi soldi**.
6. Papà ha invitato a cena **certi colleghi** dell'ufficio.
7. Scusi, ci può portare **altri due bicchieri**?
8. Tu hai molta fortuna, io invece ne ho **poca**.
9. Questo libro non mi piace! Me ne presti **un altro**?
10. L'insegnante deve correggere **molti temi**.

88
1. d Marcello, tu mangi troppi dolci. Guarda che ti fanno male!
2. h A pranzo non beviamo molto vino. Preferiamo bere l'acqua.
3. a Lina ha trovato un altro lavoro che le piace molto.
4. f Quando si gioca a scacchi ci vuole tanta calma per poter ragionare bene.
5. b Io ho molti capelli, invece Pio ne ha proprio pochi.
6. e All'università ho sostenuto diversi esami di filosofia.

7. j La vita è così: alcuni sono più fortunati di altri.
8. i Soffro di mal di testa. Mi viene parecchie volte al mese.
9. c Luisa ha comprato molte piante per il giardino.
10. g Prima di firmare il contratto devo compilare certi formulari complicatissimi.

Relativpronomen

89
1. Federica è un'amica che non vedo da tanti anni.
2. Il professore ha elogiato gli studenti che hanno superato l'esame.
3. Non mi piacciono i sandali che hai comprato.
4. Hai trovato il telecomando che cercavi?
5. Al corso ho conosciuto un ragazzo che parla cinque lingue.
6. Il ciclismo è uno sport che amo molto.
7. Avete bevuto il vino che vi ho regalato?
8. Il presidente ha tenuto un discorso che è durato due ore.

90
1. Questo è il ragazzo con cui ho litigato.
2. Il vigile a cui ho chiesto l'informazione era molto simpatico.
3. Il problema di cui ci hai parlato è serio.
4. Devo chiamare Concetta a cui ho prestato la friggitrice.
5. La malattia di cui soffre Milena è molto rara. / La malattia di cui Milena soffre è molto rara.
6. Questa è la ragazza di cui si è innamorato Alberto. / Questa è la ragazza di cui Alberto si è innamorato.
7. L'albergo in cui abbiamo pernottato era carissimo.
8. Mio nonno, da cui ho imparato tante cose, è morto nel 1996.
9. Il ragazzo a cui ho dato il mio primo bacio era francese.
10. La città in cui vivo è abbastanza grande.

91
2. Gli amici con cui faccio il viaggio sono di Firenze.
3. Puoi accendere la lampada che è vicino alla finestra?
4. Qual è il porto in cui avete fatto scalo?
5. Hai messo in frigorifero la torta che dobbiamo portare stasera alla festa?
6. Come si chiama la città in cui è nata Tiziana?
7. Guarda com'è carino il vestitino che ti ha cucito la nonna!
8. Il salmone e la trota sono due pesci che mangio molto volentieri.
9. Ho incontrato Antonio da cui ho saputo che Gino si trasferisce.
10. Qual è l'argomento su cui Renata ha discusso la tesi di dottorato?

92
1. Lì c'è una vecchietta **che** sta attraversando la strada, la vedi? Dobbiamo aiutarla.
2. Purtroppo non ho raggiunto l'obiettivo **a cui** miravo.
3. La cassa **che** cerchi di sollevare è troppo pesante per te!
4. Rosalba è una vecchia amica **su cui** posso sempre contare.
5. Ho fatto un errore **di cui** mi pento molto.
6. Il medico **che** ha curato mia madre è molto in gamba.
7. Il paese **da cui** provengono i miei nonni si trova in Calabria.
8. L'automobilista **che** ha provocato il tamponamento si è ferito.
9. Mi dispiace, non sono al corrente della questione **a cui** Lei si riferisce.
10. I ragazzi **con cui** divido l'appartamento sono due.

93
1. Verbania, la città **in cui** vive Ugo, si trova sul lago Maggiore.
2. Hai preso tu il mazzo di chiavi **che** era sul tavolo della cucina?
3. Sebastiano, **a cui** ho raccontato la mia esperienza, è rimasto molto colpito.
4. Loredana, **con cui** sono stato fidanzato dieci anni, all'improvviso mi ha lasciato e ha preso i voti.
5. Le due ditte **a cui** ho mandato il curriculum non mi hanno ancora contattato.
6. Il Trentino-Alto Adige, **che** è una regione dell'Italia nordorientale, confina con l'Austria, la Svizzera, la Lombardia e il Veneto.
7. Siamo stati in Liguria e abbiamo visitato quel paesino **di cui** ci hai tanto parlato.
8. Volevo cambiare la lampadina ma la sedia **su cui** sono salito si è rotta, allora sono caduto e mi sono fatto male al piede.
9. Il treno delle 7.00 **che** prendo per andare al lavoro è sempre affollatissimo.
10. "La traviata" e "Rigoletto", **che** sono due capolavori di Giuseppe Verdi, sono opere di grande concentrazione drammatica.

94
1. Il paese **nel quale** abitiamo conta poco più di mille abitanti.
2. I miei genitori **ai quali** ho raccontato delle nostre difficoltà vogliono aiutarci.
3. Niccolò Ammaniti ha scritto il libro **del quale** parla tanto Sabina.
4. Immacolata e Antonella, **le quali** lavorano alla Rinascente, vorrebbero cambiare lavoro.
5. Ho comunicato personalmente le dimissioni al direttore **il quale** è stato molto sorpreso.

6. Serena **con la quale** ho parlato ieri ha deciso di acquistare una casa al mare.
7. Le persone **per le quali** i soldi non sono tutto vivono forse più felicemente.
8. Ho ricevuto un'e-mail dalla mia amica Grazia **la quale** vive in Svizzera con suo marito.

95
1. Sono tornati i miei cugini **i quali** hanno fatto il giro del mondo.
2. Ho invitato Rosa a cena **alla quale** ho promesso di preparare la parmigiana di melanzane.
3. Marcello è un caro amico **sul quale** posso sempre contare.
4. Hai detto una bugia **della quale** devi vergognarti.
5. Purtroppo devono vendere la casa **la quale** aveva costruito il nonno dopo la guerra.
6. Il fiume che attraversa la città **nella quale** sono nata si chiama Volturno.
7. Scusi, dov'è diretto il treno **dal quale** Lei è appena sceso?
8. Lo sai che il fratello di Eugenia **al quale** ho venduto la mia vecchia auto non ha ancora preso la patente?

96
1. Vorrei sapere **chi** ha bussato alle due di notte!
2. Non conosco la ragazza **che** hai appena salutato.
3. **Chi** disprezza vuol comprare.
4. Il medico da **cui** sono andato due giorni fa mi ha consigliato queste pillole.
5. Non mi ricordo più da **chi** ho sentito questa barzelletta.
6. Quanto costa la scrivania antica **che** hanno comprato i tuoi genitori?
7. **Chi** tace acconsente.
8. Non vi dovete fidare di **chi** vi ha già tradito una volta.
9. Come si chiama l'aeroporto di Londra da **cui** siete partiti?
10. **Chi** tardi arriva, male alloggia.
11. Io esco con **chi** voglio! Hai capito?
12. Il mio migliore amico a **cui** confido tutti i miei segreti si chiama Michele.

Die Sprichwörter:
Wer schweigt, stimmt zu. → Chi tace acconsente.
Wer die Ware schilt, hat Lust zu kaufen. → Chi disprezza vuol comprare.
Wer nicht kommt zur rechten Zeit, der muss sehen, was übrig bleibt. → Chi tardi arriva, male alloggia.

97
1. Voglio smettere di fumare, **il che** non è facile, ma devo assolutamente riuscirci.
2. Cecilia, **che** ha una grande forza di volontà, è riuscita a smettere di fumare.
3. Per arrivare a casa mia dovete prendere la strada **che** da Capua porta a Caiazzo.
4. Pina ha bisogno di soldi, **il che** mi sembra strano, poiché lei guadagna bene.
5. Dobbiamo provare a convincere tuo padre, **il che** è forse impossibile conoscendo la sua testardaggine.
6. Volete provare a convincere mio padre **che** è più testardo di un mulo?
7. Giampiero ha frainteso le mie parole, **il che** non mi meraviglia conoscendo la sua suscettibilità.
8. Attilio, **che** ha derubato un conoscente per procurarsi la droga, è sotto processo.
9. Alfredo si è rivolto a diversi avvocati per la difesa di suo figlio, **il che** è stato del tutto inutile, infatti lo hanno condannato a due anni di reclusione.
10. Mio cugino dice che ha sostenuto tutti gli esami della sessione, **il che** non mi convince data la sua pigrizia.

98
1. Conosci bene la persona **da cui** hai appreso la notizia?
2. Il Monte Bianco, **la cui** vetta è di 4810 metri, fa parte delle Alpi occidentali.
3. Giuliano, **il cui** umorismo è notorio, mette in risalto gli aspetti divertenti di ogni vicenda.
4. Nando, **della cui** bravura eravamo tutti convinti, non ha superato il concorso notarile.
5. Cesare Pavese, **tra le cui** opere ricordiamo "Paesi tuoi", "La bella estate" e "Lavorare stanca", è morto suicida.
6. Dimmi un po', Lorena, ti piace veramente la casa **in cui** abiti? Non è troppo buia?
7. L'avvocato Grosso, **al cui** studio mi sono rivolto in diverse occasioni, non vuole interessarsi del mio caso questa volta.
8. Sai che Vincenza, **i cui** genitori si sono separati poco tempo fa, ha lasciato suo marito e adesso vive con un altro?
9. Le presento il dottor Pirlo, l'ingegnere **per cui** lavoro.
10. Eros Ramazzotti, **le cui** canzoni sono famosissime dappertutto, è nato a Roma nel 1963.

Interrogativa (Fragewörter)

99
1. **Chi** è venuto alla riunione? – Solo tre colleghi.
2. **A chi** hai appena telefonato? – Al mio ragazzo.
3. Allora, **chi** ha vinto le elezioni? – La coalizione di centro-sinistra.
4. Ragazzi, **di chi** è questo telefonino? – È il mio.

5. **Da chi** hanno avuto la notizia? – Attilio gli ha raccontato tutta la vicenda.
6. **Con chi** sei andato in vacanza? – Sono andato da solo.
7. La mia migliore amica non mi vuole dire **di chi** è innamorata. – Beh, sono fatti suoi.
8. E voi **chi** siete? – Siamo gli amici di Eugenio.
9. **Chi** hai conosciuto in discoteca? – Un ragazzo carinissimo!
10. Sai **a chi** hanno mandato le partecipazioni Antonella e Silverio? – No, non lo so.

100

1. **Che cosa** hai mangiato, oggi, a pranzo? – Solo un piatto di spaghetti aglio e olio.
2. **Chi** vi ha consigliato questo albergo? – Un amico che ci è già stato.
3. **Di che cosa** parla il romanzo che stai leggendo? – È una banalissima storia d'amore!
4. **Con che cosa** vuoi aggiustare l'appendiabiti? – Mi serve un martello e un giravite.
5. **Per chi** è il regalo che hai comprato? – Per mia nonna. Domani è il suo compleanno.
6. **Che cosa** è successo? – Lorenzo e Pasquale hanno litigato.
7. **A chi** dedichi il tuo nuovo libro? – Lo dedico ai miei figli.
8. **Con chi** si è arrabbiato tuo padre? – Con mia sorella.
9. **A che cosa** sta pensando Maria? – Non lo so, è sempre con la testa fra le nuvole!
10. **Di chi** è questo cappello con la visiera? – È il mio.

101

1. Che film ti piacciono?
2. Che cosa avete fatto a lezione?
3. Che cosa cucinano Rosanna e Raimondo stasera?
4. A che ora apre il negozio?
5. Con chi sei andato al cinema?
6. Chi ha interrogato l'insegnante?
7. Che bella ragazza!
8. Chi conosce / sa il nome del nuovo presidente del consiglio?
9. Di chi sono quelle scarpe da ginnastica? / A chi appartengono quelle scarpe da ginnastica?
10. Che numero (di scarpe) porta?

102

1. **In quale** negozio hai trovato questa bella cornice?
2. **Quali** pantaloni preferisci? Questi a righe o quelli neri a tinta unita?
3. **Qual** è il Suo indirizzo, per piacere?
4. Ecco, questi sono i due modelli che abbiamo. **Quale** preferisce?
5. Scusi, io devo andare in Piazza Plebiscito. **A quale** fermata devo scendere?
6. **Per quale** ragione si è licenziato Livio?
7. Non ho superato l'esame scritto d'inglese. – Mi dispiace. **Quali** errori hai fatto?
8. Guardi, abbiamo guanti di lana e guanti di pelle. **Quali** vuole provare?
9. **In quale** anno vi siete sposati?
10. **Qual** è il tuo colore preferito?

103

1. **Quanti** anni hai? – Io ho ventisette anni.
2. **A quanti** anni sei andato a scuola? – A sei anni compiuti.
3. **Quanta** pasta ci vuole per quattro persone? – Circa 400 grammi.
4. Voglio comprare dei carciofi da fare arrostiti. **Quanti** ne prendo?
5. **Quanto** costa il televisore della Panasonic da 45 pollici? – Un attimo che guardo.
6. **Quante** volte ti ho detto che non si marina la scuola! – Scusa, papà, hai ragione!
7. **Di quanti** soldi hai bisogno per la gita scolastica? – Non lo so ancora.
8. **Da quanto** tempo studiate l'italiano? – Da circa un anno.
9. Mamma mia, **quante** storie! Adesso basta! Si torna a casa.
10. Posso prendere un po' di cioccolata? – Certo, prendine **quanta** ne vuoi!

104

1. **Quali** lingue hai studiato all'università? – Ho studiato l'inglese e lo spagnolo.
2. **A quale** corso ti sei iscritto? – A quello di yoga.
3. **Quanti** mesi di garanzia ha la macchina fotografica? – Ha una garanzia di 24 mesi.
4. **Da quale** parte dell'Italia viene tua cugina? – Lei viene dal Nord.
5. **In quale** regione si trovano i famosi trulli? – In Puglia.
6. Ma **quanto** sale hai messo nell'insalata? È immangiabile. – Scusa, mi dispiace.
7. **Qual** è il capoluogo del Piemonte? – Torino.
8. **Quante** settimane dura il corso di aggiornamento? – Solo una settimana.
9. **Da quanti** anni ci conosciamo? – Da una vita, cara mia!
10. Ci serve la mozzarella per fare la caprese. – Va bene. **Quanta** ne devo prendere?

105

1. **Di che cosa** stanno parlando? – Di politica.
2. **Quando** giochiamo di nuovo a dama? – Domenica.
3. Scusi, **dove** si trova la stazione centrale? – Mi dispiace, non lo so. Non sono di qui.
4. Buona sera, Signora Veltroni! **Come** sta? – Bene, e Lei?
5. **Perché** non andiamo a ballare? – Oh, no ..., non mi va.
6. **Come** sono felice! – Bene, mi fa piacere per te.

7. **In quale** cassetto hai messo la camicia bianca? – Nel secondo, credo.
8. **Dove** sono cresciuti i tuoi genitori? – In una cittadina della Basilicata.
9. **Quanto** tempo ci hai messo a preparare l'esame? – Ci ho messo due mesi, ma ho studiato tanto!
10. Non so **perché** Danilo non si è fatto più sentire.

106
1. e **Come** si chiama? – Aurelia Grimaldi.
2. c Di **dov'**è / Di **dove** è? – Sono italiana, di Bologna.
3. a **Dove** abita? – A Padova.
4. h A **che** piano abita? – Al quarto. Per fortuna c'è l'ascensore.
5. i **Perché** abita a Padova? – Per lavoro.
6. b **Che** lavoro fa? – Sono impiegata, lavoro al comune.
7. j **Quanto** guadagna al mese? – Mi dispiace, ma non do informazioni sul mio stipendio.
8. g Le posso chiedere **quanti** anni ha? – Sì, certo. Ho trentadue anni.
9. d **Che cosa** / **Cosa** / **Che** fa nel tempo libero? – Faccio sport, leggo, vado al cinema ...
10. f **Qual** è il suo film preferito? – Titanic. L'ho visto almeno cinque volte!

Pronomen

107
1. **Io** sono di Vercelli. E **tu** di dove sei?
2. Nemmeno **noi** amiamo sciare.
3. Silvana frequenta la quinta elementare e studia molto volentieri.
4. Abito a Firenze da due anni, lavoro in una banca.
5. Chi va a prendere i bambini a scuola? – Ci vado **io**.
6. Scusi, **Lei** come si chiama?
7. Allora, ragazzi, per il pic-nic **noi** portiamo le bibite e **voi** preparate qualche spuntino.
8. Elisabetta e Renato vogliono andare in vacanza. Domani partono per il mare.
9. **Io** ordino un caffè. Lo vuoi anche **tu**?
10. In agosto Martina, Oscar e Aldo pensano di andare in campeggio in Calabria. E **voi** che pensate di fare?

108
1. Domenico **si** annoia durante l'ora di religione.
2. Arturo e Toni non **si** iscrivono all'università, invece **noi ci** iscriviamo.
3. Stasera **ci** incontriamo con alcuni amici in piazza.
4. **Mi** chiamo Anna e sono italiana, di Napoli.
5. Invitate Francesco e Angela al vostro matrimonio?
6. Nemmeno **loro** sanno quali squadre giocano domani.
7. Signora Barbato, come **si** sente oggi? – Bene, grazie, e **Lei** come sta?
8. **Io mi** alzo presto la mattina, e **tu** quando **ti** alzi?
9. Ragazzi, se **vi** lavate le mani, possiamo mangiare.
10. **Io mi** diverto sempre in discoteca, invece Wanda e Mirella non **si** divertono proprio.

109
1. Vado in ufficio con la macchina e **la** parcheggio in un autosilo.
2. Sono così infelice! Cristiano non **mi** ama più.
3. Quando fai il trasloco **ti** aiuto volentieri.
4. Mi piacciono molto i libri gialli. **Li** leggo sempre la sera a letto.
5. Sono allergica alle fragole e quindi la mia mamma non **le** compra mai.
6. Quando arrivate all'aeroporto **vi** vengo a prendere io con l'auto.
7. Mia moglie non ama il vino, io invece **lo** bevo molto volentieri.
8. A Leonardo piace la pasta, ma **la** mangia solo con il formaggio.
9. Abbiamo una brava insegnante. Lei **ci** segue con pazienza e passione.
10. Conosco tutte le favole dei fratelli Grimm e **le** racconto sempre ai miei bambini.

110
1. No, non lo invito.
2. Sì, li chiamiamo.
3. No, non mi disturbi.
4. Sì, la comprendo.
5. Sì, vi accompagno io.
6. No, non le conosciamo.
7. No, oggi non li cucino.
8. No, non ti riconosco.
9. Sì, lo aspettiamo da un'ora.
10. Sì, La richiamo domani.

111 A
1. Lo posso usare? / Posso usarlo?
2. Non li voglio lavare. / Non voglio lavarli.
3. La puoi apparecchiare? / Puoi apparecchiarla?
4. Le dobbiamo fare. / Dobbiamo farle.
5. La può aprire? / Può aprirla?
6. Lo devi spegnere. / Devi spegnerlo.

111 B
1. Certo, vi posso accompagnare. / Certo, posso accompagnarvi.
2. Certo, ci puoi aspettare. / Certo, puoi aspettarci.
3. Certo, ti possiamo capire. / Certo, possiamo capirti.
4. Certo, mi potete chiamare. / Certo, potete chiamarmi.

112
2. f Valeria e Marco sono due brave persone, io stimo soprattutto lui per la sua correttezza.
3. h Teresa, è vero che il tuo parrucchiere ha una passione per te?

4. i Secondo noi, se vuoi sentirti meglio devi fare la dieta.
5. a Come mai Luca parla sempre e solo con voi e non parla mai con noi?
6. j Mirna, ti ringrazio molto. Ragazzi, devo ringraziare anche voi.
7. d Per Lei, signora, un Martini con ghiaccio, e Lei invece cosa prende?
8. e Quando Lia e Gigi litigano, perché sgridi solo lei?
9. c Catia è innamorata di me, ma invece io amo un'altra donna.
10. g Capisco entrambe le posizioni. Sono d'accordo sia con voi che con loro.

113

1. Chi preferisci, Diego o Sara? – Preferisco sicuramente **lei**. Sara è molto aperta e sempre disponibile.
2. Venite a trovarci. Ci fa molto piacere. Potete restare da **noi** quanto volete!
3. I miei cugini vanno una settimana in Portogallo. Vogliamo andare con **loro**?
4. Come sono Fabio e Barbara? – No, guarda, non sopporto né **lui** né **lei**!
5. Mamma, lo so che anche Paolo e Raffaele hanno bisogno di aiuto. Io, però, domani sono da solo. Puoi venire prima da **me**?
6. Maria, questi fiori sono per **te**! – Oh, grazie, che belli!
7. Stasera andiamo in pizzeria, vuoi venire con **noi**?
8. Il professore di latino è proprio strano ... La mia compagna di banco ha copiato la mia versione e lui invece ha rimproverato **me**!
9. Ferdinando è un tipo ambiguo. Non mi fido proprio di **lui**.
10. Liana, sei una ragazza formidabile, proprio come tua sorella. Ammiro molto sia **lei** che **te** / sia **te** che **lei**.

114

1. Mi servono dei pomodori, ma **li** vorrei piuttosto maturi.
2. Domenica siamo liberi. Se venite da **noi** facciamo un giro in barca.
3. Guarda, ho comprato un regalo per **te** e uno per tuo fratello.
4. Papà, la bicicletta è rotta! **La** puoi riparare, per piacere?
5. Direttore, perché licenzia proprio **me**?
6. Giampaolo è un mio collega d'università. Con **lui** preparo l'esame di economia.
7. A Caterina non piacciono le collane e infatti non **le** porta mai.
8. Chi di **voi** suona il pianoforte?
9. Vado a trovare i miei genitori ogni due settimane e rimango da **loro** per due giorni.
10. Sei fortunata! Guglielmo è proprio innamorato. **Ti** guarda sempre!

115

1. Questa regola la trovo abbastanza facile.
2. Il sigaro lo fumi ancora?
3. Tutti i documenti li conservo in un cassetto.
4. Le lettere le può spedire subito?
5. La macchina la sai guidare?
6. L'ultimo film di Sorrentino lo devo vedere.
7. Eva e Giuliana le conosciamo da molti anni.
8. Mia madre i tortellini li cucina con la panna.
9. Il gelato lo preferisco alla nocciola.
10. La ricevuta la vuole?

116

1. Domani è il compleanno di Luigi. **Gli** regalo un iPad.
2. Il mio ragazzo fa il cantante. Lui **mi** dedica tutte le sue canzoni.
3. Senta, noi non siamo di qui. Che ristorante **ci** consiglia?
4. Giovanni, **ti** piace questo puzzle?
5. Signora Barra, cosa **Le** posso offrire da bere?
6. Marta, i bambini tra poco escono per andare a scuola. **Gli** prepari la merenda?
7. Gentili signori, **Vi** auguriamo una piacevole permanenza nel nostro albergo.
8. Ragazzi, **vi** consiglio di partire presto, altrimenti trovate traffico.
9. Amore, **mi** vuoi veramente bene?
10. Abbiamo appena acquistato un computer. La sua offerta pertanto non **ci** interessa.

117

1. La maestra gli spiega una nuova regola.
2. Massimo mi telefona tutti i giorni.
3. Papà ci compra un biliardino.
4. Gli diamo una mano per il trasloco.
5. Non vi piace il gorgonzola, vero?
6. Le serve una padella antiaderente.
7. Gli confido i miei segreti.
8. Mia madre mi manca molto.
9. Quando le spedisci il pacco?
10. Vi prestiamo tutto quello che volete.

118

1. Siamo stranieri. **Ci** può dare un'informazione?
   Siamo stranieri. Può darci un'informazione?
2. Se vuole **Le** posso mandare un'e-mail di conferma domani.
   Se vuole, posso mandarLe un'e-mail di conferma domani.
3. Signori, purtroppo **Vi** dobbiamo comunicare una spiacevole notizia.
   Signori, purtroppo dobbiamo comunicarVi una spiacevole notizia.
4. **Mi** vuoi descrivere la strada per arrivare a casa tua? Non conosco la zona.
   Vuoi descrivermi la strada per arrivare a casa tua? Non conosco la zona.
5. Abbiamo tempo, **ci** potete raccontare tutto con calma.
   Abbiamo tempo, potete raccontarci tutto con calma.

6. Mario, **ti** posso prestare io il proiettore per la conferenza.
   Mario, posso prestarti io il proiettore per la conferenza.
7. Allora, ragazzi, quando **vi** devo restituire il gommone?
   Allora, ragazzi, quando devo restituirvi il gommone?
8. Dottor Parisi, **Le** posso dare un consiglio?
   Dottor Parisi, posso darLe un consiglio?

119

1. d Scusa, hai visto Eleonora? – No, **mi** dispiace, non la vedo da un pezzo.
2. a Buongiorno! Senta, **Le** posso lasciare questo pacco per i vicini? – Certamente. Devo firmare la ricevuta?
3. f Presto, papà, siamo così curiosi. **Ci** fai vedere i regali? – Un momento, bambini, sono ancora in valigia.
4. b Daniele, sei stato dal medico? – Sì. **Mi** ha detto che devo assolutamente smettere di fumare.
5. h Signori, **Vi** posso portare un aperitivo? – Sì, grazie, è una buona idea.
6. c Giacomino, ma perché metti sempre il sale nel barattolo dello zucchero?! – Scusa, nonna, **ti** prometto che non lo faccio più.
7. j Devo telefonare a Gabriele e Stefania. **Gli** devo ricordare dell'appuntamento. – Se vuoi, li chiamo io.
8. e Secondo te, Arturo ha detto la verità? – Io non **gli** credo. La sua storia è molto strana.
9. g Senti, Annamaria, io amo il pianoforte. **Mi** vuoi insegnare a suonare? – Mah, non lo so. È uno strumento difficile, impegnativo. Io non ho molto tempo.
10. i I miei genitori **mi** hanno vietato di uscire per tre giorni. – Come mai? Cosa hai fatto di male?

120

1. Mi piace molto sciare, e a voi?
2. A me interessa particolarmente la pittura contemporanea.
3. Hanno dato proprio a lui la promozione! L'ultimo arrivato!
4. A noi dispiace molto se non vieni alla festa.
5. Le minigonne a te stanno bene. Tu hai delle belle gambe.
6. Carla ha 18 anni. A lei adesso è permesso di tornare a casa tardi.
7. Signora, e a Lei cosa posso offrire? Un prosecco?
8. A Olga e Ezio ho fatto una buona proposta. Ma a loro non interessa.

unbetont / betont: mi – **a me**; ti – **a te**; gli – **a lui**; le – **a lei**; Le – **a Lei**; ci – **a noi**; vi – **a voi**; gli – **a loro**

121

1. Io ti penso sempre. E tu **a me** pensi qualche volta?
2. Camilla è gravemente ammalata. Suo marito, Fausto, è un uomo straordinario. Si dedica **a lei** completamente.
3. Enrico mi ha scritto un'e-mail e gli ho già risposto. Anche Bernardo mi ha scritto, ma **a lui** rispondo più tardi.
4. Scusi, permette una domanda? Eh ... Senta, posso fare una domanda anche **a Lei**?
5. Mi presti la tua cravatta grigia? – No, **a te** non presto più niente perché rovini sempre tutto.
6. Voi siete dei veri cinefili, invece **a noi** non piace andare al cinema. Noi preferiamo andare a teatro.
7. Eugenio e Cesare sono sempre molto gentili. **A loro** dobbiamo assolutamente portare un souvenir dall'India.
8. Ehi ragazzi, abbiamo vinto un portatile, ma in realtà non ci serve. Serve forse **a voi**?
9. Giacomo, vogliamo andare a giocare a bowling? – Oh, no, **a me** non va.
10. Signora, questa tariffa **a Lei** non conviene. Dobbiamo trovare un'altra soluzione.

122

1. Titti, **mi** dai una mano a sparecchiare la tavola, per favore?
2. **Vi** telefoniamo appena atterriamo a Londra.
3. Mi posso fidare di voi? – Ma certo! **A noi** ovviamente puoi raccontare tutto. Siamo una tomba!
4. Guarda, **a te** non regalo più niente. Non sei mai contenta!
5. Oh, com'è carino questo cucciolo! Vito, **gli** fai una foto?
6. Cosa **ci** prepari stasera per cena?
7. Hai fatto vedere la tua collezione di francobolli a Ettore. La fai vedere anche **a me**?
8. Luigi e Matilde vorrebbero comprare un appartamento ma purtroppo **a loro** non bastano i soldi.
9. Signor Barca, **Le** posso dare un consiglio spassionato?
10. **A voi** cosa manca dell'Italia? – Il sole, il mare ...

123

1. Elvira, puoi accendere la luce, per cortesia? – Sì, **la** accendo subito.
2. Ercole non può occuparsi dei bambini da solo. **Lo** dobbiamo aiutare.
3. Signora Scala, quando torna la dottoressa Gentili **le** ricorda che la riunione comincia alle tre?
4. Allora, ragazzi, **vi** aspetto domani sera verso le sette. Okay?
5. Faccio i ravioli? – No, i ravioli non **li** voglio, sono troppo pesanti.

6. Belle quelle scarpe nere di pelle lucida! – Ma dove sono? Io non **le** vedo.
7. Io ho un buon rapporto con mio fratello, **gli** scrivo un'e-mail al giorno.
8. Sergio, come **mi** sta questo vestito? – Mah, non è un po' troppo largo?
9. Dottor Bencivenga, **La** disturbo? – Ma no! Prego, si accomodi.
10. Signor Conte, che cosa **Le** posso offrire da bere? – Un caffè, grazie.

124

1. Vai spesso da tua madre? – No, però **le** telefono tutti i giorni.
2. Sono stufa di questa situazione. Devo andare dal mio capo e **lo** devo affrontare.
3. Quando hai finito, puoi venire **da me**? Ho bisogno di un piacere.
4. Mia nonna sa raccontare le favole magnificamente. **La** ascolto molto volentieri.
5. Italo, **ti** va di andare a fare immersione? – Noo! **A me** non piace fare immersione.
6. Margherita ha conosciuto Pippo in vacanza. Si è innamorata subito **di lui**.
7. Puoi chiamare un attimo Cesare? **Gli** devo chiedere se ha il trapano.
8. Ragazzi, non sapete risolvere questo problema? Mi meraviglio **di voi**!
9. Maria e Teresa non sono portate per le lingue. **A loro** interessa di più la biologia.
10. Matteo, è mai possibile che mi devo sempre arrabbiare **con te**!
11. Come cucini gli involtini? – Io **li** faccio in umido.
12. Stefania, Veronica, **vi** è piaciuta la cerimonia? – Ah, sì, **a noi** è piaciuta moltissimo.

125 **Nel frigorifero di Roberta c'è:** una confezione di burro, un limone, un piede d'insalata, un chilo di melanzane, un pezzo di parmigiano, del prosciutto, un succo d'ananas, un melone.

Nel frigorifero di Roberta ci sono: *due bottiglie di latte*, sei uova, degli zucchini, delle carote, dei pomodori, dei peperoni, delle prugne.

126

1. A Milano **c'è** un famoso duomo. → vero
2. A Venezia **ci sono** molti ponti. → vero
3. A Firenze **ci sono** gli Uffizi. → vero
4. A Torino **c'è** il famoso Teatro alla Scala. → falso
5. Vicino a Napoli **c'è** l'Etna. → falso
6. In Sicilia, ad Agrigento, **ci sono** diversi templi greci. → vero
7. Nel Lazio, vicino a Roma, **c'è** il lago di Bracciano. → vero
8. A Pisa **ci sono** le torri Garisenda e degli Asinelli. → falso
9. In Lombardia, a Monza, **c'è** un famoso autodromo. → vero
10. In Sardegna **ci sono** i trulli. → falso

a. Il Teatro alla Scala è a Milano.
b. Le torri Garisenda e degli Asinelli sono a Bologna.
c. I trulli sono in Puglia.
d. L'Etna è in Sicilia.

127

1. La casa di mia madre e mio padre **è** in riva al mare.
2. Vicino al distributore di benzina **c'è** una scuola.
3. **C'è** un negozio di articoli sportivi da queste parti?
4. I piatti e i bicchieri **sono** nella credenza.
5. **Ci sono** tanti bambini al parco giochi.
6. I cuscini **sono** là sul letto.
7. Non trovo il portafoglio. – Guarda, **è** lì sul comò.
8. Ad Amalfi **c'è** un duomo molto antico.
9. Nella mia città **ci sono** tanti monumenti interessanti.
10. In questo appartamento non **c'è** un balcone. Peccato!

128

1. Allora, vieni al cinema con me stasera? – No, non **ci vengo**. Devo studiare per il compito di domani.
2. Quando esci, passi per il centro? – Sì, **ci passo**. Hai bisogno di qualcosa?
3. Da quanto tempo abitate a Roma? – **Ci abitiamo** da un paio d'anni.
4. Hai le chiavi dell'auto? – Sì, **ce le ho** in tasca.
5. Potete venire al seminario? – No, non **ci possiamo venire**. Abbiamo un altro impegno.
6. Giorgina ha il cellulare? – Sì, **ce l'ha**. Vuoi il numero?
7. Hai ancora i libri della scuola? – No, non **ce li ho** più. Li ho buttati.
8. Quando devi andare dal dentista? – **Ci devo andare** domani pomeriggio.
9. Dottor Lanza, lavora ancora in banca? – No, non **ci lavoro** più.
10. Fabrizio e Michela hanno la patente? – No, loro non **ce l'hanno** ancora.

129

1. Non sono abituato <u>a questo trattamento.</u> → Non ci sono abituato.
2. Rita non rinuncia <u>alla sua libertà</u>. → Rita non ci rinuncia.
3. Ripensate mai <u>ai giorni trascorsi insieme</u>? → Ci ripensate mai?
4. Non riesco <u>ad aprire la bottiglia</u>. → Non ci riesco.

5. Perché non credete a quello che è successo? → Perché non ci credete?
6. Mia madre ha parlato con la mia insegnante. → Mia madre ci ha parlato.
7. Devo provare a dimagrire assolutamente. → Devo provarci assolutamente.
8. Possiamo contare su mamma e papà in ogni caso. → Possiamo contarci in ogni caso.
9. Faccio dei dolci buonissimi con il forno nuovo. → Ci faccio dei dolci buonissimi.
10. Marisa litiga con suo marito per delle sciocchezze. → Marisa ci litiga per delle sciocchezze.

130 Ciao, Miriam!
Lo sai che Paolo non vive più a Londra? È a Madrid adesso. **Ci** abita da poco più di un mese. L'ho chiamato e mi ha detto che dobbiamo andare a trovarlo a Madrid. Che dici, **ci** andiamo? Ma quando?
A proposito di Paolo, ieri ho incontrato suo fratello Saverio e **ci** ho litigato, come sempre! Voleva il numero di telefono di Veronica. Io gli ho detto che non **ce** l'ho. Lui non **ci** ha creduto e si è arrabbiato. Uffa! È proprio insopportabile. Tu non litighi mai con Saverio, anzi **ci** vai d'accordo. Ma come fai?
Domenica prossima Raffaele, Giacomo e gli altri vanno al mare. Il tempo è sicuramente bello. **Ci** andiamo anche noi? Io però devo passare prima un attimo dalla nonna, poi dopo vengo da te. Va bene?
Un'ultima cosa. Ho pensato all'idea del master negli Stati Uniti ma costa troppo. **Ci** rinuncio.
Un bacio, Flora

131
1. (lingue) Anche lui ne parla due.
2. (riviste) Anche loro ne vogliono leggere alcune.
3. (esercizi) Anche voi ne fate un paio.
4. (frutta) Anche noi ne mangiamo poca.
5. (zucchini) Anche io ne compro un chilo.
6. (e-mail) Anche lei ne invia tante.
7. (salame) Anche tu ne vuoi due etti.
8. (prosecco) Anche noi ne beviamo un po'.
9. (proverbi) Anche voi ne conoscete tanti.
10. (sigarette) Anche lui ne fuma un pacchetto al giorno.

132
1. Il nonno sta parlando della guerra? – Eh, sì, **ne sta parlando** da due ore!
2. Se avete bisogno del nostro appoggio, ci potete chiamare in ogni momento. – **Ne abbiamo bisogno** sicuramente!
3. Vieni dal lavoro? – Eh sì, **ne vengo** proprio adesso.
4. Vilma si è sposata. Lo sai, vero? – No, non **ne so** niente! E quando?
5. Siete soddisfatti dei risultati? – No, in realtà non **ne siamo soddisfatti**. Siamo anzi piuttosto delusi.
6. Hai voglia di andare in piscina? – Oh, no, oggi non **ne ho voglia**. Sono stanco.
7. Hai notizie di Matteo? – No, da tempo non **ne ho** più **notizie**.
8. Signora Maio, è sicura di volere lasciare l'impiego? – **Ne sono sicura**. Voglio cambiare vita!
9. Dottore, torna dal congresso? – Sì, **ne torno** appena ora.
10. Tutti sono convinti della sua innocenza. – **Ne siamo convinti** anche noi!

133
1. Vuoi un tè? – No, grazie. Io non lo bevo. Preferisco il caffè.
2. Alle nove sono andato all'ufficio postale per prelevare lo stipendio. **Ne** sono uscito a mezzogiorno. Ho fatto tre ore di fila!
3. Secondo te Stefania è felice con Eugenio? – Mah, io **ne** dubito. Lui mi sembra ancora troppo immaturo.
4. Mattia si è laureato a pieni voti. Siamo molto orgogliosi di lui.
5. Buongiorno, avete il prosciutto San Daniele? **Ne** vorrei due etti, se possibile.
6. Ti va di fare una passeggiata nel parco? – Oh, no, non **ne** ho proprio voglia.
7. Per piacere, quando torni dal corso, mi dai un colpo di telefono?
8. Porto il nome del mio bisnonno e **ne** sono orgoglioso.
9. Signora, Le posso offrire una fetta di torta? – Sì, grazie. La mangio volentieri.
10. Questo progetto non mi sembra fattibile. Io non **ne** sono per niente convinto.

134
1. Nel nostro condominio **ci** sono molte famiglie con bambini.
2. L'estate scorsa mi sono divertita molto a Ibiza. **Ci** voglio tornare anche quest'anno.
3. Possiamo giocare a ramino? Che **ne** dici?
4. Lo sai che Nina ha l'amante? – Non **ci** credo proprio. Non è da lei!
5. Mm, che buone queste albicocche! – **Ne** dai una anche a me?
6. Gabriella ha deciso di trascorrere un periodo in Inghilterra per perfezionare l'inglese. **Ci** vuole rimanere almeno tre mesi.
7. Senti, mi puoi restituire i libri d'informatica? **Ne** ho urgentemente bisogno.
8. Tommaso lavora moltissimo: arriva in ufficio alle otto di mattina e **ne** esce alle sette di sera.
9. Direttrice, volevo esaminare con Lei i dettagli del progetto. – Adesso non ho tempo. **Ne** parliamo domani mattina, va bene?

10. Cari colleghi, per organizzare questa manifestazione è necessaria la collaborazione e la disponibilità di tutti voi. **Ci** posso contare?

135
2. Lilli, ho dei colleghi a cena domani. Hai ancora quella bella tovaglia ricamata? Me la puoi prestare? La mia è vecchia.
3. Aurora ha dei bellissimi capelli lunghi. Se li spazzola tutte le mattine prima di uscire.
4. Allora, vi è piaciuto l'arrosto con le patate? Ve ne posso dare ancora?
5. Non conosci le carte da gioco napoletane? Aspetta, te le faccio vedere.
6. Signora, mi dispiace, la merce non è ancora arrivata. Gliela mandiamo appena possibile.
7. Domani dobbiamo andare dalla nonna. Glielo abbiamo promesso.
8. Io ho già cenato, però questa pizza ha proprio un aspetto invitante. Me ne fai assaggiare un pezzettino?
9. Non hai caldo con il maglione? Perché non te lo togli?
10. Se volete la ricetta del pesto, ve la do subito.

	mi	ti	gli/le	Le	ci	vi	si
lo	me lo	te lo	glielo	Glielo	*ce lo*	ve lo	se lo
la	me la	te la	gliela	Gliela	ce la	ve la	se la
li	me li	te li	glieli	Glieli	ce li	ve li	se li
le	me le	te le	gliele	Gliele	ce le	ve le	se le
ne	me ne	te ne	gliene	Gliene	ce ne	ve ne	se ne

136
2. f Mamma, il cappotto **me lo** puoi portare in lavanderia?
3. a Ragazzi, è avanzata della pasta, **ve ne** posso dare un altro po'?
4. h Pierino, hai i piedi bagnati, **te li** devi asciugare, sennò ti raffreddi.
5. j Guarda qui quante pustole! Domani vado dal dermatologo e **gliele** faccio vedere.
6. d Nonno, questa novella è così bella, **ce la** leggi un'altra volta?
7. e È meglio nascondere la cioccolata perché se arriva Cristiano **se la** mangia tutta!
8. g Dottor Valle, mi dispiace, l'antenna parabolica non **Gliela** posso montare qui.
9. c Scusate, il frigorifero nuovo quando **ce lo** consegnate?
10. i Vinni, ieri era il compleanno di papà, **te ne** sei dimenticato?

137
1. Glielo dovete comprare. / Dovete comprarglielo.
2. Ce le vogliamo lavare? / Vogliamo lavarcele?
3. Ve la devo firmare? / Devo firmarvela?
4. Me lo può riparare? / Può ripararmelo?
5. Me li puoi prestare? / Puoi prestarmeli?
6. Glieli vogliono spedire. / Vogliono spedirglieli.
7. Signora, Glielo posso offrire? / Signora, posso offrirGlielo?
8. Ve lo posso consigliare. / Posso consigliarvelo.
9. Me ne puoi dare un pezzetto? / Puoi darmene un pezzetto?
10. Te ne dobbiamo regalare un esemplare. / Dobbiamo regalartene un esemplare.

138
1. Carletto, mi prepari un sandwich? Ho fame. – Certo, cara, **te lo** preparo subito!
2. Signora, la gonna mi va un po' larga. – Guardi, **Gliela** stringo un pochino sui fianchi.
3. Puoi dire a Gennaro che mi serve aiuto? – Se vuoi **glielo** dico. Ma ti posso aiutare anch'io.
4. Giusi, che belle queste piantine di gerani! **Me ne** dai una? La metto sul balcone.
5. Quando sono tornato a casa avevo una sete pazzesca, allora ho preso una bottiglia d'acqua e **me la** sono bevuta tutta d'un colpo.
6. Ragazzi, se vi piace questo cd, **ve lo** masterizzo.
7. Ho comprato due biciclette nuove per i bambini. **Gliele** diamo a Natale.
8. Benedetta, **te lo** ripeto per l'ultima volta. Le prese di corrente non si toccano!
9. Nonna, ci dai i biscottini? – Va bene, visto che siete stati buoni **ve li** do.
10. Io la barba **me la** faccio ogni mattina.

139 A
cavarsela → zurechtkommen; mettercela tutta → alles daransetzen; prendersela con qualcuno → jemandem die Schuld geben; avercela con qualcuno → auf jemanden böse sein; farcela → es schaffen; andarsene → weggehen; fregarsene → darauf pfeifen; sentirsela → sich nach etwas fühlen; non poterne più → nicht mehr können

139
1. Perché **ve ne andate** già? Rimanete un altro po'.
2. Lo so che l'esame è pesante, ma **se ce la metti tutta** lo superi sicuramente con 30 e lode!
3. Adesso basta! Parlate sempre della stessa cosa. **Non ne posso più**!
4. Oggi i bambini sono stanchi e quindi **se ne stanno** a casa.
5. L'appuntamento è per le dieci. Ora sono le nove, pensi di **farcela**?
6. Come **te la cavi** in cucina? – Sono una frana, non so nemmeno fare un uovo fritto!
7. Il professore **se la prende** sempre con me. Evidentemente gli sono antipatico.
8. Puoi dire quello che vuoi! Non **me ne frega** niente, io faccio quel che mi pare e piace!

9. Franca, alla festa c'è anche il tuo ex ragazzo. **Te la senti** di venire?
10. I miei compagni di scuola **ce l'hanno** con me perché non ho aderito allo sciopero e sono entrato da solo.

Verben

Indikativ

140 A **parlare:** parlo, parli, parla, parliamo, parlate, parlano
credere: credo, credi, crede, crediamo, credete, credono
partire: parto, parti, parte, partiamo, partite, partono
finire: finisco, finisci, finisce, finiamo, finite, finiscono

140 B ***Folgende Endungen sind bei allen Verbklassen gleich:*** -o (1. Person Singular); -i (2. Person Singular); -iamo (1. Person Plural)

141 A **-are:** canta, saluti, arriviamo, lavorate; **-ere:** vedi, scrive, vendete; **-ire:** capiscono, pulisci, dormiamo, preferisco

141 B capire = verstehen; vedere = sehen; scrivere = schreiben; arrivare = ankommen; cantare = singen; lavorare = arbeiten; preferire = bevorzugen; dormire = schlafen; pulire = putzen; vendere = verkaufen; salutare = (be)grüßen

142
1. Signora, dove **abita**?
2. John **parla** molto bene l'italiano.
3. Oscar, che cosa **prendi** da bere?
4. Io non **capisco** il francese, e tu?
5. I bambini **aprono** la finestra.
6. Alberto e Francesca **lavorano** in banca.
7. Sara **prenota** un tavolo in un ristorante cinese.
8. Anche noi **frequentiamo** un corso di tedesco.
9. Ada, ti **telefono** domani mattina, okay?
10. E voi, quando **leggete** il giornale?

143
1. **Guardiamo** la televisione solo la sera.
2. Scusi, **permette** una domanda?
3. D'estate Lia e Caio **dormono** con la finestra aperta.
4. Rina, **conosci** i nuovi vicini?
5. Signora, **desidera** un amaro?
6. Marcella **suona** il pianoforte e la chitarra.
7. Purtroppo non **partiamo** per le vacanze.
8. A che ora **pranzate** di solito?
9. Il giovedì **finisco** di lavorare tardi.
10. Quando **chiude** l'ufficio postale?

144
1. Lara **canta** nel coro della chiesa.
2. I bambini **tornano** dalla scuola all'una e mezza.
3. Wanda non **legge** libri d'avventura.
4. **Preferite** una camera matrimoniale o una doppia?
5. **Penso** sempre al viaggio in Africa.
6. **Spendiamo** molto in vestiti.
7. Marta e Nello **prendono** la metropolitana per andare in ufficio.
8. Parla più forte, non **sento** niente.
9. Mimmo ed io **viviamo** a Lisbona da due anni.
10. Oggi, a pranzo, cosa **cucini**? – Le lasagne.

145 **baciare:** bacio, baci, bacia, baciamo, baciate, baciano
cercare: cerco, cerchi, cerca, cerchiamo, cercate, cercano
assaggiare: assaggio, assaggi, assaggia, assaggiamo, assaggiate, assaggiano
avviare: avvio, avvii, avvia, avviamo, avviate, avviano
consigliare: consiglio, consigli, consiglia, consigliamo, consigliate, consigliano
studiare: studio, studi, studia, studiamo, studiate, studiano
litigare: litigo, litighi, litiga, litighiamo, litigate, litigano

146
1. Senta, ci può dare un'informazione? **Cerchiamo** una farmacia.
2. Lo spettacolo **finisce** alle sette.
3. Quando **invii** il pacco ai tuoi parenti in Ungheria?
4. Lilli e Massimiliano **abitano** a Istanbul.
5. Al totocalcio io non **vinco** mai!
6. Che cosa **mangiamo** stasera?
7. Perché **coprite** questo pavimento così bello con un tappeto?
8. Simona, sei bravissima! Quando fai un esercizio, non **sbagli** mai.
9. Ma come mai **perdete** sempre tutto?
10. Quanto **paghi** per la permanente dalla parrucchiera?

147 2. vanno → andare = gehen; 3. beviamo → bere = trinken; 4. dice → dire = sagen; 5. hai → avere = haben; 6. vengono → venire = kommen; 7. esco → uscire = ausgehen; 8. diamo → dare = geben; 9. sono → essere = sein; 10. facciamo → fare = machen; 11. scelgo → scegliere = wählen; 12. conducete → condurre = führen; 13. proponete → proporre = vorschlagen; 14. riesce → riuscire = gelingen

148 **essere:** sono, sei, è, siamo, siete, sono
avere: ho, hai, ha, abbiamo, avete, hanno
andare: vado, vai, va, andiamo, andate, vanno
fare: faccio, fai, fa, facciamo, fate, fanno
stare: sto, stai, sta, stiamo, state, stanno
bere: bevo, bevi, beve, beviamo, bevete, bevono
dire: dico, dici, dice, diciamo, dite, dicono

venire: vengo, vieni, viene, veniamo, venite, vengono
salire: salgo, sali, sale, saliamo, salite, salgono

149
1. D'estate, in campagna, **raccolgo** le more.
2. Vera, con chi **esci** in genere?
3. I miei nonni **stanno** bene.
4. Quanti giorni **rimangono** gli ospiti?
5. Per l'abito da sposa Liliana **sceglie** una stoffa pregiata.
6. Peppe, **vai** all'inaugurazione?
7. Non **riesco** ad aprire la bottiglia.
8. I viaggiatori **salgono** sul treno per Milano.
9. **Facciamo** una passeggiata sul lungomare?
10. Amici, mi **date** un consiglio?

150
1. Vittorio **conduce** un'azienda agricola.
2. Signori, cosa **bevete**? Un vino bianco secco o un rosé?
3. Domani **propongo** a Dino di lavorare insieme al progetto.
4. Dove **siedono** Luca e Matteo? – Qui, accanto a te.
5. A settembre **vado** in montagna con tutta la famiglia.
6. Valeria e io **siamo** amiche per la pelle!
7. Signor Ventre, come **sta**? – Abbastanza bene, grazie. E Lei?
8. Cecilia **fa** puzzle di mille pezzi. – A dieci anni!? È un mostro!
9. Io **ho** un gatto siamese.
10. Rosario, **vieni** con noi a vedere la mostra? – Penso di sì.

151
1. Sara **va** sicuramente in centro perché oggi cominciano le svendite.
2. I miei nonni mi **danno** mille euro per le vacanze. – Che fortuna che hai!
3. Lucia, passo stasera da te ma non **rimango** a cena.
4. **Vieni** con noi quest'anno all'Oktoberfest?
5. I signori Brambilla **scelgono** sempre un albergo a quattro stelle. Beati loro!
6. Non **bevo** alcolici perché sono astemia.
7. Cosa mi **dici** dei tuoi studi? – Purtroppo sono fuori corso.
8. I bambini **escono** dalla scuola all'una.
9. Se non piove sabato sera **faccio** una grigliata in giardino.
10. La mia famiglia **produce** olio extravergine di oliva biologico.

152 A
2. f E tu di dove **sei**? – Io **sono** di Vienna. → Und wo bist du her? – Ich bin aus Wien.
3. h Quanti anni **avete**? – Io **ho** venti anni e lei ventidue. → Wie alt seid ihr? – Ich bin zwanzig Jahre alt und sie ist zweiundzwanzig.
4. i Lei **ha** un bel lavoro, **è** consulente legale in un'azienda. → Sie hat einen schönen Job, sie ist Rechtsberaterin in einer Firma.
5. a **Hai** freddo? – Sì, molto. → Ist es dir kalt? – Ja, sehr.
6. j Dove **sono** i libri? – Sul tavolo. → Wo sind die Bücher? – Auf dem Tisch.
7. e I bambini **sono** stanchi e **hanno** anche sonno. → Die Kinder sind müde und möchten schlafen.
8. d Gli ospiti **hanno** caldo. – Allora accendo l'aria condizionata. → Den Gästen ist es warm. – Dann schalte ich die Klimaanlage an.
9. g **Avete** fame? – Sì, e **abbiamo** anche sete. → Habt ihr Hunger? – Ja, und wir haben auch Durst.
10. c Mio marito e io **siamo** contenti della nuova casa. → Mein Mann und ich sind mit dem neuen Haus zufrieden.

152 B 3. h; 5. a; 7. e (*nur* avere); 8. d

153 **volere:** voglio, vuoi, vuole, vogliamo, volete, vogliono
dovere: devo, devi, deve, dobbiamo, dovete, devono
potere: posso, puoi, può, possiamo, potete, possono
sapere: so, sai, sa, sappiamo, sapete, sanno

154
1. **Posso** chiudere le finestre? Si sentono molto i rumori della strada.
2. **Volete** venire in pizzeria con noi domani? – No, purtroppo non **possiamo**. La babysitter è malata.
3. Franco **deve** / **vuole** assolutamente telefonare ad Annarita per sapere come sta.
4. Mamma, ho fame, **voglio** mangiare qualcosa.
5. Susanna ha un valore del colesterolo piuttosto elevato, perciò non **può** mangiare cibi troppo grassi.
6. La macchina si è rotta e quindi la **devo** portare dal meccanico.
7. Allora, vengo la settimana prossima a trovarti? – **Puoi** venire quando **vuoi**.
8. Stanotte partite per la Grecia per un mese e **dovete** fare ancora i bagagli!?
9. Scusi, dove ci **possiamo** sedere? – Dove **volete**. I tavoli sono tutti liberi.
10. Vito e Cinzia amano la natura, infatti **vogliono** comprare un casale in Toscana.

155
1. Scusi, **sa** dov'è la stazione? – No, mi dispiace, non lo **so**.
2. Marilena, mi **puoi** dare un bicchiere d'acqua, per piacere?

3. Antonio ha quattro anni e **sa** già leggere. – Eh, non ci credo!
4. Senta, Lei qui non **può** fumare. È vietato.
5. Facciamo la settimana bianca insieme? – No, noi non **sappiamo** sciare.
6. Scusate, **sapete** quando passa l'autobus? – Il prossimo passa alle otto e un quarto.
7. Oggi non **posso** mangiare niente perché domani devo fare la colonscopia.
8. Maurizio e Stefano **possono** frequentare un master a Londra perché usufruiscono di una borsa di studio.
9. Scusa, **sai** se c'è un ufficio postale nella zona?
10. Umberto e Pia non vanno mai al mare perché non **sanno** nuotare.

156 **lavarsi:** mi lavo, ti lavi, si lava, ci laviamo, vi lavate, si lavano
nascondersi: mi nascondo, ti nascondi, si nasconde, ci nascondiamo, vi nascondete, si nascondono
vestirsi: mi vesto, ti vesti, si veste, ci vestiamo, vi vestite, si vestono
stabilirsi: mi stabilisco, ti stabilisci, si stabilisce, ci stabiliamo, vi stabilite, si stabiliscono
piegarsi: mi piego, ti pieghi, si piega, ci pieghiamo, vi piegate, si piegano
sedersi: mi siedo, ti siedi, si siede, ci sediamo, vi sedete, si siedono

157
1. Allora, Gigi, come **ti senti**? – Oggi, va meglio, grazie.
2. L'appuntamento è alle cinque. **Ci incontriamo** davanti al liceo.
3. Dopo pranzo **mi riposo** sempre una mezz'ora e poi ricomincio a lavorare.
4. Antonella e Silverio **si sposano**. Il matrimonio è in dicembre.
5. Scusi, Lei come **si chiama**? – Aurelio Romano.
6. Mamma, **ci annoiamo**! Qui non c'è niente da fare.
7. Da quanto tempo **vi conoscete**?
8. Mariella ha proprio buon gusto. **Si veste** sempre in modo impeccabile.
9. Ogni volta che Ettore e Andrea giocano a calcio con gli amici, **si fanno** male.
10. Alle sagre di paese non **mi diverto** mai. È solo un'occasione per mangiare.

158
▸ Pronto!
■ Ciao, Giulia, sono Monica. Come va?
▸ Ah, ciao, Monica! Lo so, lo so... non **ci vediamo** da tanto, ma qui **siamo** in piena emergenza. **Abbiamo** gli operai in casa per dei lavori di ristrutturazione. Guarda, un caos!
■ Ti **capisco** ... E come **vi organizzate** la mattina?
▸ Beh, io **mi sveglio** alle cinque e mezza, **mi alzo** subito e **mi faccio** la doccia. Anche Carlo **si sveglia** alle cinque e mezza, ma **rimane** a letto ancora un po'. Poi **si alza** anche lui e **si lava** in fretta. Eh, sì ... E io nel frattempo **preparo** la colazione.
■ E i bambini?
▸ Eh ... i bambini **dormono** fino alle sei e mezza, poi **si alzano** anche loro e **vanno** a lavarsi. Poi tutti insieme **facciamo** colazione. Alle sette e mezza i bambini **sono** pronti per andare a scuola. A quell'ora **vengono** gli operai. Carlo e i bambini **escono** immediatamente e io **rimango** a casa tutto il giorno perché **devo** controllare i lavori. Un rumore assordante per ore e polvere dappertutto!
■ Giulia, **posso** aiutarti in qualche modo?
▸ Eh, forse ... **hai** una maschera antigas?

159 ***Regelmäßige Verben auf* -are:** *mangiato*, parlato, camminato; auf **-ere:** avuto, venduto, creduto; auf **-ire:** dormito, uscito, partito

Unregelmäßige Verben: leggere – letto, venire – venuto, vincere – vinto, offrire – offerto, bere – bevuto, scoprire – scoperto, vedere – visto, aprire – aperto, prendere – preso, rimanere – rimasto, nascere – nato

160 speso → spendere = ausgeben; cambiato → cambiare = ändern; pianto → piangere = weinen; chiuso → chiudere = schließen; guardato → guardare = sehen; scritto → scrivere = schreiben; detto → dire = sagen; andato → andare = gehen; fatto → fare = machen; pulito → pulire = putzen; successo → succedere = passieren; morto → morire = sterben; chiesto → chiedere = fragen; capito → capire = verstehen

161
1. Hai **trovato** gli occhiali?
2. L'anno scorso abbiamo **conosciuto** tante persone in vacanza.
3. Liana, quando sei **ritornata** dal viaggio in Australia?
4. Venerdì scorso i bambini sono **andati** al circo con la scuola.
5. Ti è **piaciuto** il film?
6. Le mie sorelle sono **nate** negli Stati Uniti.
7. Perché non mi avete **avvisato**?
8. Finalmente ho **scoperto** la verità.
9. Che cosa hai **visto** all'opera? – Il barbiere di Siviglia.
10. Orsola ha **partecipato** a un concorso di bellezza.

162

1. L'anno scorso Marcello **è andato** all'autodromo di Monza per vedere il Gran Premio di Formula 1.
2. Renato ed io **abbiamo chiesto** un prestito alla banca per comprare una casa.
3. L'altro giorno **ho sentito** una barzelletta divertentissima. Te la racconto?
4. Sono al settimo cielo. Ieri Oscar mi **ha baciato** per la prima volta!
5. Olga, Achille, **siete riusciti** a vendere l'auto?
6. La scorsa settimana il mio ragazzo **ha firmato** il suo primo contratto di lavoro. Che bello!
7. Sabina e Flora non **sono venute** al concerto di Alex Britti. Peccato!
8. Ehi, ragazzi, che brutta faccia! Che cosa vi **è successo**?
9. A carnevale mi maschero da torero. Mia nonna mi **ha cucito** il vestito.
10. Roberta, dove **sei stata**? – Da un'amica.

163 A

Mario ha *guardato*, incontrato, fatto, abitato, detto, nuotato, giocato, riso, visto.
Mario è rimasto, partito, dimagrito, stato, arrivato.

163 B

giocare = spielen, incontrare = treffen, fare = machen, abitare = wohnen, nuotare = schwimmen, rimanere = bleiben, dimagrire = abnehmen, partire = abfahren, essere = sein, ridere = lachen, arrivare = ankommen, vedere = sehen, dire = sagen

164

La famosa diva italiana **è nata** a Roma il 20 settembre 1934, ma **è cresciuta** a Pozzuoli, vicino a Napoli, dove **ha trascorso** l'infanzia in condizioni disagiate. Prima di diventare famosa **ha partecipato** a concorsi di bellezza, **ha recitato** in fotoromanzi e **ha avuto** piccole parti in diversi film. Nel 1952 **ha conosciuto** il produttore Carlo Ponti, suo futuro marito, il quale le **ha aperto** le grandi porte del cinema. Pochi anni dopo **è diventata** famosa sia in Italia che all'estero per la sua bravura ma anche grazie alla sua prorompente bellezza.
Dall'unione con il produttore Carlo Ponti **sono nati** due figli: Carlo jr nel 1968 ed Edoardo nel 1973.
Tra i suoi film più conosciuti si ricordano: "L'oro di Napoli", "Orchidea nera", "La Ciociara", "Matrimonio all'italiana", "La contessa di Hong Kong", "Una giornata particolare".
Negli Stati Uniti lei **ha lavorato** insieme a star americane come Cary Grant, Clark Gable e Marlon Brando.
A partire dagli anni ottanta **si è ritirata** in parte dai set cinematografici e **si è dedicata** fondamentalmente alla televisione.
Nel corso della sua carriera **ha ottenuto** ambiti riconoscimenti: nel 1960 con il film "La Ciociara", diretto da Vittorio De Sica, **ha vinto** il premio Oscar e il premio per la migliore interpretazione al Festival di Cannes; **ha ricevuto** un secondo Oscar alla carriera nel 1991 e il David di Donatello sempre alla carriera nel 1999.
Il suo vero nome è Sofia Villani Scicolone. Qual è il suo nome d'arte?

Il suo nome d'arte è **Sophia Loren.**

165

1. c I miei genitori **si sono arrabbiati** perché io **ho preso** la loro auto senza permesso.
2. a Che bel tappeto! Quanto **è costato**? – Oh, molto! **Abbiamo pagato** 1500 euro.
3. i Alfonso, ti **è piaciuta** la finale Italia – Francia? – Beh, così così ... La partita non **è stata** brillante.
4. g Gabriella è molto raffreddata perciò non **si è lavata** i capelli.
5. b Allora, **siete andati** / **andate** sulle Dolomiti? – Sì, certo, **abbiamo sciato** tutto il tempo!
6. h Tiberio **ha partecipato** al gioco televisivo "L'Eredità" ma non **ha vinto** niente!
7. e Nadia, perché poi non **sei venuta** ieri? – Non **ho avuto** proprio tempo.
8. f Allora, ragazzi, **vi siete divertiti** alla gita scolastica? – Chiaro! I professori invece **si sono stancati**!
9. j Ieri **ha nevicato** tutto il santo giorno e perciò **siamo rimasti** bloccati in casa!
10. d Tania e Serena **si sono conosciute** in discoteca e **sono diventate** subito amiche.

166

1. Caterina ha dovuto pagare una multa.
2. Non siamo voluti / volute uscire.
3. Ho potuto ottenere un anticipo.
4. Sono dovuti / dovute restare in ufficio più a lungo.
5. Ci siamo voluti sposare in settembre.
6. Marina si è dovuta trasferire. / Marina ha dovuto trasferirsi.
7. Sei dovuto / dovuta tornare prima.
8. Vera non ha potuto completare gli studi.
9. I bambini si sono potuti alzare tardi. / I bambini hanno potuto alzarsi tardi.
10. Purtroppo ho dovuto licenziare un collaboratore.
11. Mirco, perché non ti sei voluto lavare le mani? / Mirco, perché non hai voluto lavarti le mani?
12. Sono voluti / volute partire alle cinque del mattino.

167
1. Quando sono andato a trovare Enzo, **ho salito** le scale a piedi.
2. Enzo abita al quinto piano! Perché non **sei salito** con l'ascensore?
3. Mi passi la marmellata? – La marmellata **è finita**.
4. **Hai già finito** tutta la marmellata?
5. Francesca **ha cambiato** tutto l'arredamento.
6. Eh, sì, da quando ha sposato quel riccone, Francesca **è cambiata**!
7. Lo sai che il preside **ha diminuito** il numero delle classi per mancanza di iscritti?
8. Per forza! Le nascite **sono diminuite**.

168
1. Devi lavorare ancora molto? – No, **ho finito**!
2. Il prezzo del petrolio **è aumentato** ancora!
3. Mia madre ha fatto una bella dieta ed **è scesa** di peso.
4. Il seminario **è finito** alle cinque.
5. Oggi la giornata **è iniziata** male! Non ho sentito la sveglia e sono arrivata tardi al lavoro.
6. A Napoli Gennaro, per la fretta, **è saltato** dal tram in corsa e si è slogato la caviglia.
7. Sono andato in banca e **ho cambiato** i 500 dollari che mi ha regalato lo zio John.
8. Questa casa mi sembra una bisca. **Avete finito** di giocare a carte?
9. Sta meglio il bambino? – No, la febbre **è salita** di nuovo.
10. Quando **hai cominciato** a suonare il clarinetto? – Due anni fa.

169
- ▸ Carmela, hai portato le mie pillole?
- ● Sì, certo, **le** ho portat**e**.
- ▸ Hai preso il mio cappellino giallo?
- ● **L'**ho pres**o**.
- ▸ E gli occhiali?
- ● Sì, **li** ho pres**i**!
- ▸ Hai chiuso la chiave d'arresto dell'acqua?
- ● **L'**ho chius**a**.
- ▸ Hai abbassato tutte le tapparelle?
- ● Sissignore, **le** ho abbassat**e**.
- ▸ Hai chiuso il gas?
- ● Certo che **l'**ho chius**o**!
- ▸ Hai spento tutte le luci?
- ● Le luci **le** ho spent**e**.
- ▸ Hai ritirato i biglietti in agenzia?
- ● Sì, **li** ho ritirat**i** ieri.
- ▸ Hai inserito l'allarme?
- ● Siiii, **l'**ho inserit**o**. Saverio, ho fatto tutto! … E tu hai preso i passaporti nel cassetto della scrivania?
- ▸ Ehh … no, non **li** ho pres**i**. … Ma è mai possibile che devo pensare a tutto io!

170
1. Dov'è il mio cappotto? – **L'ho messo** io nell'armadio.
2. Dobbiamo comprare lo spumante per la festa? – **L'ho comprato** io.
3. Al supermercato ho incontrato Michele e Fabrizio e **li ho invitati** per domani a cena.
4. Puoi chiudere la porta? – **L'ho** già **chiusa**.
5. Signora De Nicola, la lettera **l'ha scritta**? – Mi dispiace non ho avuto tempo.
6. Ho portato il vino a tavola e gli ospiti **ne hanno bevute** due bottiglie a testa!
7. I nonni non **li abbiamo salutati**.
8. Ci servono le uova per la torta. – **Ne ho comprate** sei. Bastano?
9. Dal fruttivendolo ho visto i lamponi e ne **ho comprati** due chili!
10. Le fotografie **le hai fatte**? – Sì, certo.

171
parlare: parlavo, parlavi, parlava, parlavamo, parlavate, parlavano
vivere: vivevo, vivevi, viveva, vivevamo, vivevate, vivevano
capire: capivo, capivi, capiva, capivamo, capivate, capivano
dire: dicevo, dicevi, diceva, dicevamo, dicevate, dicevano
fare: facevo, facevi, faceva, facevamo, facevate, facevano
bere: bevevo, bevevi, beveva, bevevamo, bevevate, bevevano
essere: ero, eri, era, eravamo, eravate, erano
condurre: conducevo, conducevi, conduceva, conducevamo, conducevate, conducevano

Verben mit unregelmäßigen Stämmen: dire, fare, bere, essere, condurre
Ganz unregelmäßig ist das Verb essere.

172
uscire → (lui) usciva; finire → (loro) finivano; mettere → (tu) mettevi; alzarsi → (noi) ci alzavamo; produrre → (io) producevo; avere → (lei) aveva; prendere → (voi) prendevate; essere → (io) ero; fare → (noi) facevamo; venire → (tu) venivi; addormentarsi → (loro) si addormentavano; sapere → (Lei) sapeva; dire → (io) dicevo; partire → (voi) partivate; scrivere → (noi) scrivevamo; lavorare → (loro) lavoravano; aiutare → (lui) aiutava; ballare → (io) ballavo; bere → (voi) bevevate

173
1. Prima **praticavo** molto sport, ora non vado nemmeno in bicicletta.
2. Quando Loredana **era** piccola, **amava** dipingere.
3. Vi ricordate quando a Natale **giocavamo** a tombola con i nonni che **capivano** sempre i numeri sbagliati?
4. La mamma ci **preparava** sempre la merenda da portare a scuola.
5. Da piccoli **bevevate** la coca-cola?
6. Clelia **vedeva** tutte le soap opera che **c'erano** sul mercato!
7. Quando i miei figli **andavano** all'asilo, **si ammalavano** sempre.

8. Prima si **camminava** molto a piedi, oggi si prende la macchina anche per fare dieci metri.
9. Da ragazza Federica **portava** i capelli lunghi.
10. La domenica **facevamo** sempre una passeggiata in campagna.

174 Le nostre vacanze in Grecia
Da ragazzi di solito **passavamo** le vacanze in Grecia. **Facevamo** campeggio perché i miei genitori **avevano** la roulotte. Ai miei fratelli **piaceva** molto pescare, invece io **preferivo** nuotare.
Il primo anno **siamo stati** a Corfù e lì **abbiamo trascorso** delle bellissime giornate di mare. Poi **ci siamo imbarcati** per Patrasso e **abbiamo visitato** il Peloponneso.
Un altr'anno, invece, **siamo andati** ad Atene e naturalmente **siamo saliti** sull'Acropoli per vedere il famoso Partenone. **Faceva** un caldo terribile. **C'erano** almeno 40 gradi all'ombra! Nonostante il caldo quell'anno **abbiamo fatto**, però, un'esperienza indimenticabile.

175
1. Vittoria, **sei andata** alla festa di Maria ieri sera? – Sì, ma **c'era** poca gente.
2. Da piccolo Luca **era** molto permaloso perché **aveva** le lentiggini e **portava** gli occhiali.
3. Quando **vivevo** a Madrid **ho visto** più volte la corrida.
4. L'altra sera non **avevamo** voglia di vedere la televisione e quindi **abbiamo deciso** di giocare a scacchi.
5. Mio nonno **amava** festeggiare il compleanno solo con la famiglia. Ma una volta, per i suoi settanta anni, mia nonna gli **ha organizzato** una festa a sorpresa con tutti gli amici.
6. Stamattina **mi sono alzato** / **alzata** prestissimo, **ho fatto** colazione e **sono uscito** / **uscita** già alle sette.
7. Mariano, ti **piaceva** andare a scuola? – Certo! **Ero** anche il più bravo della classe!
8. Prima Anna e Veronica **vestivano** sempre alla moda, adesso, chissà perché, a loro la moda non interessa più.
9. Ragazzi, vi ricordate quella volta che **abbiamo dormito** in macchina perché non **avevamo** i soldi nemmeno per andare in un ostello?
10. Paolo e Cristina **si sono sposati** nel 1998 e **hanno trascorso** la luna di miele nei Caraibi.
11. Mattia **ha seguito** un corso di francese per due anni e adesso parla la lingua perfettamente.
12. Da bambina **ero** molto timida, infatti **rimanevo** sempre a casa, da sola, a leggere o a disegnare.

176
1. Mentre **scrivevo** al computer, **ascoltavo** la radio.
2. Mentre Lina **tornava** dal lavoro, **ha incontrato** Giulio.
3. L'ultimo libro di Gianrico Carofiglio l'**ho letto** mentre **prendevo** il sole sulla spiaggia.
4. A che **pensavi** mentre la professoressa **spiegava** "I Sepolcri"?
5. Mio marito **si è fratturato** un dito mentre **giocava** a calcio.
6. Nella semifinale Germania-Italia del 2006 mentre i tedeschi già **speravano** nei calci di rigore, gli italiani **hanno segnato** due gol.
7. Durante la gita mentre l'autista **guidava**, i ragazzi **cantavano** delle canzoni.
8. Mentre Francesco **faceva** i compiti, la mamma **puliva** i vetri.

177
1. Sandra è incinta! – Ah, non lo **sapevo**.
2. Al corso di aggiornamento **ho conosciuto** una persona veramente interessante.
3. Per l'esame d'inglese **abbiamo dovuto** studiare tutte le opere di Shakespeare.
4. Pino non **ha potuto** partecipare alla maratona perché si è fratturato un ginocchio.
5. I turisti **volevano** visitare una chiesa celebre ma purtroppo era chiusa.
6. Da Tiziana **abbiamo saputo** che Peppe si vuole separare dalla moglie.
7. **Dovevo** andare a una conferenza ma mi è venuta l'influenza e quindi sono rimasto a casa.
8. Allora, come sono i vostri consuoceri? – Simpatici. Comunque noi li **conoscevamo** già!
9. Ieri sono andato alla casa di riposo ma mio nonno non mi **ha voluto** vedere: non si ricordava più di avere un nipote.
10. Me lo **potevi** dire che non hai fame. Ho cucinato inutilmente.

178
1. Ornella, Vanessa e Adina **dovevano** andare all'ultima manifestazione di Umbria Jazz ma la macchina non è partita.
2. Cara Anna, non **ho potuto** fare la marmellata di more perché l'incendio ha bruciato tutti i rovi. Baci, mamma.
3. Signora Adua, lo **sapeva** che il macellaio ha chiuso?
4. **Volevamo** fare un picnic sul fiume ma è venuto a piovere.
5. Gli antichi romani non **conoscevano** l'uso delle posate.
6. Durante i suoi viaggi mio zio **ha conosciuto** gente d'ogni Paese.
7. All'improvviso il frigorifero si è rotto e quindi **abbiamo dovuto** comprarne uno nuovo.
8. Congratulazioni! **Abbiamo saputo** che hai vinto il concorso.

9. **Avete voluto** ristrutturare la casa senza un preventivo, e ora siete rimasti senza una lira.
10. Cinzia, Pasquale, **potevate** venire alla presentazione del libro. È stata molto interessante.

179
1. **Avevo sconsigliato** al mio amico di comprarsi un'auto a quattro ruote motrici ma lui non mi ha dato ascolto.
2. Ti **avevo detto** di toglierti le scarpe prima di entrare. Guarda qui, hai sporcato tutto il pavimento.
3. Quando ieri Gabriele è tornato a casa, era infuriato a causa di un problema in ufficio. Non lo **avevo mai visto** così.
4. Il campionato del mondo di Formula 1 **era cominciato** con un predominio della Mercedes, ma poi la Ferrari ha recuperato.
5. **Avevamo appena finito** di innaffiare il giardino quando è scoppiato un temporale.
6. Quando la mamma è tornata a casa, ha trovato che Luigino e Michele **avevano chiuso** il gatto nella lavatrice.
7. **Ero appena salito** sull'autobus, quando ho notato di non avere il portafoglio.
8. Pino e Achille **non si erano più visti** dalla fine del liceo.
9. Poiché **eravamo tornati** da un lungo viaggio e il frigorifero era vuoto, abbiamo ordinato una pizza da asporto.
10. Quando ho visto che il galleggiante della lenza affondava, ho capito che un pesce **aveva abboccato**.

180 Liliana ha da qualche giorno un cucciolo di pastore tedesco, Kevin. Un animale delizioso! Ieri è dovuta uscire urgentemente per delle commissioni e lo ha lasciato solo nell'appartamento.
Quando è tornata ha trovato che Kevin **aveva mangiucchiato** i calzini del marito, **aveva lacerato** i cuscini del divano e le piume **si erano sparpagliate** dovunque; **aveva scovato** il sacco con il suo mangime, lo **aveva strappato** e il mangime **era rotolato** su tutto il pavimento; **aveva rovesciato** la scodella dell'acqua e con le zampe bagnate **si era disteso** sul letto; e per finire **aveva scavato** le begonie dai vasi e **aveva fatto** la pipì nella terra.
Ma chi l'ha detto che il cane è il miglior amico dell'uomo?

181 **parlare:** parlai, parlasti, parlò, parlammo, parlaste, parlarono
vendere: vendei / vendetti, vendesti, vendé / vendette, vendemmo, vendeste, venderono / vendettero
capire: capii, capisti, capì, capimmo, capiste, capirono
amare: amai, amasti, amò, amammo, amaste, amarono
credere: credei / credetti, credesti, credé / credette, credemmo, credeste, crederono / credettero
sentire: sentii, sentisti, sentì, sentimmo, sentiste, sentirono

182 **avere:** ebbi, avesti, ebbe, avemmo, aveste, ebbero
essere: fui, fosti, fu, fummo, foste, furono
chiedere: chiesi, chiedesti, chiese, chiedemmo, chiedeste, chiesero
rispondere: risposi, rispondesti, rispose, rispondemmo, rispondeste, risposero
fare: feci, facesti, fece, facemmo, faceste, fecero
scrivere: scrissi, scrivesti, scrisse, scrivemmo, scriveste, scrissero
dire: dissi, dicesti, disse, dicemmo, diceste, dissero
venire: venni, venisti, venne, venimmo, veniste, vennero

183 Giuseppe Verdi **nacque** da modestissima famiglia a Le Roncole (oggi Roncole Verdi), presso Parma, nel 1813.
Si accostò molto giovane alla musica incoraggiato da suo padre. Grazie all'appoggio di Antonio Barezzi, commerciante e amante di musica, nel 1823 **cominciò** a frequentare il ginnasio e nel frattempo **studiò** musica privatamente.
Non **poté** frequentare il Conservatorio di Milano avendo superato l'età adatta e allora **prese** lezioni private da un maestro che insegnava lì.
Nel 1836 **sposò** la figlia di Barezzi, Margherita. Dalla loro unione **nacquero** due figli. La moglie Margherita **morì** improvvisamente nel 1840, in seguito **morirono** anche i figli.
Nel 1839 Giuseppe Verdi **debuttò** alla Scala di Milano con l'opera "Oberto, conte di San Bonifacio" e **fu** un successo. Il primo grande trionfo lo **ottenne**, però, nel 1842 con l'opera "Nabucodonosor", successivamente chiamata "Nabucco". Da allora **compose** circa un'opera all'anno.
Nel 1859 **si unì** in matrimonio con il soprano Giuseppina Strepponi, con la quale viveva già da alcuni anni.
Tra i suoi capolavori si ricordano: "Rigoletto", "Il trovatore", "La traviata", "Aida"; tra le opere non teatrali la "Messa di Requiem" scritta per la morte di Alessandro Manzoni.
Verdi **fu** anche molto impegnato politicamente e socialmente. **Sostenne** in particolar modo i moti risorgimentali. **Morì** a Milano nel 1901.

184 Breve storia di un gambero
C'era una volta un gambero. Lo sai che i gamberi camminano all'indietro?
Un giorno il gambero **incontrò** ad una festa sottomarina una graziosa tartarughina di mare e **se ne innamorò**.
"Vuoi fare una passeggiata con me?" le **chiese**.
"Con piacere." **rispose** vezzosa la tartarughina e **si incamminarono.**
Ma la tartarughina sia pure lentamente **camminò** in avanti, il gambero invece **si spostò** all'indietro.
Fatti due passi **si separarono** e non **si videro** più.
E ancora oggi sono là in fondo al mare che si cercano.

185
1. Quando Cartagine, nel III secolo a. C., **ebbe conquistato** anche le coste della Sicilia e della Sardegna, Roma fu in pericolo.
2. Dante Alighieri (1265–1321) compose la Divina Commedia dopo che **se ne fu andato** in esilio.
3. Dopo che il Re di Napoli, nel 1647, **ebbe imposto** una tassa sulla frutta, scoppiò la rivolta guidata da Tommaso Aniello, detto Masaniello.
4. Quando, il 2 giugno 1946, gli Italiani **ebbero scelto** la repubblica con il referendum, il re Umberto di Savoia fu costretto ad andare in esilio.
5. Lo scrittore Gabriele D'Annunzio, dopo che **si fu arruolato** volontario durante la prima guerra mondiale, partecipò attivamente a diverse azioni belliche.
6. Dopo che gli Italiani **ebbero confermato** con due referendum popolari le leggi sul divorzio (1970) e sull'aborto (1978), la Chiesa cattolica perse il ruolo dominante nel Paese.
7. Dopo che con il suo assassinio (44. a. C.) Giulio Cesare **fu uscito** dalla scena politica, Roma piombò nella guerra civile.
8. Dopo che Giuseppe Garibaldi, nel 1860, **ebbe guidato** con successo la spedizione dei Mille, si giunse facilmente all'unificazione del Regno d'Italia.

186 ***Regelmäßige Verben:*** *io parlerò*, voi telefonerete, noi scriveremo, io leggerò, tu capirai, loro finiranno, loro aiuteranno, tu perderai, noi apriremo, noi augureremo

Unregelmäßige Verben: *noi vedremo*, tu farai, voi potrete, tu vorrai, io saprò, lui / lei berrà, noi saremo, io avrò, voi rimarrete, noi staremo, loro daranno, voi andrete

187
1. d Massimo non sa perdere, non **giocherò** mai più con lui!
2. h Alla festa **ci saranno** tante cose buone da mangiare e **assaggeremo** sicuramente un po' di tutto.
3. b Come **trascorrerete** le feste natalizie?
4. f I miei superiori non **accetteranno** una simile proposta in nessun caso.
5. c Quante uova **ci vorranno** per fare gli spaghetti alla carbonara per quattro persone?
6. g Ragazzi, se **continuerete** così vi **prenderete** una bella sospensione.
7. a Vi **verrò** a trovare appena possibile.
8. e Quando ti **vestirai** in modo più adatto alla tua età?

188 Europaradiso: sì o no?
La Regione Calabria **esaminerà** alla fine dell'estate il progetto Europaradiso. Si **deciderà** se aprire i cantieri oppure no.
Il progetto Europaradiso fa capo a una società composta da israeliani ed europei.
Si **realizzerà** una città faraonica che **occuperà** oltre un milione e mezzo di metri quadrati della costa ionica vicino a Crotone. Ci **saranno** alberghi, si **creeranno** parchi a tema, si **costruirà** addirittura uno stadio da 30 mila posti. La struttura alberghiera **permetterà** di ospitare migliaia di turisti. Il progetto **prevederà** anche un'offerta turistica rivoluzionaria: volo, camera e prima colazione **saranno** gratuiti, si **pagheranno** invece i vari servizi a disposizione, quali ristoranti, campi da golf, piscine, negozi.
Favorevoli al progetto sono in molti. Si pensa che questa superstruttura **produrrà** oltre diecimila posti di lavoro e **determinerà** uno sviluppo maggiore del turismo in Calabria.
Ma la costa ionica in quel tratto è zona protetta. Gli ambientalisti infatti sono contrari al progetto.
Secondo le voci più scettiche, in quella zona, **sorgerà** un paradiso di cemento stimato in quattro milioni di metri cubi di edifici. Il progetto non **porterà** effettivamente sviluppo come previsto e la ricchezza **resterà** nelle mani di pochi. Gli imprenditori locali non **riceveranno** infatti alcun vantaggio perché i turisti **rimarranno** all'interno del villaggio. Inoltre la popolazione locale non **avrà** più accesso libero alle spiagge.
Come **andrà** a finire questa vicenda?

189
1. e Appena **avrò finito** la specializzazione, farò uno stage a Parigi in una ditta.
2. c Mamma mia, Francesca com'è dimagrita, **avrà perso** almeno 15 chili!
3. a In questa foto la nonna **avrà avuto** meno di vent'anni.

4. g Farò una bella festa quando **avrò superato** l'esame di laurea.
5. b Quando il mare **si sarà calmato** andremo in barca.
6. f Appena la babysitter **sarà arrivata** potremo uscire.
7. h Appena **avremo ricevuto** i contributi statali cominceremo il restauro della facciata.
8. d Appena tutti gli ospiti **saranno arrivati** offriremo gli aperitivi.

190
1. Che cosa **farai** quando arrivano i tuoi parenti dall'America?
2. Vogliamo regalare a Giovanna una camicetta? Ma che taglia **avrà**?
3. Dopo che **avremo imparato** bene l'inglese, **andremo** a fare un giro in Scozia.
4. Francesco ha promesso al padre che d'ora in poi **righerà** diritto.
5. Appena **sarà finita** la riunione, **andremo** a mangiare una pizza.
6. Ho incontrato Giuliana l'altro giorno in farmacia. L'ho trovata cambiata. Non **si sarà fatta** mica la plastica al naso?
7. L'anno prossimo i miei suoceri **affitteranno** una casa sul litorale ligure.
8. Sai dove sono andate a finire le chiavi della cantina? – Le **avrai dimenticate** come sempre vicino alla porta.
9. Dove **si terranno** le prossime Olimpiadi?
10. A quest'ora papà **sarà** già **atterrato** a Fiumicino.

Congiuntivo

191 **amare:** am**i**, am**i**, am**i**, am**iamo**, am**iate**, am**ino**
vendere: vend**a**, vend**a**, vend**a**, vend**iamo**, vend**iate**, vend**ano**
aprire: apr**a**, apr**a**, apr**a**, apr**iamo**, apr**iate**, apr**ano**
capire: capisc**a**, capisc**a**, capisc**a**, cap**iamo**, cap**iate**, capisc**ano**

192 **avere:** abbia, abbia, abbia, abbiamo, abbiate, abbiano
essere: sia, sia, sia, siamo, siate, siano
andare: vada, vada, vada, andiamo, andiate, vadano
fare: faccia, faccia, faccia, facciamo, facciate, facciano
stare: stia, stia, stia, stiamo, stiate, stiano
bere: beva, beva, beva, beviamo, beviate, bevano
uscire: esca, esca, esca, usciamo, usciate, escano
venire: venga, venga, venga, veniamo, veniate, vengano

193
1. Io non credo che tu **capisca** la gravità della situazione!
2. Hai visto Marcella? Pare che **abbia** un nuovo amore.
3. Pensi che Luigi **sia** soddisfatto del nuovo incarico?
4. Leonardo, non credo che tutti questi dolci ti **facciano** bene!
5. Spero che Vincenzo **si riprenda** presto dall'intervento.
6. Pensi che **vengano** anche Liliana e Alessio a messa con noi?
7. Lilli, è necessario che tu **ti cerchi** una cameriera. Da sola non ce la puoi fare a portare avanti una casa così grande.
8. Sebbene **conoscano** alla perfezione la grammatica, non sono in grado di parlare l'inglese.
9. Suppongo che tu **sappia** quello che fai.
10. Caro Mimì, ti mando questo assegno affinché tu e Liuccia **possiate** affrontare le spese del trasloco.

194
1. Non voglio assolutamente che il lavoro **diventi** più importante della famiglia.
2. Abbiamo paura che nostra madre **stia** troppo tempo da sola.
3. I negozi stanno facendo le svendite. Danno tutto a prezzi stracciati. Penso proprio che ci **convenga** andare a dare un'occhiata.
4. Speriamo che il processo **finisca** al più presto.
5. Dubito che l'indulto **risolva** i problemi carcerari in Italia.
6. Non vediamo l'ora che voi ci **veniate** a trovare nella casa al mare.
7. Luca e Grazia sperano che il figlio **guarisca** presto dalla depressione.
8. Pensi che un solo babà **basti** per dodici persone? – Beh, dipende dalla grandezza …
9. Credete che questa composizione floreale **possa** piacere a Marina?
10. I miei genitori non vogliono che io **mi iscriva** all'Accademia di Belle Arti.

195
1. Pensi che il divano sia abbastanza grande?
2. Credo che Adina e Giulio convivano.
3. Abbiamo l'impressione che Paolo non si fidi di te.
4. Gianna crede di avere ragione.
5. Penso di fermarmi da voi qualche giorno.
6. Mi sembra che i signori Catalano abbiano tre figli.
7. Riteniamo che facciate poco sport.
8. Giuseppe e Ugo credono di essere divertenti.
9. Mia sorella pensa che (io) abbia un debole per Fabio.
10. Pensiamo di non parlare bene lo spagnolo.

196
1. Non credo che **convenga** uscire con questo tempaccio.
2. È sicuro che Lina **viene** a vedere la mostra?
3. Sai che gli zii **arrivano** lunedì sera? – Davvero? Bello!
4. Ci auguriamo che la camera **sia** di vostro gradimento.
5. Hai sempre mal di testa? Sono convinto che l'agopuntura ti **possa** aiutare.
6. Secondo noi le votazioni non si **devono** / **debbono** ripetere.
7. Con tre figli, cari miei, penso proprio che **abbiate** bisogno di un appartamento più grande!
8. Secondo te come mi **sta** questo vestito? – Bene!
9. Per me l'omeopatia non **serve** a niente. – Non sono d'accordo.
10. Non ci aspettiamo che (tu) **capisca** le nostre ragioni.

197
1. È un peccato che Marco e Lucia **siano arrivati** quando la festa era quasi finita.
2. Non pensi che **sia stato** imbarazzante per l'onorevole Trombetta sentire parlare tutta la sera della corruzione del mondo politico?
3. Temo che ormai il film **sia già cominciato** da almeno mezz'ora. Non ha più senso andare.
4. Sebbene mi **sia capitato** di incontrare Carlo Tanzi più volte, nessuno me lo ha mai presentato.
5. Non sperare che ti **abbia già perdonato**. È stato proprio uno scherzo di cattivo gusto.
6. Nonostante **abbia pensato** più volte di iscrivermi a un corso di balli latinoamericani, non si è mai presentata l'occasione adatta.
7. Siamo lieti che **abbiate accettato** il nostro invito. Vi aspettiamo con ansia.
8. Strano che zia Concetta **abbia beneficato** nel suo testamento proprio Marcello, quel buono a nulla!

198
1. È probabile che l'hotel dove siamo stati l'anno scorso **abbia chiuso**.
2. È il giallo più avvincente che (io) **abbia letto** in questi ultimi tempi.
3. Sono convinta che Alessandro ci **abbia detto** una bugia.
4. Mi dispiace che non **vi siate rilassati** in vacanza. Avete sicuramente fatto una brutta esperienza.
5. Hai saputo che commento ha fatto Rosa sull'eutanasia? È la cosa più cretina che (io) **abbia** mai **sentito**.
6. Sai come mai Manuele non si è visto ieri sera? – Credo che **sia dovuto** rimanere a casa a badare ai fratellini.
7. Dubito che **abbiano apprezzato** la nostra offerta.
8. Nonostante a Miriam **sia capitato** diverse volte di inciampare, continua a portare scarpe con i tacchi altissimi.

199
1. Penso che il film sia stato bello.
2. Suppongo che Germano sia andato al mare.
3. È possibile che i bambini non abbiano ancora mangiato.
4. Roberto pensa di aver perso circa dieci chili.
5. Credo di aver rotto la videocamera.
6. Pensi che Eliseo abbia interrotto gli studi?
7. Pare che Maria sia diventata buddista.
8. Ada e Lia temono di essersi arrabbiate troppo.
9. Credo che la tua orchidea sia fiorita prima del solito.
10. Abbiamo paura che Marco si sia fatto veramente male.

200 A
io: *decidessi*, bevessi, fossi, calmassi, fabbricassi
tu: *decidessi*, bevessi, fossi, calmassi, fabbricassi
lui, lei, Lei: desse, fingesse, ottenesse, producesse
noi: facessimo, dicessimo, ci rilassassimo
voi: steste, bussaste, distruggeste, saltaste
loro: asciugassero, mentissero, nascondessero, vedessero

200 B
Unregelmäßig sind die Verben: bere, essere, dare, produrre, fare, dire, stare.

201
mangiare → (lui) mangiasse; partire → (noi) partissimo; scappare → (tu) scappassi; condurre → (voi) conduceste; bere → (loro) bevessero; pregare → (io) pregassi; raccogliere → (noi) raccogliessimo; poltrire → (lei) poltrisse; nutrirsi → (voi) vi nutriste; stare → (io) stessi; dare → (loro) dessero; dedicare → (tu) dedicassi; preferire → (Lei) preferisse; essere → (noi) fossimo; avere → (loro) avessero

202
1. Perché **mi** hai regalato quest'anello? – Perché immaginavo che ti **piacesse.**
2. Luigi pensava che la gomma **fosse** solo sgonfia e invece era bucata.
3. Crescenzo ha sbagliato strada perché credeva che la casa **sorgesse** proprio sul mare.
4. Anselmo era il ragazzo più borioso che **conoscessimo** ai tempi dell'università.
5. Pensavamo che anche quest'anno (tu) **andassi** in villeggiatura in Turchia, e invece sei stato in Irlanda. Come mai?
6. Non le ho detto niente perché avevo paura che **si offendesse.**

7. Quando ero piccolo non spendevo mai i soldi della paghetta perché non volevo che **finissero**. E poi mio fratello me li rubava.
8. Sebbene Michele e Tiziana **usassero** sempre la metropolitana, avevano una Ferrari in garage.
9. A causa dell'epidemia di morbillo non ho portato Daniele all'asilo perché temevo che **si contagiasse**.
10. Bravi! Non mi aspettavo che **riusciste** a fare un puzzle di cinquemila pezzi in così breve tempo.

203
1. Eravamo contenti **di trascorrere** un periodo al mare.
2. Speravo **di fare un salto** da te nel pomeriggio, ma non ce l'ho fatta.
3. Temevamo **che decidessero** di operare la nonna d'urgenza.
4. Nina, non sapevo **che ti piacessero** i colori forti.
5. Si auguravano **di fare** una bella figura regalando agli sposi un vaso d'argento.
6. Eravamo tutti del parere **che Valerio dovesse** cercare un lavoro nel settore tecnologico.
7. Renata era felice **di partecipare** per la prima volta a una trasmissione televisiva.
8. Complimenti, non immaginavamo **che apriste** un negozio di articoli sportivi così fornito.

204
1. Sebbene ci **avessero consigliato** l'albergo più bello della città, non siamo stati soddisfatti del servizio.
2. Credevo che quel tipo mi **avesse fermato** per chiedere un'informazione e invece aveva cercato di derubarmi.
3. Per la popolazione era importantissimo che il comune **avesse stabilito** di togliere la discarica dei rifiuti dalle vicinanze della zona abitata.
4. Maria non pensava che tu **avessi colto** le amarene anche per lei.
5. Speravo che i colleghi con i quali avevo l'appuntamento non **fossero** già **arrivati** visto che ero in ritardo.
6. Ieri mi sono fermata un attimo per comprare le sigarette. Quando sono tornata non mi è sembrato possibile che il vigile mi **avesse** già **multato** per divieto di sosta.
7. Avrei potuto esprimere il mio voto per corrispondenza ammesso che mi **fossero pervenuti** i documenti.
8. Non riuscivo a credere che il mio partito **avesse subito** una sconfitta così eclatante alle ultime elezioni amministrative.
9. Perché non riuscivate a credere che io **fossi stato** / **stata** capace di un'azione tanto audace?
10. Sono partito sperando che le autorità non **avessero** ancora **abbandonato** le ricerche dei superstiti.

205
1. Sono arrivato alla stazione pensando **di aver perso** il treno, ma poi hanno annunciato che viaggiava con dieci minuti di ritardo.
2. Ho fatto gli auguri a Cecilia e Alessio perché credevo **che si fossero** già **sposati** e poi ho scoperto che il matrimonio è l'anno prossimo.
3. Non mi sembrava possibile **che avessero cambiato** nel giro di pochi giorni tutti i sensi unici della città. Un caos totale!
4. Catia, non mi sono fatta viva prima perché pensavo **che tu fossi andata** in vacanza.
5. Serena credeva **di aver rispettato** i termini di presentazione dei documenti e invece i termini erano già scaduti da due giorni.
6. Zaccaria sperava **di aver migliorato** la sua posizione sociale cambiando lavoro.
7. Teo e Nicoletta pensavano **di essere riusciti** a superare l'esame scritto di spagnolo.
8. Conoscevo bene Maria e mi sembrava impossibile **che avesse commesso** un'azione così indegna.

Condizionale

206 ***Regelmäßige Verben:*** *io guarderei*, tu laveresti, noi canteremmo, loro amerebbero, io mi vestirei, noi dipingeremmo, voi leggereste, tu sceglieresti, loro soffrirebbero, lui / lei / Lei benedirebbe

Unregelmäßige Verben: voi berreste, tu faresti, noi sapremmo, io andrei, lui / lei / Lei terrebbe, loro vorrebbero, voi sareste, tu verresti, io avrei, lui / lei / Lei rimarrebbe, noi potremmo

207 A
avere: avrei, avresti, avrebbe, avremmo, avreste, avrebbero
essere: sarei, saresti, sarebbe, saremmo, sareste, sarebbero
ballare: ballerei, balleresti, ballerebbe, balleremmo, ballereste, ballerebbero
fare: farei, faresti, farebbe, faremmo, fareste, farebbero
mangiare: mangerei, mangeresti, mangerebbe, mangeremmo, mangereste, mangerebbero
scrivere: scriverei, scriveresti, scriverebbe, scriveremmo, scrivereste, scriverebbero
cucire: cucirei, cuciresti, cucirebbe, cuciremmo, cucireste, cucirebbero
volere: vorrei, vorresti, vorrebbe, vorremmo, vorreste, vorrebbero

207 B ***Regelmäßig sind die Verben*** ballare, mangiare, scrivere, cucire.

208
1. Ragazzi, mi **aiutereste** a spostare il mobile del soggiorno?
2. Tesoro, che ne **diresti** di andare a cena fuori stasera?
3. Al posto suo io **indosserei** abiti meno attillati.
4. Chissà, forse i miei genitori ci **presterebbero** l'auto per una settimana.
5. Scusi, mi **potrebbe** dare un'informazione?
6. Gli **piacerebbe** molto imparare a suonare il violino.
7. Teresa, Rossana, Vincenzo, **avreste** voglia di fare una grigliata sulla spiaggia stasera?
8. Il pacco **dovrebbe** arrivare entro tre giorni.

209
Ciao, Guglielmo!
Come va? Come stanno zio Andrea e zia Carla? Io sto abbastanza bene e anche i miei vecchi tirano avanti!
A proposito del tuo problemuccio... ti capisco perfettamente. **Piacerebbe** anche a me avere una casa tutta mia! E tu questo sogno **potresti** realizzarlo veramente, ormai hai un lavoro.
È vero che hai appena cominciato, ma perché non **dovrebbe** andare bene?! Io, al posto tuo, non mi **farei** tanti problemi, anzi **mi metterei** subito alla ricerca di un appartamento.
E poi, perché dici che i tuoi genitori non ti **appoggerebbero**? Pensi che non ti **aiuterebbero** economicamente ad affrontare le prime spese? Non credo. Beh, certo **preferirebbero** avere il loro caro Guglielmo ancora a casa. Ma, insomma, ormai hai 32 anni! Mi sembra proprio arrivata l'ora di staccare questo cordone ombelicale, no? In fondo non **sarebbe** una cattiva idea cercare un appartamento ammobiliato, così non **spenderesti** tanti soldi per comprare i mobili. D'altra parte, però, non è necessario arredare tutto l'appartamento subito. Io **comprerei** i mobili poco alla volta e **andrei** a prenderli da IKEA. Ci sono cose carine, giovanili e i prezzi sono abbordabili. Se vuoi, quando è il momento ti accompagno. Fammi sapere. A presto!
Ernesto

210
1. **Dovremmo** organizzarci subito per le vacanze, altrimenti non troviamo più posto.
2. Gentile Signor Consigliere, **gradirei** ricevere una risposta a stretto giro di posta.
3. **Verremmo** volentieri al battesimo ma abbiamo già un altro impegno che non possiamo rimandare.
4. Io e Ludovico siamo fidanzati da tre anni e **ci sposeremmo** anche subito, ma non riusciamo a trovare casa.
5. Visto che hai i reumatismi, ti **farebbero** bene i fanghi. Perché non vai alle terme di Casamicciola, a Ischia?
6. Mamma mia, che freddo! Non **sarebbe** il caso di spegnere l'aria condizionata?
7. Scusa, ma perché corri tanto? **Consumeresti** meno benzina moderando la velocità.
8. L'Umbria è una regione incantevole; mi **trasferirei** volentieri in quella zona.
9. Arturo, guarda, lì vicino al frigorifero c'è il mio pacchetto di sigarette, me lo **prenderesti** per favore?
10. **Mangerei** formaggi a pranzo e a cena, ma il dottore mi ha prescritto una dieta ferrea perché ho il colesterolo alto.

211
1. Orsella, Pietro, **avreste** voglia di fare una gita in montagna il prossimo fine settimana?
2. Gigi, dici che Vincenzo mi **presterebbe** il camioncino per il trasloco?
3. Preferisco che **veniate** prima di ferragosto, perché subito dopo ho altri ospiti.
4. Non pensare che **sia** facile per me affrontare la separazione da mia moglie, ma è una cosa inevitabile.
5. Dario conosce molto bene il Powerpoint e poi è molto disponibile. Penso che ci **aiuterebbe** a preparare la relazione. Che dite, lo chiamiamo?
6. Non credo che ai bambini **faccia** bene mangiare tanta cioccolata.
7. **Vorrei** tanto viaggiare, ma attualmente le mie finanze non me lo permettono.
8. Al posto suo io **mi taglierei** i capelli corti corti per farli infoltire un po'.
9. Speriamo che **sia** ancora aperta la macelleria. Altrimenti che mangiamo stasera? Il frigorifero è vuoto.
10. Suppongo che tu **sappia** quello che fai. Comunque io, al posto tuo, non **lascerei** così su due piedi un lavoro sicuro e ben pagato.

212
1. c Non **saresti dovuto** essere così aggressivo con Carmela. – Sì, lo so, hai ragione, ma mi ha fatto proprio arrabbiare.
2. f Al posto di Franco non **mi sarei iscritto** a scienze politiche. – Ma perché, scusa, in fondo si studiano delle belle materie.
3. a Ieri siamo rimasti fermi sull'autostrada con l'auto in panne. – Oh, e perché non ci avete chiamato? Vi **saremmo venuti** a prendere.
4. b Tania avrebbe voluto studiare canto. – Ma se è stonata come una campana!
5. h Beh, com'è stato lo spettacolo? – Bello! Peccato che non siete venuti, **vi sareste divertiti**.
6. d Ieri **sarei andato** a vedere volentieri l'ultimo film di Tom Cruise. – Come mai non ci sei andato?

7. j Scusa, non siamo più venuti, perché mia madre non poteva stare con i bambini. – Beh, ma li **avreste potuti** portare con voi!
8. e Ortensio, scusami, ti **avrei chiamato** dal cellulare, ma mi trovavo in una zona senza campo. – Non fa niente, peraltro non mi **avresti trovato** a casa.
9. g Guarda, si sono seccate tutte le piante! – Le **avresti dovute** innaffiare più spesso.
10. i La bolletta **l'avrei pagata** io, ma non ho fatto in tempo. – Non ti preoccupare, l'ho pagata io oggi pomeriggio.

213

1. Ho un terribile mal di testa. – Al posto tuo **mi prenderei** subito un'aspirina.
2. Marcella è molto portata per lo sport. A lei **piacerebbe** fare atletica leggera.
3. Peccato che ti sei svegliato tardi. **Saresti potuto** partire con noi.
4. I figli di Angelo e Benedetta prendono sempre dei brutti voti in matematica. **Dovrebbero** proprio andare a ripetizione da un professore.
5. Marizia, mi **passeresti** il sale e il pepe, per favore?
6. **Avrei mangiato** volentieri una bella mela, ma nel frigorifero c'erano solo pere!
7. Il pandispagna **sarebbe cresciuto** benissimo, ma mio marito involontariamente ha aperto il forno e ora il mio povero dolce sembra una pizza.
8. Ragazzi, che ne **direste** di andare a giocare a bowling?
9. Ma, cara nipote, non **avresti dovuto** fare una scenata a tuo padre prima di sapere come stavano veramente le cose!
10. Chiediamo a Ugo e Armando se vengono con noi in Croazia? – Noo, quelli non **farebbero** campeggio mai e poi mai. Loro hanno bisogno di tutte le comodità.

Imperativ

214 A

guardare: guarda, guardi, guardiamo, guardate, guardino
dare: da' / dai, dia, diamo, date, diano
fare: fa' / fai, faccia, facciamo, fate, facciano
bere: bevi, beva, beviamo, bevete, bevano
chiudere: chiudi, chiuda, chiudiamo, chiudete, chiudano
aprire: apri, apra, apriamo, aprite, aprano
finire: finisci, finisca, finiamo, finite, finiscano
venire: vieni, venga, veniamo, venite, vengano

214 B

Unregelmäßig sind die Verben dare, fare, bere, venire.

215

1. Spedisci la lettera entro domani.
2. Prova questo cocktail, è proprio buono.
3. Di' a Vittorio che lo cerco.
4. Chiama papà sul cellulare.
5. Spazza il pavimento.
6. Scegli il regalo più bello.
7. Bevi tutto il latte, mi raccomando.
8. Sii gentile con gli ospiti.
9. Abbi pazienza con i bambini.
10. Fa' / Fai il biglietto di andata e ritorno.

216

1. Spenga la luce, per favore.
2. Mandi un'e-mail di conferma.
3. Invii per raccomandata la disdetta.
4. Faccia le fotocopie al più presto.
5. Firmi questo modulo.
6. Accenda il televisore, per cortesia.
7. Aggiunga un posto a tavola.
8. Finisca pure il dolce.
9. Dica a Fabio che lo aspetto.
10. Parta domani, c'è meno traffico.

217

1. Ragazzi, per piacere, **apparecchiate** la tavola. Tra poco si mangia.
2. Signora, **scusi**, mi sa dire che ore sono?
3. **Favoriscano** i documenti, per cortesia.
4. Francesco, **senti**, te l'ho spiegato mille volte che la roba mia non la devi toccare!
5. Noi siamo pronti. – Bene! Allora, **andiamo**!
6. Grazia, Davide, **venite** qua, per favore.
7. Mi sa dire dov'è la fermata dell'autobus? – **Chieda** al vigile, è lì, vede?
8. Signora, oggi, **pulisca** bene il bagno e la cucina, per piacere.
9. Marco, **sta'** / **stai** tranquillo, ti accompagno io alla stazione.
10. **Cominciamo**! Chi vuole venire alla lavagna?

218 B

Allora, Emanuela, lava le melanzane e tagliale a pezzetti di circa un centimetro. Riscalda l'olio in una padella e friggici le melanzane. Nel frattempo fa' / fai imbiondire uno spicchio d'aglio in un po' d'olio, aggiungi i pomodori a pezzetti, salali e lasciali cuocere per una ventina di minuti. Versa le melanzane fritte nel sugo e falle insaporire un pochino. Cuoci la pasta e condiscila con il sugo. Poi taglia la mozzarella a pezzetti e aggiungila alla pasta condita. Infine, prima di servire, tagliuzza il basilico e mescolalo al tutto.

219

1. Il microonde lo faccia riparare subito.
2. Si ricordi di avvisare gli altri colleghi.
3. A Milano ci vada in aereo, è meglio.
4. Ne prenda ancora un bicchiere.
5. Il tavolo me lo prenoti per le sette.
6. Mi dia pure il soprabito, lo appendo io.
7. Il giornale lo legga pure con calma.

8. Si vesta in modo elegante per l'inaugurazione.
9. Con l'avvocato ci parli Lei.
10. L'appuntamento lo fissi per lunedì.

220
1. Flora, guarda, la porta è rimasta aperta. **Chiudila**, per piacere.
2. Pino, **dimmi**, che cosa è successo? Ti posso aiutare?
3. Questo poster non mi piace più. **Buttiamolo**. – No, perché? A me piace.
4. Signora Ferrara, ecco, questi sono gli articoli. **Li restituisca** all'ingegnere Mercaldo.
5. Signori, mi dispiace, questo non è l'ufficio competente. **Rivolgetevi** / **Si rivolgano** al comune per informazioni più dettagliate.
6. Dove ci sediamo? – Prego, **sedetevi** pure qui.
7. Allora, vai in farmacia a prendere gli antibiotici? – No, senti, **vacci** tu, perché io non faccio in tempo.
8. Luigia, **calmati**! Non è successo niente. Il piccolo sta bene.
9. Vogliamo bere il vino che ci ha portato Filippo dalla Francia? – No, **beviamolo** a Natale. È un vino speciale!
10. Ehi, Peppe, Cesare, **alzatevi**, che è tardi!

221
2. **Non mangiare** cibi troppo grassi!
3. **Non spenderli** in cose inutili!
4. **Non ci andare**, tanto lui è comprensivo.
5. Allora **non berne** troppo!
6. **Non sforzarla** sollevando cose pesanti!
7. Beh, **non parcheggiarla** sempre in divieto di sosta!
8. **Non scegliere** sempre la donna che non fa per te!
9. Allora **non giocare**!
10. E **non ti lamentare** sempre di tutto!

222
1. Ragazzi, per cortesia, **non alzatevi** sempre così tardi la mattina! Affollate tutti il bagno alla stessa ora!
2. Basta! **Non parliamo** male degli assenti! Non è corretto!
3. **Non siate** troppo severi con i vostri figli!
4. **Non incontriamoci** sempre nello stesso bar. Che noia!
5. Signor Nugnes, domani **non venga** così presto. Non è necessario.
6. **Non abbiate** paura di affrontare le difficoltà della vita.
7. Se vede la signora De Rosa, **non le dica** ancora niente dell'incontro.
8. Signora Maria, **non pulisca** le scale oggi. Questa settimana tocca ai vicini.
9. Ragioniere, ci serve carta da stampa. **Non ne ordini** troppa, però, perché non c'è posto in magazzino.
10. Quel dentista è un macellaio! **Non ci mandi** più nessuno.

Infinitiv

223
1. La nonna mi ha chiesto **di farle** compagnia domani sera.
2. Dimmi un po', quando avete imparato **a giocare** a ping-pong così bene?
3. Ho dimenticato **di avvisare** la dottoressa Tolomei che l'appuntamento è stato rimandato a venerdì.
4. Dobbiamo assolutamente **risolvere** la questione entro domani.
5. Nella nostra cittadina non c'è molto **da fare**. Noi giovani ci annoiamo a morte!
6. Martina, mi fai **richiamare** da Oscar quando rientra?
7. Non ti vengo **a prendere** alla stazione perché non ho l'auto a disposizione. Prendi un tassì.
8. Non vi permetto **di parlarmi** con questo tono!
9. Preferiamo **rimanere** a casa stasera. Comunque grazie dell'invito.
10. Frequento la facoltà di giurisprudenza **per diventare** notaio.
11. Io non sono abituato **a studiare** insieme a qualcuno.
12. Avete finito **di mettere** in ordine la vostra camera?

224
1. Maria ha voglia *di mangiare* un gelato.
2. Il professore di matematica ci ha insegnato **a fare** le equazioni.
3. Puoi comprare qualche bottiglia di vino **da portare** alla festa di Lia?
4. Maurizio e Roberta sono andati a Parigi solo **per visitare** il Louvre.
5. Dovreste leggere di più **invece di giocare** per ore con la Playstation.
6. Franco aveva paura **di viaggiare** in aereo.
7. Ho risposto a tutti i test **senza sbagliare** nemmeno un quesito!
8. Sono curioso **di vedere** l'ultimo film di Woody Allen.
9. Mi presti qualche libro **da leggere** quando vado in vacanza?
10. Gabriella ha continuato **a fumare** anche con la bronchite.
11. Mi sono vaccinato contro la malaria **prima di partire** per l'Africa.
12. Ieri siamo andati **a ballare** in una bella discoteca.

225
1. Mentre stava andando in ufficio Federico ha notato **di aver(e) dimenticato** il cellulare a casa.
2. Ho deciso di fare la dieta **dopo essere ingrassato** di venti chili.
3. Lo so **di non esserti** di grande aiuto ultimamente. Mi dispiace.
4. L'hanno saputo **dopo essere partiti**.
5. Giovanni dice **di saper(e)** giocare bene a poker.
6. Ho saputo ieri **di aver(e) vinto** il primo premio alla lotteria parrocchiale.
7. **Dopo aver(e) mangiato** tutti gli yogurt abbiamo notato che erano scaduti.
8. Ti verrò a trovare **dopo essermi ripreso** dall'influenza.

226
2. Cara Vittoria, desidero **ringraziarti** per il sostegno e l'affetto che mi hai dimostrato in quest'occasione.
3. **Dopo essermi infortunato** al ginocchio ho dovuto camminare due settimane con le stampelle.
4. Gino, tu eri un fumatore accanito! Dimmi, quando hai smesso **di fumare**?
5. Lo sapete che Liliana ha cominciato **a studiare** l'olandese? Pare che abbia conosciuto in vacanza un ragazzo per il quale ha perso la testa!
6. Guarda, Serena, con i bambini bisogna **avere** molta pazienza e tanta fantasia.
7. Roberto è un tipo veramente sportivo, va **a correre** ogni mattina nel parco.
8. Non è facile **andare** d'accordo con Amelia. Lei si offende piuttosto facilmente.
9. Pensavo **di aver fatto** un affare in quel negozio e invece poi ho trovato lo stesso articolo, in un altro negozio, a prezzo notevolmente inferiore.
10. Signori, posso offrirvi qualcosa **da bere**? Un caffè, un tè o un succo di frutta?

Partizip

227 parlante – parlato; vedente – visto; cantante – cantato; obbediente – obbedito; conoscente – conosciuto; dormente / dormiente – dormito; conducente – condotto; ridente – riso; offerente – offerto; rimanente – rimasto; preoccupante – preoccupato; facente – fatto

228
1. Quest'albergo ha una **vista** incantevole sul golfo.
2. Annamaria lavora come **insegnante** in un liceo.
3. La storia è la memoria del **passato**.
4. Non parlate al **conducente**.
5. Le onde **spumeggianti** del mare in tempesta raggiungevano le prime case del litorale.
6. Ho tanti **conoscenti** ma pochi amici.
7. **Tornati** a casa l'abbiamo trovata svaligiata.
8. Nella casa di campagna di Simone non c'è nemmeno l'acqua **corrente**!
9. Non sopporto la pasta **riscaldata**!
10. Un tetto così **spiovente** è adatto a una casa di montagna e non al mare.
11. **Finita** l'università sono andata all'estero per perfezionare l'inglese e il tedesco.
12. Il nonno racconta sempre degli aneddoti **divertenti**.

Gerundio

229
1. **Tornando** dall'ufficio Corrado ha incontrato un amico che non vedeva da un po'.
2. **Vedendo** le prime scene del film mi sono reso conto che avevo già letto il libro.
3. **Facendo** ginnastica spero di tonificare i muscoli addominali.
4. **Andando** in crociera Giuliana spera di incontrare l'uomo dei suoi sogni!
5. Pur **sapendo** di essere astemio ho bevuto un bicchiere di champagne e mi sono ubriacato immediatamente.
6. **Dovendo** andare negli Stati Uniti per un viaggio d'affari ho rinnovato il passaporto.
7. **Partendo** la mattina presto dovremmo essere da voi per le dieci.
8. **Vestendosi** in modo casual Manuela si sente più a suo agio.

230
1. A volte scherzando si dice la verità.
2. Pur conoscendo bene l'inglese Nico a New York ha avuto difficoltà a comunicare.
3. Avendo tradotto bene la versione di greco Gianni ha avuto il suo primo otto.
4. Togliendo la teglia dal forno Maria si è scottata il polso.
5. Essendo arrivati tardi in banca non abbiamo più potuto fare il versamento.
6. Clelia si rende antipatica correggendo sempre gli errori a tutti.
7. Essendo andati al mare in Sardegna Vito e Luca hanno potuto fare molto surf.
8. Quando zia Cecilia è stata scippata, piangendo gridava: "Al ladro! Al ladro!".

Die Verlaufsform: *stare + gerundio presente*

231
1. Vinni, ma che cosa **stai facendo**? – Niente di particolare.
2. Patrizia e Fernando **stanno ristrutturando** un casale in campagna.
3. In questo momento **sto bevendo** un caffè, poi esco.
4. Ma che **stai dicendo**? Non è vero niente!

5. Fa' silenzio, per favore, i bambini **stanno** già **dormendo**.
6. Gabi e Hans **stanno frequentando** un corso d'italiano a Firenze.
7. No, non **sto lavorando**, **sto navigando** in Internet. Perché? Ti serve qualcosa?
8. Ci possiamo risentire tra due settimane? **Stiamo partendo** per le vacanze proprio ora.
9. Dove **state andando**? – In piscina. Vuoi venire anche tu?
10. Vi va di giocare a biliardo? – No, guarda, **stiamo vedendo** un film.

232
1. Adesso non posso venire. **Sto riparando** una lampada.
2. La domenica **andiamo** a pranzo dai nonni.
3. Durante la settimana non **faccio** mai sport perché non ho tempo.
4. Senti, **stiamo cenando**. Puoi chiamarmi più tardi?
5. No, guarda, adesso Davide **sta riposando**. Torna fra un'ora.
6. Di solito **mi alzo** alle sei e mezza. E tu?
7. A che ora **uscite** dall'ufficio in genere?
8. Ma non vedi che **sto leggendo** il giornale? Parliamo dopo, okay?
9. Che genere di musica **ascoltano** i tuoi figli?
10. Sebastiano non ama camminare, infatti **prende** sempre l'auto.

233
1. Quando il telefono ha squillato, **stavo montando** degli scaffali e quindi non ho potuto rispondere.
2. Ma che **stai combinando**!? Lascia stare i miei libri! Me li hai messi tutti in disordine!
3. Lunedì prossimo, alle cinque, **staremo firmando** il contratto di acquisto della casa. Che bello!
4. **Stavo correggendo** i compiti in classe dei miei studenti quando è arrivata una visita inaspettata.
5. E Veronica? – Penso che **stia lavando** i piatti. Vai a vedere in cucina.
6. Pronto! Alberto? Ma dove sei? Credevo che **stessi tornando** a casa!
7. **Stavamo già dormendo** quando è cominciato il temporale, quindi non ci siamo accorti di niente.
8. Olga, Teresa, vi **stiamo aspettando** da almeno mezz'ora. Quando arrivate?
9. Nonno, non **starai mangiando** un'altra volta i cioccolatini di nascosto?
10. Pino **stava appendendo** un quadro quando si è dato il martello sul dito fratturandoselo!

Zeitenfolge im Indikativ

234
1. Mi hanno appena comunicato che i clienti francesi non **arrivano** più.
2. Mi hanno appena comunicato che i clienti francesi **stanno arrivando** in tassì.
3. Mi hanno appena comunicato che i clienti francesi **sono** già **arrivati** all'aeroporto.
4. Hai visto che l'ultimo treno per Roma **parte** tra un'ora?
5. Hai visto che l'ultimo treno per Roma **è partito** due ore fa?
6. Hai visto che l'ultimo treno per Roma **sta partendo** proprio ora?
7. Lo sai che ieri Nino e Bea non **sono venuti** al concerto perché non avevano i soldi?
8. Lo sai che, oggi, anche Nino e Bea **vengono** al concerto?
9. Lo sai che il mese prossimo **verranno** anche Nino e Bea al concerto?

235
1. Quando mia madre si è resa conto che non **avevo** più intenzione di comprare la moto, si è tranquillizzata.
2. Sapevo che alcuni giorni prima i vicini **erano partiti**, perciò mi sono preoccupato quando ho visto la porta aperta.
3. Ho appena incontrato Annarita, la quale mi ha raccontato che il mese scorso Michela **si è sposata**. Tu lo sapevi?
4. Quando l'ho conosciuto, sulla spiaggia, sapevo che, due giorni dopo, la mia vacanza **sarebbe finita** e che probabilmente non l'**avrei** più **visto**.
5. Bravo! Lo sapevo che cambiando lavoro **avresti fatto** / **facevi** carriera!
6. Quando sono andato alla posta per ritirare la raccomandata, l'impiegato allo sportello mi ha spiegato che i termini per il ritiro **erano scaduti** il giorno prima e che perciò **avevano rispedito** la lettera al mittente.
7. Pino ha appena sentito al telegiornale che domani **c'è** / **ci sarà** lo sciopero dei treni.
8. Mi è appena venuto in mente che **potremmo** / **possiamo** farci prestare la tenda canadese da Lello. Che dici, lo chiamo e glielo chiedo?
9. Sapevo che in quel periodo Susanna **faceva** la dieta e quindi, quando quella volta è venuta a cena, le ho preparato delle pietanze molto leggere alle verdure.
10. Ho letto da qualche parte che, stasera, su Rai tre **trasmettono** / **trasmetteranno** quel vecchio film, "Vacanze romane", te lo ricordi?, quello con Gregory Peck. Ce lo vediamo?

Zeitenfolge im *congiuntivo*

236
1. Mi sembra che tra un mese **aprano** / **apriranno** un pub irlandese in centro.
2. Carla ha ricevuto un'ottima offerta di lavoro e si trasferisce in Turchia. Non credo però che **parli** la lingua.
3. Sebbene Alfredo **abbia** appena **imparato** a guidare, è bravissimo al volante.
4. Questo è il complimento più bello che **abbia** mai **ricevuto**!
5. Pensi che il capo mi **conceda** / **concederà** le ferie in agosto quest'anno?
6. Vuoi andare in bicicletta senza casco? Non credo che questa **sia** una buon'idea. È pericoloso, piccolo mio!
7. Domani è domenica. Speriamo che i bambini **dormano** / **dormiranno** più a lungo.
8. Piera ha un aspetto raggiante. Credo proprio che **aspetti** un bambino.
9. Immagino che ieri voi **abbiate trascorso** una bella giornata al mare, vero?
10. Ida soffre di vertigini. Non penso che **sia salita** sulla torre Eiffel, quando è andata a Parigi.

237
1. Vorrei tanto che mi **veniste** a trovare. Avete tempo il mese prossimo?
2. Pensavo che **avessi** già **finito** di studiare. Peccato! Saremmo potuti andare a fare una passeggiata in centro.
3. Quella sera, sebbene **nevicasse** / **avesse nevicato**, non faceva per niente freddo.
4. Avrei desiderato che, quella volta, i miei genitori mi **avessero dato** il permesso di partecipare al gioco a premi. Chissà, forse avrei vinto.
5. Daniele non era riuscito a finire i preparativi per la festa e perciò sperava che gli invitati **arrivassero** / **sarebbero arrivati** un po' più tardi.
6. L'altro giorno, per strada, c'erano due grossi cani randagi. All'improvviso si sono avvicinati e io ho avuto paura che mi **aggredissero** / **avrebbero aggredito**. In realtà cercavano solo qualcosa da mangiare.
7. Eravamo felici che Giulio **avesse ottenuto** il giusto riconoscimento per il lavoro svolto per la sua azienda.
8. Nonostante **avessimo lasciato** tutte le finestre aperte, quella notte non siamo riusciti a dormire per il gran caldo.
9. Speravamo che alla fine mio padre e mia madre **decidessero** / **avrebbero deciso** di acquistare quella bella villetta in Liguria, sulla Riviera di Ponente.
10. Era probabile che il progetto di legge non **fosse passato** in parlamento a causa dei franchi tiratori.

238
1. Molti temono che la situazione in Medio Oriente **possa** peggiorare.
2. Ci piacerebbe che la nostra città **avesse** un'offerta culturale migliore.
3. Mi pare che stamattina gli operatori ecologici **abbiano** già **ritirato** i bidoni della spazzatura.
4. Non sapevo che Sophia Loren **avesse ricevuto** nel 1999 anche il David di Donatello alla carriera.
5. Alcuni turisti hanno paura, andando a Napoli, che i borseggiatori li **derubino**.
6. Credevamo che ci **avrebbero consegnato** i mobili entro la fine della settimana.
7. Non siamo sicuri se, con un'estate così piovosa, il vino di quest'anno **sarà** buono.
8. Mi pare che da bambina Clelia **andasse** male in matematica.
9. Credo che la zia Elvira **conosca** bene il nuovo sindaco.
10. Penso proprio che, a questo punto, **abbiate imparato** la concordanza dei tempi in italiano.

Indirekte Rede

239 Franca, ti ha appena telefonato Gabriella. Ha detto che le dispiace, ma domani non ti può più accompagnare dall'avvocato. Si è rotta la macchina e deve portarla urgentemente dal meccanico. E poi la babysitter è malata e i suoi suoceri sono in vacanza, quindi dovrebbe comunque rimanere con i bambini. Ha chiesto se puoi cercare di spostare l'appuntamento alla prossima settimana. Oppure ha detto di chiedere a Bernardo se ti può accompagnare con la sua macchina. Ha detto di farle sapere.

240
1. Enza ha detto a Paolo che se ne era andata via prima perché era molto stanca.
2. L'insegnante ha ordinato agli studenti: "State zitti".
3. Gli ho chiesto se aveva una sigaretta.
4. Le ho detto che ero molto offeso a causa del comportamento di Giusi.
5. Ci hanno raccontato: "Andremo a villeggiare in un agriturismo in Toscana".
6. Gli aveva detto che lo aveva chiamato per avvisarlo dell'accaduto.
7. Mi hanno chiesto: "Hai voglia di cenare da noi stasera?".
8. Avevano detto che gli sarebbe piaciuto festeggiare il matrimonio in una villa antica.
9. Ha detto che era contenta di ricominciare a lavorare dopo il periodo di aspettativa.
10. Gli ho chiesto: "Sei andato a ritirare il certificato di nascita al comune?"

241
1. Lucia dice di cominciare a pelare le cipolle e l'aglio per il sugo.
2. Enza chiede a Davide se può cambiare la lampadina del lampadario del salotto.
3. La segretaria mi disse che mi aveva fissato un appuntamento per il giorno dopo dal dentista.
4. Papà e mamma dissero che avremmo dovuto ascoltare il consiglio del nonno.
5. Bianca disse che da quel momento in poi non avrebbe più trascurato la sua famiglia per il lavoro.
6. Giampiero dice che ama leggere libri fantasy.
7. Laura disse che quel vaso di porcellana era proprio bello.
8. Gina disse alla sua amica che non pensava che i pantaloni a vita bassa le stessero bene.
9. I turisti dissero che gli sarebbe piaciuto visitare il museo di arte antica.
10. Gli invitati raccontarono che lo sposo e la sposa erano molto emozionati.

Bedingungssätze

242
1. f Se prendiamo l'autostrada, troviamo certamente meno traffico.
2. h Se ti senti stanca, riposati un pochino.
3. a Se avete difficoltà a trovare la strada in una zona che non conoscete, compratevi il navigatore satellitare.
4. c Se sarai promosso, ti regaleremo una bicicletta nuova.
5. i Senti, se vedi Elisabetta, le dici di chiamarmi sul cellulare?
6. j Alessandro, guarda che ti prendi un brutto raffreddore, se continui a giocare con le mani nell'acqua fredda!
7. d Se cambierò lavoro, sarò costretto a trasferirmi a Milano.
8. b Se mi date una mano, facciamo prima e poi possiamo uscire.
9. g Questo film te lo posso prestare, se non l'hai ancora visto.
10. e Mandami un sms, se cambi idea e decidi di venire allo stadio.

243
1. Se non la smetti di prendermi in giro, **me ne vado** e ti lascio a piedi!
2. Se **continuerà** a fare questo caldo, resteremo in casa tutta l'estate con l'aria condizionata accesa giorno e notte.
3. Se i pantaloni sono troppo lunghi, **falli** accorciare dalla sarta.
4. Se metterete a posto la vostra cameretta, dopo **potrete** vedere i cartoni animati alla televisione.
5. **Straripera** il fiume se pioverà in questo modo tutta la notte.
6. Se l'aereo **parte** alle dieci, bisogna stare in aeroporto per le otto e mezza.
7. Se anche voi **partecipate** al regalo, gli possiamo comprare un servizio di posate da dodici.
8. Se hai mal di denti, **va'** / **vai** subito dal dentista.
9. Se **prende** questo autobus, arriva direttamente alla stazione centrale.
10. **Mangia** qualcos'altro, se hai ancora fame.

244
1. Nora e Vittorio **prenderebbero** lezioni private di tedesco, se trovassero un'insegnante di madrelingua.
2. Se **avessi** più tempo a disposizione, mi piacerebbe imparare a suonare la chitarra.
3. **Compreremmo** tante piante verdi se il nostro appartamento fosse più luminoso.
4. Se **lavorassi** di meno, non ti sentiresti sempre così stressato.
5. Se riuscissi ad avere quattro settimane di ferie, **farei** un bel viaggio in Sudamerica.
6. Se Carla ed Ettore **arrivassero** in orario, potremmo trovare dei posti in prima fila.
7. Se facessi un po' di attività fisica dopo il lavoro, non **soffriresti** così spesso di mal di schiena.
8. Se i miei amici Fabio e Renato non **dovessero** studiare tanto, potremmo giocare a calcetto ogni pomeriggio.
9. Se **sapessi** cucire, farei dei rivestimenti per i cuscini del divano.
10. Che fareste se **vinceste** alla lotteria di capodanno?

245
1. Se i tuoi figli **andassero** alla scuola materna, **avrebbero** più possibilità di stare con altri bambini.
2. Se **pitturassi** la tua stanza di giallo, **sembrerebbe** più calda e luminosa.
3. Le colline della nostra zona **sarebbero** più rigogliose se **piovesse** di più.
4. Se **ereditassi** dai miei zii, **darei** in beneficenza una consistente somma di denaro.
5. Se **avessero** un po' di buon senso, **comprerebbero** solo prodotti biologici.
6. **Dovremmo** cercarci un appartamento più grande se **avessimo** figli.
7. Se **sapessi** cavalcare, **trascorrerei** le vacanze in una fattoria per equitazione.
8. Se a Luca **piacesse** il gioco d'azzardo, mi **accompagnerebbe** al casinò di Sanremo.
9. **Acquisterei** una roulotte, se mia moglie **amasse** fare campeggio.
10. Se Lucia **studiasse** con più impegno, **andrebbe** meglio in tutte le materie.

246
1. Se i tuoi figli **fossero andati** alla scuola materna, **avrebbero avuto** più possibilità di stare con altri bambini.
2. Se **avessi pitturato** la tua stanza di giallo, **sarebbe sembrata** più calda e luminosa.
3. Le colline della nostra zona **sarebbero state** più rigogliose se **avesse** / **fosse piovuto** di più.
4. Se **avessi ereditato** dai miei zii, **avrei dato** in beneficenza una consistente somma di denaro.
5. Se **avessero avuto** un po' di buon senso, **avrebbero comprato** solo prodotti biologici.
6. **Avremmo dovuto** cercarci un appartamento più grande se **avessimo avuto** figli.
7. Se **avessi saputo** cavalcare, **avrei trascorso** le vacanze in una fattoria per equitazione.
8. Se a Luca **fosse piaciuto** il gioco d'azzardo, mi **avrebbe accompagnato** al casinò di Sanremo.
9. **Avrei acquistato** una roulotte, se mia moglie **avesse amato** fare campeggio.
10. Se Lucia **avesse studiato** con più impegno, **sarebbe andata** meglio in tutte le materie.

247
1. Se da bambino ti fossi lavato i denti, non avresti avuto tutte queste carie.
2. Se il governo varava una legge antievasione, i cittadini onesti pagavano meno tasse.
3. Se non aveste dimenticato di inserire l'allarme, probabilmente i ladri non sarebbero entrati.
4. Se fossi arrivato / arrivata in orario al vernissage, ti avrei presentato lo scultore.
5. Se Liana si laureava in tempo, poteva partecipare all'ultima abilitazione all'insegnamento.
6. Se ieri venivate a pranzo da me, vi preparavo la polenta taragna.
7. Se fossi andato più piano con l'auto, forse non avrei fatto l'incidente.
8. Se era una bella giornata, andavamo a passeggio sul lago di Como.
9. Se avevamo tempo, andavamo a fare una visita ai nostri amici pescatori.
10. Se avessi guardato sulla cartina, non mi sarei perso.

Besonderheiten bei Verben

248
1. Probabilmente **ho perso** le chiavi. Non le trovo più!
2. Laura, a che ora **ti sei alzata** stamattina?
3. E Lei, come **si chiama**? – Armando Ricci.
4. Poiché non conoscevano la strada **si sono persi**.
5. Quando andiamo a lavorare, dobbiamo **svegliarci** piuttosto presto.
6. Il pranzo è pronto. **Chiamate** i bambini.
7. Quando il nonno dorme, non **sente** nemmeno le cannonate.
8. Il testimone **alzi** la mano destra e dica: "Lo giuro".
9. Ragazzi, **vi sbrigate**, per favore? È tardissimo!
10. Bettina, **ti senti** meglio oggi?
11. Tania, **sveglia** papà, perché tra poco arrivano i suoi clienti.
12. Prima di partire devo assolutamente **sbrigare** una faccenda.

249 A
1. Scusi, Lei come **si** chiama? – Guglielmo Perrotta.
2. Adesso basta! Guarda, **ti** sei bagnato tutto!
3. Dobbiamo ringraziare Teresa e Cesare per il bel regalo.
4. I bambini sono migliorati molto in inglese da quando prendono lezioni private.
5. La sera io **mi** addormento sempre davanti alla televisione.
6. Mio figlio **si** sveglia spesso di notte perché fa dei brutti sogni.
7. Bernardo non **si** è pentito del lavoro che ha scelto.
8. I vicini **si** sono trasferiti fuori città.
9. La mia amica e io parliamo di tutto.
10. Ma lo sai che il farmacista **si** è ammalato di nuovo?
11. **Si** è rotto il televisore che avevamo comprato appena l'anno scorso.
12. Ilaria è molto suscettibile, **si** offende per la minima cosa!

249 B svegliarsi – aufwachen; parlare – sich unterhalten; addormentarsi – einschlafen; ringraziare – sich bedanken; chiamarsi – heißen; trasferirsi – umziehen; pentirsi – bereuen; rompersi – kaputtgehen; migliorare – sich bessern; ammalarsi – krank werden; bagnarsi – nass werden

250
2. Domani mattina **bisogna** partire piuttosto presto per evitare il traffico.
3. Poiché **aveva** / **era piovuto** tutta la settimana ininterrottamente, si è allagata la cantina.
4. Non **conviene** ancora comprare il televisore nuovo, dato che probabilmente i prezzi scenderanno ulteriormente.
5. Non credo che questi pannolini **basteranno** per due settimane. Dobbiamo comprarne ancora un pacco.
6. Non **serve** andare in agenzia, puoi prenotare anche in Internet.
7. Questo inverno è stato molto rigido, **ha** / **è nevicato** per diversi mesi consecutivi.
8. Considerando il carattere difficile di Giampaolo non **sarà facile** dirgli la verità.

251
1. A Patrizia non piace lo sport.
2. Ti piacciono le cozze.
3. Ci piace andare al cinema.
4. A Mirco e Teo non piace leggere (i) romanzi.
5. A Martina non piace stirare.
6. Le piace / Gli (= a loro) piace il vino rosso.
7. Gli piacciono le bevande analcoliche.
8. Mi piace giocare a carte.
9. A Massimo non piacciono gli spinaci.
10. A Veronica piace vedere (i) film d'azione.

252
1. Allora, Vittorio, ti **è piaciuto** fare kyte surf?
2. Questa primavera abbiamo visitato l'Irlanda. – Ah, e vi **è piaciuta**?
3. A Ilaria non **sono piaciuti** i cannelloni che ha preparato la nonna.
4. Professoressa Ricci, la Sua lezione **è piaciuta** a tutti!
5. A mio marito non **è** mai **piaciuto** cantare e nemmeno ballare.
6. La Sardegna ci **è piaciuta** moltissimo. Pensiamo di ritornarci l'anno prossimo.
7. Ho comprato delle bellissime coperte della Bassetti per mia figlia, ma non le **sono piaciute**!
8. Vi **è piaciuto** il film?
9. A me non **è piaciuta** affatto l'esposizione. E a te?
10. Beh, ai bambini **sono piaciuti** i regali?

253
1. Aspetto **l'autobus** da un'ora.
2. D'estate Mirna aiuta **gli zii** nel loro campeggio in Calabria.
3. Hai chiamato **il medico** per disdire l'appuntamento?
4. Per piacere, ricorda **alla mamma** di ritirare il pacco alla posta oggi.
5. Hai ringraziato **Carlo** per il regalo di compleanno?
6. Il compito in classe è andato bene. Ho risposto **a tutte** le domande.
7. Devo chiedere **a Lorenzo** se mi presta la sua moto.
8. Puoi ricordare **a Barbara** di passare in farmacia?

254
1. Hai visto il nuovo appartamento / l'appartamento nuovo di Marizia?
2. Ho scritto un'e-mail a Bernardo.
3. Abbiamo già telefonato ai clienti.
4. A Melania interessa la storia greca.
5. Devo dare 20 euro al fruttivendolo.
6. Lisa pensa a Carlo.
7. Nino e Paola aspettano una risposta.
8. Avete detto la verità a Lorenzo?

255
1. Ci dobbiamo abituare **alla** nuova situazione.
2. I miei genitori mi hanno obbligato **a** iscrivermi all'università.
3. Il marito di Franca si occupa **di** cinema.
4. Gli operai dubitano **di** finire il lavoro entro sabato.
5. Non riesco **a** chiudere la finestra. Mi puoi aiutare?
6. Non mi fido **di** nessuno.
7. Alberto ha rinunciato **alla** promozione per rimanere vicino alla famiglia.
8. Quando hai imparato **a** cucinare così bene?

256
1. Grazie! **Da** Lei, don Carlo, **ho imparato** molto.
2. Mi **sono innamorata di** Clemente subito. È stato amore a prima vista!
3. Miriam non è mai contenta, **si lamenta** sempre **di** tutto!
4. Devo **tradurre** un catalogo **dall'**inglese in italiano.
5. I nostri mariti **parlano di** politica per ore.
6. Scusa, **ho dimenticato di** registrare la partita di calcio.
7. Quando ho visto Clelia in metropolitana, **l'ho riconosciuta dalla** camminata.
8. Ragazzi, oggi **cominciamo da** pagina ventidue.

257
2. Nando spera di sposarsi presto.
3. Questo attrezzo serve a levigare il legno.
4. Mia sorella soffre di mal di testa.
5. L'autore ha dedicato le sue poesie ai suoi figli.
6. Non mi sono mai vergognato tanto di me stesso.
7. Ci siamo iscritti a un corso di francese.
8. Devo coprire la bicicletta per proteggerla dalla neve.

Die *si*-Konstruktion

258
1. Dove **si gioca** a calcio? – Allo stadio.
2. Dove **si vendono** frutta e verdura? – Al mercato.
3. Dove **si impara** a leggere e scrivere? – A scuola.
4. Dove **si compra** la carne? – In macelleria.
5. Dove **si dorme**? – Nel letto.
6. Dove **si spediscono** le lettere? – All'ufficio postale.
7. Dove **si prende** il treno? – Alla stazione.
8. Dove **si curano** i malati? – All'ospedale.

259
A Natale: *si gioca a tombola*, si mangia il panettone, ci si scambiano i regali, si addobba l'albero, si fa il presepe, si va a messa.
La notte di Capodanno: *si gioca a tombola*, si aspetta la mezzanotte, si brinda al nuovo anno, si indossa biancheria rossa.

A carnevale: ci si maschera, si organizzano feste in costume, si fanno tanti scherzi.
A Pasqua: si mangia la colomba, si regalano le uova di cioccolato, si va a messa.

260
1. Dopo una doccia calda ci si sente meglio.
2. D'estate si va al mare.
3. Quando si è stanchi, ci si addormenta subito.
4. Oggi ci si sposa di meno.
5. Dopo un po' di sport si è più rilassati.
6. Il giorno della prima comunione si è emozionati.

261
1. Per la realizzazione del progetto **si è lavorato** molto.
2. Quest'estate con le zanzariere **si è dormito** meglio.
3. Alla festa **ci si è divertiti** molto.
4. Quest'inverno, in parrocchia, **si sono organizzate** tante attività ludiche.
5. Alla fiera non **si sono venduti** molti prodotti.
6. Con quella compagnia aerea **si è** sempre **viaggiato** bene.

Das Passiv

262
2. L'università di Napoli **è stata creata** da Federico II.
3. Il trattato "Il principe" **è stato scritto** da Niccolò Machiavelli.
4. Le opere "La Bohème" e "Tosca" **sono state composte** da Giacomo Puccini.
5. Gli affreschi della Cappella Sistina **sono stati realizzati** da Michelangelo.
6. L'America **è stata scoperta** da Cristoforo Colombo.
7. Il campanile del duomo di Firenze **è stato progettato** da Giotto.
8. I film "La strada" e "La dolce vita" **sono stati diretti** da Federico Fellini.

263 **Tre adolescenti sono stati denunciati dai carabinieri** per aver assalito un ragazzo di dodici anni. **Il dodicenne era stato spinto dai tre aggressori** in un fosso pieno di fango ed **era stato colpito** alla testa con delle pietre. Gli assalitori se ne erano quindi andati. Fortunatamente il ragazzo era riuscito a tornare a casa ma non aveva detto niente ai genitori. **Il ragazzino però era stato convinto a parlare dalla nonna**, la quale aveva notato le ferite. A quel punto sono intervenuti i carabinieri che hanno cominciato le ricerche. Qualche giorno dopo **i giovani aggressori sono stati rintracciati dai carabinieri e sono stati denunciati** / **i giovani aggressori sono stati rintracciati e denunciati dai carabinieri.**

264
1. L'anno prossimo la banca vicino a casa mia **verrà** chiusa.
2. Al posto della banca **verrà** aperto un discount enorme.
5. Non **veniamo** mai invitati a cena dai vicini.

265
2. Il frigorifero va pulito.
3. Le piante vanno innaffiate.
4. Il gatto va portato ai vicini.
5. Il riscaldamento va spento.
6. Le finestre vanno chiuse bene.
7. La spazzatura va buttata via.
8. L'allarme va attivato.

Satzbau

266
1. I turisti visitano le città d'arte.
2. Io pago il conto con la carta di credito.
3. I nipoti regalano una sciarpa alla nonna.
4. Bea telefona a sua zia.
5. Paolo presta il suo videogioco a un amico.
6. *Stasera* noi guardiamo la partita di calcio.

267
1. Oggi Dario ha chiamato **Sasà**.
2. L'insegnante assegna **i compiti** agli alunni.
3. **Noi** abbiamo perso il treno ieri.
4. Gli zii spediscono un pacco **a Ciro**.
5. John parla l'italiano e **l'inglese**.
6. Domani **io** vado a Venezia.

268
1. Domani **non** vado a lavorare.
2. Marina partecipa al regalo? – Penso di **no**.
3. Mi puoi aiutare un momento? – Scusa, oggi **non** ho tempo.
4. Hai voglia di andare al cinema? – Eh, perché **no**!
5. Mi sa dire dov'è Piazza di Spagna? – **No**, mi dispiace, **non** sono di qui.
6. Tania **non** è una brava babysitter. **Non** ha pazienza.
7. Hai finito? – **Non** ancora.
8. Allora, vieni o **no**?

269
1. Non lo amo.
2. Raquel non è messicana.
3. Speriamo di no.
4. Anna e Dino non hanno voglia di uscire.
5. No, non sono stato ad Ancona.
6. Stasera non possiamo venire.
7. Non mi piace ballare.
8. No, non ho paura.

270
1. La sera noi **non** guardiamo **mai** la televisione, preferiamo leggere.
2. Alla festa di Francesca **non** conoscevo **nessuno**.
3. Ieri, a cena, **non** ho mangiato **niente**.
4. Michele **non** va **né** a caccia **né** a pesca.

5. Come mai **non** studi **più** l'inglese? Ti piaceva tanto?
6. Wanda, se tu non fai il corso di yoga, **non** lo faccio **nemmeno** io!
7. Hai raccontato a qualcuno dell'incidente? – No, io **non** l'ho detto a **nessuno**!
8. Sandra ed Edoardo **non** cucinano **mai**. Vanno sempre a pranzo fuori.

271
1. Non usciamo mai la domenica.
2. Non ho più tempo.
3. Nessuno mi vuole aiutare.
4. Non ho conosciuto nessuno.
5. Vai a correre? – Mai.
6. Maria non sa né cantare né ballare.
7. Che cosa è successo? – Niente. Perché?
8. Non hanno ancora telefonato.
9. Perché non siete più venuti?
10. Non voglio fare più niente.

272
1. A me piace molto cucinare**.** – Anche a me.
2. Come ti chiami**?** – Pasquale.
3. Domani vogliamo andare in pizzeria**?** – Volentieri**.**
4. Al concerto viene anche Italo**?** – Penso di sì**.**
5. Roberta è molto simpatica**.** – Ed è anche molto carina!
6. Conosci Francesco Russo**?** – No, non mi pare**.**
7. I bambini sono in palestra**?** – Sì, perché**?**
8. Chi vuole venire alla lavagna**?** – Io!
9. Noi andiamo al cinema stasera**.** – Posso venire anch'io**?**
10. È arrivato Lorenzo**?** – Arriva verso le sei.

Konjunktionen

273 oppure, perciò, anche, sia ... sia, né ... né, allora, però, cioè

274
1. Antonio, sabato prossimo ti va di andare al concerto **oppure** preferisci restare a casa?
2. Oggi Immacolata ha lavato i vetri e **anche** tutte le porte.
3. Non amo la musica: non mi piace **né** la musica leggera **né** la musica classica.
4. Passo da te verso le cinque, **però** rimango poco.
5. Oggi fa molto freddo, **perciò** mettiti la giacca pesante.
6. Mirella sa suonare **sia** la chitarra **sia** il pianoforte.
7. L'appuntamento è per dopodomani, **cioè** mercoledì.
8. Se ti fa piacere, **allora** vengo a trovarti domani.

275
1. **Se** la partita finisce presto riusciamo a fare un giro in centro.
2. Il quadro possiamo restituirlo **se** non ti piace.
3. **Se** non c'è molto traffico faccio un salto da te.
4. **Quando** studio ho bisogno di silenzio assoluto.
5. Non lo so **se** abbiamo ancora delle bottiglie di vino bianco in cantina.
6. **Quando** siamo andati in Italia, abbiamo avuto un guasto all'auto.
7. Fammi sapere esattamente **quando** arrivi.
8. **Se** vedi Marco, gli dici di chiamarmi a casa?
9. **Se** vincessimo alla lotteria, ci compreremmo una casa in campagna.
10. Gaia aveva tredici anni **quando** si è messa con Fabio.
11. Devo telefonare all'asilo per chiedere **quando** c'è il prossimo incontro con i genitori.
12. **Se** la mia squadra dovesse perdere, sarei triste per tutta la settimana.

276
1. Studio l'italiano **perché** voglio andare a vivere in Italia.
2. Ci dai un colpo di telefono **appena** arrivi in albergo?
3. Aldo non lo sa ancora **se** viene a giocare a pallavolo con noi domani.
4. **Mentre** Sandra si vestiva, canticchiava una vecchia canzone di Morandi.
5. **Dato che** Umberto mette spesso le camicie, regaliamogli una bella cravatta per il suo compleanno.
6. Mi ero appena addormentato, **quando** è squillato il telefono.

277 A
1. **Anche se** non amo guidare, sono costretto a usare la macchina tutti i giorni per andare al lavoro.
2. Ieri sera ho lavorato fino a tardi **sebbene** fossi stanchissimo.
3. **Qualora** ci fossero delle novità, mandami un sms.
4. Dobbiamo tornare a casa **prima che** faccia buio.
5. Ho cambiato facoltà **perché** a biologia non mi trovavo bene.
6. Gli ho dovuto raccontare tutto, **affinché** capisse le mie ragioni.
7. **Da quando** è partito, Roberto non si è fatto più sentire.
8. La mattina, **appena** mi alzo, ho bisogno di un caffè per svegliarmi.

277 B ***Die Konjuktionen*** sebbene, qualora, prima che *und* affinché *ziehen den Gebrauch des* **congiuntivo** *nach sich.*

278
1. L'anno scorso **durante** le vacanze estive ho letto tanti libri interessanti.
2. Sono accesi i termosifoni **durante** la notte?
3. Non si parla **mentre** si mangia!
4. L'altra domenica **durante** la messa una vecchietta si è sentita male.
5. Signora Rocca, legga questo articolo **mentre** aspetta.
6. **Mentre** l'operaio stava facendo un buco con il trapano, è andata via la luce.
7. **Mentre** il professore teneva la lezione, gli studenti erano molto attenti.
8. **Durante** l'incontro d'affari Ernesto ha spento il telefonino.

Präpositionen

279 A
2. Nel giardino c'è un gatto che dorme sulla sedia.
3. Andiamo alla festa del nostro amico.
4. Devo andare dall'otorino.
5. Guarda, hai una macchia sui pantaloni.
6. Al primo piano c'è un grande soggiorno.
7. Gli altoparlanti dello stereo non funzionano bene.
8. Nelle due camere più grandi abbiamo la moquette.

279 B
di: del, dello, dell', della, dei, degli, delle; **a:** al, allo, all', alla, ai, agli, alle; **da:** dal, dallo, dall', dalla, dai, *dagli*, dalle; **in:** nel, nello, nell', nella, nei, negli, nelle; **su:** sul, sullo, sull', sulla, sui, sugli, sulle

280
1. Io lavoro **dal** lunedì **al** giovedì.
2. **Nella** classe di mio figlio Emilio ci sono alcuni bambini stranieri.
3. Oggi in tv c'è un documentario **sui** vulcani.
4. Il cane **dei** vicini è molto tranquillo.
5. Matteo è un amante **dello** sport.
6. Quanto tempo rimanete **dagli** zii?
7. **Nell'**ingresso c'è uno specchio antico.
8. Ci incontriamo **alle** dieci davanti **alla** discoteca, okay?

281
1. Sono **a** Parigi per lavoro.
2. Finisco di lavorare **alle** cinque.
3. Voglio comprare una gonna **a** quadri.
4. Mamma e papà vanno **al** cinema stasera.
5. **A** luglio compio ventisette anni.
6. Il fine settimana in genere torniamo **a** mezzanotte.
7. Dove fai la spesa? – **Al** supermercato.
8. La nonna porta il solito vestito **a** pois.
9. Quando si mangia? – **All'**una.
10. Signora, Lei deve scendere **alla** terza fermata.

282
1. Domenica prossima andiamo **al** mare con gli amici.
2. Devo scrivere un sms **a** Cinzia.
3. Vai **alla** festa di Tania?
4. Massimiliano non si iscrive **all'**università.
5. I bambini sono già **a** letto.
6. Cesare e Raimondo lavorano **allo** Stadio Olimpico.
7. Paolo adora le camicie **a** righe.
8. **A** Pasqua facciamo un viaggio.
9. Ciro fa il cameriere **a** Ischia.
10. Rimaniamo qui fino **alla** fine della settimana.

283
1. John e Mary vivono **in** Inghilterra.
2. **Nel** 2018 mi sposo.
3. Quest'estate andiamo **in** Sardegna.
4. **In** settembre vengono a trovarci gli zii.
5. Il tuo libro è **nello** studio.
6. Ho dei parenti **in** Australia.
7. Vogliamo fare un viaggio **negli** Stati Uniti.
8. Preferisco viaggiare **in** treno.
9. Ci piace andare **in** piscina.
10. **Nella** nostra camera da letto ci sono due finestre.

284
1. Dove abiti? – Io abito **in** Spagna, **a** Madrid.
2. Carlo e Rosaria vivono **in** campagna.
3. Non mi piace andare **a** scuola.
4. Non vado mai **a** teatro.
5. Finalmente **in** primavera vado **in** vacanza!
6. Devo andare **in** biblioteca per fare una ricerca.
7. Prendiamo l'autobus o andiamo **a** piedi?
8. **A** Natale vengono tutti i parenti.
9. Mangiamo sempre **in** cucina.
10. Alex e Giusi vanno spesso **in** discoteca.

285
2. Mio figlio ha la tosse e quindi devo andare in farmacia a comprare lo sciroppo.
3. Gabriele è impiegato, lavora in ufficio.
4. Per favore, può mandare un fax alla dottoressa Mazza?
5. Il lunedì sera, di solito, vado al corso d'italiano.
6. Ernesto è molto occupato, oggi torna a casa molto tardi.
7. Io odio camminare, infatti esco sempre in macchina!
8. D'estate passiamo le giornate nel giardino dei miei genitori.
9. I signori Vivarelli si trasferiscono all'inizio del mese prossimo.
10. Non ho voglia di lavorare nella fabbrica dei miei genitori!

286
1. L'appartamento **di** Rita è molto bello.
2. Bianca è **di** Verona.
3. Questa è la macchina **del** signor De Santis.
4. **D'**inverno andiamo a sciare sulle Dolomiti.

5. La porta **dello** studio è aperta.
6. **Di** sera mi preparo sempre una minestra.
7. Piero e Nadia sono **della** provincia **di** Salerno.
8. Ti piacciono questi pantaloni **di** lino?
9. Organizziamo la festa nel giardino **dei** nonni.
10. Vorrei tre etti **di** prosciutto crudo, per cortesia.

287

1. Virginia viene **da** Viterbo.
2. Devo andare **dal** medico.
3. Siamo invitati a cena **da** Melania.
4. Lavoro **dalle** otto alle sedici.
5. **Da** domani non fumo più.
6. Paul e Johann vengono **dall'**Austria.
7. Dove sono le mie scarpe **da** tennis?
8. Quando ritornate **dalle** vacanze?

288

1. Sei italiano? – No, io sono portoghese, **di** Lisbona.
2. I viaggiatori scendono **dal** treno.
3. Vi piace la villetta **degli** amici **di** Patrizia?
4. Io vengo **da** Palermo, e tu?
5. **D'**inverno la signora Rosati porta solo pullover **di** lana.
6. Non ricevo più sue notizie **dal** mese scorso.
7. Vivo a Londra **da** sei anni.
8. A cena beviamo sempre una bottiglia **di** vino.
9. Ma perché porti gli occhiali **da** sole? Sta piovendo!
10. Che bella collana **di** perle!
11. Mamma, vado **da** Luigi a fare i compiti, okay?
12. A che ora uscite **dalla** scuola?

289

1. Pino, la tua giacca è lì **sul** letto.
2. Vogliamo ritornare **sulla** Costa Smeralda.
3. Abbiamo trascorso alcuni giorni **sugli** Appennini. – Dove esattamente?
4. Attento al gatto! Guarda, sta saltando **su** quel mobile.
5. Hai visto il documentario **su** Aldo Moro ieri?
6. Il salotto e la cucina danno **sulla** strada.
7. Il film dove lo trasmettono? – **Su** Rai uno.
8. Ho letto un libro interessantissimo **sulle** Repubbliche Marinare.

290

1. Il gelato lo vuole **con** la panna o senza?
2. Dobbiamo comprare il regalo **per** la zia Carmela.
3. **Tra** / **Fra** una settimana è Natale.
4. Devo assolutamente prendere il volo delle dodici **per** Milano.
5. Oggi mi incontro **con** un'amica al centro commerciale.
6. La scuola si trova **tra** / **fra** il supermercato e il municipio.
7. Vuoi uscire **con** questo tempo?
8. Vado al concerto **con** Antonio.
9. Quando partite **per** l'Olanda?
10. Mi laureo **tra** / **fra** un anno.
11. Le scarpe **con** i tacchi alti mi piacciono da morire.
12. Tante persone anziane si sono sentite male **per** il caldo.
13. Ti mando il file **per** e-mail domani, va bene?
14. **Tra** / **Fra** tre mesi finisce la scuola. Che bello!

291

1. **Da** quale binario parte il treno **per** Bari?
2. **Per** il mio compleanno vorrei invitare alcuni amici **a** cena.
3. Mi dispiace, le camere **con** vista **sul** mare sono tutte occupate.
4. Scusi, paga **in** contanti o **con** la carta di credito?
5. La camera **da** letto dà **sul** cortile interno.
6. Il mio ragazzo lavora **in** banca.
7. I miei amici trascorrono le vacanze **sul** lago **di** Garda.
8. La videoteca è lì, guardi, **tra** la pasticceria e la profumeria.

292

Le posate devono stare **dentro al cassetto**!
Il computer deve stare **sopra la scrivania**!
I piatti devono stare **dentro alla credenza**!
Le chiavi di casa devono stare **dentro alla borsa**!
Le pantofole devono stare **sotto il letto**!
Il bidone della spazzatura deve stare **vicino al garage**!
E lo zerbino deve stare **davanti alla porta d'ingresso**!

293

1. Facciamo una passeggiata **lungo** il fiume?
2. Ti aspetto **vicino** alla fermata dell'autobus.
3. Quattro anni **fa** ho frequentato un corso d'inglese a Cambridge.
4. Per favore, il caffè **senza** zucchero!
5. **Secondo** te, Gemma si tinge i capelli?
6. **Durante** la settimana non ho molto tempo per fare sport.
7. Oggi, **invece** del cappuccino vorrei bere una tazza di cioccolata calda.
8. **Dopo** la maturità vado tre mesi negli Stati Uniti.

294

1. L'ospedale si trova proprio **vicino a** casa mia.
2. Abito piuttosto **lontano dalla** ditta per cui lavoro.
3. Ci siamo conosciuti in treno molti anni **fa**.
4. Ho un appuntamento subito **dopo** pranzo.
5. Il gatto dorme **sotto** il tavolo.
6. Hai visto le mie scarpe? – Sono lì, guarda, **dietro al** divano.
7. Oggi non posso uscire con voi perché sono di turno. Lavoro **fino a** mezzanotte.
8. Quando pensate di arrivare? – **Verso** le otto e mezza.

Zahlen und Zeitangaben

295 ottantacinque → 85; settantuno → 71; quarantotto → 48; tremila → 3000; sessantasei → 66; milleuno → 1001; novantatré → 93; settantasette → 77; duemilaventidue → 2022

296 25 + 32 = 57 → venticinque più trentadue fa cinquantasette;
30 + 3 = 33 → trenta più tre fa trentatré;
41 – 20 = 21 → quarantuno meno venti fa ventuno;
97 – 16 = 81 → novantasette meno sedici fa ottantuno;
10 + 7 = 17 → dieci più sette fa diciassette;
9 + 6 = 15 → nove più sei fa quindici;
14 + 5 = 19 → quattordici più cinque fa diciannove;
61 – 18 = 43 → sessantuno meno diciotto fa quarantatré;
501 + 12 = 513 → cinquecentouno più dodici fa cinquecentotredici;
1000 – 70 = 930 → mille meno settanta fa novecentotrenta

297 545 → cinquecentoquarantacinque;
777 → settecentosettantasette;
1448 → millequattrocentoquarantotto;
2001 → duemilauno;
4990 → quattromilanovecentonovanta;
6006 → seimilasei;
8927 → ottomilanovecentoventisette;
22.000 → ventiduemila;
100.000 → centomila;
5.000.000 → cinque milioni;
2.000.000.000 → due miliardi

298 il **primo** anniversario; la **seconda** classe; il **cinquantesimo** compleanno; l'**ottava** fila; la **terza** traversa; il **quindicesimo** secolo; la **settima** volta; la **sesta** sinfonia; l'**undicesimo** piano; Papa Benedetto **sedicesimo**; la **quarta** scena; il **nono** paragrafo; il **decimo** capitolo; Carlo **quinto**

299 7.45 → Sono le otto meno un quarto. / Sono le sette e quarantacinque. / Sono le sette e tre quarti.
00.05 → È mezzanotte e cinque.
12.15 → Sono le dodici e un quarto. / Sono le dodici e quindici. / È mezzogiorno e un quarto.
17.40 → Sono le sei meno venti. / Sono le diciassette e quaranta.
13.00 → È l'una. / Sono le tredici.
10.20 → Sono le dieci e venti.
7.25 → Sono le sette e venticinque.
22.10 → Sono le dieci e dieci. / Sono le ventidue e dieci.
9.35 → Sono le nove e trentacinque.
8.00 → Sono le otto.
15.30 → Sono le tre e mezza. / Sono le tre e trenta. / Sono le quindici e trenta.
19.55 → Sono le otto meno cinque. / Sono le diciannove e cinquantacinque.

300 A
08/03: L'otto marzo → la Festa della Donna;
01/01: Il primo gennaio → Capodanno;
02/06: Il due giugno → la Festa della Repubblica;
15/08: Il quindici agosto → Ferragosto;
24/12: Il ventiquattro dicembre → la Vigilia di Natale;
08/12: L'otto dicembre → la Festa dell'Immacolata;
14/02: Il quattordici febbraio → San Valentino;
01/11: Il primo novembre → Ognissanti;
06/01: Il sei gennaio → l'Epifania;
01/05: Il primo maggio → la Festa dei Lavoratori;
19/03: Il diciannove marzo → San Giuseppe / la Festa del Papà

300 B *Die oben nicht erwähnten Monate sind* aprile, luglio, settembre *und* ottobre.

REGISTER

Die Zahlen geben die Seite an, auf der die Behandlung des jeweiligen Grammatikthemas beginnt.

GRAMMATISCHE FACHBEGRIFFE

deutsche Begriffe	italienische Begriffe
Adjektiv / Eigenschaftswort	*aggettivo*
Adverb / Umstandswort	*avverbio*
Aktiv / Tätigkeitsform	*forma attiva*
Akzent / Betonung	*accento*
Artikel / Geschlechtswort	*articolo*
Demonstrativa / hinweisende Fürwörter	*aggettivi e pronomi dimostrativi*
direkte Objektpronomen / persönliche Fürwörter (4. Fall)	*pronomi personali diretti*
direktes Objekt / Ergänzung im Akkusativ (4. Fall)	*complemento oggetto*
Femininum / weiblich	*femminile*
finite Modi / konjugierte Formen	*modi finiti*
Genus / Geschlecht	*genere*
Hilfsverb / Hilfszeitwort	*verbo ausiliare*
Imperativ / Befehlsform	*imperativo*
Indefinita / unbestimmte Fürwörter	*aggettivi e pronomi indefiniti*
Indikativ / Wirklichkeitsform	*indicativo*
indirekte Objektpronomen / persönliche Fürwörter (3. Fall)	*pronomi personali indiretti*
indirektes Objekt / Ergänzung im Dativ (3. Fall)	*complemento di termine*
infinite Modi / nicht konjugierte Formen	*modi indefiniti*
Infinitiv / Grundform des Zeitworts	*infinito*
Interrogativa / Fragewörter	*pronomi interrogativi*
Komparativ / 1. Steigerungsstufe	*comparativo*
Konditional / Konjunktiv II / Bedingungsform	*condizionale*
Konjunktion / Bindewort	*congiunzione*
Konjunktiv / Möglichkeitsform	*congiuntivo*
Maskulinum / männlich	*maschile*

deutsche Begriffe	italienische Begriffe
Modalverb / Zeitwort der Art und Weise	*verbo modale*
Modus / Aussageweise	*modo*
Numerus / Zahl	*numero*
Partizip Perfekt / Mittelwort der Vergangenheit	*participio passato*
Partizip Präsens / Mittelwort der Gegenwart	*participio presente*
Passiv / Leideform	*forma passiva*
Plural / Mehrzahl	*plurale*
Possessiva / besitzanzeigende Fürwörter	*aggettivi e pronomi possessivi*
Präposition / Verhältniswort	*preposizione*
Präsens / Gegenwartform	*presente*
Relativpronomen / bezügliche Fürwörter	*pronomi relativi*
reflexives Verb / rückbezügliches Zeitwort	*verbo riflessivo*
Reflexivpronomen / rückbezügliche Fürwörter	*pronomi riflessivi*
Singular / Einzahl	*singolare*
Subjekt / Satzgegenstand	*soggetto*
Subjektpronomen / persönliche Fürwörter (1. Fall)	*pronomi personali soggetto*
Substantiv / Hauptwort	*sostantivo*
Superlativ / 2. Steigerungsstufe	*superlativo*
Verb / Tätigkeitswort / Zeitwort	*verbo*